会计名家精品教材

高等院校本科财务管理专业教材新系

中级财务管理

Intermediate Financial Management

（第五版）

宋献中 吴思明 刘莎莎 编著

东北财经大学出版社
Dongbei University of Finance & Economics Press
大连

图书在版编目（CIP）数据

中级财务管理 / 宋献中，吴思明，刘莎莎编著. —5版. —大连：东北财经大学出版社，2024.8（2025.8重印）. —（高等院校本科财务管理专业教材新系）. —ISBN 978-7-5654-5395-3

Ⅰ. F275

中国国家版本馆CIP数据核字第2024EH4286号

东北财经大学出版社出版

（大连市黑石礁尖山街217号　邮政编码　116025）

网　　址：http://www.dufep.cn

读者信箱：dufep@dufe.edu.cn

大连东泰彩印技术开发有限公司印刷　东北财经大学出版社发行

幅面尺寸：185mm×260mm　字数：470千字　印张：19.75　插页：1

2024年8月第5版　2025年8月第2次印刷

责任编辑：王　莹　责任校对：刘贤恩

封面设计：张智波　版式设计：原　皓

定价：52.00元

教学支持　售后服务　联系电话：（0411）84710309

如有印装质量问题，请联系营销部：（0411）84710711

第五版前言

自从1998年教育部在其颁布的《普通高等学校本科专业目录》中把"财务管理"列为工商管理学科下的一个本科专业以来，不少学校相继设立了该专业，各种教材也相继出版。在这种背景下，东北财经大学出版社组织全国各地的学者编著财务管理专业系列教材，本书正是其中之一，第一版于2002年出版。由于受到读者的关爱和青睐，其后多次再版。

人才是第一资源，国家发展靠人才、民族振兴靠人才。习近平总书记指出，要把立德树人融入思想道德教育、文化知识教育、社会实践教育各环节。财务管理教材建设是落实立德树人根本教育任务的关键举措，是实现财经类拔尖人才培养和财经知识传授的重要途径。面向新时代新征程，财务管理专业系列教材编著工作必须坚持将"立德树人"作为教育的根本任务，牢记为党育人、为国育才的初心使命，将社会主义核心价值观、"四个自信"、辩证唯物主义和历史唯物主义与理想信念等元素贯穿于财务管理课程教学的全过程，为中国特色社会主义现代化建设提供人才支持。

本书作为财务管理专业三种主要教材之一，前有《财务学原理》，主要介绍财务管理的基本知识、基本理念和基本方法，后有《高级财务管理》，主要介绍一些特殊的财务问题，因此，如何防止不必要的重复就成为本书编写的一个难点。在具体的编写过程中，我们把货币时间价值、财务分析等已在《财务学原理》中作为重点的内容略去未加论及，对于一些在企业理财中碰到的特殊问题（如企业兼并等）也略去不谈，以便给《高级财务管理》留出更多的空间。本书只对企业正常生产经营活动中出现的日常财务问题进行讲述，在编写中以务实的态度尽量做到理论联系实际，把重点放在如何操作上，便于读者通过阅读本书对财务管理的具体运作有一个清晰的认识。

近年来，我国资本市场快速发展，企业财务管理实践日新月异，各种管理体制和制度都发生了较大变化。党的二十大报告指出，要"充分发挥市场在资源配置中的决定性作用，更好发挥政府作用"，并提出"构建高水平社会主义市场经济体制"，"完善中国特色现代企业制度，弘扬企业家精神，加快建设世界一流企业"。这些重要论述为深化改革开放、构建高水平社会主义市场经济体制指明了方向。为深入贯彻党的二十大精神，加深学生对新时代我国财务管理变革与发展成就的理解，我们对本书作了此次修订。

本书此次修订仍保留原有的基本框架，主要介绍金融市场与有效市场假设，风险与收益（含投资组合、资本资产定价模型），资本预算，资本成本与资本结构，股利理论与股利政策，股票融资、长期负债融资、认股权证、可转换债券等中长期融资决策，短期融资、现金和有价证券管理、应收账款管理、存货管理等营运资本管理。与此同时，我们在

第五版各章节中融入思政元素，实现价值塑造、知识传授和能力培养的有机统一。我们还更新了部分知识点、案例和制度背景，并增加思维导图、视频导学、即测即评，旨在通过可视、可听、可互动的数字化学习资源培养学生的纳新能力。

本书第五版由宋献中、吴思明和刘莎莎编著。限于编著者的理论、业务水平，错漏之处在所难免，恳请读者批评指正。

编著者

2024年6月

择会计而从　从一而终
启学子而教　领路当梯

本书出版历程与
学习指导

课程思政内容要点

模块	授课要点	思政元素	教学方式
第1章 金融市场与 有效市场假设	1.金融市场的概念 2.金融市场的功能 3.金融市场的运作 4.有效市场假设的概念及其影响	1.培养辩证思维能力，深入理解实体经济与虚拟经济的对立统一关系 2.了解我国资本市场制度建设历程，增强制度自信	案例讲解，分组讨论，结合金融市场相关知识点，讨论某软件企业IPO遭否决的案例，结合实际分析如何完善和发展我国资本市场
第2章 风险与收益	1.风险的概念、成因及衡量 2.投资收益与风险管理 3.现代投资理论	1.培养风险管理意识，增强理财素养 2.理解风险管理在实现经济可持续发展过程中的重要作用	开展线上金融产品使用情况调查（如余额宝、零钱通），引导学生树立风险管理意识，理解投资风险-收益的匹配和平衡
第3章 资本预算	1.现金流量的含义及估计 2.资本预算方法 3.风险分析与最优资本预算	1.强化“凡事预则立，不预则废”的观念，培养远见思维 2.理解企业资本预算的复杂性，增强全局意识	鼓励学生分组讨论，运用沙盘模拟公司项目投资管理，培养大局意识
第4章 资本成本与 资本结构	1.资本成本的概念及测算 2.资本成本与财务风险 3.资本结构决策	1.理解资本成本的属性，增强责任意识和契约精神 2.认识到过度负债的经济后果，强化底线思维 3.培养实践导向思维，运用符合实际的资本结构理论分析公司资本结构决策	解读国家针对当前经济新常态提出的供给侧结构性改革，思考我国经济发展为何要“去杠杆”以及如何“去杠杆”，增强道路自信
第5章 股利理论与 股利政策	1.股利理论 2.股利政策 3.股利支付	1.认识到企业应在盈利的同时回馈社会，强化社会责任意识 2.加深对分配公正的理解，树立公平正义观念 3.理解企业利润分配过程如何平衡各方利益，培养整体规划和协调思维 4.了解我国股利发放相应法律法规，强化法治意识	引入万科集团股利政策案例，结合理论分析万科集团股利政策选择的影响因素以及市场反应，探讨企业在利润分配过程中承担的各种责任

续表

模块	授课要点	思政元素	教学方式
第6章 股票融资	1.普通股的基本概念、发行及价值形式 2.优先股的基本概念、发行及价值形式	1.认识到我国资本市场制度建设的具体成就，增强制度自信 2.了解信息披露的重要性，弘扬“讲信用、重信誉、守承诺”的道德观念 3.思考企业如何选择股票融资方式和发行时机，培养创新思维，激励学生发挥主观能动性	介绍我国新股发行从核准制到注册制的演进历程，感受我国资本市场法治化市场化水平正在全面提升，增强民族自豪感
第7章 长期负债融资	1.债券融资 2.定期借款 3.租赁融资	1.把握金融服务于实体经济的核心要义 2.了解证券相关法律法规，强化合法合规意识 3.鼓励批判性思考，分析长期负债融资机制可能存在的问题，增强责任意识	各小组通过线上调研和资料分析，思考企业通过公司债券方式筹集资金的动机，以及企业的经营与财务状况是否能为偿债提供足够保证，培养契约精神
第8章 认股权证与可转换债券	1.认股权证的价值形式及计算 2.可转换债券的价值形式及转换方式	1.强调法规对保护投资者权益和维护市场秩序的重要性 2.展现我国资本市场制度建设进展，增强制度自信 3.讨论认股权证投资中出现的不法行为，树立诚信为本理念	引入中国石化分离式可转换公司债券案例，分组讨论，增强职业素养
第9章 短期融资	1.短期融资概述 2.短期融资方式	1.展示我国短期融资市场的发展历程，了解国家对完善资本市场体系的战略部署 2.认识理性融资和诚信经营的重要性 3.培养理性消费观念，增强信用意识	通过对建设银行“证票通”贸易融资的案例分析，使学生认识到短期融资在满足企业流动性需求和支持多层次资本市场建设中的重要性
第10章 现金和有价证券管理	1.现金管理 2.短期有价证券 3.最佳现金持有量	1.立足辩证统一思维，解释为何在实践中确定最佳现有持有量时要“具体问题具体分析” 2.证券投资应合法合规，坚守职业理想与职业道德 3.了解新兴金融技术，关注我国资本市场前沿动态和创新特点，增强道路自信和民族自豪感	了解我国有关减轻企业负担的相关政策，引发学生深入思考企业现金管理的重要性，感受国家支持中小企业健康发展、着力构建大中小企业良好生态的坚强决心

续表

模块	授课要点	思政元素	教学方式
第11章 应收账款管理	1.信用政策 2.应收账款日常管理	1.强调合法经营的重要性，培养学生的法律意识和守法精神 2.讨论信用体系在市场经济中的作用，树立良好的信用意识 3.培养财务数据分析能力，加强实践操作能力	线上分享资料，共同解读我国企业应收账款管理的主要问题，比如坏账损失、流动性风险等，引发学生对信用体系建设的思考
第12章 存货管理	1.存货资产规划 2.存货控制	1.强调公正、敬业、诚信等社会主义核心价值观，避免存货管理中的资源浪费和污染等行为 2.明确存货管理工作需要细致严谨，培养“迈稳步子、夯实根基”的学习精神和职业精神 3.引导绿色财务管理思维，思考如何在存货管理中实现环保目标和可持续发展	由大型流通零售企业家乐福存货管理案例引入，鼓励学生思考国家“去产能、去库存”的重大战略部署会对企业存货管理产生何种影响

目　录

第1章 金融市场与有效市场假设

学习目标

知识传授：了解金融市场的概念，分类及其功能；掌握直接金融市场、间接金融市场和衍生金融市场的基本运作原理和运作流程；深刻领会企业理财与金融市场的关系；掌握有效市场假设的基本概念、内容和对财务管理的影响。

思维导图1

能力培养：明晰不同金融市场的作用，充分利用金融市场的功能，为企业的融资和投资服务，提高资金的使用效率；利用有效市场假设指导企业财务管理的实践活动。

价值塑造：深刻理解金融市场的资源配置作用；理解实体经济与虚拟经济的对立统一关系，避免脱实向虚，树立可持续发展思维；了解我国多层次资本市场建设与注册制改革等市场发展成就，增强制度自信。

视频导学1

引例：IPO遭发行审核委员会否决

某软件企业的首次公开发行股票申请被中国证券监督管理委员会发行审核委员会否决。发行审核委员会认为该企业不能发行股票的原因有以下几点：其一，融资的必要性不充分，这是因为该企业的资产负债率低，现金比较充足，且没有对外借款；其二，该企业的核心技术来自境外M公司的技术转让和技术使用许可，该软件企业的主要产品××信息管理系统由14个子系统构成，公司通过M公司独家技术许可获得的技术是该管理系统的核心模块，存在较大的技术依赖风险；其三，对募集资金的投资项目的必要性和可行性存在疑问，该公司募集资金大量用于固定资产投资（募集资金的1/3用于购置房产及装修，1/3用于购置硬件设备），发行审核委员会认为公司对大幅增加固定资产投资的必要性论证不充分，如果募集资金项目不能很快产生收益，购置固定资产的折旧、摊销将影响公司利润，存在拼凑项目圈钱的嫌疑。

1.1 金融市场概述

金融市场是资金融通的场所。与商品市场一样，它是由资金供给者和资金需求者形成的交易场所。这个场所可能是有形的，也可能是无形的。

1.1.1 金融市场要素

金融市场要素可分为核心要素和非核心要素。

1）核心要素

核心要素包括交易主体、交易客体（金融工具）、交易价格，是金融市场必不可少的要素。

（1）交易主体。交易主体是构成金融市场的第一要素，它是由参加金融市场交易的所有资金供应者和资金需求者共同构成的，包括个人、企业、政府机构、金融机构和中央银行等五类。

（2）交易客体。交易客体指的是金融工具，亦称信用工具，是在信用活动中产生，能够证明金融交易金额、期限、价格的书面文件。国际会计准则第39号将金融工具定义为：形成一个实体的金融资产并形成另一个实体的金融负债或权益工具的合约。金融工具可分为基本金融工具和衍生金融工具。基本金融工具是指能证明债权、债务和权益关系的具有一定格式的法律文件。包括各种货币、银行存款、债券、股票、票据、可转让存单、借款合同、抵押契约等。基本金融工具的特征表现为取得或者发生通常伴随资产的流入和流出；其价值由标的物本身的价值决定。衍生金融工具是在基本金融工具的基础上产生的。国际会计准则第39号认为衍生金融工具是具备如下三个基本特征的合约：①由于特定利率、金融工具价格、商品价格、外汇汇率、价格或利率指数、信用等级或信用指数，或其他标的的变动而发生价值变动；②不要求初始净投资或要求初始净投资小于预计对市场因素变化有类似反应的其他类型合约所要求的初始净投资；③在未来某日进行结算。

（3）交易价格。在金融市场的交易中，利率即资金商品的价格。健全的利率机制能够有效地调节市场资金的供给与需求：当资金供不应求时，市场利率会趋于上升；当资金供过于求时，市场利率又能自动下降。通过利率的自由调节，引导资金合理流动。不同的金融市场有不同的利率，如贴现市场利率、国库券市场利率、银行间同业拆借市场利率等。在金融市场上决定利率高低的因素有纯粹利率、通货膨胀溢价、流动性溢价、违约风险溢价和期限风险溢价。纯粹利率是指无风险情况下的平均利率。通货膨胀溢价是投资者为弥补通货膨胀造成的购买力损失而要求的利率补偿。流动性溢价是投资者对流动性低的证券要求的利率补偿。违约风险溢价是投资者对违约风险大的证券要求的利率补偿。期限风险溢价是指因到期时间长短不同而形成的利率差别。

2）非核心要素

非核心要素包括金融中介机构和金融监督管理机构，非核心要素虽不是必不可少的要素，但在现代的金融市场中发挥着重要作用。

（1）金融中介机构。中介机构是金融市场上资金供应者和资金需求者之间融通资金的桥梁，实现交易的介绍人。扮演中介人的是银行和非银行金融机构与经纪人，包括商业银行、投资银行、储蓄银行、保险公司、信托投资公司、信用合作社、养老基金以及投资基金等。它们通过吸收存款、发放贷款或代客户发行证券，代理证券投资等业务，充当金融交易中介。

（2）金融监督管理机构。随着经济的全球化，金融市场正经历着全球化的巨变。金融管理机构越来越显示其在金融市场上的重要性。在我国，中国人民银行是金融监督管理的最重要的机构，其次如证券监督管理委员会、银行保险监督管理委员会等也是金融管理监督机构。

引例中的某软件企业即为交易主体，拟发行的股票为交易工具，如果经发审委审核通过，IPO的价格即为交易价格。此案例中保荐人为中介机构，证监会发审委为监督机构。

1.1.2　金融市场的运作流程

经济中大量存在着资金盈余部门和赤字部门，因此需要有某些机制，使盈余部门的储蓄能够转化为向赤字部门的投资。一般来讲，资金从盈余部门流向赤字部门有两种方式：一种是直接融资，即资金不通过任何金融中介而直接流向赤字部门；另一种是间接融资，即资金通过某种金融中介的作用间接流向赤字部门。

金融市场上资金流动的状况如图1-1所示。

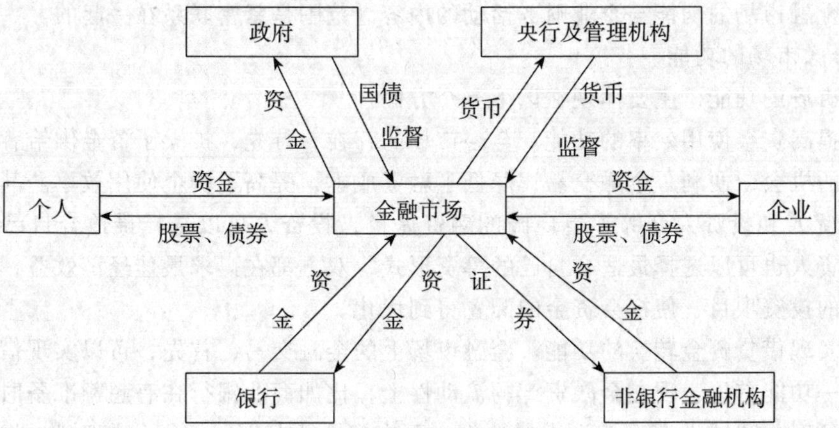

图1-1　金融市场资金流动状况

1.1.3　金融市场的分类

在金融市场上，金融交易的对象、方式、条件、期限是多种多样的，要对金融市场作一个概括分类是比较困难的。从不同角度来观察，金融市场可以有不同的分类。各种不同类型的金融市场构成了广义的金融市场。图1-2是从不同角度对金融市场的分类。

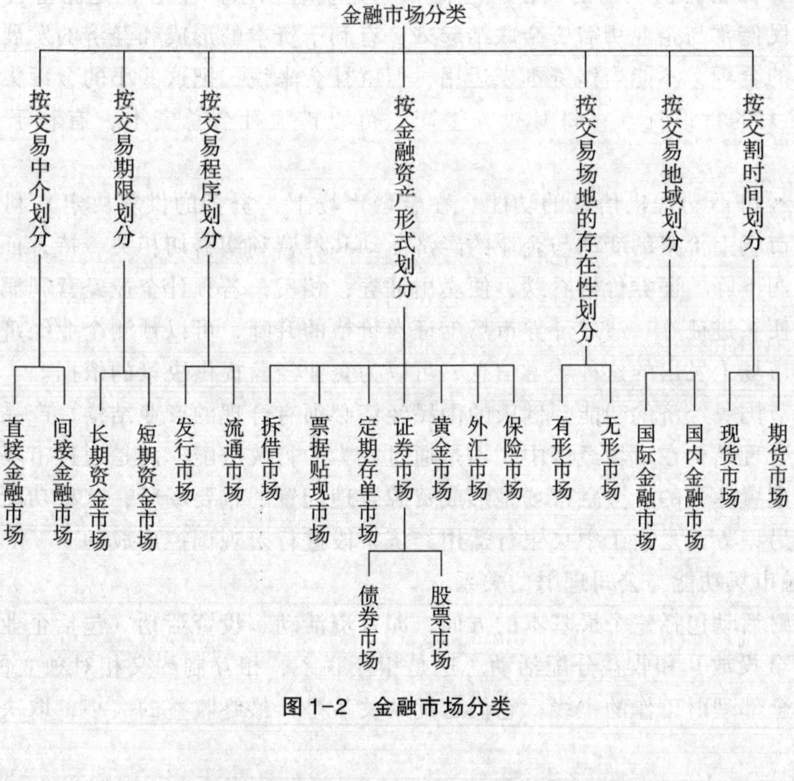

图1-2　金融市场分类

1.1.4 金融市场的功能与企业理财

由于现代市场经济是经济关系货币化的经济，金融手段全面介入社会经济的运行，金融活动牵动着商品的交换和生产要素的重组，发达的金融市场在现代市场经济体系中居主导地位。这就决定了金融市场对企业财务行为的社会化具有重大影响，使企业的理财活动从企业内部扩展到企业外部的整个金融市场体系中，从而在企业理财与金融市场之间形成一种相互交融的辩证关系，使复杂、多变的金融市场对企业的生产经营和财务活动产生重大影响。金融市场的功能与企业财务活动的内容、范围是紧密联系在一起的。

1）金融市场的功能

金融市场的功能，主要体现在以下五个方面：

（1）提高资金使用效率的功能。金融市场的存在，首先，扩大了资金供给者和资金需求者接触的机会，便利了金融交易，降低了融资成本，提高了资金使用效率。其次，金融市场为筹资人和投资人开辟了更广阔的融资途径，投资人可以选择最适合自己的投资工具，而筹资人也可以选择最适合自己的筹资形式，双方都在谋求最佳经济效益，将资金投向最有利的投资项目，使社会资金的配置得到优化。

（2）实现借贷资金转换的功能。金融市场上的金融交易，首先，可以实现借贷资金的转换。这一功能首先表现在金融资产的流动性上，比如商业银行在有超额准备时可以在货币市场上暂时拆出或购买短期证券或票据，而在资金不足时，又可以随时收回变成现款。其次，可以把短期资金转为长期资金，如机关、团体、企业事业单位或个人可把手中短期性的闲置资金投资于长期有价证券，因为有价证券在金融市场上可以转让，随时转换为现款，这样就可实现短期闲置资金与长期资金的转换，不仅方便了短期资金的投资人，也便于企业筹集长期资金，用于扩大再生产。

（3）引导储蓄转向生产的功能。金融市场是资金供求的中心，是储蓄转为投资的桥梁。它把国民储蓄与企业所需资金联结起来，有利于资本的形成和经济的发展。就个人来说，一个小的金额，不能当作资本来运用，但就社会来说，把这些小的金额集中起来，就形成一个巨大的货币资本，将其投入生产，可以扩大社会总资本，有利于促进经济的发展。

（4）为经济活动提供信息的功能。在金融市场上，资金的供求决定其利率水平。同样，证券在市场上价格的变动与企业的经济活动和经营利润密切相关。持有证券者若预计企业经营利润下降，证券价格看跌，便卖出证券；相反，若预计企业经营利润上升，证券价格看涨，便买进证券。通过证券市场上证券价格的升降，可以预测企业经济活动和利润水平。金融市场上发出的这种金融信息，可以为企业经营提供决策的依据。

（5）调节国民经济的功能。健康的国民经济必须有合理的产业结构、产品结构、技术结构，这些合理结构在市场经济中，不是通过人为的行政分配，而是通过市场机制，通过合理的资源配置达到的。金融市场是形成资源合理配置的重要场所，这种功能一方面是自发形成的，另一方面是由于中央银行运用经济手段进行宏观调控形成的。

2）金融市场功能与公司理财的关系

企业理财活动包括三个最基本的方面，即筹资活动、投资活动（包括企业内部资金配置和外部资金投放）和收益分配活动。这是相互联系、相互制约又相对独立的三个方面，构成了企业全部理财工作的主线。它们之间的关系是：最终收益的大小，取决于投资的规模、组合及效益；而投资的规模、组合及效益又受制于筹资的数量、结构及其代价。为实现企业的财务目标——股东财富最大化，要从企业整体的最优化出发，首先，要进行科学的投资决策，确定最佳的投资流向和流量，以期获得最佳的投资效益，这是进行筹资决策的基础。其次，要进行科学的筹资决策，合理选择筹资方式、筹资规模和筹资结构，并对预期筹资效益与筹资成本进行对比分析，以期达到既能优化企业的资本结构，又能提高企业的盈利水平的目的。最后，要科学地进行收益分配决策，正确确定企业利润留存与分配的比例和合理的股利政策。这些决策与政策的成效，对企业长期、健康发展有重大影响。

企业上述的三项活动：筹资、投资、收益分配与金融市场有非常紧密的联系。筹资、投资当然离不开金融市场，收益分配也必须充分考虑金融市场的状况，况且，三者之间联系紧密，浑然一体，更是不得不高度重视金融市场。总的来说，金融市场与企业理财的关系可概括如下：

（1）金融市场是企业投资和筹资的场所。金融市场上有许多种融通资金的方式，并且比较灵活。企业需要资金时，可以到金融市场选择适合自己需要的方式筹资。企业有了剩余的资金，也可以灵活选择投资方式，使资金得到有效的利用。

（2）金融市场的价格发现过程确定了金融资产要求的收益率，为企业的投、融资决策提供了基本的依据。金融市场上买方和卖方的相互作用决定了交易资产的价格，即确定了金融资产的收益率。由于各种资产的风险不同，从而使得各种资产所要求的回报率不同，企业在进行融资决策时，应根据企业的具体情况，选择不同的资本结构，使其资本成本达到最低。在投资决策中，企业应运用资产的最低收益率作为贴现的标准。金融市场的价格发现过程实际上决定了资金在不同企业之间的分配。

（3）金融市场为企业资金的互相转化提供了一种机制。金融市场提供了一种流动性，企业持有的股票和债券等长期资金在金融市场上随时可以转手变现，成为短期资金；与此相反，短期资金也可以在金融市场上转变为股票、债券等长期资产。

（4）金融市场为企业理财提供有意义的信息。金融市场的利率变动，反映资金的供求状况，有价证券的行市反映投资人对企业的经营状况和盈利水平的评价。它们是企业经营和投资的重要依据。另外，金融市场减少了企业搜寻信息的成本。

即测即评 1.1

1.2　间接金融市场和直接金融市场

在1.1节中，我们对金融市场进行了分类，其中，按是否存在交易中介可以把金融市场分为间接金融市场和直接金融市场，下面对这两种主要的市场进行分析。

1.2.1　间接金融市场

间接金融市场是指资金的供给者并不能直接把资金交到资金的真正使用者手中，而必须通过金融中介机构作为媒介来完成资金传送的市场。

1）商业银行

商业银行（Commercial Bank）是指吸收公众存款、发放贷款、办理结算的信用机构。随着经济的发展，商业银行同其他金融机构的业务界限日趋消失，但是在许多方面是其他金融机构所不能代替的，仍是银行体系的基本环节，在银行体系中占有重要地位，在信用活动中起着主导作用。如美国50家大商业银行的资产总额和存放款总额约占全国的1/3。我国的四大国有商业银行的资金实力、存放款余额均在我国金融界位居前列。商业银行的主要职能有以下几个方面：

（1）充当信用中介。这是商业银行的基本职能。银行通过吸收存款，动员和集中社会上一切闲置的货币资本，然后，通过放款把这些货币资本贷放给企业使用。这样，银行实际成了货币资本的贷出者和借入者之间的中介人。银行作为信用中介，可以克服资金供给者和需求者之间直接借贷的种种限制，如在资金数量、借贷时间、空间、期限上不易取得一致和不易了解借款者资信等方面的局限性。银行通过信用中介职能对资本进行再分配，使货币资本得到充分有效的运用，加速了资金的周转，促进了生产的扩大。

（2）资本创造功能。个人的货币收入是用来供个人日常消费的，储蓄则是为了供将来的消费，所以它们都不是资本。但是，通过银行把它们汇集起来贷放给企业使用，这些非资本的货币就转化为资本。

（3）充当支付中介。银行为企业和个人办理各种同货币资金运动有关的技术性业务时，便充当支付中介。由于银行具有较高的信誉和较多的分支机构，银行业务又与各个企业和部门有密切联系，因此，无论企业还是个人都愿意委托银行保管货币、贵金属、有价证券，办理货币收付和转账结算。这样，银行就成了企业和个人的“出纳”和“账房”。银行通过账户为顾客办理货币结算，对于节约流通费用，加快资本周转速度具有重要意义。

（4）创造信用流通工具，产生派生存款。商业银行与其他金融机构的最根本区别在于商业银行能够创造支票作为信用流通工具。借助于支票流通，商业银行可以超出自有资本和吸收资本的总额而扩大信用。当商业银行吸收存款后，在给中央银行上交一定比例的法定准备金后，可将剩余存款贷出，然后再把贷款转变为存款，在此基础上，再上交部分法定准备金，如此往复循环，派生存款的数量在理论上可达到原始存款的1/K倍（K为法定准备金率）。除此以外，商业银行还能创造如银行本票、大额存单等信用流通工具。

2）其他金融机构

在金融市场上，除商业银行外，还有种类繁多、形式各异的金融机构。具体来说，可大致分为以下三类：专业性银行、政策性银行和非银行金融机构。

（1）专业性银行。专业性银行是指有专门经营范围和提供专门性金融服务的银行。专业银行种类甚多，名称各异，主要有投资银行、储蓄银行、抵押银行、合作银行、清算银行等。

（2）政策性银行。政策性银行是指那些多由政府创立、参股或保证的，不以营利为目的，专门为贯彻并配合政府社会经济政策或意图，在特定的业务领域内，从事政策性融资活动，充当政府发展经济、进行宏观经济管理的金融机构。我国有三大政策性银行：国家开发银行、中国农业发展银行、中国进出口银行。

（3）非银行金融机构。一般来说，人们把商业银行、专业银行、政策性银行以及中央银行以外的金融机构列入非银行金融机构。非银行金融机构构成庞杂，如信托公司、保险公司、租赁公司、财务公司、信用合作组织、消费信贷公司等。

①保险公司。保险公司是金融机构的一个组成部分，是经营保险业务的经济组织。它

是以集合多数单位和个人的风险为前提，用其损失概率计算分摊金，以保险费的形式聚集起来，建立保险基金，用于补偿因自然灾害或意外事故所造成的经济损失的具有法人资格的企业。

②财务公司，亦称“财务有限公司”。它是经营部分银行业务的非银行金融机构。其中，有的专门经营抵押贷款业务，有的依靠吸收大额定期存款作为贷款投资的资金来源，有的专门经营耐用品的租购或分期付款销货业务。我国的财务公司主要经办的业务有：人民币存款、贷款、投资、信托、融资租赁等。

③信托投资公司。信托投资公司属信托公司类型之一。它除办理一般信托业务外，其突出的特点在于从事投资业务。信托投资公司的活动方式是：通过发行股票或债券来筹集本公司的资本并用以购入其他公司的债券、股票，再以购入的证券作担保，增发新的投资信托证券。

1.2.2 直接金融市场

直接金融市场是指资金的供给者能直接把资金交到其使用者手中，而不通过任何金融中介机构来完成资金传送的市场。直接金融市场的典范是股票市场和债券市场。

1）股票市场

股票市场可以按交易程序划分为股票发行市场和股票流通市场。

（1）股票发行市场。发行股票需具备一定条件，最重要的条件是股票发行人必须是有股票发行资格的股份有限公司。股票发行方式很多，其中，最常用的有以下几种：公开发行、不公开发行、直接发行、间接发行、增资发行。公开发行与不公开发行的区别在于股票是否公开销售。直接发行与间接发行的区别在于是否委托证券公司等金融机构代理发行。间接发行时，承销者可以采用代销、包销、助销中的任一方法进行。增资发行是指股份有限公司为增资扩股而发行新股票的行为。

（2）股票流通市场。股票流通市场是指股票交易市场。股票交易市场可以分为：证券交易所市场，场外交易市场。证券交易所是依据国家有关法律，经政府证券主管机关批准设立的证券集中竞价交易的有形场所。就其形式来说，主要有会员制和公司制。场外交易是指证券商在证券交易所以外，与客户直接进行证券买卖的行为。

2）债券市场

债券市场按债券发行时间的长短可分为两个部分：一部分是发行的债券在一年期限以内还本付息，这个市场属于货币市场；另一部分是发行的债券在超过一年的期限内还本付息，这个市场属于资本市场。如美国的国库券市场属于前一部分。公司发行的长期债券则属于资本市场的范畴。债券是公司进行融资的重要渠道，一般来说，通过银行信贷获得的资金使用期限都比较短，而通过发行债券融资获得的资金使用期限较长。

即测即评 1.2

1.3 衍生工具市场

衍生工具（Derivatives），顾名思义，是指那些从基础的交易标的物衍生出来的交易工具。这里所说的基础的交易标的物，是指人们所熟悉的具体的财、物，包括商品、外汇、股票及债券等等。衍生工具的价值取决于那些基础标的物的价格变化。衍生工具最基本的用途是帮助公司回避风险。概括来讲，衍生工具大致可分为四类：远期、期货、期权与互换。

1.3.1　远期

远期交易是一种按确定的价格在将来的某个确定日期进行交割的买卖行为。远期合同是关于在未来某一时间以一定价格买卖某种商品的协议。远期交易是在现货交易的基础上，为了避免未来商品或证券的风险而产生的。远期合同中所有的条款，如证券的质量（等级标准、到期日、利率）、数量、交割的方式方法、价格、结算的方式等，都由交易双方协商确定。

远期合同的价值取决于到期日的现货价格与远期价格之间的差异。而远期价格的确定体现了交易双方各自的预期。

1.3.2　期货

期货合同本质上同远期合同相同。两者都是为将在未来某一时间发生的交易预先确定价格。相对于远期合同来说，期货合同最大的特点是标准化。期货合同的标准由交易所具体规定。具体地说，一个期货合同中必须规定交易物、交易量、交割地点及时间等等。表1-1总结了期货交易与远期交易的区别。

表1-1　**期货交易与远期交易的区别**

项目	远期交易	期货交易
合同规模	商议确定	标准化
交割日期	商议确定	标准化
交易场所	场外市场	期货交易所
价格确定	买卖双方商定	交易所内公开竞价
现金流量	不经常，很多时候只在交割日发生一次	随合同每日发生，逐日盯市
合同安全保证	视双方信用关系，无第三方担保	实行保证金制度
交割频率	大部分合同进行到期交割	绝大部分合同到期前冲销掉
监管	自行规范	交易所负责进行规范

期货可以简单地分为商品期货和金融期货。商品期货的交易比较早，芝加哥期货交易所（CBOT）在19世纪60年代就开始了商品期货的交易。第一份金融期货合约是1972年美国芝加哥商品交易所推出的货币期货。1975年，芝加哥期货交易所推出了第一份大额抵押证券期货合约，同年，开始交易美国政府国库券期货合约。第一份股价指数期货合约的交易于1982年在堪萨斯城交易所展开。1982年，商品期货交易委员会允许期货、证券交易所开展期货的期权交易。

金融期货可分为三类：利率期货、指数期货、货币（外汇）期货。利率期货实际上就是附有利率的有价证券的期货。利率期货合约买卖双方保证在将来某一时间购买或出售一定数量的某种固定收益证券，如美国政府短中长期国债、欧洲美元存单。指数期货就是标的资产是股价指数的期货，期货合约保证在将来规定的时间向持有者提供既定的股价指数。外汇期货合约是这样一种标准化合同，它规定持有者在既定的时间内以事先约定的汇率获得或卖出一定数量的外汇。而这种外汇仅限于可自由兑换成其他国家的货币，如日元、美元、英镑等。

1.3.3　期权

期权是指一种交易合同，购买这种合同的人或合同持有人可以获得一种在指定的时间内按协定价格买进或卖出一定数量的证券的权利。期权有两种基本形式：一是买入期权（Call Option），又称看涨期权；二是卖出期权（Put Option），又称看跌期权。顾名思义，买入期权给予持有者买入某种商品的权利，卖出期权给予持有者卖出某种商品的权利。

期权还有美式和欧式之分，美式期权（American Options）的持有者可以在到期日前的任何时间执行其期权，而欧式期权（European Options）则只能在到期日当天执行。显然，对于期权持有者来说，美式期权更为灵活，选择性更强。也因为如此，其他条件相同的情况下美式期权的期权费要高于欧式期权。

期权具有如下基本特点：（1）它不是一种真实的证券，而是由合同双方签订的合约，这种合约导致证券或商品的交换。（2）这种合同买卖的是一种买或卖的权利，而不是证券或商品本身。（3）期权合同持有者有权买进或卖出，但没有义务必须买进或者卖出。（4）购买合同者必须向出售这种期权合同的人支付一定的期权费，作为转让这种权利的补偿，不管期权是否履行，期权费都不能收回。

1.3.4　互换

互换，是指合同双方在未来按某种预先确定的规则互换现金流的协议。它可以把与资产或负债相关的现金流转换成为公司所需要的形态。目前，互换业务基本上是以场外交易的方式进行。按互换对象不同，可以把互换分为利率互换、货币互换、商品互换和资本互换四大类。其中以利率互换和货币互换应用最为广泛。

1）利率互换（Interest Rate Swap）

利率互换是指交易双方在债务币种相同的情况下，互相交换不同形式利率的一种预约业务。假设A、B两个公司达成一个利率互换协议，在未来一段时期中，A公司就某一数量的本金按某一固定利率定期支付B公司利息，B公司则就同一数量的本金按某一浮动利率定期支付A公司的利息，本金的年限相同，且币种相同。实际的结果是，在每次交换现金的时候，A公司支付B公司固定利息，同时收取B公司所付的浮动利息，B公司支付给A公司浮动利息，但同时收取A公司所付的固定利息。

2）货币互换（Currency Swap）

货币互换最简单的形式是，以一种货币贷款的本金和固定利息交换另一种货币下的金额相当的贷款的本金和固定利息。假设一家美国公司A需要为其在英国的子公司融资，而另一家英国公司B则希望为其在美国的子公司融资，双方都需要定息贷款。美国公司A对美国的融资市场较熟悉，借入美元有优势，而它却需为其英国的子公司借入英镑；同时，英国公司B对英国的融资市场较熟悉，借入英镑有优势，而他却需为在美国的子公司借入美元。两公司可分别在其有比较优势的市场中借款，也就是说A公司借美元，B公司借英镑，然后通过一个货币互换把A公司的美元借款转换为其所需要的英镑借款，同时把B公司的英镑借款转换为美元借款。

即测即评 1.3

1.4 有效市场假设

有效市场假设是现代财务学的理论基石之一，它是联结财务管理与金融市场的基本纽带，是财务投融资的基本前提。

1.4.1 有效市场假设的基本含义

有效市场的发现是一次非常偶然的机会，1953年英国皇家统计学会聚会伦敦，讨论一篇不寻常的论文《经济周期序列分析》（第一部分：价格）。其作者是当时一位有名的统计学家莫里斯·肯德尔。他当时的初衷是为了追寻股价波动的行为模式，但研究的结果使他发现股价没有任何模式可寻，它好像“一个醉汉走步一样，几乎宛若机会之魔每周扔出一个随机数字……把它加在目前的价格上，以此决定下一周的价格”[①]。换言之，股价似乎遵循一种随机游走的规律。这一发现引起经济学家们的兴趣，经过研究得出结论，随机价格波动反映的正好是一个功能良好、有效率的市场，而不是非理性的。

有效资本市场是指那种证券价格完全反映了可得信息的市场。假定A电脑公司将开发一种比现有电脑运行速度快20%的新电脑，该公司已经过论证，得出这项研究的NPV大于0。现在来考虑什么决定了投资者以特定价格持有A公司股票的意愿，一个重要的因素就是A公司是第一家开发这种电脑这一事件的可能性有多大，在有效的市场上，如果可能性增加，则A公司的股票价格将上涨。

如果一位很有名的电脑工程师受雇于开发新电脑，如果雇佣信息是在星期二早晨在报纸上公布的，在有效市场上，A公司的股价将立刻反映这一信息，投资者不可能在星期二的下午买入股票而在星期三获利。有效市场假设表明，星期二下午的股价已经反映了星期二上午公布的信息。

由于市场是有效的，所以投资者只能希望得到正常的收益率，公司也只能希望得到其出售证券的公平价值。也就是说，在有效市场上，投资者在资本市场上都是公平的。例如，某一管理者发现某一公司在技术上将有一个重大突破，并预见今后的几年里，利润将会翻一番。如果市场是非有效的，管理者将从那些没有发现新情况的投资者手中低价购入股票。在此情况下，获得信息的投资者所取得的收益是建立在未取得信息的投资者的损失之上的，这是不公平的。如果市场有效，投资者都已知该信息，则这一管理者要为购买股票支付公平价格。公平对鼓励个人投资是非常重要的，但这并不意味着投资没有风险，它只是意味着风险是公平的，即投资者所取得的收益与其所承担的风险是相称的。信息有效性对财务经理相当重要，因为管理决策的结果会很快地、准确地在股价中得到反映。

有效市场的形成是投资者相互竞争的结果，作为投资者都竭尽全力研究所得到的信息，从而使所有信息都挖掘殆尽。所以股价的真实价值就是投资者综合所有信息而形成的一种均衡价格。如果价格总是反映所有相关的信息，那么只有当新的信息产生之后，价格才会发生变化。有效市场和非有效市场下股价对新信息的反映如图 1-3 所示。

---

① BREALEY R，MYERS S.Principles of corporate finance［M］. NY：McGraw-Hill，1984：226.

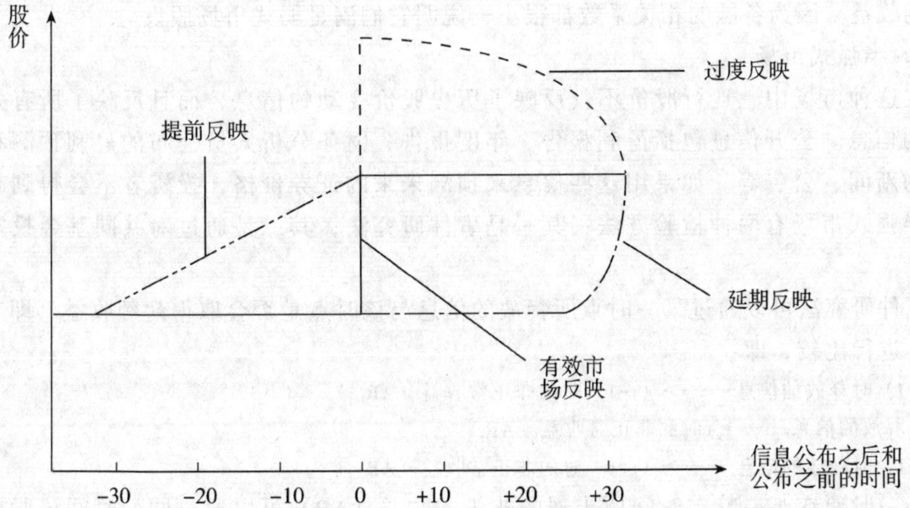

图1-3 市场股价对新信息的反映

图1-3表明，只有在信息公布之时，股价马上反映这一信息，这才是有效市场，图中用实线表示，其他情况均为无效市场，要么是提前反映，要么是过度反映，要么是延期反映。

1.4.2 市场有效性的等级

1967年，哈里·罗伯茨把有效市场分为三个级别，即弱式市场、半强式市场和强式市场。

1）弱式市场

在这种市场中，现行股价充分反映了历史股价运动轨迹的所有信息。在这种情况下，单纯根据历史的股价模式是无法预测未来的股价变动的。例如，某上市公司的股价在几个月内稳步增长到现在的每股25元，当这一价格充分反映了所有的增长信息时，那么，下一阶段的股票是涨还是跌，其概率相同，完全是一种随机模式。

弱式市场通常可以用下列公式表达：

$$P_t=P_{t-1}+\text{期望收益}+\text{随机误差} \tag{1.1}$$

上述公式表明，今天的股价等于过去的股价与可观察到的股票的期望收益和整个间隔期内可发生的随机误差之和。过去的股价可以是昨天、上个星期、上个月，也可以是上年或以前若干年的股价。期望收益是证券风险的函数，随机因子受股票的新信息所影响，它可能为正，也可能为负，其期望值为0。如果股价遵循上述公式则为随机行走，也即意味着过去股票的价格运动与未来的股价运动是不相关的。许多财务学家和经济学家通过股价变动的相关性分析，对各种股票市场的有效性进行了检验。例如，B.斯柯里柯（B. Skolnik）的结论为：美国的相关系数为0.03，英国为0.08，瑞士为0.01，法国为-0.01，瑞典为0.06，意大利为-0.02，德国为0.08，荷兰为0.03，比利时为-0.02。[①]这些系数表明昨天的收益与今天的收益是否相关。例如，德国的相关系数是0.08，是正相关，意味着今天高于平均收益的股票有较小的可能性于明天也会出现其收益高于平均收益，而比利时的相关系数为-0.02，意味着今天高于平均收益的股票于明天有很小的可能性会出现其收益低

① SKOLNIK B.A note on validity of the random walk for European stock prices［J］. Journal of Finance，1973（12）.

于平均收益。因为各国的相关系数都很小，说明它们满足弱式市场假设。

2）半强式市场

在这种市场中，现行股价不仅反映了历史股价变动的信息，而且反映了所有公开可得到的信息。公开信息包括盈利报告、年度报告、财务分析人员公布的盈利预测和公司发布的新闻、公告等。如果用这些信息来预测未来的证券价格，投资者不会得到超额收益。半强式市场有两种检验方法：其一是事件研究法；其二是通过对共同基金投资收益的记录。

事件研究法可以通过某一时点所释放的信息与该时点是否会取得超额收益（即非正常收益）进行比较，即：

(t-1) 时释放的信息 ⟶ (t-1) 时的非正常收益（AR_{t-1}）

t时释放的信息 ⟶ t时的非正常收益（AR_t）

(t+1) 时释放的信息 ⟶ (t+1) 时的非正常收益（AR_{t+1}）

某一股票在某一特定时间所出现的非正常收益（AR）可以通过同一时间该股票的实际收益（R）与正常收益相减求出来，即：

$$AR=R-R_m=\text{实际收益}-\text{正常收益} \tag{1.2}$$

这里，正常收益可以基于多种资产定价模型估计得到，我们将在本书第2章进行补充介绍。根据有效市场假设，在时间t时的股票非正常收益AR_t应该反映时间t时所释放的信息。在此之前所释放的信息都不应该对这一时间的非正常收益产生影响，因为该影响应该在以前已发生。同样，今天股票的收益不会取决于市场不知道的信息。换言之，有效市场总是把信息反映在其股价中。事件研究是一种统计研究，考察的是资产收益是否与信息释放的时间与方向一致。

如果市场是半强式有效，则不管共同基金的管理者利用什么样的公开信息去挑选股票，他们所获得的平均收益应该与市场上其他投资者的收益是一致的。这就是通过对共同基金投资收益的记录来检验市场是否为半强式有效的方法。

3）强式市场

如果证券价格已反映了所有可知的信息，包括内幕信息的影响，那么，这类市场被称为强式市场，是最高等级的有效形式。这种情况很少存在。

三种有效市场的关系可用图1-4表示。

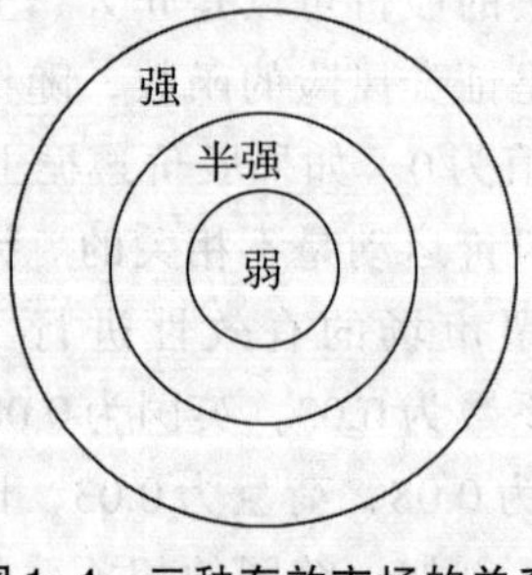

图1-4 三种有效市场的关系

如果用大圆表示全部信息，中圆表示所有公开的信息，小圆表示历史的信息，则说明，强式有效既包括半强式有效，又包括弱式有效，而半强式有效自然也就包括弱式有效。三种有效形式所不同的只是它们的股价所反映的信息不同而已。

1.4.3 有效市场假设对财务管理的影响

有效市场假设是财务管理的基本理论问题，同时它也指导着财务管理的实践活动，有效市场假设对财务管理的影响表现在以下几个方面：

1）融资时间的选择

有些财务经理认为：发行新证券要选择一个较好的时期。他们通常不愿在价格下跌后发行股票，他们期盼价格的反弹，认为发行股票应在市价最高的时候进行。然而，如果市场是有效的，财务经理怎么能够知道明天的股价一定会比今天高或低呢？今天的低价也许是未来五年内的最高价。因为市场有效，所有的现时信息都在股价中得到反映。除非财务经理对市场的其他信息有所掌握，否则他不会知道市场往哪个方向发展。

2）会计政策的变更

会计人员按照法定的程序报告公司的业绩，但可以选择不同的法律许可的方法。例如，在存货计价方面，公司可以在先进先出法和加权平均法之间进行选择。对建设项目可以采用完工百分比法或完工合同法，在计提折旧方面既可以采用直线折旧法，也可以采用加速折旧法。

会计人员经常被指责滥用这些会计政策来提高收益，继而提高股价。然而，在有效的市场上，股价是建立在对证券所提供的现金流量及其风险的未来预期之上的。也就是说，这些预期反映了所有的现行信息。如果一家公司试图通过改变会计政策，改变信息使其股价提高，这种行为是很容易被投资者识破的。

美国学者R.S.卡普兰（R.S.Kaplan）和R.罗尔（R.Roll）在验证美国半强式市场时，曾考察过一家公司改变折旧方法对股价的影响。这家公司把按加速折旧法计提折旧改为按直线折旧法计提折旧，在其报告中，折旧数额减少了，盈利提高了，但其并没有影响公司的税额，因为税务当局允许公司用加速折旧法计提折旧作为纳税的基础，这也意味着折旧法的改变不会影响公司的现金流量。研究结果表明，由于开始阶段宣布公司盈利增加，继而引起股价上升，因为投资者并不知道收益提高的原因。但几个月以后，当投资者了解其真实情况之后，股票价格急剧下跌。[①]这就意味着在有效市场上，试图通过改变会计政策来实现股价的提高是不太可能的。

3）利用NPV方法对项目进行评估

在评估一个新项目时，财务经理往往采用净现值法。在选择贴现因子时，往往采用资本市场上的平均收益率，这实际上假定特定项目要求的回报率应大于投资于风险相等的股票的回报率。这种假定实际上是承认市场有效，即承认市场的回报率是公平的，依此所作出的项目评估是正确的。

4）兼并和购买的目的

如市场有效，则意味着股价是公平合理的，股票的交易是按NPV等于零来进行的，即期望收益的贴现值等于证券的市价。当然，这并不意味着股票投资是一种无利的投资，它仅仅意味着按公平价格进行交易，即价格与股票的风险和收益相匹配。

同样的道理，公司的兼并与购买也是按照NPV等于零来进行的，即购买者不盈不亏。

---

① KAPLAN R S， ROLL R. Investor evaluation of accounting information： Some empirical evidence ［J］. Journal of Business， 1972（4）： 45.

基于此，那些认为通过兼并和购买本身可以获利的想法是完全不正确的。兼并和购买的目的是通过优势企业充分利用和盘活被兼并公司的资产，使之在未来创造更多的收益，也就是说，只有通过兼并公司加强经营管理才能从中获益。

5）现行市价的公平性

如果市场有效，那么“某股票价值被低估（或高估）”的表述将是毫无意义的。因为现行股价已反映了所有已知的信息。因此，投资者知道，如果他们以现行价格购买证券，他们正接受公平的风险和收益。财务经理也知道，他们以现行市价发行新股，意味着他们以公平的成本筹集资本。

市场有效性假设对投资者提供如下启示：(1) 股价不能被预测，而只能被现在不知道的事件所影响。(2) 带着寻找价值被低估的个股的企图而对个别股票作详细分析是没有用的；特别是想用技术方法通过研究公开信息来发现具有超额收益的股票是极不可能的事。(3) 投资者应尽量减少交易的次数，以使交易成本最小化。(4) 在投资活动中资本规模是相当重要的，因为不论投资者拥有多少资本，其选股所花的精力是一样的，因此，管理大额资本比管理小额资本效率更高。(5) 最佳的管理是组合管理。与费尽心机选股和频繁交易相反，投资者应投资于一组分散化的证券组合并且长期持有。证券组合的风险水平应与投资者的风险承受能力相当，应依据股票的风险来选择股票，投资者还应考虑税收因素和现金流量需求。(6) 应充分认识到投资的风险。(7) 对投资专家、顾问的言论不能完全相信，因为市场有效，投资者根本不可能通过他们的建议来获取超额收益。

即测即评 1.4

专论

并非有效的市场：行为财务

有效市场理论建立在三个逐渐放松的假设之上。其一，投资者被认为是理性的，所以他们能对证券作出合理的价值评估；其二，在某种程度上某些投资者并非理性，但由于他们之间的证券交易是随机进行的，所以他们的非理性会相互抵消，从而证券价格并不会受到影响；其三，在某些情况下，非理性的投资者会犯同样的错误，但他们在市场中会遇到理性的套利者，后者会消除前者对价格的影响。

行为财务则认为：首先，将一般大众特别是投资者假设为一直是完全理性的，很难令人信服，许多投资者经常依据一些并不相关的信息来作购买决策，他们依据的是“噪声”而非信息。其次，心理学的研究已经清楚地表明，人们并不是偶然偏离理性，而是经常以同样的方式偏离。入市不深的投资者在多数情况下是按照自己的投资理念来买卖股票的，他们的买卖行为之间有很大的相关性，他们之间的交易并非随机进行的，而是在大致相同的时间，大家都试图去买和卖同样的股票（包括基金都是如此，因为基金操作是由个人进行的，大部分基金经理希望得到不低于市场平均报酬率的回报率，从而使各基金之间具有相同的操作）。最后，现实中的套利不仅充满风险，而且作用有限。具体表现为：第一，证券市场并没有完全一致的替代品，当一个套利者依据相对价格的变化买进和卖出股票后，他要承担与这种单只股票相关的风险，即卖出股票后出现了特大的利好消息，而买进股票后出现了特大的利空消息。第二，套利面临着再次出让时价格的不可预知性，即使能得到两种完全相同的证券，价高者可能会继续走高，价低者也会继续走低。

本章小结

•财务是商品货币经济的产物，它的发展与货币市场和资本市场的变迁紧密相连。财务管理工作者通过对金融市场的了解，洞悉其变化态势，有助于理好财、当好家。

•金融市场是资金流动的场所，其要素包括交易主体、交易客体、交易价格、金融中介机构、金融监督管理机构，前三者为核心要素，后二者为非核心要素。

•金融市场可以按不同的标准进行分类。其主要的分类标准是按交易中介把其分为直接金融市场和间接金融市场。直接金融市场是指资金的供给者能直接把资金交到其使用者手中的市场，包括股票市场和债券市场。间接金融市场是指资金供给者通过金融中介机构把资金传送到资金需求者手中的市场，包括商业银行和其他金融机构。

•衍生工具是指那些从基础的交易标的物衍生出来的交易工具，一般包括远期、期货、期权与互换。

•金融市场在市场经济中发挥着提高资金使用效率，实施借贷资金转换，引导储蓄转向生产事业，为经济活动提供信息，调节国民经济的功能。

•财务管理离不开金融市场。金融市场是企业投资和筹资的场所，是企业实现长短期资金转化的地方，也是企业理财信息的重要来源地之一。

主要概念和主要观念

☐ 主要概念

金融市场　间接金融市场　直接金融市场　远期　期货　期权　互换　有效市场　弱式市场　强式市场

☐ 主要观念

1.金融市场是企业投、融资的场所，财务运行离不开金融市场。

2.金融工具的创新使企业财务管理更具挑战性。

基本训练

☐ 知识应用

1.1　选择题

1.金融市场的核心要素包括（　　）。

A.交易主体　　B.交易客体

C.金融中介机构　　D.金融监督管理机构

E.交易价格

2.按交易中介划分，金融市场可分为（　　）。

A.发行市场和流通市场　　B.长期资金市场和短期资金市场

C.直接金融市场和间接金融市场　　D.有形市场和无形市场

1.2 判断题

1.股价的变动是有规律的，这样的市场是有效市场。（　）

2.股票市场是间接融资市场，金融机构是直接融资市场。（　）

3.如果市场有效，企业不存在融资选择机会。（　）

4.商业银行包括专业性银行和政策性银行。（　）

1.3 思考题

1.金融市场的运作流程是怎样的？

2.商业银行有何特点？

3.间接金融市场与直接金融市场有何区别？

4.金融市场对公司理财有何影响？

□ 能力训练

1.按金融市场不同分类方法对章首的案例进行分析。

2.诺贝尔经济学奖获得者保罗·萨缪尔森认为："当前的股票价格已经将未来的前景考虑进去了……就购买行为而言，一只股票与其他股票之间不存在优劣之分。对被动投资者来说，随机选择不比任何其他选择股票的方法差。"而彼得·林奇在《彼得·林奇的成功投资》(One Up on Wall Street）一书中写道："对我而言，那些在沃顿商学院所学的、本以为能在投资业务中派上用场的知识，大部分到头来只是把你推向失败……同样很明显的是，坚信定量分析和随机漫步假设的沃顿商学院的教授们还没有我在富达（指富达米格兰基金）的新同事干得好。"

请就上述两位学者的观点进行评述，并对影响股票市场价格的因素进行分析。从金融市场的要素出发分析如何完善和发展我国资本市场。

□ 政策思考

党的十八大以来，习近平总书记对资本市场作出了一系列重要指示、批示，深刻回答了新时代需要什么样的资本市场、怎样建设好资本市场的重大课题，为新时代资本市场改革发展指明了方向。比如，2018年11月，习近平总书记在首届中国国际进口博览会开幕式的主旨演讲中宣布："将在上海证券交易所设立科创板并试点注册制，支持上海国际金融中心和科技创新中心建设，不断完善资本市场基础制度。"2019年2月，习近平总书记在中共中央政治局第十三次集体学习时，首次明确提出要深化金融供给侧结构性改革。2023年2月17日，中国证监会发布全面实行股票发行注册制相关制度规则，自公布之日起施行。证券交易所、全国股转公司、中国结算、中证金融、证券业协会配套制度规则同步发布实施。这一改革是我国资本市场深化改革的重要里程碑，标志着经过4年的试点后，股票发行注册制正式在全市场推开。

请查阅习近平总书记有关资本市场的相关讲话并思考：资本市场对我国经济高质量发展有哪些影响？应当如何深化金融供给侧结构性改革以及逐步完善注册制，使其更好地服务于资本市场的健康发展，同时促进经济的稳定增长？

第2章 风险与收益

学习目标

知识传授：掌握风险的基本概念；掌握投资组合理论、资本资产定价理论等现代投资理论的基本原理。

思维导图2

能力培养：熟练掌握风险的衡量方法；熟练运用CAPM求解证券组合的预期报酬率；深刻领会风险与收益之间的关系，能通过风险回避、风险转嫁、风险接受、风险分散等手段对企业活动的风险加以控制，从而正确有效地实施财务决策，取得最大的收益。

视频导学2

价值塑造：培养理财素养和风险管理意识，领会投资收益与风险管理的匹配问题；强调科学预测、识别和管理风险对于维护企业与资本市场高质量发展的重要性。

引例：小王的投资组合

小王的基金投资与一般人的不同之处在于：他的投资基金讲究组合投资。其主要策略如下：

（1）为了补充退休后养老金的不足，他每年拿出3/10的余钱，购买长线稳定的基金。他把30 000元资金按比例投资于养老基金，其中20 000元投资激进型基金，分别投资以大盘股为主的基金10 000元、以小盘股为主的基金10 000元，另外10 000元投资混合型稳定型基金。具体投资的基金分别是上投中优10 000元，广发小盘10 000元，上投双息10 000元。这个基金组合的投资回报率已超过20%。分配方式全部为红利再投。下一步根据收入情况投资用于补充养老金，计划投入的基金是激进型上投阿尔法或景顺系，稳健型为广发稳健或嘉实稳健。由于这部分钱是用于养老的，因此小王在10年以内不会动它。只要投进，就不会赎回。如市场发生变化，只是对补充的基金品种进行调整。

（2）每年拿出3/10的余钱，累计投入资金70 000元进行短线基金操作，该项操作的投资收益，继续投入用于短线基金操作。2020年11月23日，小王在兴业全球基金相对高点上，赎回了先期投入的50 000元兴业全球，盈利34 000元，14 000元用于旅游开支掉了，还有余额70 000元。12月21日，股市低迷时，他又投入了40 000元，按2.8321元的净值购买了13 915.0690份兴业全球基金（申购费率为1.5%）。2021年1月8日，他全部赎回，净值为3.0754元，扣除手续费213.9720元后，实际赎回金额为42 580.4312元，盈利2 580.4312元。12月21日，他还同时投入30 000元，按1.1843元的净值购买了24 957.0635份泰信优生基金，申购费率为1.5%，1月8日也全部赎回，当日净值为1.3401元，扣除手续费167.2248元，实际赎回金额为33 277.7360元，盈利3 277.7360元。月投资收益率超过8%。

该案例告诉我们，小王在拟定理财方案时首先考虑到了风险，对自己的基金投资进行了组合投资，从而分解风险。同时，还兼顾到长短期的不同需要，比如有的用于养老，有的用于短期开支，选择不同投资风险的基金。此外，他还根据自己的收入情况，随时对基金组合进行灵活调整。

2.1 风险及其衡量

2.1.1 风险的概念及特征

风险是指在一定条件下和一定时期内可能发生的各种结果的变动程度。在财务学中，风险是指预期收益的离散性，也即偏离预期收益的可能性。风险是市场经济的必然产物，在市场经济中，企业经营活动往往是机遇与风险共存，活动的结果必然是要么获得盈利，前景光明，要么发生亏损，面临破产倒闭。风险产生的原因是客观世界的复杂性以及人们主观认识的局限性。

风险具有如下特征：

（1）客观性，即不以人们的意志为转移，不论人们喜欢与否，它都无处不在，无时不有。

（2）不确定性，风险的发生难以捉摸，虽然总体风险可以通过概率计算，但某一特定风险何时发生、怎样发生难以预计。

（3）风险与收益一般情况下具有对等性，即风险大，如成功则收益大，如失败则损失大，反之亦反。

（4）风险主体一般都企图规避风险。风险对不同的人来说是不一样的，它取决于风险的具体内容和人们选择风险时的偏好。对于学生，风险可能是考试通不过或者未达到自己的最高水平。对于煤炭和石油工人，风险是矿井或油井爆炸的可能性。对于退休人员，风险可能是固定收入难以维持生活。对于企业家，风险是新的投资可能失败。人们对待风险的态度有三种，即偏好风险、厌恶风险和风险中性。但一般来说，企业经营者和管理者都企图规避风险。

2.1.2 风险的分类

1）从财务风险产生的根源角度分类

从财务风险产生的根源角度，风险可以分为利率风险、汇率风险、购买力风险、流动性风险、政治风险、违约风险和道德风险等。

（1）利率风险。在完全市场经济条件下，利率决定于货币市场的供求情况。资本供大于求，利率下降，反之，利率上升。利率上升会减少消费和投资，利率下降会刺激消费和投资。在现实的市场经济社会中，政府往往干预利率的升降，把其作为调控国民经济的货币政策工具。货币市场的供求关系常因种种原因而经常变动，再加上政府干预的因素，市场利率会经常发生变化，其变化有时难以预见，会给企业带来风险。例如，某企业3年前花10 000元购得债券，债券利率为10%，10年到期还本。3年后的今天，因为市场利率已提高到15%，在这时发行的债券，其利率自不能低于15%，否则无人购买。这就是说，企业现在购入同样质量的债券，可以得到15%以上的利息，可是因为企业三年前买入该债券，只能获得10%的利息，实际上遭受了损失。这项损失与债券本身的质量无关，它是由企业无法控制的货币市场的变化造成的，是由利率变化造成的。

（2）汇率风险。汇率风险是指在一定时期内由于货币汇率变动可能导致的经济损失。各国货币之间的兑换率决定于外汇市场的供求关系。供求状况变化多端，汇率随之变化，产生风险。例如，某企业向英国出口一批价值1 000万元人民币的货物，签约时一个月的远期汇率为1英镑等于9.7640元人民币，则该企业到时将收汇102.4万英镑。如果届时外汇市场上1英镑兑换10.2564元人民币，则该企业只能收汇97.5万英镑，即少收4.9万英镑。我国已加入WTO，企业对外经济交往日益增多，汇率风险切不可低估。

（3）购买力风险。购买力风险即指通货膨胀风险，通货膨胀使物价上涨，同样多的货币只能购买比以前少的物品。在债务人与债权人之间，通货膨胀一般有利于债务人。因为借款利息率预先已定，当发生了未预期到的通货膨胀，债务契约不能更改，从而实际利息率下降，债务人得利，债权人吃亏。如果企业是债权人，例如，买了某种长期债券，那么其受损的可能性是很大的。

（4）流动性风险。流动性风险是指企业资产变现的难易程度，或者资产变现时企业可能遭受的损失。例如，企业为了及时还债，可能低价卖出设备，造成损失。

（5）政治风险。政治风险是指由于政治因素而导致的企业经济上遭受损失的风险。政治风险有国际国内两个方面。国际方面，旧的世界格局已不复存在，但新的世界格局尚未形成，国际政治风云莫测，企业涉外经营可能受到有关国家政局变动的影响。如在国外开办的企业由于东道国发生战争和骚乱遭受损失，或者由于东道国政府实行征用，限制利润汇出等受到损失。在国内政治方面，企业应该了解国家在不同时期的政策，尤其要明确国家限制什么，鼓励什么，及时调整企业战略，减少风险损失。

（6）违约风险。违约风险是经济合同的一方违反合同的有关规定给另一方造成损失的风险。尽管有赔偿条款，但“十赔九不足”的事情时有发生，企业签订合同时应认真考虑这一事实。

（7）道德风险。该词源于保险业务，其最初含义是：一个人由于参加保险而降低了他防止风险的努力程度。例如，当一个人投了火灾保险之后，就可能不会采取积极的措施去防火，甚至故意放火以骗取保险金。正是由于这种道德风险的存在，会增加保险公司的成本，减少保险公司的利润。一般来说，道德风险是指在企业所有权与经营权分离之后，企业的经营者可能滥用所有者的信任，为了自己的目的损害所有者的利益。

2）从财务风险发生的形态角度分类

从财务风险发生的形态角度，风险可分为静态风险和动态风险。

静态风险是由于自然力的不规则作用和人们的错误判断及错误行为所招致的风险，如自然灾害等不可抗力、经营不善、呆账、欺诈等不道德行为所造成的影响。动态风险是由于人们的欲望的变化、生产组织、生产技术及生产方式的变化带来的风险，如市场供求、物价、社会购买力等的变化与科学技术进步而造成的风险。

3）从财务活动的基本内容的角度分类

从财务活动的基本内容的角度，风险可分为筹资风险、投资风险、收入回收风险和收益分配风险。

（1）筹资风险。筹资风险集中表现为不能如期偿债而带来的风险。该风险又分为收支性风险和现金性风险。收支性风险是指企业由于收不抵支发生亏损而造成企业不能到期偿债以致破产的风险，是企业的终极风险，它不仅源于理财不当，更主要是源于经营不当。现金性风险是企业在特定时点上现金流出量超过流入量，以致不能如期偿债的风险，它主要是由于理财不当所造成的，现金的流入和流出在时间上和金额上发生了错位。

（2）投资风险。投资风险是企业投资活动所产生的风险。这种风险可分为投资结构风险、投资项目风险和投资组合风险。投资结构风险是指企业在安排所有的资产时，由于流动资产与长期资产、流动资产内部各项目、长期资产内部各项目之间的比例不当而造成的流动性风险。投资项目风险是指投资于某一具体项目不能产生收益或者产生的收益低于预期收益。投资组合风险是指选择不同证券组合而带来的风险。

（3）收入回收风险。收入回收风险是指投入的本金经过生产经营过程之后，不能回到它的起点的风险。它又包括两种风险。其一是商品资本不能转化为结算资本的风险，即产品不能在市场上得以销售；其二是结算资本不能转化为货币资本的风险，即不能如期如数收回。

（4）收益分配风险。收益分配风险是指收益分配可能对企业今后的生产经营活动产生的影响。它包括收益确认风险和收益分配行为的风险。前者是指如果收益确认不当，则必然带来收益超分配。后者是指对投资者股利分配的时间、形式和金额把握不准而产生的风险以及各种收益分配的次序和比例不当而产生的风险。

4）从个别投资主体的角度分类

从个别投资主体的角度，风险可分为市场风险和公司特有风险两大类。

（1）市场风险，又称不可分散风险或系统风险，是指由那些对所有的投资主体都会产生影响的因素而引起的风险，如战争、经济衰退、通货膨胀、利率变化等。这类风险涉及所有的投资对象，不能通过多元化经营予以分散。例如，一个人投资于股票，不论他购买何种股票，都要承担市场风险，经济发生变化时，各种股票的价格都将受到影响。

（2）公司特有风险，又称可分散风险或非系统风险，是指发生于个别公司的特有事件而引起的风险，如某一公司的职员罢工、试制新产品的失败、某一案子的诉讼失败、没有争取到重要的合同等。这类事件只与个别公司有关，与整个市场是无关的，它们的发生是随机的，可以通过多角化投资来分散这类风险，也就是说，一家公司的有利事件可以抵消另一家公司的不利因素。从公司本身的角度来说，公司特有风险又可分为经营风险和财务风险。

①经营风险，是指公司在未来获取经营利润过程中由于存在不确定性而产生的风险。经营风险主要是在生产经营活动中产生的，其原因如下：一是市场销售，即市场需求的变化、市场价格的波动会造成企业生产数量的变化，这种产销量的不确定性使企业的风险增大。二是生产成本，即由于原材料的供应和价格、工人的劳动积极性和机器的生产率、工人的工资和奖金具有不确定性，因而产生风险。三是生产技术，即设备发生事故、产品发生质量问题、新技术取代旧技术等情况的出现很难估计，从而产生风险。四是其他，即由

于天灾、经济不景气、通货膨胀等外部环境的变化而产生的风险。

②财务风险主要是指公司因借债而形成的风险。公司财务风险的大小取决于负债的总额。债务实际上是公司在未来一定要履行的一种义务，债务越多，公司不能如期偿还的可能性就越大，企业所承担的风险就越高。

2.1.3 风险的衡量

在前面，我们把风险理解为可测量概率的不确定性。因此风险的大小就可以借助于概率统计中的方差、平均差、变化系数等离散指标进行定量的描述和评估。下面举例说明风险的计量过程。

1）概率与概率分布

概率是某事件发生的机会。一般认为概率必须符合以下两个要求：

（1）所有的概率（P_i）都在0和1之间，即$0 \leqslant P_i \leqslant 1$。

（2）所有的结果的概率之和为1，即$\sum_{i=1}^{n} P_i = 1$。

【例2-1】某企业准备投资开发新产品。根据市场预测，三种市场状况的预计年报酬率和概率分布见表2-1。

表2-1 **预计年报酬率和概率分布**

市场状况	概率（P）	预计年报酬率（%）		
		甲产品	乙产品	丙产品
繁荣	0.3	30	40	50
一般	0.5	15	15	15
衰退	0.2	0	−15	−30

需要说明三点：

①这里只是以报酬率作为研究对象，实际上在财务管理中，不仅报酬率具有风险，而且几乎全部财务要素都具有不确定性，比如成本费用、销售量、现金流量、股票价格等，它们都可以作为风险分析的对象。

②报酬率作为一种随机变量受多种因素影响，这里为了简便起见，假设只有经济情况影响报酬率。

③此例中概率分布呈离散型，即随机变量只取有限个值，并且对应每个值都有确定的概率。在现实生活中，概率分布可能呈连续型分布，即随机变量的取值为无数多个，也对应着无数个相应的概率，比如正态分布就是一种常见的连续型分布。

2）预期值

随机变量的各个取值以相应的概率为权数的加权平均数，叫作随机变量的预期值（期望值），它反映随机变量取值的平均化。

其计算公式为：

$$预期值（\overline{E}）=\sum_{i=1}^{n}(E_i \cdot P_i) \tag{2.1}$$

在例2-1中，甲、乙、丙三种产品的预期值分别为：

$\overline{E}_{甲}=30\%\times0.3+15\%\times0.5+0\times0.2=16.5\%$

$\overline{E}_{乙}=40\%\times0.3+15\%\times0.5+(-15\%)\times0.2=16.5\%$

$\overline{E}_{丙}=50\%\times0.3+15\%\times0.5+(-30\%)\times0.2=16.5\%$

三种产品的期望报酬率一致，即从平均程度来看，三种产品的报酬率是相等的，但三种产品的报酬率的概率分布不同，从直观上看，显然丙产品的报酬率分散程度大，受经济影响而大起大落，风险比甲、乙两产品大。

3）方差、标准差和变化系数

方差是随机变量离差的期望值，即：

$$方差(\sigma^2)=\sum_{i=1}^{n}[(E_i-\overline{E})^2\cdot P_i] \tag{2.2}$$

标准差也叫均方差，是方差的平方根，即：

$$标准差(\sigma)=\sqrt{\sum_{i=1}^{n}[(E_i-\overline{E})^2\cdot P_i]} \tag{2.3}$$

变化系数有时又叫标准离差率，是标准差与预期值之比值：

$$变化系数(V)=\sigma/\overline{E} \tag{2.4}$$

在例2-1中：

$\sigma_{甲}^2=(30\%-16.5\%)^2\times0.3+(15\%-16.5\%)^2\times0.5+(0-16.5\%)^2\times0.2=0.011025$

$\sigma_{甲}=\sqrt{0.011025}\times100\%=10.5\%$

$\sigma_{乙}^2=(40\%-16.5\%)^2\times0.3+(15\%-16.5\%)^2\times0.5+(-15\%-16.5\%)^2\times0.2=0.036525$

$\sigma_{乙}=\sqrt{0.036525}\times100\%=19.11\%$

$\sigma_{丙}^2=(50\%-16.5\%)^2\times0.3+(15\%-16.5\%)^2\times0.5+(-30\%-16.5\%)^2\times0.2=0.077025$

$\sigma_{丙}=\sqrt{0.077025}\times100\%=27.75\%$

$V_{甲}=10.5\%\div16.5\%=0.636$

$V_{乙}=19.11\%\div16.5\%=1.158$

$V_{丙}=27.75\%\div16.5\%=1.682$

一般来说，方差、标准差、变化系数越大，说明变量的离散程度越大，风险越大。从上面的计算可知，开发丙产品的风险最大，乙产品次之，甲产品风险最小。需要注意的是，方差和标准差都属于绝对数指标，它们不能对预期值不同的随机变量进行风险比较，而变化系数是方差和期望值的比值，是相对数指标，它可以用于不同预期值的随机变量风险的比较。

根据数理统计学原理，在概率分布为正态分布的情况下，实际报酬率落在预期值±1个标准差范围内的概率为68.26%，落在预期值±2个标准差以及±3个标准差范围内的概率分别为95.46%和99.74%，见图2-1。

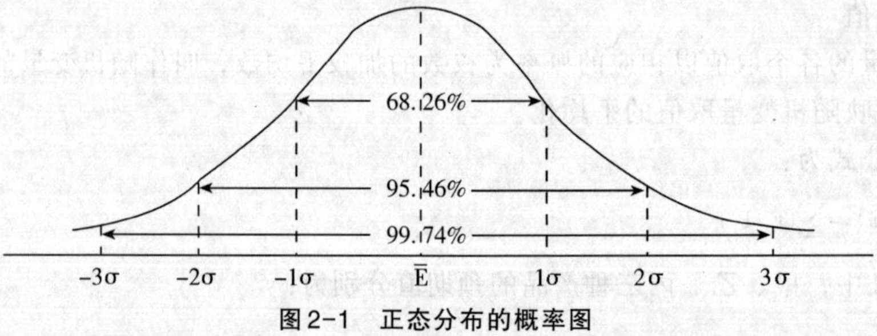

图2-1　正态分布的概率图

4）置信区间和置信概率

人们把“预期值±X个标准差”称为置信区间，把相应的概率称为置信概率，它表明随机变量出现在某一个置信区间的可能性的大小。

如例2-1甲产品报酬率出现在16.5%±10.5%之间（即6%～27%）的可能性为68.26%，而报酬率出现在16.5%±2×10.5%之间（即-4.5%～37.5%）的可能性为95.46%。置信区间与置信概率之间的关系可以通过查表直接查到（见本书附表五）。利用该表，可在已知置信区间的情况下，求出置信概率，也可以在已知置信概率的情况下求出置信区间。

续例2-1，假设报酬率符合正态分布，要求计算乙产品盈利（置信区间为0～∞）的可能性有多大。

先计算0～16.5%（预期值）的面积。该区间含有标准差的个数为：

X=16.5%÷19.11%=0.86

查表可知，X=0.86对应的面积为0.3051。

乙产品盈利的置信区间为0～∞，它包括两个部分：其一是0～16.5%，对应的面积为0.3051；其二是16.5%～∞，对应的面积是0.5。所以，乙产品盈利的可能性为30.51%+50%=80.51%。

即测即评2.1

2.2 资产组合风险

资产组合的目的就是通过多样化经营以减少风险。投资组合的预期报酬率是由各个资产预期报酬率加权平均获得的。但是，投资组合的风险（σ_p）不是各有价证券标准差的加权平均数，即$\sigma_p \neq \sum W_i \sigma_i$。在理论上，投资组合的风险要小于单独持有某一证券的风险。

【例2-2】假设某公司在股票W和M上的投资总额为1 000万元，且各占一半，其完全负相关和完全正相关的报酬率分别见表2-2和表2-3。

表2-2 完全负相关的两种股票及其构成的投资组合的报酬率与标准差（%）

年份	股票W的实际报酬率（K_W）	股票M的实际报酬率（K_M）	投资组合WM的实际报酬率（K_P）
2021	40	-10	15
2022	-10	40	15
2023	35	-5	15
2024	-5	35	15
2025	15	15	15
平均报酬率	15	15	15
标准差	22.6	22.6	0

表2-3　　完全正相关的两种股票及其构成的投资组合的报酬率与标准差（%）

年度	股票W的实际报酬率（K_W）	股票M的实际报酬率（K_M）	投资组合WM的实际报酬率（K_P）
2021	−10	−10	−10
2022	40	40	40
2023	−5	−5	−5
2024	35	35	35
2025	15	15	15
平均报酬率	15	15	15
标准差	22.6	22.6	22.6

表2-2的报酬率可用图2-2来说明，如果未来相关因素不变，投资者分别持有股票W和M的风险均为22.6%，分别按50%持有股票W和M，则投资组合的风险为0。这是为什么呢？因为在这一投资组合中，两种股票的报酬率具有互补性。当股票W的报酬下降时，股票M的报酬会上升，反之亦然，这时股票W和M完全负相关。若投资组合中两种股票报酬的变动方向正好相同，就具有完全正相关的关系。由完全正相关资产构成的投资组合的风险与单独持有各资产的风险具有同向变动趋势，表2-3和图2-3就反映了这种完全正相关的情况。表2-3说明，当股票W和M为完全正相关时，投资分散并没有降低投资组合的风险。

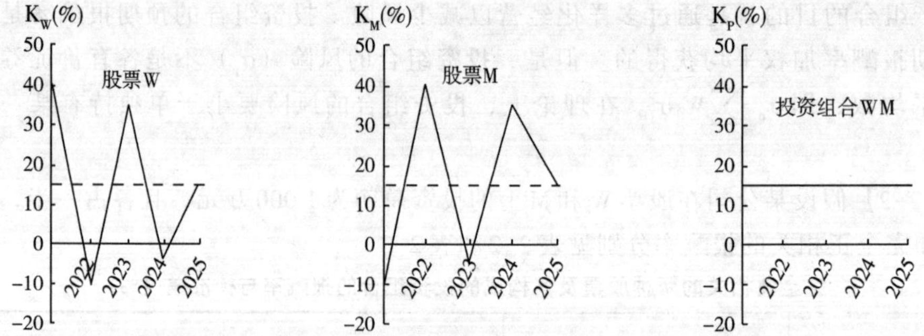

图2-2　完全负相关的股票及其构成的投资组合的报酬率

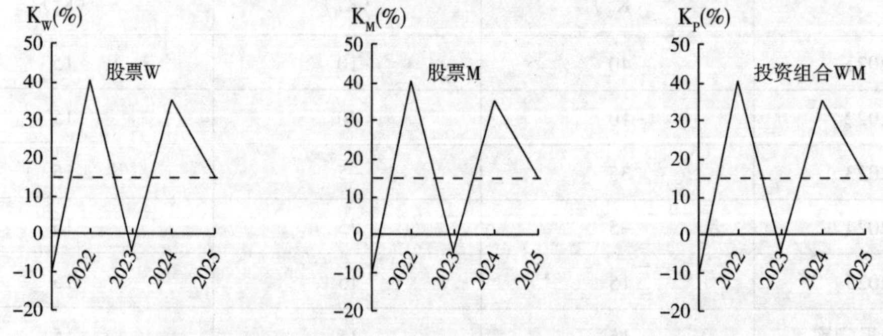

图2-3　完全正相关的股票及其构成的投资组合的报酬率

事实上，许多股票之间是正相关的，但并非完全正相关。一般来说，在西方发达国家随机选择两种股票，相关系数约为+0.6，大多数成对股票间的相关系数为0.5～0.7。这样，分散投资可以在一定程度上降低投资风险，但不能完全消除投资风险。我们以股票W和R为例，并用表2-4和图2-4来说明这种情况。

表2-4 部分正相关的两种股票及其构成的投资组合的报酬率与标准差（%）

年度	股票W的实际报酬率（K_W）	股票R的实际报酬率（K_R）	投资组合WR的实际报酬率（K_P）
2021	40	28	34
2022	-10	20	5
2023	35	41	38
2024	-5	-17	-11
2025	15	3	9
平均报酬率	15	15	15
标准差	22.6	22.6	20.6

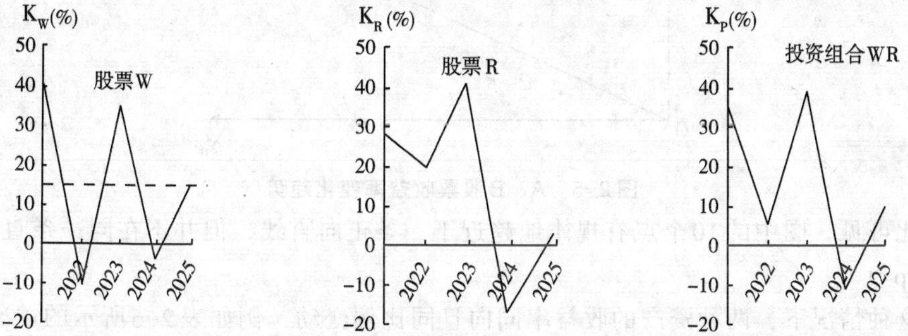

图2-4 部分正相关的股票及其构成的投资组合的报酬率

通过比较研究表2-2至表2-4以及图2-2至图2-4，我们可以得出如下结论：

（1）当各种有价证券的报酬率完全负相关时，投资分散化可以消除投资组合的风险；

（2）当各种有价证券的报酬率完全正相关时，投资分散化不能消除投资组合的风险；

（3）在不同有价证券上多元化投资虽可以在一定程度上降低投资风险，但并不能完全消除投资风险。

根据概率统计原理，组合资产标准差的计算公式为：

$$\sigma(P)=\sqrt{\sum_{i=1}^{n}\sum_{j=1}^{n}W_i\cdot W_j\cdot COV_{i,j}} \qquad (2.5)$$

式中：σ（P）为组合资产的标准差；W_i、W_j分别为组合资产中所含第i、j种资产的投资比重；$COV_{i,j}$为两种资产的协方差，其计算公式为：

$$COV_{i,j}=\rho_{i,j}\cdot\sigma_i\cdot\sigma_j$$

式中：$\rho_{i,j}$为两种资产的相关系数：σ_i、σ_j为第i、j种资产的标准差。

协方差表示两种资产的相关程度，若二者不相关，则协方差为零；若二者正相关，则协方差大于零；若二者负相关，则协方差小于零。

协方差是表示两种资产相关程度的绝对值，而相关系数是表示两种资产相关程度的相对值，是两个随机变量之间共同变动程度的线性关系的数量表现。

相关系数的上限是1，下限是-1，即$-1\leq\rho\leq1$。在这个范围内，具体有以下几种情况：

1）$0<\rho<1$

在这种情况下，两种资产的收益率同向变动但变动幅度不同，例如表2-5所示的情况。

表2-5 **正相关股票的收益率**

概率（P）	A股票收益率（%）	B股票收益率（%）
0.3	12	7
0.4	9	4
0.3	−2	−3

若有10个概率，在坐标图上画出10个点，便可画出趋势图，如图2-5所示。

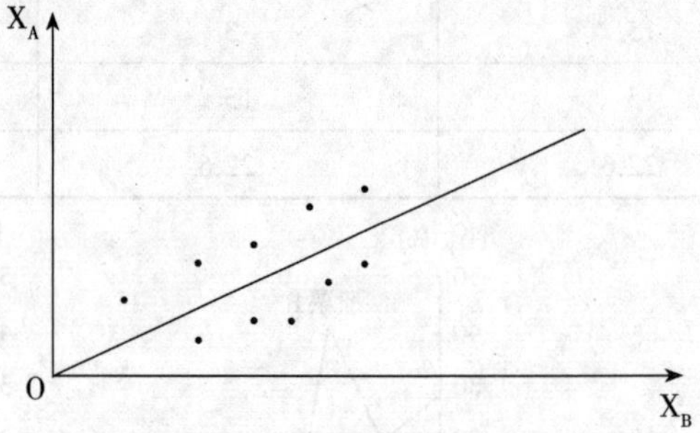

图2-5 A、B股票收益率变化趋势

由此可见，图中的10个点有规律地趋近于一条正向直线，但并不在同一条直线上。

2）$\rho=1$

在这种情况下，两种资产的收益率同向且同比例变动，例如表2-6所示的情况。

表2-6 **完全正相关股票的收益率**

概率（P）	A股票收益率（%）	B股票收益率（%）
0.3	12	7
0.4	6	3.5
0.3	−3	−1.75

设股票收益率为X，由表2-6的数据可知，$X_A : X_B=12 : 7$。若将这些点描绘在上述坐标图中，我们将可以看到这些点很精确地排列在一条正向直线上（图略）。

3）$-1<\rho<0$

在这种情况下，两种资产的收益率呈反向变动但变动幅度不同，例如表2-7所示的情况。

表2-7 **负相关股票的收益率**

概率（P）	A股票收益率（%）	B股票收益率（%）
0.3	12	−7
0.4	6	−3
0.3	−3	−1.4

若将这些点描绘在坐标图中，我们将可以看到这些点趋近于一条反向直线，但不是精确地排列在一条直线上（图略）。

4）ρ=-1

在这种情况下，两种资产的收益率反向且同比例变动，例如表2-8所示的情况。

表2-8 完全负相关股票的收益率

概率（P）	A股票收益率（%）	B股票收益率（%）
0.3	12	-7
0.4	6	-3.5
0.3	-3	1.75

可见，$X_A : X_B = -12 : 7$。若将这些点描绘在上述坐标图中，我们将可以看到这些点非常精确地排列在一条反向直线上（图略）。

5）ρ=0

在这种情况下，两种资产的收益率之间没有任何关系，其图像毫无线性趋势。

相关系数的计算较为复杂，其计算公式为：

$$\rho_{AB}=\sum_{i=1}^{n}\frac{X_{Ai}-\overline{E}_A}{\sigma_A}\cdot\frac{X_{Bi}-\overline{E}_B}{\sigma_B}\cdot P_{ABi} \tag{2.6}$$

式中：n为概率个数；X_{Ai}为A资产的第i个收益率；X_{Bi}为B资产的第i个收益率；P_{ABi}为A、B两种资产的第i个共同概率；$\overline{E}$为预期收益率；σ为标准差。

现举例说明上述公式的运用。

【例2-3】假设有A、B两种股票，其有关数据见表2-9。

表2-9 A、B股票的收益率

概率（P）	A股票收益率（%）	B股票收益率（%）
0.2	-5	0
0.6	10	8
0.2	20	12

$\overline{E}_A=(-5\%)\times0.2+10\%\times0.6+20\%\times0.2=9\%$

$\overline{E}_B=0\times0.2+8\%\times0.6+12\%\times0.2=7.2\%$

$\sigma_A=\sqrt{(-5\%-9\%)^2\times0.2+(10\%-9\%)^2\times0.6+(20\%-9\%)^2\times0.2}=8\%$

$\sigma_B=\sqrt{(0-7.2\%)^2\times0.2+(8\%-7.2\%)^2\times0.6+(12\%-7.2\%)^2\times0.2}=3.92\%$

即测即评2.2

$$\rho_{AB}=\frac{-5\%-9\%}{8\%}\times\frac{0-7.2\%}{3.92\%}\times0.2+\frac{10\%-9\%}{8\%}\times\frac{8\%-7.2\%}{3.92\%}\times0.6+\frac{20\%-9\%}{8\%}\times\frac{12\%-7.2\%}{3.92\%}\times0.2$$

$=0.643+0.015+0.337$

$=0.995$

2.3 现代证券组合理论

2.3.1 风险性证券组合的有效边界

人们早就认识到分散投资可降低风险，即常言所说的“不要把所有的鸡蛋都放在一个篮子里”。但证券投资组合理论直到1952年3月才由美国著名的经济学家哈利·马科维兹在《金融杂志》上发表的《证券组合选择》一文中正式确立。马科维兹也因此获得1990年度诺贝尔经济学奖，并被冠以“现代证券组合理论之父”的称号。

马科维兹的理论可归结为以下两点：

（1）只有选择两两相关系数较小的证券构成组合，才能有效地分散投资风险。

证券组合分散风险的效应大小主要取决于参与组合的证券之间两两的相关系数和各种证券的投资比例，即投资结构（包括参与组合的证券种类及其所占比重）是决定组合投资风险大小的关键因素。

【例2-4】设证券组合由两种股票组成，分别以A、B为代号（这里的A可代表某一种股票，也可表示不同于B的任一种股票；B亦如此）。有关资料见表2-10。

表2-10 A、B证券的预期值、方差及标准差

指标	A	B
预期值（$\bar{E}$）	5%	10%
方差（σ^2）	0.01	0.04
标准差（σ）	0.1	0.2

根据公式$\sigma_P^2=W_A{}^2\sigma_A{}^2+W_B{}^2\sigma_B{}^2+2W_AW_BCOV_{A,B}$，计算出该证券组合在不同投资比例和不同相关系数下的方差，见表2-11。

表2-11 证券组合在不同投资比例和不同相关系数下的方差

投资比重（%）（W_A，W_B）	预期收益率（%）	各相关系数对应的投资组合方差（σ^2）				
		ρ=1	ρ=0.5	ρ=0	ρ=-0.5	ρ=-1
（0，100）	10	0.04	0.04	0.04	0.04	0.04
（20，80）	9	0.0324	0.0292	0.026	0.0228	0.0196
（30，70）	8.5	0.0289	0.0247	0.0205	0.0163	0.0121
（50，50）	7.5	0.0225	0.0175	0.0125	0.0075	0.0025
（70，30）	6.5	0.0169	0.0127	0.0085	0.0043	0.0001
（80，20）	6	0.0144	0.0112	0.008	0.0048	0.0016
（100，0）	5	0.01	0.01	0.01	0.01	0.01

从表2-11中的数据可看到，当投资结构既定时，投资组合的方差随相关系数的减小而减小，这表明相关系数越小，组合投资分散风险的效应越好。而在任何投资结构下，当

相关系数为-1时，投资组合的方差最小，特定的投资结构可以使组合资产的风险趋近于零，比如在本例中，当A、B股票的投资比例为7：3时，投资组合的方差趋近于零，即风险几乎被完全分散了。无论资产之间的相关系数如何，组合投资的风险不会超过单项资产的风险。只要相关系数不为+1，投资组合的风险均低于单项投资的风险（按单位收益承担的风险计算）。

（2）在所选择的证券种类既定的条件下，随着投资结构的变动，可得到无限多种由各种证券构成的具有不同风险-收益组合特征的证券组合，这些证券组合称为可能的证券组合集合。

比如在例2-4中，我们在证券种类既定从而相关系数既定的条件下，计算了不同投资结构的有关指标，从而得出了风险-收益组合各异的若干投资组合。那么，如何从无限多种证券组合中选择最优组合呢？这实际上是有效投资组合的决策问题。

证券组合决策的一般原则是，组合的期望收益率越高越好，组合的风险越小越好。有效投资组合是指在任何风险程度上获得最高的期望收益率，或在任何期望收益率下遭受最低风险的一种投资组合。

有效投资组合通常以有效边界来表示，而有效边界是坐标图中由有效投资组合集合所构成的一条曲线。那么，有效边界如何确定呢？

首先，建立σ_P、E（R_P）坐标系，将可能的证券组合绘入该坐标图中，如图2-6所示。

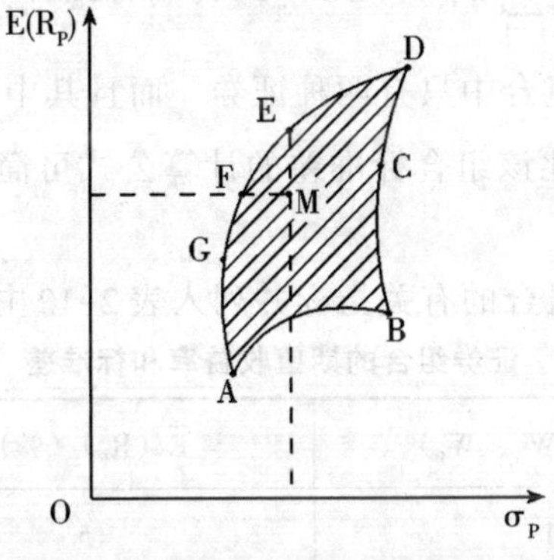

图2-6 可能投资组合的集合

图2-6中阴影部分为可能投资组合集合。根据证券组合决策的原则和有效证券组合的定义，有效证券组合集合必定处于该阴影左上方的边缘上。因为除此之外再也不可能找到标准差相同而收益率更高的投资组合，也不可能找到收益率相同而标准差更小的投资组合。由有效证券组合集合组成的曲线称为有效边界，也称为马科维兹边界。

在图2-6中，曲线GFED（简称GD）即为有效边界。我们看到，在它左方的投资组合是不可能的，而位于它右方的投资组合是没有效率的。因为在有效边界上的投资组合较其右方与之风险相同的投资组合有较高的收益率；而较其右方与之收益相同的投资组合有较低的风险。以图2-6中的M点为例，M组合与有效边界上的F组合有相同的收益率，但F组合的风险低于M组合；而有效边界上的E组合，其风险与M组合相同，但其收益率却高于M组合。更一般地，曲线FE上的任何组合均优于M组合，而处于可能投资组合集合中的任何一个组合均可在曲线GD上找到一个更优的组合。所以，曲线GD上所有的风险性证券组合称为有效证券组合集合，而曲线GD称为有效边界。

2.3.2 引入无风险借贷的有效边界

上述有效边界，是指在不存在无风险证券条件下投资者可选择的各种有效证券组合。

由于风险分散程度在一定程度上取决于证券组合中所含证券种类的多少，故若存在无风险证券并允许投资者在资本市场上进行无风险借贷的话，投资者会把他资金中的一部分投资于无风险证券，也可以按无风险利率借入资本，与他的期初资本合在一起用于风险性资产组合的投资。引入无风险借贷后，投资者投向无风险资产的资金可以为正值（贷出），也可以为负值（借入），即投向风险性资产的资本大于期初资本。当然，二者权数之和等于1。

引入无风险借贷后，投资者可以在上述有效边界上选择一个风险性证券组合，与无风险证券组成一个新的证券组合。由于这一新组合中二者投资结构的变化，可形成一个新证券组合的集合，它的产生将改变上述的有效边界。我们用一个例子来说明这个问题。为了计算上的方便，我们假设一种无风险资产与一种风险资产构成组合。

【例2-5】设无风险证券（B）的收益率为5%，风险性证券（A）的期望收益率为15%，标准差为10%，并假定无风险借款的利率亦为5%。

运用公式$\overline{E}(R_P)=\sum_{i=1}^{n}W_i \cdot E(R_i)$，我们可以计算出该证券组合在不同投资结构下的期望收益率；运用公式$\sigma_P=\sqrt{\sum_{i=1}^{n}\sum_{j=1}^{n}W_i \cdot W_j \cdot COV_{ij}}$，我们可以计算出该证券组合在不同投资结构下的标准差。由于该证券组合中只有两种证券，而且其中无风险证券的标准差为零，从而二者的协方差亦为零，因此该组合标准差的计算公式可简化为：$\sigma_P=\sqrt{W_A{}^2 \cdot \sigma_A{}^2}$（其中A表示风险性证券）。

根据公式计算出该证券组合的有关指标并列入表2-12中（计算过程从略）。

表2-12 证券组合的期望收益率和标准差

投资组合	投资结构（W_A，W_B）	$\overline{E}(R_P)$（%）	σ_P（%）
A	（0，1）	5	0
B	（0.2，0.8）	7	2
C	（0.4，0.6）	9	4
D	（0.6，0.4）	11	6
E	（0.8，0.2）	13	8
F	（1，0）	15	10
G	（1.2，-0.2）	17	12
H	（1.4，-0.4）	19	14
I	（1.6，-0.6）	21	16
J	（1.8，-0.8）	23	18

从上述计算结果可以看到，随着证券组合中风险性证券比重的加大，组合的期望收益率随之提高，而且由于金融杠杆的运用，证券组合的期望收益率甚至可超过风险性证券本身的期望收益率；而与此同时，证券组合的风险即标准差亦与投资比重成正比例变动。我们将上述计算结果描绘于下面坐标图中（如图2-7所示）。

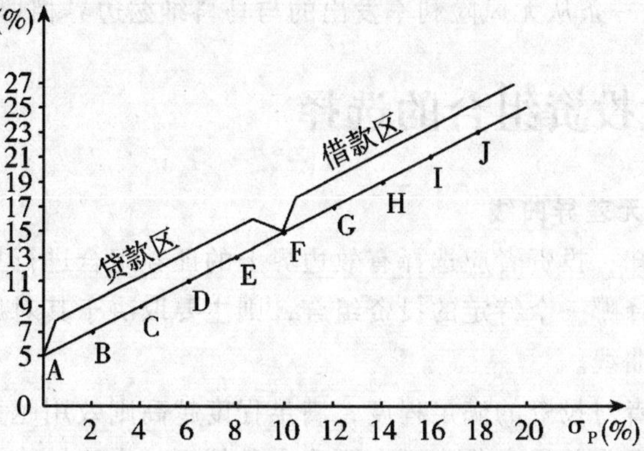

图2-7　证券组合的期望收益率

由图2-7可知，当引入无风险借贷后，可能投资组合在坐标上的位置非常准确地排列在一条直线上，这种现象也适用于多种风险资产与无风险证券组合的情形。图2-7中A组合全部为无风险证券，F组合全部为风险性证券但没有借入无风险贷款，故以F组合为界将可能投资组合分为贷款区和借款区。

图2-7中的直线表示含有无风险证券的投资组合集合，它是一条从无风险收益率（即直线与坐标纵轴的交点）向右上方延伸的直线。无风险借贷的引入将影响上述马科维兹边界的有效性。将含有无风险证券的投资组合集合与风险性证券有效组合集合描绘于同一坐标系，如图2-8所示。

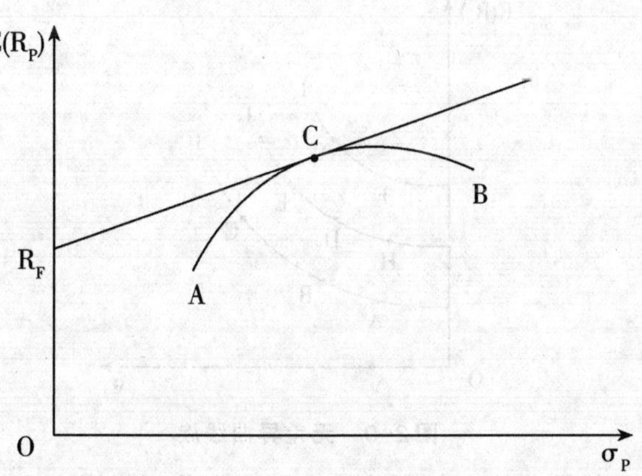

图2-8　含有无风险证券的投资组合集合与马科维兹边界

图2-8中R_F为无风险利率，曲线AB为马科维兹边界，R_F组合表示全部投资于无风险证券，C组合表示全部投资于风险性证券，直线R_FC上的点表示含有无风险证券的组合，而该直线上C组合以外的点则表明投资于无风险证券的资金为负数，这意味着该投资组合是以无风险利率借款与期初资本共同对风险性证券的投资，即直线上R_FC为贷款区，R_FC以外的为借款区。

即测即评2.3

由图2-8可见，引入无风险借贷以后，上述有效边界AB上的点除C之外不再是有效的了。因为在曲线AB所处的标准差区间内，由无风险利率R_F与有效边界相切于C点的射线上的每一点所表示的证券组合均有着超过有效边界AB的期望收益率（C点除外）。所以，引入无风险资产后投资组合的有效边界是一条从无风险利率发出的与马科维兹边界相切的射线。

2.4 最优投资组合的选择

2.4.1 效用与无差异曲线

从以上分析可知，投资者应选择有效边界上的证券组合进行投资，以保证其投资的有效性。但究竟应选择哪一个特定的投资组合，则主要取决于其对风险的态度，即由其效用函数确定的无差异曲线。

效用，即投资者对投资的满足程度，满足程度越高则效用越大。在无风险条件下，预期效用最大化等价于收益最大化。而在不确定条件下，由于风险与收益同向变动，投资者必须在二者之间进行权衡，此时的预期效用就是收益和风险的函数即效用函数。用公式表示为：

$$E(U_P)=f[E(R_P),\sigma_P] \tag{2.7}$$

式中：$E(U_P)$为投资组合的预期效用；f为函数符号；$E(R_P)$为投资组合的期望收益率；σ_P为投资组合的标准差。

无差异曲线，又称无差别曲线，是指能给投资者带来相同预期效用的证券组合点的轨迹，它反映了投资者对风险的态度。同一投资者可能有若干条无差异曲线，称为无差异曲线族，如图2-9所示。

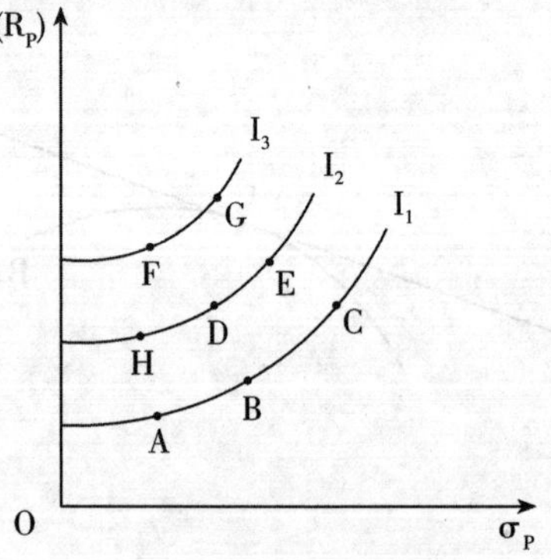

图2-9 无差异曲线族

图2-9中是一组无差异曲线，每条曲线上可以有若干投资方案，但同一曲线上的所有方案在该投资者看来预期效用是相同的，即可获得相同的满足感。比如在曲线I_1上的A、B、C三个投资组合对该投资者而言是等效用的；曲线I_2上的H、D、E投资组合可使该投资者获得相同的满足感；同样，曲线I_3上的F、G投资组合也是无差别的。

当然，这三条曲线之间是有差别的。曲线I_2上的证券组合肯定优于曲线I_1上的组合，比如C、D证券组合的期望收益率相同，但由于D组合的标准差较低而优于C组合；而曲线I_3上的证券组合又优于曲线I_2上的组合，比如D、G证券组合的标准差相同，但由于G组合的期望收益率较高而优于D组合。可见，越左边的无差异曲线越好。在经济景气时，投资者可找到处于左边曲线上的投资机会；而在经济萧条时，只能找到右边曲线上的投资机会。

归纳起来，投资者的无差异曲线有如下特征：

（1）无差异曲线是以无风险收益率为起点向右上方延伸的，即其斜率为正。

（2）同一投资者可在同一$E(R_p)$-σ_P平面上有无数条无差异曲线，同一条曲线的任何点均有相同的预期效用。而左边的曲线优于右边的曲线。

（3）在同一$E(R_p)$-σ_P平面上，同一投资者的任意两条无差异曲线不会相交。

（4）无差异曲线一般凸向右下方。

由于各人对风险的偏好不同，故不同的投资者会有不同的无差异曲线。一般而言，风险偏好型的投资者为了追求高一些的收益率而不会太计较标准差的增大，故其无差异曲线通常比较平缓；而风险规避型的投资者只愿意少增大标准差而多提高一些收益率，故其无差异曲线通常较为陡峭。两类投资者的无差异曲线如图2-10所示。

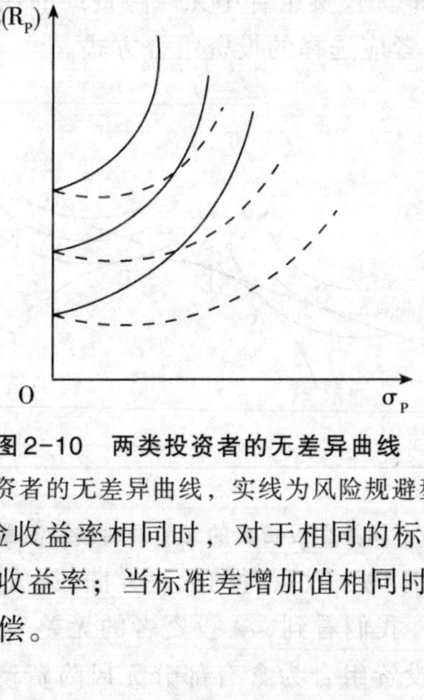

图2-10 两类投资者的无差异曲线

注：图中虚线为风险偏好型投资者的无差异曲线，实线为风险规避型投资者的无差异曲线。

由图2-10可见，当无风险收益率相同时，对于相同的标准差，风险规避型的投资者较风险偏好者要求更高的风险收益率；当标准差增加值相同时，风险规避者较风险偏好者要求更高的风险收益率作为补偿。

2.4.2 投资组合的选择

通过以上分析可知，有效边界确定了有效投资组合集合，而无差异曲线反映了投资者对风险的态度。那么，我们将两种曲线相结合，便可确定最优投资组合。

1）不含无风险资产的情形

将无差异曲线与马科维兹边界描绘于同一坐标系，如图2-11所示。

在图2-11中，I_i（i=1，2，3，4）为投资者的无差异曲线，曲线AB为有效边界。从效用值来看，投资者更偏好I_3，I_4上的证券组合，但它们在可能投资组合之外，故无法考虑；而I_1上的C、D组合虽然在有效边界上，但其预期效用不如I_2上的证券组合，E、F组合亦如此。显然，只有G组合是在有效边界上可获最高预期效用的组合，故G组合是该投资者应选择的最优投资组合。也就是说，最优证券组合位于无差异曲线与有效边界的切点处。

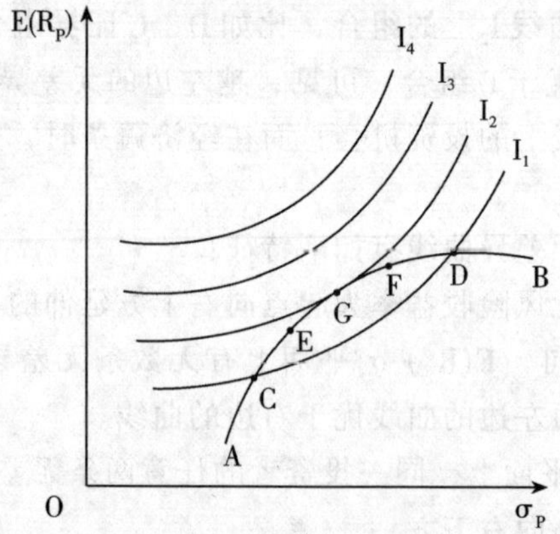

图2-11　无差异曲线与马科维兹边界

2）含无风险资产的情形

引入无风险信贷后，有效边界随之变化了，投资者有可能获得比马科维兹边界上的组合更高的预期收益。但最优投资组合仍然位于投资者的无差异曲线与有效边界的切点处，然而不同的投资者应选择的最优投资组合中无风险资产的比例或符号是不同的。

图2-12展示了不同投资者应选择的投资组合方式。

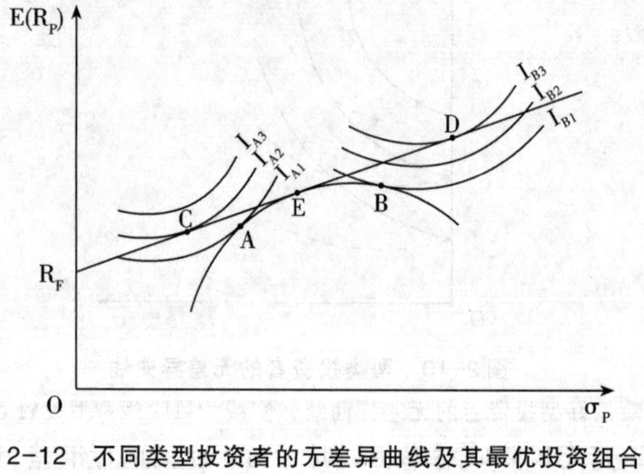

图2-12　不同类型投资者的无差异曲线及其最优投资组合

在图2-12中：I_{A1}、I_{A2}、I_{A3}为A投资者的无差异曲线；I_{B1}、I_{B2}、I_{B3}为B投资者的无差异曲线；R_FE射线为有效边界。我们看到，A投资者的无差异曲线与有效边界相切于I_{A2}上的C点，表示A投资者的最优投资组合为含有部分无风险资产和部分风险性资产的组合；B投资者的无差异曲线与有效边界相切于I_{B3}上的D点，表示B投资者的最优投资组合是借入部分无风险贷款，加上其原有资本全部投资于风险性证券。显然，相比之下，B投资者较A投资者偏好风险。然而，无论投资者的风险偏好如何，引入无风险信贷之后，投资者的预期效用均有所提高。如图2-12所示，A投资者的预期效用由I_{A1}提高到I_{A2}，B投资者的预期效用则由I_{B1}提高到I_{B3}。

即测即评2.4

2.5 资本资产定价模型

2.5.1 资本资产定价模型的基本假设

如上节所述，投资者可以在有效边界获得最优投资组合。但最优投资组合中风险与收益的关系如何，投资组合的风险如何测度乃至资本资产如何定价等问题在投资组合理论中并没有作出进一步的阐述。以投资组合理论为基础，20世纪60年代美国经济学家夏普（Sharpe）、林特纳（Lintner）和莫辛（Mossin）几乎同时开发研究出资本资产定价模型（Capital Asset Pricing Model，CAPM），并发展演变为财务管理的重要理论之一。夏普因此荣获1990年度诺贝尔经济学奖。

资本资产定价模型的基本假设如下：

（1）所有的投资者均为理性的，他们都愿意持有有效投资组合。当可行的若干资产组合其他条件相同时，投资者将选择标准差较小的一组资产组合；或在其他条件相同时选择收益率较高的一组资产组合。

（2）所有的投资者对每一种证券报酬的期望值、标准差和协方差等都有相同的预期，即所有的投资者都有相同的无差异曲线。

（3）所有的投资者均能以相同的无风险利率借入或贷出资金，即借入或贷出的利率相同，且对于每一个投资者都是一样的。

（4）没有征税和交易费用，即不存在对红利、利息收入或资本利得的征税，证券买卖也不用负担交易成本。

（5）资产的无限可分性，即投资者可以按任意比例购买某种证券。

2.5.2 资本市场线

在2.3节中我们指出，引入无风险资产后投资组合的有效边界是一条从无风险利率发出的并与马科维兹边界相切的射线，如图2-13所示。

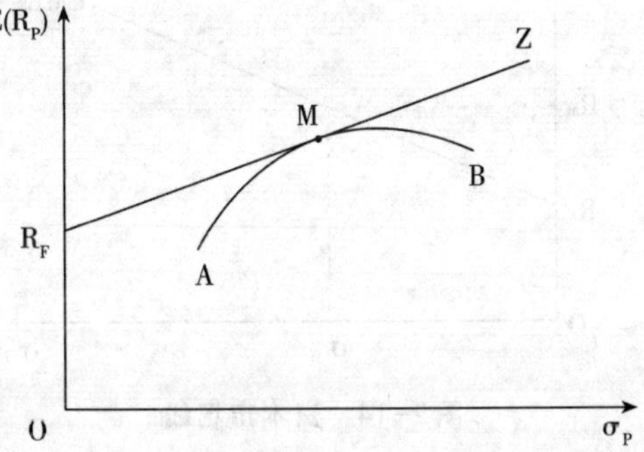

图2-13 引入无风险资产后投资组合的有效边界

这条由无风险收益率（R_F）和市场投资组合（M）决定的射线就叫资本市场线（CML）。Z点在理论上没有极限，M点是所有风险证券的最优组合。

资本市场线实质上是允许借贷条件下的有效投资组合线，在这条线上，投资者可作出下列选择：

（1）按照无风险利率R_F贷出其所有的资金，即R_F点；

（2）按照无风险利率贷出其部分资金，而将剩余资金投资于市场投资组合M上，即直线R_FM，故R_FM上的任何一点均称为“借出组合”；

（3）将其全部资金投资于市场投资组合M上，即M点；

（4）按照无风险利率R_F借入资金连同其原有资金投资于市场投资组合M上，即直线MZ，故MZ上的任何一点均称为“借入组合”或“杠杆投资组合”，利用杠杆投资组合，投资者可获得超过单纯用自己的资金投资的收益率，但也须承担更大的风险，这在前文已有说明。

资本市场线R_FMZ说明了线上的投资组合（有效资产组合）的预期报酬率与其所承担的风险之间存在一种线性关系。资本市场线（CML）的纵截距R_F通常被视为时间价值，CML的斜率为风险价格，即每一单位风险的额外报酬，可用公式表示为：

$$\lambda=\frac{E(R_M)-R_F}{\sigma_M-0}=\frac{E(R_M)-R_F}{\sigma_M} \tag{2.8}$$

式中：λ为CML的斜率；E（R_M）为市场投资组合的预期报酬率；R_F为无风险利率；σ_M为市场投资组合预期报酬率的标准差。

投资组合的预期报酬率等于无风险利率加上其所承担的风险（用标准差表示）与CML斜率的乘积，用公式表示为：

$$E(R_P)=R_F+\frac{E(R_M)-R_F}{\sigma_M}\cdot\sigma_P \tag{2.9}$$

式中：E（R_P）为投资组合P的预期报酬率；σ_P为投资组合P预期报酬率的标准差。

由于CML经过（R_M，σ_M）点，在均衡时，$\lambda=\frac{E(R_M)-R_F}{\sigma_M}$，所有的有效投资组合，包括最优风险证券组合的预期报酬率均位于CML上，即与必要报酬率相等，故有：

$$E(R_P)=R_F+\lambda\cdot\sigma_P$$

$$E(R_M)=R_F+\lambda\cdot\sigma_M$$

资本市场线如图2-14所示。

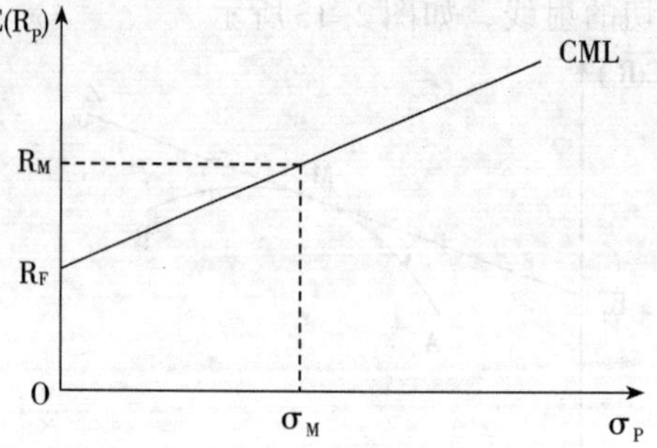

图2-14 资本市场线

综上所述，资本市场线是由无风险资产与风险资产所构成的资产组合的有效边界，它说明有效投资组合的风险与其必要报酬率的均衡关系，通过CML的计算公式，我们可以测算出某一有效投资组合的必要报酬率，从而作出相应的决策。

【例2-6】已知无风险报酬率为6%，某投资组合报酬的标准差为0.5，市场投资组合的预期报酬率及其标准差分别为12%和0.3，则该投资组合的必要报酬率为：

$$E(R_P)=6\%+\frac{12\%-6\%}{0.3}\times0.5=6\%+20\%\times0.5=16\%$$

2.5.3 证券市场线

1）资本资产定价模型的推导

资本市场线CML所揭示的有效资产组合预期报酬率及其标准差之间的均衡关系并不适用于个别风险证券或非有效资产组合的情况，而证券市场线（SML）正是要描述任何证券或证券组合的预期报酬率及其风险之间的关系。

证券市场线用公式表示为：

$$E(R_i)=R_F+\frac{E(R_M)-R_F}{\sigma_M^{\ 2}}\cdot\sigma_{i,M} \tag{2.10}$$

式中：R_i为证券i或证券组合i的预期报酬率；$\sigma_{i,M}$为证券组合i与市场投资组合M的协方差。此公式表明任何一种证券或证券组合的预期报酬率与协方差之间的线性关系，这就是资本资产定价模型CAPM的核心内容。

CAPM可用图2-15表示如下：

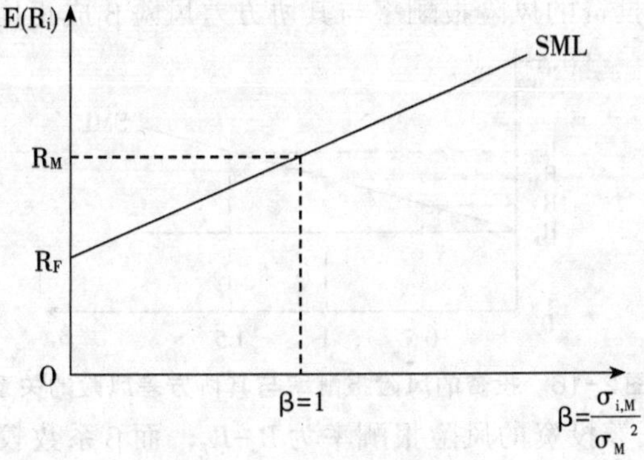

图2-15 证券市场线

由图2-15可见，证券市场线SML以R_F为纵截距，表示时间价值；SML的斜率为$[E(R_M)-R_F]/\sigma_M^{\ 2}$，表示单位风险的价格，这里的风险由证券报酬率与市场投资组合的协方差来衡量。SML的斜率大于零，表明具有较大协方差的证券或证券组合将产生较高的预期报酬率。如果协方差$\sigma_{i,M}$为零，则预期报酬率为无风险利率，因为此时证券组合中的风险证券比重为零；如果$\sigma_{i,M}=\sigma_M^{\ 2}$，则$E(R_i)=E(R_M)$，即证券组合i的风险与市场投资组合M的风险相同，故它们有相同的预期报酬率。

2）β系数

在SML的公式中，定义$\beta_i=\frac{\sigma_{i,M}}{\sigma_M^{\ 2}}$，则SML公式演变为：

$$E(R_i)=R_F+\beta_i\cdot[E(R_M)-R_F]$$

由于市场投资组合与其本身的协方差$\sigma_{M,M}=\rho_{M,M}\cdot\sigma_M\cdot\sigma_M=\sigma_M^{\ 2}$，故市场投资组合的β系数$\beta_M$为1。

任何一项投资的总风险均可分解为系统风险和非系统风险，若用方差σ^2表示总风险，则有：

$$\sigma_i^{\ 2}=\beta_i^{\ 2}\cdot\sigma_M^{\ 2}+\sigma^2(\varepsilon)$$

式中：$\beta_i^{\ 2}\cdot\sigma_M^{\ 2}$为系统风险；$\sigma^2(\varepsilon)$为非系统风险。

我们知道，非系统风险可通过组合投资来分散，故在有效投资组合中，$\sigma^2(\varepsilon)$通常不予考虑。那么，某种证券或证券组合的市场风险（σ_i）就取决于其β系数和市场投资组合的风险σ_M，显然，证券或证券组合i的市场风险取决于其β系数，其预期报酬率由SML计算公式确定。可见，β系数实际上反映了系统风险的程度，用于衡量个别证券报酬率对于市场投资组合报酬率变动的敏感性。对于某一证券i的β系数，我们已知：

$$\beta_i=\frac{\sigma_{i,M}}{\sigma_M^{\ 2}}$$

一种投资组合的β系数，是该组合中各种资产的β系数的简单加权平均数，用公式表示为：

$$\beta_P=\sum_{i=1}^{n}\beta_i\cdot W_i \tag{2.11}$$

式中：β_P为投资组合的β系数；W_i为第i种资产的投资比重；n为投资组合中资产的种数。

3）投资报酬与市场投资组合报酬的关系

前述公式$E(R_i)=R_F+\beta_i\cdot[E(R_M)-R_F]$可以改写为：$E(R_i)-R_F=\beta_i\cdot[E(R_M)-R_F]$，它表明证券市场上任何投资的风险报酬率与其协方差风险β_i成正比，如图2-16所示。

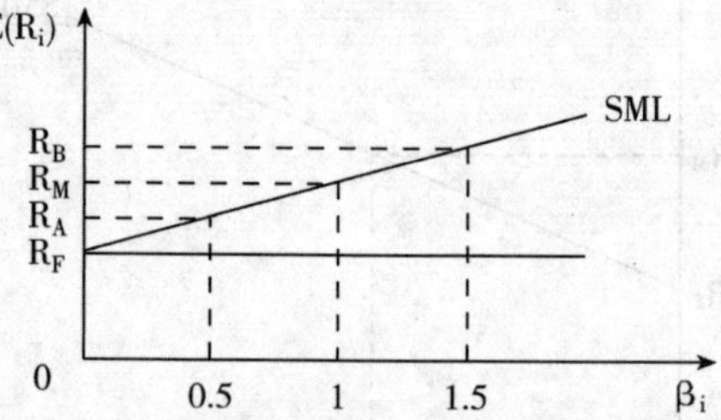

图2-16 投资的风险报酬率与其协方差风险的关系

由图2-16可见，证券投资的风险报酬率为R_i-R_F，而β系数较大的证券投资风险报酬率亦较大。

由公式$E(R_i)=R_F+\beta_i\cdot[E(R_M)-R_F]$，我们可清楚地看到某一投资报酬与市场投资组合报酬的关系。我们已知$\beta_M=1$，因此：

（1）如果$\beta_i=1$，表示i资产（组合）的风险与市场投资组合的风险一致，其预期报酬率与市场投资组合的报酬率相同；

（2）如果$\beta_i>1$，表明i资产（组合）的风险大于市场投资组合的风险，其预期报酬率的变动幅度高于市场投资组合，这种资产（组合）称为高风险资产（组合），如图2-16中的B资产（组合）；

（3）如果$\beta_i<1$，表明i资产（组合）的风险小于市场投资组合的风险，其预期报酬率的变动幅度亦低于市场投资组合，这种资产（组合）称为低风险资产（组合），如图2-16中的A资产（组合）。

【例2-7】假设无风险报酬率为5%，市场投资组合预期报酬率为12%，某证券组合的β系数为1.2，则该证券组合的预期报酬率为：

5%+1.2×（12%-5%）=13.4%

SML表示证券价格的均衡水平，在市场均衡的情况下，根据CAPM模型，任何资产的预期报酬率都是β系数的线性函数。

4）引起证券市场线变动的因素

引起证券市场线变动的因素主要有两个，即通货膨胀和投资者对风险的态度。

（1）通货膨胀的影响

根据SML的计算公式，投资预期报酬率的组成部分之一是无风险报酬率R_F，实际上R_F又由两部分构成，即实际报酬率（R）和通货膨胀溢价（IP），由此$R_F=R+IP$。一旦发生通货膨胀，R_F中包含的IP将上升，并由此导致SML的平行移动即截距增加，但斜率不变，如图2-17所示。

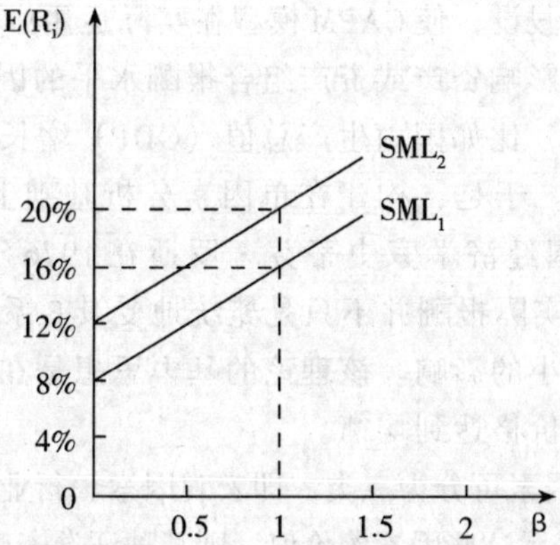

图2-17 通货膨胀对证券市场线的影响

由图2-17可见，在SML_1中R_F为8%，其中真实报酬率（即真正意义上的时间价值）为4%，通货膨胀溢价为4%，市场投资组合的报酬率为16%，假设通货膨胀率上升4%，则R_F变为12%，SML_1则平移到SML_2，市场投资组合的报酬率为20%，而增加的恰好是通货膨胀率上升的部分，系统风险报酬率仍为8%。

（2）投资者对风险的态度的影响

证券市场线SML的斜率E（R_M）$-R_F$反映了投资者对风险的态度即人们对风险的规避程度。人们对风险越重视，越回避风险，则SML的斜率越大；反之，SML的斜率越小；若投资者丝毫不回避风险，SML则为一条水平线。投资者对风险的态度会随经济环境的变化而变化，从而通过SML斜率的变动改变SML的位置，如图2-18所示。

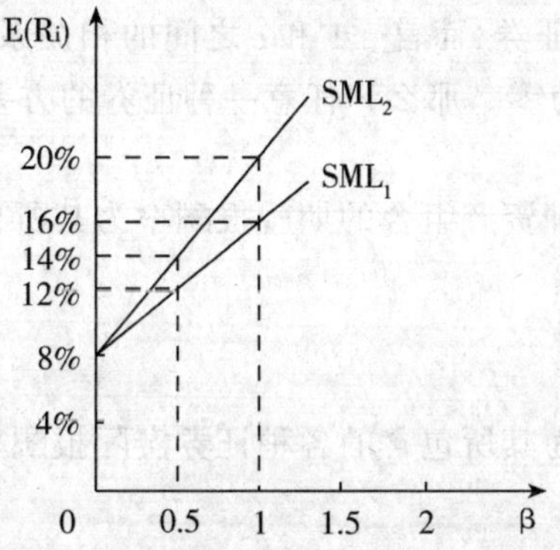

图2-18 风险规避程度对证券市场线的影响

由图2-18可见，随着人们对风险的态度趋于谨慎，SML的斜率加大，市场投资组合的风险报酬率由SML_1的8%增加到SML_2的12%，R_F仍为8%；而与此同时，β系数为0.5的证券组合的必要报酬率只增加了2%，即由原来的12%上升为14%；假定某证券组合的β系数为2，那么在SML_2上，其相应的必要报酬率为32%，而原来的必要报酬率为24%。

此外，当SML的位置既定时，某一证券报酬率在该线上的位置伴随着其β系数的变动而变动，比如公司的资本结构、资产重组等因素的变化均会对其β系数产生影响。例如，图2-18中β由0.5上升到1，则该证券的必要报酬率将从12%增加为16%。

2.5.4 套利定价理论

CAPM模型的杰出贡献在于它揭示了资本资产风险与报酬的均衡关系。然而，由于其过于苛刻且不切实际的种种假设，使CAPM模型在实际运用中存在着一些局限性。

在现实的经济社会中，影响资产或资产组合报酬水平的因素有许多，除了CAMP涉及的市场投资组合报酬率之外，比如国内生产总值（GDP）增长率、人均收入、通货膨胀率等都会对E（R_i）产生影响。于是，构建在单因素分析基础上的CAPM模型受到了挑战，其中最有代表性的是由美国经济学家史蒂芬·罗斯在1976年首先提出的套利定价理论（APT）。该理论认为证券的实际报酬并不只是笼统地受其β系数的影响，而是分别受对经济中许多因素变动敏感性大小的影响。该理论的基本思想是在竞争的金融市场上套利行为将保证由风险和报酬决定的价格达到均衡。

影响资产或资产组合的因素可分为三类，即宏观因素、行业或地区因素及资产自身因素。如果用F_i（i=1，2，…，n）表示这些因素的价值，则某种证券资产（组合）的报酬可表示为：

$$R_i=f(F_1, F_2, \cdots, F_n) \tag{2.12}$$

式中：f表示函数关系。

1）单一因素模型

假定某证券资产报酬只受一种因素的影响，且二者之间呈线性关系，则该证券资产在任何给定时期t的报酬率由下式给出：

$$R_i=a_i+b_iF+e_i$$

式中：F为该因素水平；b_i为证券i对该因素的敏感系数；e_i为随机误差项，其期望值为零，标准差为σ_{ei}，它度量由证券本身产生的风险；a_i是因素预期值为零时证券i的预期报酬率。根据上式有：

$$E(R_i)=a_i+b_iE(F)$$

假定：（1）对于每一种证券i而言，F和e_i之间的相关系数为零；（2）任意两种证券i和j，e_i和e_j之间的相关系数为零。那么，任意一种证券的方差为：

$$\sigma_i^2=b_i^2\sigma_F^2+\sigma_{ei}^2$$

在单一因素条件下，一种资产组合的期望报酬率为其所包含的各种证券期望报酬率的加权平均数，即：

$$E(R_P)=\sum_{i=1}^{n}W_i \cdot E(R_i)$$

资产组合的实际报酬率为其所包含的各种证券实际报酬率的加权平均数（R_P）：

$$R_P=\sum_{i=1}^{n}W_i \cdot E(R_i)$$

$$=\sum_{i=1}^{n}W_i \cdot (a_i+b_iF+e_i)$$

$$=\sum_{i=1}^{n}W_i \cdot a_i+\sum_{i=1}^{n}W_i\, b_iF+\sum_{i=1}^{n}W_i \cdot e_i$$

（定义$\sum_{i=1}^{n}W_i \cdot a_i=a_p$，$\sum_{i=1}^{n}W_i\, b_i=b_p$，$\sum_{i=1}^{n}W_i \cdot e_i=e_p$）

则有：

$$R_p=a_p+b_pF+e_p$$

证券组合的方差为：

$$\sigma_p^2=b_p^2 \cdot \sigma_F^2+\sigma_{ep}^2$$

由σ_i^2和σ_p^2的计算公式可知，风险由因素风险和非因素风险构成。W_i随着投资的分散化而缩小，这种变化将使因素风险平均化，从而减小了非因素风险。

2）多因素模型

假定某一证券资产i的报酬受多个因素的影响，且这些因素与资产报酬呈线性关系，则该资产报酬率为：

$$R_i=a_i+b_{i1}F_1+b_{i2}F_2+\cdots+b_{im}F_m+e_i \tag{2.13}$$

该资产的预期报酬率为：

$$E(R_i)=a_i+b_{i1}\cdot E(F_1)+b_{i2}\cdot E(F_2)+\cdots+b_{im}\cdot E(F_m)$$

其方差为：

$$\sigma_i^2=b_{i1}^2\cdot\sigma_{F_1}^2+b_{i2}^2\cdot\sigma_{F_2}^2+\cdots+b_{im}^2\cdot\sigma_{F_m}^2+\sigma_{ei}^2$$

依照前述有关公式，证券组合的预期报酬率为：

$$E(R_p)=\sum_{i=1}^{n}W_i\cdot E(R_i)$$

证券组合的实际报酬率为：

$$R_P=\sum_{i=1}^{n}W_i\cdot R_i$$

$$=\sum_{i=1}^{n}W_i\cdot(a_i+b_{i1}\cdot F_1+b_{i2}\cdot F_2+\cdots+b_{im}\cdot F_m+e_i)$$

$$=\sum_{i=1}^{n}W_i\cdot a_i+\sum_{i=1}^{n}W_i\cdot b_{i1}\cdot F_1+\sum_{i=1}^{n}W_i\cdot b_{i2}\cdot F_2+\cdots+\sum_{i=1}^{n}W_i\cdot b_{im}\cdot F_m+\sum_{i=1}^{n}W_i\cdot e_i$$

$$=a_p+b_{p1}\cdot F_1+b_{p2}\cdot F_2+\cdots+b_{pm}\cdot F_m+e_p$$

证券组合的方差为：

$$\sigma_p^2=b_{p1}^2\cdot\sigma_{F1}^2+b_{p2}^2\cdot\sigma_{F2}^2+\cdots+b_{pm}^2\cdot\sigma_{F_m}^2+\sigma_{ep}^2$$

同样，投资分散化将平均化因素风险，而使非因素风险减小。

3）套利定价模型

套利，是指利用同一种实物或金融资产在时间或空间上存在的价格差异来赚取无风险利润的行为。在投资组合中，通过证券卖空的方式，可将多项因素模式化为只对一个因素敏感的投资组合，即纯因素投资组合形式。在纯因素投资组合中，影响投资组合报酬的因素只有一个，其他因素因投资者的套利行为而被冲销。

一个纯因素投资组合的预期报酬率用公式表示为：

$$E(R_i)=R_F+\lambda_i\cdot b_i$$

式中：R_F为无风险利率；λ_i为因素i的价格；b_i为资产对因素i的敏感系数；$\lambda_i b_i$为对因素i的敏感度所引起的期望报酬率的溢价。

当市场十分完善时，存在有各种证券搭配形成的不同的纯因素投资组合，如“纯因素1投资组合”“纯因素2投资组合”等，这些纯因素投资组合是否具有相同的期望报酬率呢？回答是肯定的。否则，理性的投资者就会通过调整投资结构来提高其投资组合的预期报酬率，即买入预期报酬率高的投资组合中的证券而卖空预期报酬率低的投资组合中的证券，这种套利行为导致前者价格上升而报酬下降，后者价格下跌而报酬上升，最终使各投资组合的报酬趋于均衡。

当证券或证券组合i为多因素模式时，其预期报酬率为：

$$E(R_i)=R_F+\sum_{i=1}^{n}\lambda_i\cdot b_{i,j}$$

式中：λ_i为因素价格，即单位因素敏感系数的预期报酬溢价，它可以是正值、负值或零；$b_{i,j}$为资产i对因素j的敏感系数。这就是套利定价方程式，也称套利定价理论的基本公式，它说明一种资产（组合）的预期报酬率与若干因素有关，而且这种相关关系是线性的，其共同截距为无风险利率。

在套利定价模型中，如果只考虑市场资产组合这一因素，那么这一模型就很容易转换成CAPM模型。因此，CAPM模型实际上是APT模型的一个特例。

即测即评2.5

专论

金融危机大事记

2007年末，美国爆发金融危机，继而波及全球，在世界范围内引发了一场金融风暴。

2007年4月2日，美国第二大次级抵押贷款机构新世纪房贷公司申请破产保护——次贷抵押风险初显。

2008年9月7日，全美最大两家住房贷款融资机构“房利美”和“房地美”由政府接管；9月15日，美国第四大投资银行雷曼兄弟控股公司递交破产申请保护，成为美国历史上涉及资产数额最大的企业破产案，成为全球金融危机爆发的标志性事件。

2009年4月2日，G20伦敦金融峰会召开，会议达成包括国际货币基金组织资金规模将扩大至现在的3倍、增发2 500亿美元特别提款权、将对冲基金纳入监管范围等共识。

2011年6月13日，国际评级机构标准普尔宣布，由于希腊发生债务违约的可能性大幅上升，故将该国长期主权信用评级由B连降三档至CCC，评级前景为负面；短期主权信用评级仍为“C”。希腊由此成为全球信用评级最低的国家。9月21日，国际货币基金组织重新启动了总额为5 710亿美元的资金池，以确保拥有足够资金帮助欧洲应对其不断恶化的债务危机。12月28日，欧洲央行公布的最新统计数据显示，区内金融机构存入的隔夜资金进一步攀升至4 520亿欧元的新高，打破了前一天创出的4 118亿欧元的纪录，同时也创出自1999年欧元面世以来的纪录新高。

2012年7月8日，欧盟委员会介入巴克莱集团操纵伦敦银行间同业拆借利率（Libor）丑闻的调查，并在欧盟范围内将操纵市场指数的行为认定为非法，将对金融管理机制进行改革，避免潜在监管漏洞。同时，欧盟也将对干预Libor和欧洲银行同业欧元拆借利率Euribor的行为追究法律责任。10月9日，经济合作与发展组织发布的综合经济先行指数报告显示，大多数发达国家经济增长前景得到改善，但新兴经济体增长前景显现差别。

2014年3月19日，美国联邦储备委员会宣布，继续维持基准利率在0～0.25%的区间不变，从今年4月开始，该机构会继续削减债券购买规模100亿美元，这已经是美联储第三次缩减量化宽松（QE）规模。美联储新任主席耶伦在会议后召开新闻发布会表示，按照目前的节奏，美联储缩减QE的步调有可能在今年第三季度终结。7月29日，国际货币基金组织（IMF）发布2014年“溢出效应”报告，警告全球经济增长面临全球金融环境收紧和新兴经济体经济增长放缓带来的溢出效应。

2015年4月15日是确定亚洲基础设施投资银行（简称亚投行）意向创始成员国数量的最终日期，共有来自五大洲的57个国家成为亚投行意向创始成员国，其中域内国家37

个、域外国家20个。10月15日，世界黄金协会公布的8月份各国央行黄金储备数据显示，全球央行共净增加了46.5吨黄金储备，达到32 659.4吨。10月31日，时任欧洲央行行长德拉吉称："如果我们确信中期通胀目标存在风险，我们将采取必要的行动。届时，我们将考虑进一步的刺激措施是否有必要。"他还强调，现在说是否会将基准利率进一步降至负值还言之尚早。

本章小结

•风险是指在一定条件下和一定时期内可能发生的各种结果的变动程度。在财务学中，风险是指脱离预期收益的可能性。

•风险分类的标志有风险产生的根源、风险发生的形态、财务活动的基本内容和个别投资主体的角度。从个别投资主体的角度可将风险分为市场风险和公司特有风险，其中，后者可通过多角化投资来分散。

•风险可借助于方差、标准差、变化系数等指标进行计量。

•证券之间的相关系数通常介于-1和+1之间，故组合投资可降低风险，但是无法消除风险。

•有效投资组合是指在任何风险程度下获得最高期望收益率，或在任何期望收益率下遭受最低风险的一种投资组合。由有效投资组合集合所构成的曲线称为有效边界或马科维兹边界。

•引入无风险资产后投资组合的有效边界是一条从无风险利率发出的与马科维兹边界相切的射线，其切点将有效边界分为贷款区与借款区。

•无差异曲线是指能给投资者带来相同预期效用的证券组合点的轨迹。某一投资者的最优投资组合位于其无差异曲线与有效边界的切点处。

•资本市场线（CML）是允许借贷条件下的有效投资组合线，它说明有效资产组合的风险与其必要报酬率的均衡关系。

•证券市场线（SML）描述了任何证券或证券组合的预期报酬率及其风险之间的线性关系。

•β系数反映了系统风险的程度，用于衡量个别证券报酬率对于市场投资组合报酬率变动的敏感性。

•通货膨胀和投资者对风险的态度的变化会引起证券市场线位置的变动。

•套利定价理论认为证券的报酬率受多种因素的影响，而在有效的市场中，套利行为将保证由风险和报酬决定的价格达到均衡。

•CAPM模型是APT模型的一个特例。

主要概念和主要观念

□ 主要概念

系统风险　非系统风险　预期值　方差　标准差　变化系数　置信区间　置信概率　有效边界　效用函数　无差异曲线　资本市场线　证券市场线　β系数

□ 主要观念

1.风险和收益在数量上和主体上是对等的，即高风险高收益，承担风险的主体应获得风险收益。

2.不要把所有的鸡蛋放在一个篮子里，这是投资组合的真谛。

3.证券的非系统风险是可以通过投资组合予以分散的，而系统风险是不能分散的。

4.金融资产的投资组合与实物资产的多元化是有区别的，不要盲目地用投资组合理论去追求企业的多元化。

基本训练

□ 知识应用

2.1 判断题

1.作为投资者来说，投资债券的风险低于投资股票的风险，所以投资债券收益率低于投资股票的收益率。 （ ）

2.风险不以人们的意志为转移而存在，所以人们对此束手无策。 （ ）

3.β系数反映的是某一特定公司的非系统风险。 （ ）

4.如果β系数大于1，其预期报酬率将高于市场投资组合收益。 （ ）

2.2 思考题

1.风险的基本类型有哪些?

2.相关系数与证券组合风险分散的关系是什么?

3.最优投资组合的确定方法有哪些?

4.CAPM模型基本公式的含义是什么?

5.β系数与证券风险及其报酬率的关系是什么?

6.APT模型的意义及其与CAPM模型的关系是什么?

□ 能力训练

2.1 计算题

1.A、B两个投资项目的有关数据见表2-13。

表2-13 不同经济状况下的预计收益率

经济状况	概率（P）	预计收益率（%）	
		A项目	B项目
良好	0.2	20	35
一般	0.5	10	12
较差	0.3	5	−5

要求:

（1）比较两个项目的风险大小;

（2）计算A项目盈利的可能性。

2.A、B证券的有关数据见表2-14。

表2-14 **证券收益率及其概率**

概率（P）	A证券收益率（%）	B证券收益率（%）
0.15	-10	0
0.70	10	5
0.15	25	8

要求：

（1）计算A、B证券的相关系数；

（2）计算A、B证券的协方差；

（3）若A、B证券组合中A证券为60%，B证券为40%，该组合的标准差为多少？

2.2 综合题

1.假定无风险借、贷款利率均为4%，风险性证券期望收益率为10%，标准差为5%。W_A为风险性证券比重，W_B为无风险借、贷款比重。

要求：

（1）计算完成表2-15；

（2）根据计算结果作图。

表2-15 **证券组合的期望收益率和标准差**

投资组合	投资结构（W_A，W_B）	E（R_p）	σ_p
A	（0，1）		
B	（0.25，0.75）		
C	（0.5，0.5）		
D	（0.75，0.25）		
E	（1，0）		
F	（1.25，-0.25）		
G	（1.5，-0.5）		
H	（1.75，-0.75）		
I	（2，-1）		

2.某项投资的期限报酬率为8.5%，方差为0.005184，市场投资组合的报酬率为10%，其标准差为0.25，无风险报酬率为6%。

要求：

（1）判定该投资的可行性；

（2）作出资本市场线。

3.某公司有四个投资备选方案，有关数据见表2-16。

表2-16 **各方案的报酬率及概率**

市场状况	概率（P）	备选方案报酬率（%）			
		A	B	C	D
繁荣	0.3	25	10	30	5
一般	0.5	15	10	13	16
衰退	0.2	5	10	6	24

要求：

（1）计算各方案的E、σ^2、σ和V；

（2）假定以A项目代表市场投资组合，试求各方案的β系数，并用CAPM模型计算方案的必要报酬率并略作评价。

2.3 调研实践

1.通过互联网收集有关资料，了解我国企业资产组合投资的现状。

2.根据网上调研收集的资料，分析我国企业资产组合投资中存在的主要问题，并联系所学理论知识提出相应的对策。

□ 政策思考

2014年，国务院印发了《国务院关于进一步促进资本市场健康发展的若干意见》，明确提到“（十九）壮大专业机构投资者。支持全国社会保障基金积极参与资本市场投资，支持社会保险基金、企业年金、职业年金、商业保险资金、境外长期资金等机构投资者资金逐步扩大资本市场投资范围和规模。推动商业银行、保险公司等设立基金管理公司，大力发展证券投资基金”。2022年，中国证监会发布《关于加快推进公募基金行业高质量发展的意见》，指出“公募基金作为重要的机构投资者，在资本市场改革发展稳定中发挥着日益重要的作用”，并强调要“推动公募基金等专业机构投资者积极参与上市公司治理”，“助力上市公司高质量发展”。

请思考：为何政府会积极鼓励壮大专业机构投资者？相比于个人投资者，机构投资者的优势是什么？

第3章 资本预算

学习目标

知识传授：掌握资本预算的基本内容；把握现金流量的概念及其与会计利润的联系和区别；了解估计现金流量应考虑的因素；了解各种资本预算方法及其利弊；了解各种风险分析的方法。

思维导图3

能力培养：掌握营业现金净流量的确定方法；掌握回收期、会计收益率、净现值、获利指数和内含报酬率的计算方法；掌握风险调整贴现率、肯定当量系数的计算方法；掌握敏感系数的计算及敏感性分析的程序；掌握账面临界点、现金临界点和财务临界点的计算方法；了解各种销售量临界点的意义；能运用恰当的指标对项目的可行性进行分析；能在各项指标的分析结论发生冲突时确定最优方案；能进行考虑风险因素的投资决策。

视频导学3

价值塑造：了解资本预算的复杂性和重要性，树立"凡事预则立，不预则废"的远见思维；关注企业可持续现金流和长期经济效益，追求经济高质量发展，避免投资决策的片面性。

引例：波音公司走出财务困境

1997年，波音公司出现了50年来的首次亏损。尽管当时股票市场一路看涨，但波音公司的股票价格却从60美元下跌到30美元以下。波音公司的问题并不是销售收入下降，其销售额从1996年的230亿美元上升至1998年的560多亿美元。然而，公司成本的增长超过了销售收入的增长，导致1997年亏损了1.78亿美元，1998年甚至差点破产。波音公司有着很强的工程技术力量，却很少关注财务业绩。为了扭转这种局面，1998年12月，波音公司聘用了曾担任过尤尼斯系统（Unisys）公司副总裁和通用汽车公司欧洲分部（Genernal Motors Europe）首席财务官的黛博拉·霍普金斯作为公司的首席财务官。刚刚过完44岁生日的霍普金斯是波音公司最年轻的高层主管，也是公司级别最高的女性。她精力充沛且有很强的沟通能力。她发现公司的会计和财务管理都很过时，这使公司无法确定其产品是否盈利。因此，她立刻着手改进成本计量和控制程序。霍普金斯在检查公司高达130亿美元的资本预算后，发现其中20亿美元的项目几乎不可能盈利，另外16亿美元的项目只能盈亏平衡，最多获得平均利润。于是，她设计了一个"价值计分卡"（Value Scorecard），用于辅助管理人员淘汰减值项目和增加盈利领域的投资。虽然波音公司不可能一夜之间改善其业绩，但分析师相信它正在好转。公司又开始盈利了，而且现金流量和经营利润都增加了。最重要的是公司股价迅速反弹，再次超过了60美元。霍普金斯离任后，波音公司继任的首席财务官迈克尔·西尔斯沿用霍普金斯制定的政策。从此以后，波音公司的每一项投资政策都必须以细致的资本预算为基础。

资料来源　布里格姆，休斯顿.财务管理基础［M］.胡玉明，主译.3版.大连：东北财经大学出版社，2004：407.

3.1 现金流量及其分析

3.1.1 现金流量的含义

估算现金流量是资本预算的基础，也是资本预算中最为关键且难度最大的环节。现金流量，在资本预算中是指投资项目周期内由生产经营活动和资金借贷活动等形成的流入流出项目系统的现金活动的增量，即一个投资项目引起的公司现金收入或现金支出增加的数量。这里的“现金”不仅包括各种货币资金，而且包括项目需要投入的企业拥有的非货币资产的变现价值。

现金流量包括现金流入量、现金流出量和现金净流量三个具体的概念。现金流入量是指某项目引起的公司现金收入的增加额，即以产品销售收入、营业外收入、项目终结时回收的固定资产余值和流动资金等形式体现的流入项目系统的现金。现金流出量是指某项目引起的公司现金支出的增加额，即以投资成本、经营成本、税金、营业外支出等形式体现的流出项目系统的现金。现金净流量是指相应的一定期间内（一般指投资项目持续的期间，有时也指一年）的现金流入量与现金流出量的差额，它可以为正值、负值或零。

3.1.2 现金流量与会计利润的联系与区别

财务会计按权责发生制计算公司的收入、成本费用，并据以确定利润作为评价公司经济效益的基础；而资本预算则以按收付实现制确定的现金流量作为评价投资项目经济效益的基础。现金流量与会计利润既有联系又有区别。二者的联系在于现金净流量与利润在质上没有根本的区别，在项目整个投资有效期内，二者的总额是相等的。二者的主要区别在于以下几方面：

1）是否有利于科学地考虑货币的时间价值

不同时点的现金流量有不同的价值，应按其发生的时间具体确定。计算利润时的收入和支出不一定是当期收到和支付的现金，故不利于其现值的确定。而现金流量反映的是当期的现金流入和流出量，有利于考虑时间价值因素。

2）是否有利于保证方案评价的客观性

利润在各年的分布存在不客观的成分。首先，利润的计算缺乏统一标准，在一定程度上受人为因素的影响，如存货计价、费用摊配、折旧方法等有较大的主观随意性；其次，利润反映的是某一会计期间“应计”的现金流量而非实际流量，以未实际收到的现金收入作为收益，具有较大风险。而现金流量的分布不受上述人为因素的影响，可如实反映现金流量发生的时间与金额，保证方案评价的客观性。

3）是否有利于反映现金流动状况

在投资分析中，对项目效益的评价是以假设其收回的资金再投资为前提的。显然，在资本预算中现金流动状况比盈亏状况更为重要。利润反映项目的盈亏状况，而有利润的年份不一定能产生相应的现金用于再投资，只有现金净流量才能用于再投资。一个项目能否维持下去，不是取决于某年份是否有利润，而是取决于是否有现金用于所需的各种支付。基于上述利润与现金流量的联系与区别，在资本预算中，研究的重点是现金流量，而把对利润的研究放在次要地位。

3.1.3 现金流量的估计

现金流量是资本预算中的一种信息载体，可以明确反映和描述项目系统中的资金流动状况。作为一种特定的资本预算分析方法，现金流量的确认区别于一般的会计核算和财务决算，它反映的是项目的整个周期（包括建设期和经济寿命期）预计的资金流动状况，而不是正在发生的现金流动状况。可见，现金流量的确认带有预测的性质。

现金流量的估计有两个特征：其一，以项目作为一个独立的系统，只反映某特定项目的货币资金收支等情况而不包含项目以外的资金活动，即每个投资项目都有自己的现金流量；其二，只考虑现金收支，不计算非现金收支（如折旧、摊销、应收及应付款等），并按现金收支发生的时间和数量一次性计入现金流量。

正确估计现金流量是进行资本预算的基础，同时也是保证投资决策有效性的前提条件，而对现金流量的准确估计则是建立在对市场的细致调查研究及其发展趋势的预测和及时掌握准确完整的财务数据的基础之上的。必须指出，项目成本效益的大量精确数据是难以获得的，预测的误差不可避免。公司理财人员在估计现金流量的过程中，应该充分听取各有关部门的看法、建议，并考虑到可能出现的宏观环境对项目成本效益的影响，力求降低资本预算的误差率。

1）估计现金流量需考虑的因素

在确定某投资方案的现金流量时，要牢牢把握相关性的原则，凡属非相关成本，一律不予考虑。只有由于采纳了某一方案而引起的现金流入的增量，才是该方案的现金流入；只有由于采纳了某一方案而引起的现金流出的增量，才是该方案的现金流出。当估计现金流量时应考虑下列因素：

（1）机会成本

在若干互斥的投资方案的选择中，由于选择了某一个投资方案而放弃的其余投资方案的收益，称为被选择投资方案的机会成本。例如，某公司有赊销和现销两个方案。若采取现销方案，那么收回的资金可再投资获利；若采取赊销方案，则要放弃上述收益。那么，按应收账款所占用资金计算的投资收益或利息就是赊销方案的机会成本。可见，机会成本不是人们通常所说的以支出或费用形式体现的“成本”，而是一种失去的相对于被放弃方案而言的潜在的收益。显然，机会成本是一种相关成本，在投资决策的现金流量估计中必须予以考虑。

（2）所得税

所得税是企业的一种现金流出，在估计项目的现金流量时必须予以考虑。由于应纳所得税额的大小取决于利润总额的大小以及所得税税率的高低，利润总额的大小又与费用的扣除额有关，费用的扣除额中包括由折旧方法确定的折旧额，而折旧作为一种非付现成本，其大小又对项目的现金净流量产生影响，所以，必须将所得税问题与折旧问题放在一起来考虑。

①税后成本和税后收入

税后成本是指扣除了所得税影响后的成本。由于成本或费用的发生可减少应纳税所得额，从而减少所得税额这一现金流出，故凡可避免税负的项目，其实际支付额并非真实的付现成本，而是扣除减免税额之后的税后成本。税后成本的一般公式为：

税后成本=付现成本×（1-所得税税率）

例如，某项固定资产月租赁费为2 000元，所得税税率为25%，则：

税后成本=2 000×（1-25%）=1 500（元）

与税后成本相对应的概念是税后收入。税后收入是指扣除了所得税影响后的收入。由于收入的发生会增加应纳税所得额，从而增加所得税这一现金流出，故凡会增加税负的项目，其实际收入应是扣除应纳所得税后的税后收入。税后收入的一般公式为：

税后收入=收入金额×（1-所得税税率）

例如，某企业发生固定资产清理净收益12 000元，所得税税率为25%，则：

税后收入=12 000×（1-25%）=9 000（元）

②折旧对所得税的影响

折旧是成本的一部分，其计入成本可加大费用，减少利润，从而减少所得税税额。折旧对企业应纳所得税的影响称为折旧的抵税作用，由此而少纳的税金称为节税额。节税额可按以下公式计算：

节税额=折旧×所得税税率

【例3-1】A、B两公司的基本情况相同，唯一的区别在于二者的折旧额不同，现金流量的计算见表3-1。

表3-1　　**现金流量计算表**　　单位：元

项目	A公司	B公司
销售收入	100 000	100 000
费用：		
付现成本	50 000	50 000
折旧	15 000	20 000
合计	65 000	70 000
税前利润	35 000	30 000
所得税（25%）	8 750	7 500
税后净利	26 250	22 500
营业现金流入：		
净利	26 250	22 500
折旧	15 000	20 000
合计	41 250	42 500

由以上计算结果可见，B公司的营业现金流入量比A公司高出1 250元，而这1 250元正是二者折旧费差额的节税额，即：

（20 000−15 000）×25%=1 250（元）

虽然B公司的税后净利不及A公司，但其营业现金流入却超过了A公司，因为折旧为非付现成本，可节税即减少现金流出量。

③税后现金流量

在考虑所得税因素以后，营业现金净流量的计算方法有以下三种：

A.根据营业现金净流量的定义计算

将所得税作为一种现金流出从营业收入中予以扣除。计算公式为：

营业现金净流量=营业收入−付现成本−所得税 （3.1）

将例3-1中A公司的有关数据代入公式（下同），则：

营业现金净流量=100 000−50 000−8 750=41 250（元）

B.根据税后净利计算

计算公式为：

营业现金净流量=税后净利+折旧 （3.2）

=26 250+15 000=41 250（元）

C.根据所得税的影响计算

由于所得税的影响，我们已经引入了税后成本、税后收入及折旧节税的概念，将这些概念用于计算，得出以下公式：

营业现金净流量=税后收入−税后成本+折旧节税 （3.3）

=收入金额×（1−所得税税率）−付现成本×（1−所得税税率）+折旧×所得税税率

=（100 000−50 000）×（1−25%）+15 000×25%

=41 250（元）

显然，三种方法的计算结果是一致的，但其中最适用的是公式（3.3），因为我们在进行项目的可行性分析时常采用差额分析法确定其现金流量，而并不知道整个企业的利润及与此有关的所得税，这显然妨碍了公式（3.1）、（3.2）的运用。例如，当进行固定资产更新与否的决策时，我们只能估计继续使用旧资产与对它进行更新所带来的现金流量的差额，而无法确定该项资产给企业带来的收入和利润，应纳所得税当然也就无从计算了。

（3）通货膨胀

通货膨胀在经济发展进程中是不可避免的，当估计现金流量时须对这一因素加以考虑。在通货膨胀条件下，对预计的现金流量及其贴现率都应加以调整。

①将报酬率调整为名义报酬率

通常情况下，人们所说的报酬率都是实际报酬率，而人们计算现金流量的现值时所用的贴现率则为名义报酬率，所以，当出现通货膨胀时，若不进行调整，则会出现实际报酬率达不到预期值的情况。

【例3-2】某投资者的期望报酬率为10%，投资期为一年，投资额为100 000元，那么一年后若收回110 000元，则实现了其预计的目标，即：

（110 000−100 000）÷100 000×100%=10%

若这一年的通货膨胀率为5%，则其实际报酬率为：

110 000÷［100 000×（1+5%）］−1=4.76%

显然，计算结果未达到其预计的目标，所以，须将原定的实际报酬率调整为考虑通货膨胀因素的名义报酬率，并按此报酬率计算应收回的现金，才能保证达到预计的报酬率目标。调整公式如下：

$$K'=(1+K)(1+i)-1=K+i+K\cdot i \tag{3.4}$$

式中：K′为名义报酬率；i为通货膨胀率；K为实际报酬率（应得报酬率或期望报酬率）。

将例3-2的数据代入，则：

$$K'=(1+10\%)\times(1+5\%)-1=10\%+5\%+10\%\times5\%=15.5\%$$

按其投资额计算，必须赚到15.5%的报酬，才能实现其预期报酬率10%，具体计算如下：

$$K=\frac{100\,000\times(1+15.5\%)}{100\,000\times(1+5\%)}-1=10\%$$

②调整现金流量

我们在前面讨论的现金流量称为实际现金流量，即用流通中的货币计量的现金流量，也就是不考虑通货膨胀的现金流量。如果用经过通货膨胀调整的名义报酬率对其进行贴现，必将产生误差，使计算出来的现值偏低。因此，在调整贴现率的同时，必须对现金流量加以调整。具体分为以下两种情况：

A.当售价和所有成本的预期上升比例完全相同时，可通过将所有实际现金流量按通货膨胀率进行调整来消除上述误差。

承例3-2，假定现金流入量为550 000元，现金流出量为440 000元，则净现金流量的现值为：

$$\frac{(550\,000-440\,000)\times(1+5\%)}{1+15.5\%}=100\,000（元）$$

若不调整，则：

$$\frac{550\,000-440\,000}{1+15.5\%}=95\,238（元）$$

B.实际上，并不是售价和所有成本都按相同的通货膨胀率增长，有的价格增长与成本增长无关，有的价格增长低于成本的增长，有的价格增长高于成本的增长。比如，固定资产按原始价值计提折旧，其计入成本的数额不受通货膨胀的影响；而计时工资制下的劳动力成本增长率往往高于同期消费品价格指数。在这种情况下，应该将有关售价、工资率、原料成本、制造费用等现金流量分别用各自的通货膨胀率进行调整，然后用名义报酬率贴现计算其现值。

（4）对公司其他部门的影响

在估计一个新的投资项目的现金流量时，还要考虑它的实施对公司其他部门所产生的影响。这种影响主要有两类：其一，如果新项目与公司原有项目之间是互补关系，即新项目投产后会导致原有产品销量的增长，那么应将这部分由于销量增长而增加的利润计入新项目的现金流入量；其二，如果新项目与公司原有项目之间是竞争关系，即新项目投产后会导致原有产品销量的下降，那么应将这部分由于销量下降而减少的利润从新项目的现金流入量中剔除。诸如此类相互影响的因素，在估计新项目的现金流量时均应予以考虑，并进行尽可能准确的计量。

现金流量的确认主要包括现金流出量的估计和现金流入量的估计两项内容。

2）现金流出量的估计

（1）固定资产投资需用量

①项目前期工作费用，包括可行性研究费用、土地使用费、勘察设计费等。

②建筑工程费用，指厂房等的建筑费用。

③设备购置费用，包括设备的买价、运输费等。

④营业成本，包括设备安装工程费用、改进技术设备项目的其他费用、职工培训费等。

⑤预备费，指由于通货膨胀、物资涨价等不可预见因素而增加的费用。

（2）流动资产投资需用量

这里的流动资产是指由于项目实施引起的流动资产需求的增量。它在项目即将营运前投入，并在项目整个有效期内被占用，称为铺底流动资金。这种垫支的流动资金需要量一般可按销售收入资金率或产值资金率进行估算。

根据以上分析，现金流出量的计算公式为：

某投资项目现金流出量=固定资产投资需用量+流动资产投资需用量

3）现金流入量的估计

（1）营业现金流入量

项目的营业现金流入量，是指预期由项目投资带来的各期收益净额。它可以是由新生产线投产取得的现金流入，可以是更新设备而带来的节约额，也可以是因生产规模扩大而增加的收益。估算营业现金流入量通常涉及以下内容：

①估算销售收入。销售收入一般以年为单位计算，主要取决于单位售价和销售量两个因素。

②估算生产成本和销售费用。生产成本包括固定成本和变动成本两部分。前者通常包括折旧费、管理费及计时工资等；后者包括原材料、燃料、动力费用等。销售费用则包括广告费、运输费、保管费、包装费等。在这里应特别指出的是，估算生产成本时应剔除非付现成本，如折旧及其他非付现费用，因为这些项目并不引起现金的流出。通常将不含非付现成本的生产成本称为经营成本或付现成本。

③估算折旧及其他非付现费用。如前所述，由于这些项目无须支付现金，故在估算生产成本时应予以扣除。但这些项目的数额多寡将影响公司的税后利润，故应进行估算。影响折旧额大小的因素有固定资产原始价值、折旧年限、净残值及折旧方法。至于研究与开发费用等非付现费用，按照惯例可分摊到项目有效期的各年度中去。

综合以上所述，我们得到下列公式：

营业现金净流量=销售收入-经营成本-销售费用-销售税金 (3.5)

（2）项目终结时的残值收入

当项目终结时，将固定资产出售或报废清理所获得的残值收入，应作为项目的一项现金流入。

（3）收回的流动资金

如前所述，在项目即将投入营运时，公司曾垫支了一笔流动资金。在项目终结时，这笔流动资金可变现收回，故亦应作为项目的一项现金流入。

4）现金净流量

估算现金流出量和现金流入量的最终目的在于确定现金净流量。

现金净流量=现金流入量-现金流出量

计算结果大于零，为现金净流入量；反之，为现金净流出量。

3.1.4　现金流量分析实例

资料：某项目投资总额为90万元，一年后投产，有效期3年。投产开始时垫付流动资金20万元，结束时收回。每年销售收入80万元，付现成本40万元，采用直线法折旧。所得税税率25%，通货膨胀率5%。

1）不考虑税收因素的现金流量分析（见表3-2）

表3-2　现金流量分析表　单位：万元

项目	第1年	第2年	第3年	第4年	合计
投资	(90)				(90)
销售收入		80	80	80	240
付现成本		40	40	40	120
折旧		30	30	30	90
利润		10	10	10	30
营业现金净流量		40	40	40	120
流动资金		(20)		20	0
现金净流量	(90)	20	40	60	30

2）考虑税收因素的现金流量分析（见表3-3）

表3-3　现金流量分析表　单位：万元

项目	第1年	第2年	第3年	第4年	合计
投资	(90)				(90)
销售收入		80	80	80	240
税后收入		60	60	60	180
付现成本		40	40	40	120
税后成本		30	30	30	90
折旧		30	30	30	90
折旧节税		7.5	7.5	7.5	22.5
税前利润		10	10	10	30
所得税		2.5	2.5	2.5	7.5
税后净利		7.5	7.5	7.5	22.5
营业现金净流量		37.5	37.5	37.5	112.5
流动资金		(20)		20	0
现金净流量	(90)	17.5	37.5	57.5	22.5

表3-3中的营业现金净流量可按前述三个公式计算（以第3年为例）：

（1）营业现金净流量=80-40-2.5=37.5（万元）

（2）营业现金净流量=7.5+30=37.5（万元）

（3）营业现金净流量=60-30+7.5=37.5（万元）

3）考虑通货膨胀因素的现金流量分析

仍以第3年为例，假定折旧不受通货膨胀影响，收入和付现成本的通货膨胀率为5%，则：

营业现金净流量=（税后收入-税后成本）×（1+通货膨胀率）+折旧节税

=（60-30）×（1+5%）+7.5=39（万元）

此外，考虑通货膨胀的营业现金净流量也可以按以下两个公式计算：

（1）营业现金净流量=营业收入×（1+通货膨胀率）-付现成本×（1+通货膨胀率）-所得税

（2）营业现金净流量=考虑通货膨胀的税后净利+折旧

如果上例为固定资产更新与否决策中所涉及的继续使用原固定资产的方案，那么，其中的投资额90万元则为该固定资产的变现收入，由于选择这一方案将放弃这笔收入，故应作为此方案的机会成本来考虑。

即测即评3.1

3.2 资本预算技术

对投资项目的可行性进行评价通常采用两类方法进行，它们的根本区别在于是否考虑货币时间价值，分别被称为非折现分析法和折现分析法。

3.2.1 非折现分析法

非折现分析法也称为非贴现的现金流量法，其特征在于进行项目评价时不考虑货币时间价值这一理财的基本观念，而将不同时点发生的现金流量看成是等值的。这类分析方法主要有回收期法和会计收益率法。

1）回收期法

回收期是指收回项目的原始投资额所需要的时间。经过回收期，投资项目所引起的现金净流量的累计额正好与项目的原始投资额相等。回收期法是根据回收期的长短来确定项目的优劣，回收期最短的方案被认为是最好的方案。下面举例说明回收期的计算方法。

【例3-3】某公司有两个互斥的投资项目，现金流量数据见表3-4。

表3-4 现金流量数据表 单位：元

年序	A方案		B方案	
	净利润	现金净流量	净利润	现金净流量
0		-21 000		-15 000
1	1 000	8 000	500	5 500
2	2 000	9 000	500	5 500
3	3 000	10 000	500	5 500
合计	6 000	6 000	1 500	1 500

回收期的计算分为以下两种情况：

（1）原始投资一次性支付且各年现金净流量相等的情况

在这种情况下，回收期的计算公式为：

$$回收期=\frac{原始投资额}{每年现金净流入量} \tag{3.6}$$

例3-3中的B方案就属于这种情况：

$回收期_B=15\,000\div5\,500=2.73$（年）

（2）各年现金净流量不等或原始投资分次支付的情况

在这种情况下，使下列等式成立的n即为项目的回收期：

$$\sum_{t=1}^{n}I_t=\sum_{t=1}^{n}O_t$$

式中：n为回收期；I_t为第t年的现金净流入量；O_t为第t年的原始投资额。

例3-3中的A方案就属于这种情况。其回收期的计算过程见表3-5。

表3-5 **A方案累计现金净流量** 单位：元

年序	现金净流量	累计现金净流量
1	8 000	8 000
2	9 000	17 000
3	10 000	27 000

已知A方案的原始投资额为21 000元，显然，其回收期在2～3年。于是：

$$回收期_A=2+\frac{21\,000-17\,000}{10\,000}=2.4（年）$$

仅就回收期而言，A方案优于B方案，因为其回收期较短。至于A方案是否可行，则要将其回收期与投资者的期望回收期进行比较，若前者短于或等于后者，则可行；反之，则不可行。

回收期法是最早用于评估资本预算项目的方法，曾一度被广泛运用。回收期法的优点如下：首先，回收期法简便易懂；其次，回收期法有利于规避风险，因为资本预算中几乎所有的现金流量都含有预测的成分，且远期的现金流量具有更大的不确定性，尤其是在投资环境不确定的情况下，尽早收回投资显得更为必要；再次，回收期法有利于加速资金周转，提高资金的使用效率。回收期法强调投资的流动性，对于那些外部筹资困难或处于高速发展期的公司，尽早收回投资是非常有利的。

然而，回收期法也有其不可避免的缺陷。首先，回收期法没有考虑现金流量所处的时点差异，即忽略了货币的时间价值这一财务管理的重要观念。按照回收期法计算，所收回的只是原始投资的账面价值而不是其现值，即将资本成本排斥在计算过程之外。这样，回收期最短的方案未必是最优的方案，甚至可能是一个实质上亏本的方案。其次，回收期的计算没有考虑项目有效期的全部现金流量，而只计算到收回原始投资的那个时点为止，忽略了后期现金净流量较大的方案。如例3-3中A方案第2.4年后的现金流量则不予考虑。

上述的回收期称为普通回收期，对于这一指标的第一个缺陷可以通过计算折现回收期来弥补。折现回收期是使投资项目现金净流量的现值累积到原始投资额的现值所需要的时间。计算时先将各年现金净流量及投资额按照既定的贴现率折为现值，再按普通回收期的计算方法确定其回收期。以例3-3中B方案为例，设贴现率为10%，则折现回收期的计算过程见表3-6。

表3-6 **B 方案累计现值** 金额单位：元

年序	现金净流量	(P/S，10%，n)	现值	累计现值
1	5 500	0.9091	5 000	5 000
2	5 500	0.8264	4 545	9 545
3	5 500	0.7513	4 132	13 677

可见，上述普通回收期的计算结果是不可靠的，B方案直到项目终结仍无法收回15 000元的原始投资。

A方案各年现金净流量的现值分别为7 273元、7 438元和7 513元，累计额为22 224元。

折现回收期=2+［21 000-（7 273+7 438）］÷7 513=2.84（年）

可见，计算结果比普通回收期延长了0.44年。至于普通回收期存在的第二个缺陷，折现回收期法亦无法避免。

2）会计收益率法

会计收益率是指投资项目的平均账面利润与投资的平均账面价值的比率，故也称为账面价值平均收益率。计算公式为：

$$会计收益率=\frac{年平均账面利润}{年平均投资额}\times 100\% \tag{3.7}$$

年平均账面利润可根据需要采用项目的年平均净利润、年平均息税前利润或销售利润等指标，实务中较常用的是年平均净利润。年平均投资额是指项目所占用的固定资产净值及净营运资本的平均值。

【例3-4】某公司有一项投资方案。初始资本费用为40万元，有效期为4年；每年平均占用净营运资本2万元；固定资产按直线法折旧，即每年折旧为10万元；所得税税率25%；各年收入与费用情况见表3-7。

表3-7 **各年净利润计算表** 单位：元

项目	第1年	第2年	第3年	第4年	合计
销售收入	400 000	500 000	350 000	200 000	1 450 000
经营费用	200 000	225 000	140 000	100 000	665 000
折旧	100 000	100 000	100 000	100 000	400 000
税前利润	100 000	175 000	110 000	0	385 000
所得税	25 000	43 750	27 500	0	96 250
净利润	75 000	131 250	82 500	0	288 750

年平均净利润=288 750÷4=72 187.5（元）

年平均投资额按表3-8数据计算：

表 3-8 各年资产净值计算表 单位：元

项目	0	1	2	3	4	合 计
固定资产净值	400 000	300 000	200 000	100 000	0	1 000 000
净营运资本	20 000	20 000	20 000	20 000	0	80 000
资产净值	420 000	320 000	220 000	120 000	0	1 080 000

年平均投资额=1 080 000÷4=270 000（元）

由此可计算出会计收益率为：

72 187.5÷270 000×100%=26.736%

若计算出来的会计收益率不低于同类项目的目标会计收益率，则方案可以接受。如果存在若干个互斥的可接受方案，则应选择其中该指标最高的方案。

为了简便起见，有时也可以用原始投资额作为分母计算会计收益率，这样计算结果会降低，而方案的优劣次序不变。需要注意的是，用于比较的目标会计收益率的计算口径必须一致。

会计收益率法也是一种较简便的计算方法，其优点在于考虑了项目有效期内的全部现金流量，从而克服了回收期法的第二个缺陷。

然而，会计收益率法也存在着严重的缺陷。首先，会计收益率的计算仍然不考虑货币的时间价值。当备选方案的原始投资、有效期限及净利润总额均相等时，所计算的会计收益率相同，则无法判别各方案的优劣，故而也许会忽略最佳的方案。其次，会计收益率以会计核算数据而不是以项目的现金流量作为计算的基础。各年的现金流量与会计收益在量上往往相距甚远，以会计收益率的高低作为决策的依据缺乏客观性。因为折旧可能会使项目的收益状况失真，导致决策的错误。

3.2.2 折现分析法

折现分析法是指在进行项目评估时，先将项目各年的现金流量贴现，然后计算有关指标，据此判定项目可行性的方法，主要包括净现值法、获利指数法和内含报酬率法。

1）净现值法

净现值是指特定方案未来现金净流量的现值与投资额现值之间的差额。净现值法就是通过观察净现值的符号和比较可行方案净现值的大小来进行方案择优的方法。

净现值的计算公式为：

$$NPV=\sum_{t=1}^{n}\frac{NCF_t}{(1+K)^t}-\sum_{t=1}^{n}\frac{C_t}{(1+K)^t} \tag{3.8}$$

式中：NPV为净现值；NCF_t为第t年的现金净流量；C_t为第t年的投资额；K为预定的折现率；n为项目涉及的年限。

净现值的计算按以下步骤进行：

（1）确定各年的现金净流量和投资额；

（2）用既定的折现率将各年的现金净流量和投资额折为现值；

（3）用未来各年现金净流量的总现值减去投资的总现值，计算出净现值。

【例3-5】某公司有以下两个互斥的投资项目，各年的现金流量如表3-9所示（按直线法折旧，折现率为10%）：

表3-9　　A、B方案各年的现金流量　　单位：元

项目	第0年	第1年	第2年	第3年	第4年
A方案：					
固定资产投资	-40 000				
净利润		3 000	3 000	3 000	3 000
折旧		10 000	10 000	10 000	10 000
现金流量合计	-40 000	13 000	13 000	13 000	13 000
B方案：					
固定资产投资	-20 000	-10 000			
垫支流动资金		-10 000			
净利润			2 000	3 000	2 000
折旧			9 000	9 000	9 000
残值					3 000
回收流动资金					10 000
现金流量合计	-20 000	-20 000	11 000	12 000	24 000

净现值的计算具体可分为两种情况：

①各年的现金净流量相等时，可用年金现值系数进行折现，如例3-5中的A方案：

NPV_A=13 000×（P/A，10%，4）-40 000=13 000×3.17-40 000=1 210（元）

②各年的现金净流量不等时，要先分别折现，再加总计算净现值，如例3-5中的B方案：

NPV_B=11 000×（P/F，10%，2）+12 000×（P/F，10%，3）+24 000×（P/F，10%，4）-
20 000×（P/F，10%，1）-20 000
=11 000×0.826+12 000×0.751+24 000×0.683-20 000×0.909-20 000=-3 690（元）

净现值法对项目的取舍原则是，若净现值大于零，则项日可以接受；反之，则项目应舍弃。若存在若干个净现值大于零的互斥方案，则选择净现值最大的方案。如例3-5中的A方案净现值为1 210元，应予以接受；而B方案的净现值为-3 690元，应舍弃。

净现值为正数，表明项目现金净流量的现值大于投资额的现值，其报酬率高于计算净现值所用的折现率，如例3-5中A方案的报酬率高于10%；反之，净现值为负数，表明项目现金净流量的现值小于投资额的现值，其报酬率低于计算净现值所用的折现率，如例3-5中B方案的报酬率低于10%。

可见，净现值的正负是相对于特定的折现率而言的，而净现值的正负又是决定方案取舍的依据，故折现率的选取就显得格外重要，折现率一般采用下列三种标准：

（1）资本成本率

这是项目报酬率的下限。若投资额是借入的，以资本成本率作为折现率计算净现值，结果为止数，表明还本付息后尚有剩余；结果为零，表明还本付息后一无所获；结果为负数，表明不足以还本付息。这一原理可用例3-5中的数据予以说明（见表3-10、表3-11）。

表3-10 A方案还本付息表 单位：元

年序	年初欠款	年息（10%）	年末欠款	偿还现金	欠款余额
1	40 000	4 000	44 000	13 000	31 000
2	31 000	3 100	34 100	13 000	21 100
3	21 100	2 110	23 210	13 000	10 210
4	10 210	1 021	11 231	13 000	（1 769）

表3-11 B方案还本付息表 单位：元

年序	年初欠款	年息（10%）	年末欠款	偿还现金	欠款余额
1	20 000	2 000	22 000		22 000
2	42 000	4 200	46 200	11 000	35 200
3	35 200	3 520	38 720	12 000	26 720
4	26 720	2 672	29 392	24 000	5 392

计算结果表明，A方案在第4年末还清借款本息后尚剩余1 769元，折现后加上计算误差2元正好等于A方案的净现值1 210元；B方案在第4年末尚欠款5 392元，折现后加上计算误差7元正好等于B方案的净现值-3 690元。

由以上分析可见，净现值的经济意义是项目现金流量折现后的净收益，而当现金流量既定后，净现值的大小与折现率紧密相关。如果以资本成本率作为折现率，则计算结果小于或等于零时均应否定该方案。

（2）同类项目报酬率

这实际上是由市场决定的资本机会成本，即选择某一投资机会而丧失的另一投资机会的收益，反映了项目应得的报酬率水平。以同类项目报酬率作为折现率计算的净现值大于或等于零，表明项目的获利水平达到或超过了市场平均报酬率，应予以接受；反之，若计算结果小于零，则应否定该项目。

（3）期望报酬率

期望报酬率是公司决策者主观确定的报酬率水平，它往往高于市场平均报酬率。对于那些有希望获得超额收益的项目，可采用这一标准进行折现。若计算出来的净现值大于或等于零，表明项目的获利水平达到或超过了期望报酬率，应予以接受；反之，若计算结果小于零，则应否定该项目。

与前述非折现分析方法相比，净现值法有效地克服了它们的缺陷，充分考虑了时间价值和项目有效期的全部现金流量，其取舍标准也最好地体现了财务管理的基本目标——股东财富最大化。

净现值法的不足在于：①确定折现率比较困难；②对于经济寿命不等的项目，用净现值难以进行评估；③对于初始投资额不等的项目，仅用净现值难以确定其优劣。

2）获利指数法

获利指数也称为现值指数，是指项目未来现金净流量的现值与投资额现值的比率。

计算公式为：

$$\text{获利指数（PI）}=\frac{\sum_{t=1}^{n}\frac{NCF_t}{(1+K)^t}}{\sum_{t=1}^{n}\frac{C_t}{(1+K)^t}} \tag{3.9}$$

仍以例3-5数据为例计算A、B项目的获利指数如下：

$$PI_A=\frac{13\,000\times(P/A,10\%,4)}{40\,000}=\frac{41\,210}{40\,000}=1.03025$$

$$PI_B=\frac{11\,000\times(P/F,\ 10\%,\ 2)+12\,000\times(P/F,\ 10\%,\ 3)+24\,000\times(P/F,\ 10\%,\ 4)}{20\,000\times(P/F,\ 10\%,\ 1)+20\,000}$$

$$=\frac{34\,490}{38\,180}=0.90335$$

获利指数实质上是净现值的一种变形。根据二者计算公式的区别和净现值法对项目的取舍原则，我们不难得出获利指数法的取舍原则：若获利指数大于1，表明项目的报酬率大于计算获利指数所用的折现率，则项目可以接受，如例3-5中的A方案；反之，若获利指数小于1，表明项目的报酬率小于计算获利指数所用的折现率，应予以舍弃。

获利指数是一个相对数指标，反映投资的效率，即获利能力。当备选方案的投资额不等且彼此之间相互独立时，可用获利指数法确定方案的优劣次序；当各备选方案为互斥方案时，若采用净现值法与获利指数法出现结果不一致，仍应以净现值法的结果为准。因为净现值是绝对数指标，反映投资的效益，更符合财务管理的基本目标。

3）内含报酬率法

内含报酬率也称为内部收益率，它是使项目现金净流量的现值之和与投资额的现值相等，从而使项目的净现值为零的折现率，也就是前面所提到的项目的报酬率。净现值法与获利指数法均考虑了货币的时间价值，但其计算结果所显示的方案的可行性都是相对于既定的折现率而言的，而并没有揭示方案内在的报酬率。内含报酬率法的最大优点就是可以根据方案内在报酬率的高低来决定方案的取舍，从而使资本预算趋于精确化。

根据内含报酬率的定义，其计算方法可具体分为以下两种情况：

（1）各年的现金净流量相等的情况

在这种情况下，$NCF_1=NCF_2=\cdots=NCF_n$，令$NCF_t=A$，于是有：

NPV=A·（P/A，IRR，n）－C=0

（P/A，IRR，n）=C/A

将例3-5中A方案的数据代入公式：

（P/A，IRR，4）=40 000÷13 000=3.0769

查表知：

（P/A，11%，4）=3.1024，（P/A，12%，4）=3.0373

可见，IRR介于11%与12%之间，其精确值可用内插法解出，即：

IRR_A=11%+1%×（3.1024−3.0769）÷（3.1024−3.0373）

=11%+0.3917%

=11.3917%

（2）各年的现金净流量不等的情况

在这种情况下，只能采用“逐步测试法”，即通过多次测试，寻找出使项目的净现值符号相异的两个折现率（最好是相邻的），然后用内插法求出内含报酬率（IRR）的精确值。例3-5中的B方案就属于这种情况。

在计算净现值时，我们用10%贴现，该方案的净现值为负数，说明其内含报酬率低于10%。假设折现率为8%，则有：

$$NPV_B=11\ 000\times(P/F,8\%,2)+12\ 000\times(P/F,8\%,3)+24\ 000\times(P/F,8\%,4)-20\ 000\times(P/F,8\%,1)-20\ 000$$
$$=11\ 000\times0.8573+12\ 000\times0.7938+24\ 000\times0.7350-20\ 000\times0.9259-20\ 000$$
$$=-1\ 922（元）$$

计算结果仍小于零，表明IRR_B低于8%。

再设折现率为6%，计算出NPV_B为8元。所以，$6\%<IRR_B<8\%$。

$$IRR_B=6\%+2\%\times\frac{8}{8+1\ 922}=6\%+0.0083\%$$
$$=6.0083\%$$

计算出方案的内含报酬率之后，将它与公司的资本成本或要求的投资报酬率进行比较。若内含报酬率高于资本成本或大于等于要求的投资报酬率，则方案可以接受，否则应予以舍弃。如例3-5，若要求的报酬率为6%，A、B方案均可接受（假设二者为非互斥方案）；若要求的报酬率大于IRR_B而小于IRR_A，那么可接受A方案；若要求的报酬率大于11.3917%，那么两个方案均应舍弃。在可接受的若干互斥方案中，应选择内含报酬率较高的方案。

3.2.3 各种技术方法的比较分析

在前面我们已经指出，与非折现分析法相比，折现分析法有着明显的优越性，因而被越来越普遍地采用。在此，我们对折现分析法中的几种具体方法作以比较分析。

前述折现分析法中的三种具体方法在对某一独立方案可行性的判定中，结论往往都是一致的。如例3-5，我们假定折现率为10%，计算出A方案的净现值为1 210元，由于它大于零，故方案可行；又计算出获利指数为1.03025，由于它大于1，故方案可行；最后，我们计算出内含报酬率为11.3917%，由于它大于要求的报酬率10%，故方案可行。通过B方案NPV、PI和IRR的计算可一致判定其不可行。其实，从这三项指标的计算公式中，我们不难看出其内在联系：若某方案的净现值大于零，其获利指数必然大于1，其内含报酬率必然大于计算净现值和获利指数时所用的折现率；反之，若某方案的净现值小于零，则其获利指数小于1，其内含报酬率小于计算净现值和获利指数时所用的折现率；若某方案净现值为零，那么其获利指数为1，所用折现率即为其内含报酬率。

然而，若进行不同方案之间优劣的排序，则各种技术方法有时会出现不一致的结论。

1）投资规模不同

【例3-6】有两个投资规模不同的互斥方案，期限均为5年。现金流量见表3-12（设折现率为10%）。

表3-12 **现金流量数据表** 单位：元

年序	项目	A	B
0	原始投资	−5 000	−8 000
1～5	年现金净流量	2 000	3 000

根据以上资料，计算出A、B项目的各项技术指标，见表3-13。

表3-13 A、B项目的NPV、PI及IRR指标

指标	A	B
NPV（元）	2 582	3 372
PI	1.5164	1.4215
IRR（%）	28.6531	25.4170

由以上计算结果可见，$NPV_B>NPV_A$，若采用净现值法，应选择B项目；而$PI_A>PI_B$，$IRR_A>IRR_B$，若采用获利指数法或内含报酬率法，则应选择A项目。在这种冲突下，究竟应如何作出正确的选择呢？

我们不妨将投资额较高的B项目分解为两个项目，其中一个等于A项目，另一个假设为C项目，有关数据显示见表3-14。

表3-14 B方案分解后的有关指标 单位：元

方案	原始投资	净现值
A	-5 000	2 582
C	-3 000	790
合计	-8 000	3 372

可见，由于B方案分解后的两个部分净现值均大于零，故应同时接受两个方案即接受B方案；而若接受A方案，则意味着放弃假设的C方案，使净现值减少790元。由于NPV法选择B方案，而PI法和IRR法选择A方案，所以可推论NPV法较佳。

这个结论也可通过加权平均获利指数的比较来证明。由于没有现实的C方案，所以我们可将A方案剩余3 000元的获利指数设定为1，于是：

加权平均获利指数（A）=1.5164×（5 000÷8 000）+1×（3 000÷8 000）=1.32275

显然，按全部资金8 000元计算，$PI_A=1.32275<PI_B=1.4215$，故应选择B方案，即与NPV法的结论相同。

2）现金流量时间分布不同

【例3-7】有两个投资规模均为10 000元的互斥方案，现金流量见表3-15。

表3-15 现金流量数据表 单位：元

年序	净现金流量	
	A项目	B项目
0	-10 000	-10 000
1	5 000	1 000
2	4 000	3 000
3	3 000	4 000
4	1 000	6 000

根据以上资料，计算出A、B项目的各项技术指标，见表3-16。

表3-16 A、B项目NPV、PI和IRR指标

折现率	指标	A项目	B项目
6%	NPV（元）	1 588	1 724
	PI	1.159	1.1724
10%	NPV（元）	788	492
	PI	1.079	1.049
15%	NPV（元）	−83	−801
	PI	0.992	0.92
	IRR（%）	14.5	11.8

A、B项目的净现金流量分布（不含原始投资）如图3-1所示。

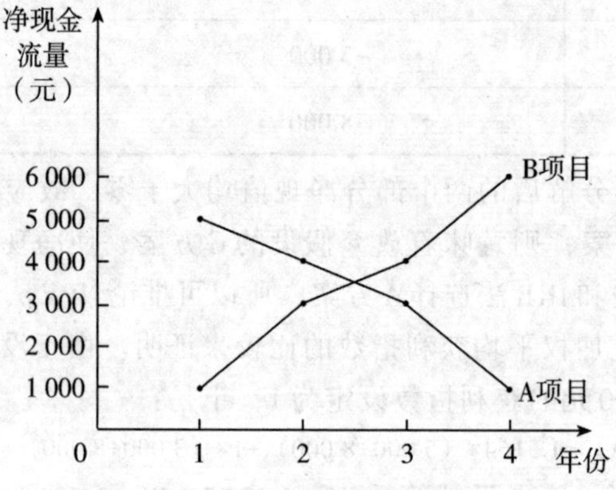

图3-1 A、B项目的净现金流量分布

由图3-1可见，A、B项目的净现金流量分布存在着明显的差异，而正是这种差异使这两个原始投资相同的项目在折现率变动时净现值和获利指数呈现着不同的变动速度。我们知道，净现值和获利指数将随着折现率的上升而反向变动。但例3-7中B项目净现值下降的速度远远超过A项目（如表3-16所示），这主要是因为B项目的净现金流量集中于项目有效期的后半部分，当折现率升高时，其净现值受影响较大。正是由于A、B项目这种不同的现金流量分布，导致二者在不同的折现率下净现值和获利指数的排列次序不同（如表3-16所示），从而使净现值法和内含报酬率法的结论发生冲突。这种现象如图3-2所示。

由图3-2可见，A、B项目的净现值曲线在折现率为7.2%处相交，在该点上，两项目的净现值相等；当折现率大于7.2%时，无论净现值法还是内含报酬率法都认为A项目优于B项目；而当折现率小于7.2%时，净现值法认为B项目较佳，而内含报酬率法认为A项目较佳。在这里，NPV法与IRR法对项目的评估结果是否会有冲突，取决于计算NPV所用的折现率是否超过A、B项目净现值曲线相交所对应的折现率。一旦冲突产生，应以净现值法的结论为准。

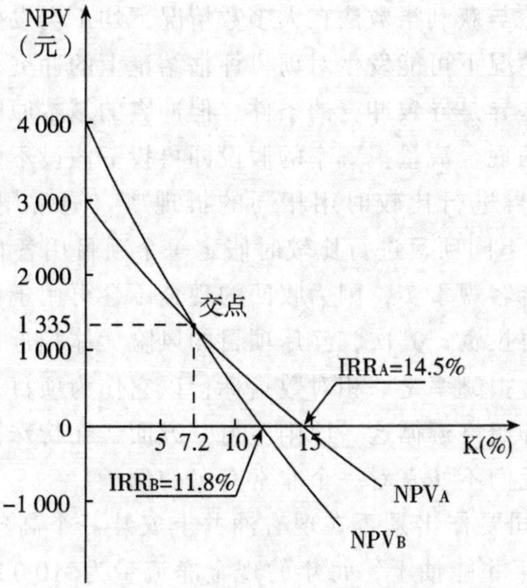

图3-2　A、B项目的NPV曲线图

3）收益期不同

【例3-8】有A、B两个投资项目，现金流量数据见表3-17。

表3-17　现金流量数据　单位：元

年序	A项目	B项目
0	-20 000	-20 000
1	8 000	6 900
2	8 000	6 900
3	8 000	6 900
4	8 000	6 900
5		6 900

根据以上数据，计算有关技术指标，见表3-18。

表3-18　A、B项目的NPV、PI和IRR指标

指标	A项目	B项目
NPV（15%）	2 840元	3 130元
PI（15%）	1.142	1.1565
IRR	21.86%	21.44%

可见，当方案的收益期不同时，净现值法与内含报酬率法也有可能发生冲突。这是因为内含报酬率法是根据相对比率来评价方案的，而净现值法是根据绝对数来评价方案的。内含报酬率高的方案净现值不一定大，反之亦然。若A、B项目是相互独立的，则可优先安排内含报酬率高者；若A、B为互斥项目，则应选择净现值较大的B项目。

综上所述，净现值法与获利指数法在大多数情况下均不会发生冲突，而净现值法与内含报酬率法在上述三种情况下可能发生对项目评估结论上的冲突。虽然投资规模、现金流量时间分布和收益期的差异是导致冲突的条件，但冲突的基本原因是，净现值法和内含报酬率法对可用于再投资的现金流量报酬率的假设即再投资假设不同。

净现值法对不同项目进行比较时用相同的折现率（通常用市场决定的资本机会成本），而内含报酬率法对不同项目进行比较时假定每个项目用各自的内含报酬率进行再投资。这种假定显然不符合客观事实，因为收回的现金不会再用于该项目，而应该以市场决定的资本机会成本进行再投资；其次，互斥项目的风险大体相近，使用不同的折现率是不符合逻辑的；此外，内含报酬率是一相对数指标，以它作为项目评估的依据违反了价值可加性原则，而净现值法却始终遵循这一原则。另一方面，在特殊情况下，内含报酬率法可能出现多重解的现象。我们不妨来看一个非常有名的例子。

【例3-9】某石油公司要作出是否在现有油井上安装一个高速油泵的决策。若仍用原油泵抽取原油，需要两年才能抽干，每年的现金净流量为$10 000；若采用高速油泵，则在第一年便可将原油抽干，即现金净流量为$20 000，但需在第一年初追加投资$1 600。

根据内含报酬率的定义有：

$$-1\,600+10\,000\div(1+IRR)-10\,000\div(1+IRR)^2=0$$

解得，IRR=25%或400%。

为了进一步分析，我们可在坐标图中画出NPV曲线。首先，计算出若干贴现率的净现值，见表3-19。

表3-19　　不同贴现率的NPV

K（%）	NPV（美元）
0	−1 600
100	900
200	622
300	275
500	−211

根据计算结果作图，如图3-3所示。

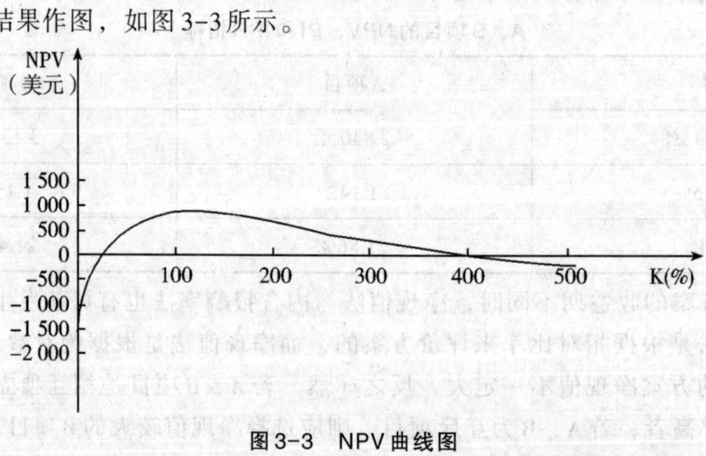

图3-3　NPV曲线图

由图3-3可见，NPV曲线的后半段呈下降趋势，似乎属于正常，但应该看到，只有当$25\%<K<400\%$时NPV才为正值，而如此高的期望报酬率是不现实的；至于NPV曲线的前半段，K与NPV同向变动，这显然是反常的。

事实上，例3-9中若采用高速油泵，追加$1 600投资的结果只不过是将$10 000提前了一年而已。可见，其并不见得是一个好的方案。

这个例子说明，在这种特殊情况下，只能利用净现值法才能作出正确的决策。

概言之，净现值法的取舍原则充分体现了投资决策准则，据以作出的决策符合财务管理的基本目标。故当各种技术分析方法发生冲突时，若为互斥方案，应选择净现值大的方案；若为独立方案，则应选择净现值之和最大的投资组合（适用于资金限额下的投资方案选择）。

即测即评3.2

3.3 风险分析与最优资本预算

在3.2节中我们对资本预算各种技术方法的讨论，是建立在现金流量确定即可以准确地知道未来现金收支金额及其发生的具体时间的假定之上的。然而，资本预算充满着不确定性，这必将降低在上述假定下所得出的项目评估结果的可信度。这种由于预测现金流量上的偏差导致资本预算决策错误的可能性称为预测风险。既然这种不可避免的偏差足以影响项目评估的准确性，从而导致决策的失误，那么，就必须对它们进行计量并在决策时加以考虑，以达到最优资本预算。

考虑风险因素的资本预算决策分析方法可分为两类，即能够确定概率分布的决策分析方法和不能确定概率分布的决策分析方法。

3.3.1 能够确定概率分布的决策分析方法

在未来现金流量的概率分布能够确定的情况下，一般采用风险调整贴现率法或肯定当量法进行风险投资决策。

1）风险调整贴现率法

这是投资风险分析中最为常用的一种方法。风险调整贴现率法，就是将与特定投资项目相适应的风险报酬率，加入到折现率中，构成按风险调整的贴现率，并据以计算有关技术指标进行决策分析的方法。

任何一项投资的报酬率都可分为无风险报酬率和风险报酬率两部分，用公式表示为：

$$K=R_F+b\cdot Q \tag{3.10}$$

特定项目的风险调整贴现率可表示为：

$$K_i=R_F+b_i\cdot Q_i$$

式中：K_i为项目i的风险调整贴现率；R_F为无风险报酬率；b_i为项目i的风险报酬系数；Q_i为项目i的风险程度。

式中无风险报酬率较易确定，一般可参照公债的利率水平，故关键在于确定项目的风险报酬系数即风险报酬率和风险程度（通常用项目的变化系数表示）。

下面举例说明风险调整贴现率法应用的主要步骤。

【例3-10】某公司要求的最低报酬率为8%，现有三个投资项目，有关资料见表3-20。

表3-20 **各年的现金流量及概率** 金额单位：元

年序	A项目		B项目		C项目	
	现金流量	概率	现金流量	概率	现金流量	概率
0	-10 000	1	-5 000	1	-5 000	1
1	6 000 4 000 2 000	0.3 0.5 0.2				
2	8 000 6 000 4 000	0.25 0.55 0.2				
3	5 000 4 000 3 000	0.3 0.4 0.3	4 000 10 000 16 000	0.2 0.6 0.2	8 000 10 000 12 000	0.3 0.4 0.3

（1）计算项目的风险程度

①计算现金流量的期望值（E）

例3-10假设投资额是确定的，这只是为了简化而已，实际上现金流出同样存在着不确定的可能性。

期望值表示现金流量的加权平均值。A项目的有效期为3年，且各年的现金流入均有三种可能性，故应分别计算每年现金流入的期望值。具体计算如下：

E_1=6 000×0.3+4 000×0.5+2 000×0.2=4 200（元）

E_2=8 000×0.25+6 000×0.55+4 000×0.2=6 100（元）

E_3=5 000×0.3+4 000×0.4+3 000×0.3=4 000（元）

同理，可计算B、C项目的期望值：

E_B=4 000×0.2+10 000×0.6+16 000×0.2=10 000（元）

E_C=8 000×0.3+10 000×0.4+12 000×0.3=10 000（元）

②计算现金流量的标准差

标准差表示随机变量与期望值的平均距离即随机变量的离散趋势。本例三个投资项目的标准差具体计算如下：

对于A项目要先分别计算各年的标准差（d_t），再计算综合标准差（D）。

$$d_1=\sqrt{(6\,000-4\,200)^2\times0.3+(4\,000-4\,200)^2\times0.5+(2\,000-4\,200)^2\times0.2}=1\,400\text{（元）}$$

$$d_2=\sqrt{(8\,000-6\,100)^2\times0.25+(6\,000-6\,100)^2\times0.55+(4\,000-6\,100)^2\times0.2}=1\,338\text{（元）}$$

$$d_3=\sqrt{(5\,000-4\,000)^2\times0.3+(4\,000-4\,000)^2\times0.4+(3\,000-4\,000)^2\times0.3}=775\text{（元）}$$

$$D_A=\sqrt{\sum_{t=1}^{n}\frac{d_t^{\,2}}{(1+i)^{2t}}}=\sqrt{\frac{1\,400^2}{(1+8\%)^2}+\frac{1\,338^2}{(1+8\%)^4}+\frac{775^2}{(1+8\%)^6}}=1\,837\text{（元）}$$

$$D_B=\sqrt{(4\,000-10\,000)^2\times0.2+(10\,000-10\,000)^2\times0.6+(16\,000-10\,000)^2\times0.2}=3\,795\text{（元）}$$

$$D_C=\sqrt{(8\,000-10\,000)^2\times0.3+(10\,000-10\,000)^2\times0.4+(12\,000-10\,000)^2\times0.3}=1\,549\text{（元）}$$

标准差是一个绝对数指标，当若干方案的期望值相同时，可通过标准差比较其风险的大小。如例3-10中的B、C项目，期望值均为10 000元，然而B项目的标准差比C项目大得多，表明B项目现金流量的不确定程度超过C项目，即其风险较大。

③计算现金流量的变化系数

当用于比较的方案具有不同的期望值时，不宜用标准差来衡量其风险性，而应该计算变化系数（Q）来进行比较。变化系数是一个相对数指标，它是标准差与期望值的比值，计算公式为：

$$Q=D/E$$

由于A项目的现金流入量分布在不同年度，故分母要用期望值的现值表示：

$$现金流入量期望值现值=\frac{4\,200}{1+8\%}+\frac{6\,100}{(1+8\%)^2}+\frac{4\,000}{(1+8\%)^3}=12\,294（元）$$

$$Q_A=1\,837\div12\,294=0.149$$

$$Q_B=3\,795\div10\,000=0.38$$

$$Q_C=1\,549\div10\,000=0.155$$

由于B、C项目只有第三年才有现金流入，故无须贴现计算变化系数。

（2）计算项目的风险报酬系数

项目的风险报酬系数即直线方程$K=R_F+b\cdot Q$所表示的直线的斜率b，它的高低反映风险程度变化（Q）对风险调整报酬率（K）的影响。b通常是经验值，根据历史数据用高低点法或直线回归法求出。

由直线方程$K=R_F+b\cdot Q$可得出：

$$b=\frac{K-R_F}{Q}$$

设要求的风险调整报酬率为14%，无风险报酬率为8%，中等风险程度的项目变化系数为0.3，则：

$$b=\frac{14\%-8\%}{0.3}=0.2$$

由此得：

$$K_A=8\%+0.2\times0.149=10.98\%$$

$$K_B=8\%+0.2\times0.38=15.6\%$$

$$K_C=8\%+0.2\times0.155=11.1\%$$

根据风险调整贴现率计算净现值：

$$NPV_A=\frac{4\,200}{1+10.98\%}+\frac{6\,100}{(1+10.98\%)^2}+\frac{4\,000}{(1+10.98\%)^3}-10\,000=3\,784+4\,953+2\,926-10\,000=1\,663（元）$$

$$NPV_B=10\,000\times（1+15.6\%）^{-3}-5\,000=6\,473-5\,000=1\,473（元）$$

$$NPV_C=10\,000\times（1+11.1\%）^{-3}-5\,000=7\,292-5\,000=2\,292（元）$$

由计算结果可知，三个项目的优劣顺序为C、A、B。若不用风险调整贴现率计算净现值，并以概率最大的现金流量作为肯定的现金流量，各项目的净现值计算如下：

$$NPV_A=\frac{4\,000}{1+8\%}+\frac{6\,000}{(1+8\%)^2}+\frac{4\,000}{(1+8\%)^3}-10\,000=12\,023-10\,000=2\,023（元）$$

$$NPV_B=10\,000\times（1+8\%）^{-3}-5\,000=2\,938（元）$$

$$NPV_C=10\,000\times（1+8\%）^{-3}-5\,000=2\,938（元）$$

可见，各项目的优劣顺序有明显的改变，且B、C项目的净现值相等，无法判断其优劣，而二者的风险程度相差很远。

风险调整贴现率法对风险程度高的项目采用较高的贴现率，对风险程度低的项目采用较低的贴现率。这种做法较符合逻辑，便于理解，因而被理论界认同，且广泛采用。这种方法的缺陷在于将时间价值与风险价值混在一起，似乎风险随着时间的推移而增加。这显然是不合理的，有些行业的情况与此恰好相反。

2）肯定当量法

风险调整贴现率法是根据项目现金流量的不确定程度，采用不同水平的贴现率来计算有关技术指标的方法。以净现值法为例，调整贴现率法是对净现值计算公式的分母进行调整。鉴于它的上述缺陷，人们提出了调整计算公式分子的思路，即按风险情况对各年的现金流量进行调整，然后再按无风险贴现率来计算有关技术指标，这种方法称为风险调整现金流量法，其中用得最为普遍的是肯定当量法。

肯定当量法，是用一定的系数（通常称为肯定当量系数或约当系数）将不确定的各年现金流量调整为确定的现金流量，再用无风险贴现率计算有关技术指标来评价风险投资项目的决策分析方法。

肯定当量系数是指肯定的现金流量同与之相当的不肯定的现金流量的比值，即不肯定的1元现金流量期望值相当于肯定的现金流量的系数，通过它可将不肯定的现金流量折合为肯定的现金流量。肯定当量系数以 a_t 表示，计算公式为：

$$a_t=\frac{\text{肯定的现金流量}}{\text{不肯定的现金流量期望值}} \tag{3.11}$$

肯定当量系数的值域为 $0<a_t\leq1$，当 a_t 为1时，表示现金流量为肯定的金额。肯定当量系数越高，表示现金流量的风险越小。但是，决策者对风险的态度本身会影响肯定当量系数的选用，风险偏好型的决策者会选用较高的肯定当量系数，而风险规避型的决策者会选用较低的肯定当量系数，这种人为的因素有时会影响对项目评估的客观性，从而导致决策的失误。为了避免这种倾向，应该按照衡量投资项目风险大小的变化系数来确定肯定当量系数。变化系数与肯定当量系数的经验对照关系见表3-21。

表3-21 **变化系数与肯定当量系数的经验对照关系表**

变化系数（Q_i）	肯定当量系数（a_t）
0.00～0.07	1
0.08～0.15	0.9
0.16～0.23	0.8
0.24～0.32	0.7
0.33～0.42	0.6
0.43～0.54	0.5
0.55～0.7	0.4
0.7～0.88	0.3
⋮	⋮

依例3-10数据计算各项目的变化系数及净现值如下：

A项目的现金流量分布在不同的年份，应分别计算各年的变化系数（Q_i）：

$$Q_1=\frac{d_1}{E_1}=\frac{1\,400}{4\,200}=0.33$$

$$Q_2=\frac{d_2}{E_2}=\frac{1\,338}{6\,100}=0.22$$

$$Q_3=\frac{d_3}{E_3}=\frac{775}{4\,000}=0.19$$

查表知：$a_1=0.6$，$a_2=0.8$，$a_3=0.8$

$$NPV_A=\frac{4\,200\times0.6}{1+8\%}+\frac{6\,100\times0.8}{(1+8\%)^2}+\frac{4\,000\times0.8}{(1+8\%)^3}-10\,000=\frac{2\,520}{1.08}+\frac{4\,880}{1.08^2}+\frac{3\,200}{1.08^3}-10\,000=-943\text{（元）}$$

同理：

$Q_B=d_B/E_B=3\,795\div10\,000=0.38$

$Q_C=d_C/E_C=1\,549\div10\,000=0.16$

$$NPV_B=\frac{10\,000\times0.6}{(1+8\%)^3}-5\,000=-237\text{（元）}$$

$$NPV_C=\frac{10\,000\times0.8}{(1+8\%)^3}-5\,000=1\,351\text{（元）}$$

按照肯定当量法调整计算的结果，A、B、C三个项目的优劣顺序为C、B、A，而风险调整贴现率法确定的优劣顺序为C、A、B，这是由于风险调整贴现率法夸大了远期现金流量的风险，使远期现金流量大的B项目贴现率偏高所致。

肯定当量法亦可与内含报酬率法结合使用。先用肯定当量系数对项目各年的现金流量进行调整，然后计算项目的内含报酬率，再与既定的报酬率标准进行比较，以确定项目的可行性。

以上介绍了两种概率分布已知的决策分析方法，其主要区别在于：风险调整贴现率法是用调整净现值公式分母的办法来考虑风险，而肯定当量法是用调整净现值公式分子的办法来考虑风险。肯定当量法克服了风险调整贴现率法夸大远期风险的缺陷，但其运用中的困难在于如何准确、合理地确定肯定当量系数，凭管理人员的经验判断确定难免带有主观的因素，如例3-10中按照变化系数与肯定当量系数的对照关系确定也没有公认的客观标准，而是与公司有关决策人员的风险偏好程度有关。

3.3.2 不能确定概率分布的决策分析方法

在投资项目现金流量的概率分布不能确定的情况下，一般采用敏感性分析或盈亏平衡分析的方法进行风险投资决策。

1）敏感性分析

敏感性分析是一种具有广泛用途的技术，它是研究与分析一个系统周围条件发生变化而引起其状态或输出结果变化的敏感程度的方法。在风险投资决策中，敏感性分析是用于发现决定预测风险发生的主要因素的一种分析方法。

在风险投资决策中运用敏感性分析的基本原则是变动影响投资项目未来现金流量的某个因素，而固定其他相关因素，观察在这种状况下项目的净现值或内含报酬率随该因素变动而变动的幅度，即NPV或IRR对该因素变动的敏感程度。NPV与IRR对该因素变动的反应越敏感，则表明随该因素变动而发生的预测风险也越大。根据NPV或IRR对各有关因素变动的敏感程度，公司管理层可以在有关情况发生变化时，及时采取相应的对策，调整有关预算，将生产经营活动控制在有效的范围之内，保证投资项目预期效益的实现。

下面举例说明敏感性分析的具体方法。

【例3-11】某公司拟新建一条生产A产品的生产线，原始投资为60万元，使用期5年，按直线法折旧，无残值。预计该项目从第一年末起每年可实现销售量5 000件，单价100元，单位变动成本60元。公司预期收益率10%，所得税税率33%[①]。

根据上述资料，计算NPV和IRR如下：

NPV={［（100-60）×5 000-600 000÷5］×（1-33%）+600 000÷5}×（P/A，10%，5）-600 000

=58 083（元）

运用内插法可计算出IRR为13.725%。

下面以净现值为目标值说明各因素变动对其的影响，即测定净现值对有关因素变动的敏感程度。

（1）对销售量的敏感程度

假定销售量增长20%，其他因素不变，则：

年净现金流量=［（100-60）×5 000×（1+20%）-120 000］×（1-33%）+120 000=200 400（元）

NPV=200 400×（P/A，10%，5）-600 000=159 676（元）

净现值变动率=（159 676-58 083）÷58 083×100%=174.91%

我们可以用敏感系数来反映敏感程度。敏感系数的计算公式为：

$$敏感系数=\frac{目标值变动百分比}{参量值变动百分比} \tag{3.12}$$

$$销售量的敏感系数=\frac{174.91\%}{20\%}=8.7455$$

这一计算结果意味着净现值将以8.7455倍于销售量变动幅度的速度变动。若销售量增长30%，则净现值增长262.37%（30%×8.7455），即：

年净现金流量=［（100-60）×5 000×（1+30%）-120 000］×（1-33%）+120 000=213 800（元）

NPV=213 800×（P/A，10%，5）-600 000=210 473（元）

净现值变动率=（210 473-58 083）÷58 083×100%=262.37%

（2）对固定成本的敏感程度

假定固定成本增长20%为144 000元，其他因素不变，则：

年净现金流量=［（100-60）×5 000-144 000］×（1-33%）+144 000=181 520（元）

NPV=181 520×（P/A，10%，5）-600 000×（1+20%）=-31 894（元）

净现值变动率=（-31 894-58 083）÷58 083×100%=-154.91%

敏感系数=-154.91%÷20%=-7.7455

计算结果表明，当固定成本变动时，净现值将以7.7455倍于固定成本变动幅度的速度反向变动。若固定成本下降20%，那么净现值将增加154.91%（计算过程略）。

（3）对单位价格的敏感程度

假定产品单价上升20%，为120元，其他因素不变，则：

年净现金流量=［（120-60）×5 000-120 000］×（1-33%）+120 000=240 600（元）

NPV=240 600×（P/A，10%，5）-600 000=312 066（元）

净现值变动率=（312 066-58 083）÷58 083×100%=437.28%

敏感系数=437.28%÷20%=21.864

---

① 由于各国税率不尽相同，即便同一国家，税率也在不断变化当中，故本书仅以33%、25%、40%等税率举例。读者可以根据适用的税率进行计算。

这表明，单价变动1%，净现值将同向变动21.864%。如单价下降10%，则：

年净现金流量=［（100×90%-60）×5 000-120 000］×（1-33%）+120 000=140 100（元）

NPV=140 100×（P/A，10%，5）-600 000=-68 909（元）

净现值变动率=（-68 909-58 083）÷58 083×100%=-218.64%

（4）对单位变动成本的敏感程度

假定单位变动成本上升20%，为72元，其他因素不变，则：

年净现金流量=［（100-72）×5 000-120 000］×（1-33%）+120 000=133 400（元）

NPV=133 400×（P/A，10%，5）-600 000=-94 307（元）

净现值变动率=（-94 307-58 083）÷58 083×100%=-262.37%

敏感系数=-262.37%÷20%=-13.1185

这表明，单位变动成本变动1%，净现值将反向变动13.1185%。如单位变动成本下降10%，为54元，则：

年净现金流量=［（100-54）×5 000-120 000］×（1-33%）+120 000=193 700（元）

NPV=193 700×（P/A，10%，5）-600 000=134 278（元）

净现值变动率=（134 278-58 083）÷58 083×100%=131.18%

以上我们分别计算了各参量变动20%后的敏感系数、净现值及其变动率，现将计算结果汇入表3-22。

表3-22 **各参量值敏感系数汇总表** 金额单位：元

参量值	变动幅度（%）	目标值（净现值）	变动幅度（%）	敏感系数
销售量	20	159 676	174.91	8.7455
固定成本	20	-31 894	-154.91	-7.7455
单价	20	312 066	437.28	21.864
单位变动成本	20	-94 307	-262.37	-13.1185

通过敏感系数，可判定目标值（例3-11设为NPV）对诸参量值的敏感程度，如例3-11，最敏感的是单价。敏感系数为正值，表明目标值与参量值同向变动，例3-11中销售量和单价的变动均属于这种情况；敏感系数为负值，表明目标值与参量值反向变动，例3-11中固定成本和单位变动成本的变动均属于这种情况，要特别关注这些与目标值逆向变动的参量值的变化，以保证项目的投资效益。

敏感系数反映了目标值变动幅度与参量值变动幅度的比例关系。我们可利用它编制敏感分析表，以直接显示各参量值变动后的目标值（见表3-23）。

表3-23 **敏感分析表** 单位：元

变动百分比 / 净现值 / 参量值	-20%	-10%	0	+10%	+20%
销售量	-43 510	7 286	58 083	108 880	159 676
单价	-195 902*	-68 909	58 083	185 076	312 066
单位变动成本	210 475	134 278	58 083	-18 113	-94 307
固定成本	148 059	103 071	58 083	13 095	-31 894

*表中单价下降20%时的净现值是根据敏感系数计算出来的。实际上，当单价下降20%时，项目的税前利润为负值，不存在缴纳所得税问题，年净现金流量为10万元，净现值为-22.092万元。因此，当某参量值的变化导致税前亏损时，不宜用敏感系数预测目标值。

敏感分析表反映了有关因素变动情况下相应的净现值数额，这种列表法的缺陷在于不能连续反映变量之间的关系。为了弥补这一缺陷，可采用适当缩小相关因素变动百分比的做法，当然，这无疑将增加编表的工作量。此外，还可用敏感分析图解决这一问题。

敏感分析图的纵轴为目标值的变动幅度和相应的数额，横轴表示参量值的变动幅度。图中的每一条直线分别表示某一参量值与目标值的关系。这些直线与纵轴的夹角越小，表示目标值对该参量值的变动越敏感。

现根据例3-11绘制敏感分析图，如图3-4所示。

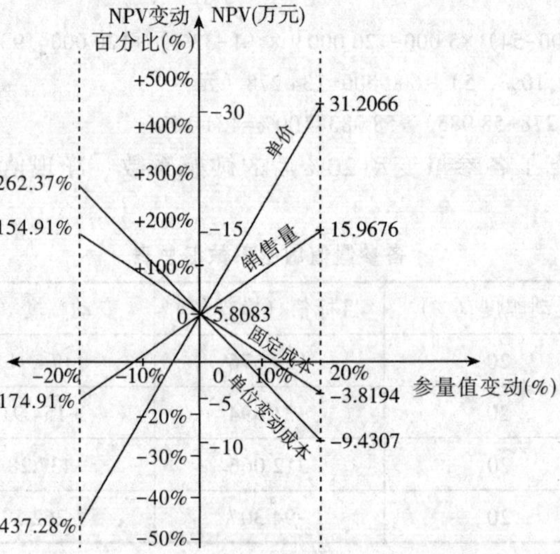

图3-4 敏感分析图

同样，我们可以内含报酬率为目标值，分别测算各参量值变动对它的影响，具体方法与例3-11相同，例略。

敏感性分析是一种非常实用的决策分析方法。首先，通过敏感性分析可测量各种不确定因素变动对投资方案效益的影响程度和范围，从而使决策者明确方案的风险来源及其程度，把握方案的可行性区域；其次，通过敏感性分析可找出诸因素中最敏感的因素，作为深入分析研究的重点，以便采取相应的对策，降低风险；最后，通过敏感性分析，可比较不同备选方案风险的大小，根据公司对各相关因素的控制能力选择一个风险适当的方案。

敏感性分析的主要缺点在于只能分析单个因素对目标值的影响，难以进行诸因素的综合分析，而在实务中往往会出现多个因素同时变动的情况，这难免给敏感性分析的应用带来局限性。

2）盈亏平衡分析

盈亏平衡分析，又称盈亏临界分析，是一种在公司财务管理中广泛使用的分析成本与收益间关系的技术方法。在资本预算中所运用的投资回收期法实际上也是一种盈亏平衡分析，以公司的期望回收期作为比较的标准，在预计的销售量水平下，若项目的投资回收期恰好等于期望回收期，则称为保本；若项目的投资回收期超过期望回收期，则称为亏损，反之为盈利。折现分析法中的净现值法、内含报酬率法等实质上也是一种盈亏平衡分析，以资本成本作为折现率，若净现值大于零，则为盈利，反之为亏损。类似地，内含报酬率大于资本成本为盈利，反之为亏损。盈亏平衡分析运用于资本预算的风险预测，旨在确定在什么样的销售量水平下可保证收回项目投资的付现成本或获得希望达到的收益水平。同时，可用于备选方案之间风险程度的比较，以确定方案的取舍。

在影响投资项目收益和成本的诸因素中，销售量的不确定性最大，故资本预算的风险预测主要是研究销售量与项目投资效益之间的关系。

盈亏平衡分析要以成本性态分析为基础。成本按其性态即按成本与业务量之间的关系可分为以下几种：

①变动成本。变动成本是指总额与业务量呈正比例变动的成本。在既定的条件下，单位变动成本是一个常数。

设变动成本总额为VC，销售量为Q，单位变动成本为AVC，则有：

$$VC=AVC\cdot Q$$

②固定成本。固定成本是指总额不随业务量变动而变动的成本。在既定的条件下，固定成本总额是一个常数，而单位固定成本与业务量呈反向变动。固定成本总额通常以FC表示（不含折旧）。

③混合成本。混合成本是指总额与业务量同向变动但不成正比例的成本，它是介于固定成本与变动成本之间的一种成本，可采用一些方法将其分解为固定成本和变动成本两个部分。

因此，全部成本可分为两大部分，用TC表示总成本，则有：

$$TC=VC+FC=AVC\cdot Q+FC \tag{3.13}$$

盈亏平衡分析的核心在于确定盈亏平衡点，或称为销售量临界点，具体又可分为不考虑税收因素和考虑税收因素两种情况。

（1）不考虑税收因素的盈亏平衡分析

如前所述，资本预算是以现金流量的估算为基础的。在不考虑税收因素的情况下，投资项目的年净现金流量为息税前利润与折旧之和。设净现金流量为NCF，息税前利润为EBIT，折旧为D，产品单价为P，则：

$$\begin{aligned}NCF&=EBIT+D\\&=[(P-AVC)\cdot Q-FC-D]+D\\&=(P-AVC)\cdot Q-FC\end{aligned}$$

移项得：

$$Q=(NCF+FC)/(P-AVC)$$

这就是销售量临界点的一般表达形式，由此可得出销售量临界点的三种具体形式，即账面临界点、现金临界点和财务临界点，分别说明如下：

账面临界点是指利润为零的年销售量，即量-本-利分析中的保本点。在这一点上，可收回项目的全部原始投资及各年的全部成本。项目的账面收支平衡，即项目的内含报酬率为零。根据账面临界点的含义有：

Q=（D+FC）/（P−AVC）

可见，在账面临界点上，净现金流量恰好等于折旧，EBIT为零。

①账面临界点的意义在于：首先，它指明了投资项目投产后应达到的销售量的下限，若销售量低于账面临界点，则该投资项目发生亏损，从而导致整个公司利润的减少；其次，它指明了投资项目获利的起点，一旦销售量高于账面临界点，则该投资项目可获得利润，从而导致整个公司利润的增加。因此，账面临界点为决策者提供了一个判定项目可行性的基本标准。若投资项目的预计销售量低于账面临界点，则该项目应予以放弃；反之，若投资项目在任何情况下的预计销售量均超过账面临界点，则该项目的预测风险较低，且预计销售量超出账面临界点越多，则该项目预测风险越低。

②现金临界点是指可收回全部付现成本的年销售量。在该点上，项目的净现金流入量仅仅可以弥补付现成本而无法收回原始投资。根据现金临界点的含义有：

Q=FC/（P−AVC）

可见，在现金临界点上，净现金流量为零。折旧额即为亏损额。显然，若某项目的预计销售量仅能达到现金临界点，则应放弃。

现金临界点的意义在于它揭示了净现金流量为零的业务量水平。若项目的预计销售量达到现金临界点，则可保证不会产生负的净现金流量；若项目的预计销售量超过现金临界点，将使净现金流量大于零。

③财务临界点是指可实现项目预期收益率的销售量。在该点上，项目的净现值为零。若用预期收益率作为贴现率，则该贴现率就是项目的内含报酬率，项目的贴现回收期恰好等于项目的使用周期。根据财务临界点的含义有：

Q=（FC+NCF^*）/（P−AVC）

公式中的NCF^*应以预期收益率为贴现率，并令净现值为零求得。

与前述两种临界点相比，财务临界点对预测风险有着更为重要的意义，因为它关系到项目能否实现预期的收益率。那些预计销售量达不到财务临界点的项目应不予采纳；预计销售量虽超过但临近财务临界点的项目具有很大的预测风险，应考虑放弃或设法采取相应的措施降低风险；而那些在任何情况下预计销售量均大幅度超过财务临界点的项目，则预测风险很小。

【例3-12】某公司拟新建一条生产线，项目总投资108万元，有效期6年，按使用年限法折旧，无残值。预计年销售量5 200台，单价200元，单位变动成本100元，年固定成本20万元。公司预期收益率18%，税率为0。

根据上述数据计算有关指标如下：

NCF=（200−100）×5 200−200 000=320 000（元）

NPV=320 000×（P/A，18%，6）−1 080 000=39 232（元）

由于该项目的净现值大于零，故若不考虑风险因素，该项目显然是可行的。为考察该项目的风险性，现进行盈亏平衡分析如下：

①账面临界点：

Q=（D+FC）/（P−AVC）=（108÷6+20）÷（0.02−0.01）=3 800（台）

②现金临界点：

Q=FC/（P−AVC）=20÷（0.02−0.01）=2 000（台）

③财务临界点：

$Q=(FC+NCF^{*})/(P-AVC)=(20+NCF^{*})\div(0.02-0.01)$

式中：NCF^{*}为项目净现值为零时的净现金流量。

根据净现值的计算公式有：

$NCF^{*}\cdot(P/A, 18\%, 6)=108$

$NCF^{*}=30.8783$

代入财务临界点公式：

$Q=(20+30.8783)\div(0.02-0.01)=5\,088$（台）

从计算结果来看，无论是账面临界点、现金临界点还是财务临界点均在预计销售量以下，但并不能就此得出该项目可行的结论，还应该将该项目在各种情况下的销售量与上述临界点作比较。

假设该项目在各种情况下的销售量及其概率见表3-24。

表3-24 **销售量及其概率表**

经济情况	概率	销售量（台）
繁荣	0.3	5 300
正常	0.4	5 200
衰退	0.3	5 100

可见，预计销售量5 200台是三种情况下的加权平均值。将上面计算出来的账面临界点3 800台和现金临界点2 000台与销售量的下限进行比较，可知该项目收回付现成本和全部投资的风险是很低的。但该项目的财务临界点为5 088台，非常接近衰退情况下的销售量，表明该项目实现预期收益率18%的风险较大。因此，对该项目的可行性还应作进一步的研究。

在进一步的研究中应考虑的因素如下：一是各种情况下预测销售量的可靠程度。若准确性很高的话，该项目可付诸实施。因为毕竟还有其他两种可能性。二是公司对该项目的依赖程度。若公司对该项目所获收益依赖性较强，如果项目出现负的净现值，将影响公司的现金流入量甚至导致公司股票市值下降，那么，则应放弃该项目。三是该项目的重要性。若该项目付诸实施，将给公司带来长远的巨大的利益，则可考虑采纳该项目，只有承担较大的风险才可能获得较丰厚的收益。四是有无其他备选方案。应将所有可行的替代方案进行比较，再根据各方案的风险和收益情况决定取舍。五是该项目的风险性有无可能降低。若决定实施该项目，应力求降低其风险性。若无有效的措施降低该方案的风险，可考虑暂缓实施或放弃。

（2）考虑税收因素的盈亏平衡分析

在考虑税收因素的情况下，投资项目的年净现金流量为税后利润与折旧之和（假设不考虑负债筹资），即：

$NCF=EBIT-T+D=EBIT\cdot(1-t)+D$

式中：T为所得税税额；t为所得税税率。

将有关变量代入得：

$NCF=[(P-AVC)\cdot Q-FC-D]\cdot(1-t)+D$

移项得：

$$Q=\frac{(NCF-D)/(1-t)+FC+D}{P-AVC}=\frac{FC+(NCF-D\cdot t)/(1-t)}{P-AVC}$$

这就是在考虑税收因素情况下销售量临界点的一般公式。根据前述账面临界点、现金临界点和财务临界点的含义，不难得出它们的计算公式：

①账面临界点

在账面临界点上，NCF等于折旧额，则有：

$$Q=\frac{(D-D)/(1-t)+FC+D}{P-AVC}=\frac{FC+D}{P-AVC}$$

将例3-12数据代入得：

Q=（20+18）÷（0.02-0.01）=3 800（台）

可见，计算结果与不考虑税收因素时相同，这是因为账面临界点是EBIT为零的销售量，故税收因素对账面临界点没有影响。

②现金临界点

在现金临界点上，NCF为零，则：

$$Q=\frac{-D/(1-t)+FC+D}{P-AVC}$$

将例3-12数据代入（假设所得税税率为25%）得：

$$Q=\frac{-18\div(1-25\%)+20+18}{0.02-0.01}=1\,400\text{（台）}$$

可见，现金临界点相比于不考虑税收因素时下降了，这是因为折旧的节税作用使公司现金流出量减少，根据现金流量的确定原则，这部分减少的税金应还原为税前现金流入量，故使项目的现金临界点下降。

③财务临界点

在财务临界点上，NCF为使项目净现值为零的年净现金流量 NCF^*，例3-12为30.8783万元，将有关数据代入公式，得：

$$Q=\frac{(30.8783-18)\div(1-25\%)+20+18}{0.02-0.01}=5\,517\text{（台）}$$

可见，在考虑税收因素的情况下，财务临界点上升了，这是因为税金增大了现金流出量，故只有增加销售量才能实现预期收益率。

在考虑税收因素时，账面临界点、现金临界点和财务临界点在项目预测风险研判时的意义和运用与不考虑税收因素时相同。但由于税收因素是客观存在的，而财务临界点在三种临界点中又最为重要，故应给予特别的关注。从例3-12的计算结果来看，被分析的项目显然是不可行的，因为即使在经济繁荣情况下，其销售量依然达不到财务临界点的水平。

即测即评3.3

【专论】

资本预算方法实际应用概况

20世纪下半叶，各种资本预算方法各领风骚。20世纪50年代至60年代，回收期法占主导地位，但20世纪70年代至80年代，又盛行内部收益率法和净现值法。1992年对《财富》

杂志所列举的500家大公司中的100家公司所作的关于资本预算方法运用状况的调查结果表明，将内部收益率法和净现值法作为资本预算首选方法的公司百分比分别为88%和63%。

有趣的是，大多数公司同时使用内部收益率法和净现值法，并且还把回收期法作为资本预算的次要决策方法。从某种意义上看，他们是试图利用回收期法来控制项目投资的风险。因为回收期法强调了项目早期的现金流，也是比较容易确定的现金流，相对于项目运行后期发生的现金流而言风险较小。公司管理者往往认为使用回收期法可以保证项目实现更多的比较可靠的现金流。

另一些调查结果表明，公司在资本预算实务中采用的资本预算方法与资本预算项目类型有关。公司通常将资本预算项目分为三种类型：(1) 成本减少；(2) 现有产品扩大规模；(3) 新产品开发、新业务及新市场拓展。贴现现金流方法应用的重要程度依上述顺序递减，因为贴现现金流方法尽管理论上科学，但其实际应用价值取决于未来现金流预测的可靠性。在上述三类项目中，成本减少类项目的未来现金流预测相对准确，因为有较多的关于设备、成本的数据及经验可供借鉴，采用贴现现金流法比较可靠。第三类项目的现金流最难预测，因为公司对这类项目没有经验，未来不确定程度高，现金流预测可靠程度低。例如，肯德基家乡鸡在北京市场取得成功后，向上海、杭州等城市扩展时，对中国市场的把握程度大大增加，此时，贴现现金流法往往是首选评估方法。另外，资本预算决策方法的采用还与项目的规模有关。公司通常依据项目规模的大小，将资本预算的决策权授予不同的部门。表3-25提供了项目规模与决策权限所属部门的对应关系。

表3-25 项目规模与决策授权

项目规模	数量范围	决策机构
非常小的项目	10万美元以下	工厂
小项目	10万～100万美元	部门
中等规模项目	100万～1 000万美元	公司投资委员会
大项目	1 000万美元以上	总经理及董事会

这项调查还表明，在接受调查的公司中，普遍使用贴现现金流方法的同时，仍有1/3的公司采用普通回收期标准来决定项目的取舍，回收期法在小型项目评估中更为广泛。尽管贴现现金流法的运用越来越普遍，但具体采用哪种资本预算方法仍要视项目规模大小以及作出决策的是公司的哪个部门等因素而定。

资料来源 KEOWN A J，SCOTT D F，MARTIN J D，等.现代财务管理基础［M］.朱武祥，译.7版.北京：清华大学出版社，2004：157.

小型、个体企业的资本预算

尽管本章描述的资本预算技术常常被经验丰富的现代化的大公司的管理者们所使用，但并不是所有人都利用这些技术。针对大公司过去十年的调查研究资料表明，诸如现金流量的贴现（指内含报酬率或者净现值）和加权平均资本成本这样的概念，已经越来越被大公司接受。

但小型企业和个体企业是如何进行经营活动的资本预算分析的呢？在对这类企业进行

广泛的调查后发现，只有少数企业（一般不到20%）使用现金流量贴现的方法进行资本预算。比如，Runyon说，在他的问卷调查中只有14.4%的小企业的资本预算使用内含报酬率法或净现值法，而其他企业则使用回收期法或其他不复杂的方法。

为什么大企业使用理论性更强的方法，小企业却不这样呢？这里有两个主要原因：第一，小企业管理者与大企业雇员相比，在理财方面经验较少，而且理财理论的掌握程度不足。小企业人员的技能更偏重产品设计、满足客户要求、雇用工人并使工人满意等方面。第二，小企业业主必须处理的主要是与银行或金融公司的关系，而不是与股东或债券持有人之间的关系。当小企业从银行那里融通到一笔贷款用于资本投资时，它们必须提供自己具有在规定时间内偿还贷款能力的证明，而不是提供项目的内含报酬率或净现值，这正是小企业经常使用回收期法的一个重要原因。

资料来源　BLOCK S B，HIRT G A．财务管理基础［M］．王静，译．11版．北京：中国人民大学出版社，2005：337.

本章小结

•估算现金流量是资本预算的基础，确定现金流量应遵循相关性原则，考虑所得税、折旧、通货膨胀等因素的影响，分别确定现金流入量、现金流出量和现金净流量。

•非折现分析法在进行项目评价时不考虑货币时间价值，因而往往导致决策的失误。这类方法主要有回收期法和会计收益率法。

•折现分析法与非折现分析法的根本区别在于其在进行项目评价时充分考虑货币时间价值。这类方法主要有净现值法、获利指数法和内含报酬率法。

•依净现值法的取舍原则作出的决策符合财务管理的基本目标，故当各种技术分析方法的结论发生冲突时，应选择净现值最大的方案或净现值之和最大的投资组合。

•在进行项目评估时，必须对预测风险加以计量，方可达到最优资本预算。

•在未来现金流量的概率分布能确定的情况下，一般采用风险调整贴现率法或肯定当量法进行风险投资决策分析。

•在未来现金流量的概率分布不能确定的情况下，一般采用敏感性分析或盈亏平衡分析的方法进行风险投资决策分析。

主要概念和主要观念

□ 主要概念

现金流量　非付现费用　机会成本　税后成本　税后收入　净现值　内含报酬率　肯定当量系数　敏感系数　账面临界点　现金临界点　财务临界点

□ 主要观念

1. 现金流量，在资本预算中是指某投资项目周期内由该投资项目引起的公司现金收入或现金支出增加的数额。

2. 基于利润与现金流量的联系与区别，在资本预算中，研究的重点是现金流量。

3. 依净现值法的取舍原则作出的决策符合财务管理的基本目标，故当各种技术分析方法的结论发生冲突时，应选择净现值最大的方案或净现值之和最大的投资组合。

4.在进行项目评估时，必须对预测风险加以计量，方可达到最优资本预算。

基本训练

□ 知识应用

3.1 选择题

1.某公司欲购进一套价值400万元的新设备，该设备的使用寿命为4年，无残值，采用直线法提取折旧。预计每年可产生税前现金净流量140万元，如果所得税税率为40%，则回收期约为（　　）。

A.4.5年　　B.2.9年

C.2.2年　　D.3.2年

2.当贴现率与内含报酬率相等时，（　　）。

A.净现值小于零　　B.净现值等于零

C.净现值大于零　　D.净现值不确定

3.公司的期望报酬率为10%，预计通货膨胀率为8%，则公司名义报酬率应为（　　）。

A.10.8%　　B.18%

C.18.8%　　D.19.44%

4.肯定当量法的基本思路是先用一个系数把不确定的各年现金流量折算为确定的现金流量，然后，用（　　）去计算净现值等指标。

A.内含报酬率　　B.资本成本率

C.无风险的贴现率　　D.风险贴现率

3.2. 判断题

1.某方案的现值指数大于零，表明其内含报酬率高于计算现值指数时所用的贴现率。（　　）

2.某方案的净现值大于零，表明其内含报酬率高于计算净现值时所用的贴现率。（　　）

3.现金流量是按照收付实现制计算的，而在作出投资决策时，应该以权责发生制计算出的营业利润为评价项目经济效益的基础。（　　）

4.在大多数情况下，固定资产投资方案的内含报酬率并不一定只有一个。（　　）

3.3 思考题

1.现金流量与会计利润的联系与区别是什么？

2.估计现金流量应考虑哪些因素？为什么？

3.现金流出量与现金流入量的主要内容有哪些？

4.如何理解非折现分析法？其主要缺陷是什么？

5.净现值法对项目的取舍原则是什么？折现率的常用标准有哪些？

6.净现值、获利指数和内含报酬率的内在联系是什么？

7.请对各种折现分析法进行比较。

8.风险调整贴现率法应用的主要步骤有哪些？

9. 试述风险调整贴现率法与肯定当量法的区别及各自的利弊。

10. 试述敏感性分析及其基本原则。

11. 试述销售量临界点的三种具体形式及其意义。

□ 能力训练

3.1 计算题

1. 有三项投资，资料见表3-26。

表3-26 **项目现金流量数据表** 单位：元

投资项目	第0年	第1年	第2年
A	-5 000		9 000
B	-5 000	4 000	4 000
C	-5 000	7 000	

要求：

（1）分别计算当利率为10%和25%时各项目的净现值；

（2）计算各项目的内含报酬率；

（3）当利率为10%时，哪个项目最有利？

2. 计算表3-27中三项投资的净现值、内含报酬率、获利指数、会计收益率及回收期（资本成本为8%）。

表3-27 **项目现金流量数据表** 单位：元

投资项目	第0年	第1年	第2年
甲	-10 000	3 000	12 000
乙	-10 000	5 000	7 000
丙	-10 000	12 500	

3. 某公司拟购置一台价值6 500元的新设备，预计可使用5年，每年增加的现金流入量见表3-28。已知无风险报酬率为10%，风险报酬系数为0.5。

表3-28 **增加的现金流量及其概率**

增加的现金流入量（元）	概率
1 428	0.3
2 000	0.4
2 572	0.3

要求：试用风险调整贴现率法计算净现值并作出决策。

4. 某项目的现金流量分布以及公司按变化系数规定的肯定当量系数见表3-29。设无风险报酬率为10%。

要求：试用肯定当量法计算该项目的净现值并决定其取舍。

表 3-29 肯定当量系数表

年序	现金流量（万元）	概率	肯定当量系数
0	-210	1.0	1.0
2	60 80 100	0.3 0.4 0.3	0.9
3	80 90 100	0.3 0.4 0.3	0.95
4	90 100	0.5 0.5	0.98
5	80 90	0.5 0.5	0.98

5.某项目原始投资为100万元，使用期10年，按直线法折旧。预计该项目从第一年年末起每年可实现销售10 000件，单价80元，单位变动成本50元。公司预期收益率12%，所得税税率40%。

要求：

（1）计算该项目的净现值；

（2）以净现值为目标值，计算各有关因素的敏感系数（设变动率为15%）；

（3）编制敏感分析表（变动百分比为-20%、-15%、-10%、10%、15%、20%）。

6.某公司拟开发一新项目，原始投资160万元，有效期8年，按使用年限法折旧。每年除折旧外的固定成本30万元，产品单价600元，单位变动成本350元，公司期望收益率15%，所得税税率为25%。预计该项目在各种情况下的销量及其概率见表3-30。

表 3-30 不同经济状况下的销量及其概率

经济状况	概率	销售量（台）
良好	0.25	3 200
一般	0.55	3 000
较差	0.2	2 500

要求：分别计算不考虑税收因素和考虑税收因素情况下三种销售量的临界点，并对该项目的风险性作出评价。

7.某公司拟新购一台价值16 000元的设备，预计可使用3年，届时有残值1 000元，按直线法计算折旧。设备投入运行后每年可增加的销售收入分别为10 000元、20 000元和15 000元，除折旧外每年增加的费用分别为5 000元、10 000元和6 000元。企业所得税税率为40%，要求的最低报酬率为12%，目前年税后利润为20 000元。

要求：

（1）假设公司经营无其他变化，预测未来3年每年的税后利润；

（2）判定该投资方案的可行性。

8. 某公司拟引进一条新的生产线，估计原始投资为3 000万元，预期每年税前利润为500万元（按税法规定生产线应以5年期直线法折旧，净残值率为10%，会计政策与此相同），已测算出该方案的净现值大于零。然而，董事会对该生产线能否使用5年有争议。有人认为只可用4年，有人认为可用5年，还有人认为可用6年以上。已知所得税税率为25%，资本成本率为10%，报废时残值净收入为300万元。

要求：

（1）计算该方案可行的最短使用寿命（假设使用年限与净现值呈线性关系，用插值法求解，计算结果保留两位小数）；

（2）你认为他们的争论对引进生产线的决策有影响吗？为什么？

3.2 案例分析

华星电子有限公司的两难处境①

华星电子有限公司是一家高科技公司，专注于智能手机和平板电脑的高端组件生产。自2000年成立以来，公司通过持续创新，成功地在竞争激烈的市场中保持了较高的市场份额。由于市场竞争加剧和消费者需求变化，公司考虑投资研发新技术。研发部提出了两项技术方案：一个是高能效电池技术，该技术可以快速投入市场，只需要改进现有生产线，它的开办成本比较低；二是柔性显示屏技术，该技术具备较大的产品创新和收益增长潜力，但需要全新的生产设施，初始投资成本稍高。两个方案小组的负责人都提交了他们的现金流量预测，并提供了足够的资料来支持各自的方案。然而，由于资源和资本的限制，公司只能选择投资其中一项技术。

为了解决这种两难困境，公司委派财务助理李华分析这两个方案的成本和收益，并向董事会提交分析结果。李华知道这是一项难度很大的工作，因为并不是所有董事会成员都懂财务方面的知识。过去，董事会非常倾向于使用收益率作为决策标准，有时也使用回收期法进行决策。然而，李华认为，净现值法的缺陷最少，而且如果使用正确，将会在最大限度上增加公司财富。

在对每个方案的现金流量进行预测和计算之后（见表3-31、表3-32），李华意识到，这项工作比他原来设想的还要艰难。当用不同的资本预算方法计算这两个方案的现金流量时，会得出不同的结论。净现值比较高的方案具有较长的回收期、较低的会计收益率和内含报酬率。李华绞尽脑汁想搞清楚他如何才能使董事会相信内含报酬率、会计收益率和回收期往往会导致不正确的决策。

表3-31 合成树脂项目的现金流量 单位：元

项目	第0年	第1年	第2年	第3年	第4年	第5年
净利润	—	900 000	1 200 000	1 800 000	2 700 000	3 000 000
折旧	—	1 200 000	1 200 000	1 200 000	1 200 000	1 200 000
净现金流量	-6 000 000	2 100 000	2 400 000	3 000 000	3 900 000	4 200 000

① 姚海鑫.财务管理［M］.北京：清华大学出版社，2007：329.有改编.

表 3-32 高能效电池技术项目的现金流量 单位：元

项目	第0年	第1年	第2年	第3年	第4年	第5年
净利润	—	2 640 000	1 440 000	840 000	240 000	240 000
折旧	—	960 000	960 000	960 000	960 000	960 000
净现金流量	-4 800 000	3 600 000	2 400 000	1 800 000	1 200 000	1 200 000

要求：

（1）计算两个方案的投资回收期，并解释李华应如何证明投资回收期法不适合该项决策。

（2）按照10%的折现率计算折现的投资回收期。李华是否应当建议董事会采用折现的投资回收期作为决策指标？请解释原因。

（3）如果管理层期望的会计收益率为40%，那么应接受哪个方案？这种决策的错误在哪里？

（4）计算两个方案的内含报酬率（IRR）。李华应如何使董事会相信，内含报酬率的衡量可能会产生误导？

（5）计算并画出两个方案的净现值曲线，并解释交点的关系。李华应如何使董事会相信，净现值法比较合适？

（6）李华应怎样证明，当比较几个互斥方案时，使用修正的内含报酬率是更适当的？

（7）计算两个方案的获利指数。这一指标是否有助于解决两难困境？请解释原因。

（8）通过查阅两个项目小组准备的文件材料可以看出，在预测收益时柔性显示屏技术小组要比高效能电池技术小组保守些。这会对你的分析产生什么影响？

（9）通过查阅两个项目小组准备的文件材料可以看出，柔性显示屏技术在采用前需要大量的研发工作，而高效能电池技术相对成熟，工艺流程相对完善，可以更快地投入使用。这会对你的分析产生什么影响？

3.3 调研实践

1.通过互联网收集有关资料，了解我国企业资本预算的现状和主要方法。

2.根据网上调研收集的资料，总结我国企业资本预算中成功的案例和存在的主要问题。

□ 政策思考

2019年，国务院国资委印发了《中央企业国有资本经营预算支出执行监督管理暂行办法》，要求对中央企业按照资本预算管理要求，规范管理和使用资本预算资金，组织实施资本预算支持事项的过程。根据资本预算资金的性质，对中央企业资本预算执行进行分类管理，包括资本性预算、费用性预算和其他支出预算。

请认真阅读《中央企业国有资本经营预算支出执行监督管理暂行办法》并思考：这项暂行办法会如何增强我国企业资本预算的水平？

第4章 资本成本与资本结构

学习目标

思维导图4

视频导学4

知识传授：掌握资本成本的概念及性质，理解其对企业财务管理的意义；理解企业经营风险与财务风险的区别；理解经营杠杆与财务杠杆的作用；理解资本结构的概念。

能力培养：掌握各种来源资金的资本成本的计算方法；掌握加权平均资本成本与边际资本成本的计算；掌握经营杠杆系数、财务杠杆系数、综合杠杆系数的计算方法；掌握确定最优资本结构的衡量方法；领会资本成本、经营杠杆与财务杠杆、资本结构的关系；理解经营风险与财务风险对资本结构的影响。

价值塑造：了解企业筹资与金融市场的关系，培养风险防范意识与契约精神；认识不同理论框架涉及的利益趋同或冲突，培养辩证思维；结合案例讨论，学习如何运用适当的资本结构理论分析和指导公司的资本结构决策，体会理论与实践结合的重要性。

引例：新五丰2020年净利同比大增超3倍　定增融资推动高质量发展

2021年3月15日晚间，湖南新五丰股份有限公司（以下简称新五丰）发布2020年年报。2020年，该公司实现营业总收入27.24亿元，同比增长27.85%；实现净利润2.83亿元，同比大增346.66%。同时，新五丰定增方案已于去年12月获得湖南省国资委批复。公司拟非公开发行不超过1.51亿股，发行价格为6.81元/股，预计募资不超过10.3亿元。一位长期跟踪新五丰的券商分析师对《证券日报》记者表示："定增获得批复后，公司将以较低的资金成本进一步扩大资产规模及养殖规模、降低养殖成本，有利于公司巩固竞争力、增强盈利能力。"定增不仅存在程序简单、费用低廉、易于实现等优点，还能从市场中获得巨额资金，因而受到上市公司的青睐。在每年上市公司巨额再融资中，定增所占比重最高。纵观近年来上市公司的定增可发现，其正呈现出融资规模越来越大的态势。但是，进入熊市后，有的股价会跌到增发价以下，将令参与增发的投资者亏损严重。而且，定向增发暴露出的问题如内幕交易、利益输送等违规行为也在损害着其他投资者的利益，有必要对其加以规范。

资料来源　何文英．新五丰2020年净利同比大增超3倍 定增融资推动高质量发展［EB/OL］．［2021-03-16］．http：//www.zqrb.cn/gscy/gongsi/2021-03-16/A1615878718797.html.

4.1 资本成本

4.1.1 资本成本的概念、性质与作用

1）资本成本的概念

资本成本就是公司为了筹集与使用资本而付出的代价，它包括资本的使用费用与筹集费用。企业从金融市场筹集资金，对资金供应者来说，它暂时失去了使用这部分资金的获利机会，因此，要求得到相应的报酬，即一定数额的资金时间价值；对于筹集资金的企业来说，它得到了使用资金的权利，需要按规定支付一定的费用。在投资有风险的情况下，资金供应者在要求获得资金的时间价值之外，还要求得到一定的风险价值，与此对应，资金使用者为了获得资金使用权需要付出更大的代价。因此，资金使用费包括支付给投资者的无风险报酬和风险报酬两部分，如发行债券与银行借款的利息支出、发行股票的股利支出等都属于资本使用费。另外，资金使用者在筹集资金过程中还需要支付筹资费用，如股票、债券的印刷费、发行费、公证费、广告费、律师费及筹资手续费等。资本筹集费用在筹集资本时一次性发生，与资本使用时间长短关系不大。

资本成本可用绝对数表示；为便于比较不同筹资总额的资本成本，也可用相对数即资本成本率表示。资本成本率是由于使用资本而支付的报酬与所取得的资本实有额的比率。

资本成本按其用途不同，可以区别为个别资本成本、综合资本成本、边际资本成本三种不同概念。个别资本成本是指各单个长期资金来源的成本，用于比较各种筹资方式；综合资本成本是指各种来源的个别资本成本的加权平均成本，又称加权平均资本成本，主要用于资本结构决策；边际资本成本是指新筹集资本的成本，用于追加筹资决策。

2）资本成本的性质

资本成本是一个重要的经济范畴，它的性质可以概括如下：

（1）资本成本是资本所有权与使用权相分离的产物。资本作为一种特殊的商品，能与其他生产要素结合，保证生产经营活动的顺利进行，因此有其使用价值。融资企业作为资本使用者，必然要向资本所有者支付一定费用以换取在一定时期内使用资金的权利，资本成本是其取得和占有资本使用权的代价。对债权人和股东来说，资本成本表现为让渡资本使用权所要求的借款利息或投资报酬。

（2）资本成本是成本但区别于一般的产品成本。资本成本也是企业的一种支出，具有一般产品成本的基本属性。但一般产品成本是在材料、机器、人工等生产要素上的耗费，其补偿是对实际发生耗费的补偿，直接从销售收入中收回。而资本成本是在资金要素上的耗费，其补偿的本质属于利润分配的范畴。

（3）资本成本包含资金时间价值但不等于资金时间价值。资金时间价值是指在没有风险、没有通货膨胀的条件下，随时间的推移而发生的增值。资金时间价值是资本成本的下限。资本成本是以资金时间价值为基础的，但还包括投资风险价值和通货膨胀率等。

3）资本成本的作用

资本成本是企业财务管理的一项重要工具，具有以下重要意义与作用：

（1）在筹资决策中，资本成本为评选筹资方案提供重要的经济依据。企业筹集资金可

以采用股票、债券、贷款、租赁等不同方式或其组合进行。不同的筹资方案下，企业付出的代价是不同的。资本成本作为影响企业经济效益的重要因素，在评选筹资方案时，必须以资本成本为重要经济依据，选择资本成本率低的方案。

（2）在投资决策中，资本成本是评价投资方案的经济标准。确定资本成本是正确进行投资决策的重要条件。资本成本的性质决定了它是一个投资方案必须达到的报酬率的下限。只有内部报酬率高于资本成本的投资方案在经济上才是可行的。

（3）在财务评价中，资本成本是评价企业经济效益的依据。当资本结构及个别资本来源的成本确定后，资本总额决定资本成本的高低，企业各部门工作效率的提高将提高资金利用率，从而减少资金总额，降低资本成本。故资本成本可以反映企业各部门工作的绩效。

4.1.2 个别资本成本及其计算

个别资本成本是指使用各种长期资金的成本，又分为长期借款成本、债券成本、普通股成本、优先股成本、留存盈余成本。前两种为债务资本成本，后三种为权益资本成本。

在不考虑资金时间价值的情况下：

$$\text{资本成本率}=\frac{\text{使用资金支付的报酬}}{\text{筹资总额}-\text{筹资费用}}$$

在考虑资金时间价值的情况下，资本成本是使各年支付的报酬和本金的现值之和与企业所筹到的资金相等的折现率。

企业取得的资金，以后各年度向投资者支付的报酬和本金及资本成本之间的数量关系可用下列公式表示：

$$P_0=\frac{C_1}{1+K}+\frac{C_2}{(1+K)^2}+\cdots+\frac{C_n}{(1+K)^n}$$

式中：P_0为企业取得的某种来源的资金；C_t为企业在第t年向资金提供者支付的报酬和偿还的本金（t=1，2，…，n）；K为资本成本。

因此，计算各种资金来源的个别资本成本的公式可以概括为：

$$P_0=\sum_{t=1}^{n}\frac{C_t}{(1+K)^t} \tag{4.1}$$

1）债券资本成本

发行公司债券是企业长期负债的主要方式，它具有利息率固定、利息额节税和到期还本的特点。公司债券资本成本的计算公式可表示为：

$$B_0\ (1-f)=\sum_{t=1}^{n}\frac{M_t+I_t(1-T)}{(1+K_i)^t} \tag{4.2}$$

式中：B_0为债券发行总额（按发行价格计算）；f为筹措费用率即筹措费用占发行总额的比率；B_0（1-f）为所筹资金净额，即基本公式中的P_0；T为所得税税率；M_t为第t年偿付的债券本金；I_t为第t年所付债券利息；I_t（1-T）为抵税后的利息费用；K_i为债券资本成本。

若为到期一次还本，则上述公式应为：

$$B_0\ (1-f)=\sum_{t=1}^{n}\frac{I_t(1-T)}{(1+K_i)^t}+\frac{M}{(1+K_i)^n} \tag{4.3}$$

式中：M为债券面值总额；I_t为M与债券名义利率的乘积。

【例4-1】某10年期公司债券面值为1 000元，名义利率为12%，筹措费用率为3%（按发行价格计算），所得税税率为33%，每年付息一次，到期一次还本。

（1）发行价格为1 000元（按面值发行），则有：

$$B_0(1-f)=1\,000\times(1-3\%)$$

$$=\sum_{t=1}^{10}\frac{1\,000\times12\%\times(1-33\%)}{(1+K_i)^t}+\frac{1\,000}{(1+K_i)^{10}}$$

$$=1\,000\times12\%\times(1-33\%)\times(P/A,K_i,10)+1\,000\times(1+K_i)^{-10}$$

$$=970\text{（元）}$$

设K_i=8%，上述公式右边计算结果为1 002.68。

设K_i=9%，上述公式右边计算结果为938.39。

所求K_i在8%至9%之间，运用“插值法”，则有：

$$\frac{1\,002.68-970}{8\%-K_i}=\frac{1\,002.68-938.39}{8\%-9\%}$$

解得：K_i=8.51%。

（2）发行价格为950元（折价发行），其他条件不变，则有：

$$B_0(1-f)=950\times(1-3\%)$$

$$=1\,000\times12\%\times(1-33\%)\times(P/A,K_i,10)+1\,000\times(1+K_i)^{-10}$$

$$=921.5\text{（元）}$$

由于债券折价发行，所筹资金相应减少，故资本成本相应提高，会高于8.51%。

设K_i=9%，上述公式右边计算结果为938.39。

设K_i=10%，上述公式右边计算结果为879.57。

用插值法，可算出K_i=9.30%。

（3）发行价格为1 050元（溢价发行），则有：

$$B_0(1-f)=1\,050\times(1-3\%)$$

$$=1\,000\times12\%\times(1-33\%)\times(P/A,K_i,10)+1\,000\times(1+K_i)^{-10}$$

$$=1\,018.5\text{（元）}$$

由于债券溢价发行，故其资本成本应低于8.51%。

设K_i=8%，上述公式右边计算结果为1 002.68。

设K_i=7%，上述公式右边计算结果为1 073.04。

用插值法，可算出K_i=7.78%。

在不考虑资金时间价值的情况下，债券资本成本近似值可用以下简化公式计算：

$$K_i=\frac{I(1-T)}{B_0(1-f)}$$

当债券按面值发行时，公式进一步简化为：

$$K_i=i\cdot\frac{1-T}{1-f}$$

若所发行的债券是到期一次还本付息且不按复利计算，则上述计算债券资本成本的一般公式可简化为：

$$B_0(1-f)=\frac{I\cdot n\cdot(1-T)+M}{(1+K_i)^n}$$

将上述债券按面值发行的有关数据代入，则有：

$$1\,000\times(1-3\%)=\frac{1\,000\times 12\%\times 10\times(1-33\%)+1\,000}{(1+K_i)^{10}}$$

$K_i=6.40\%$

可见，到期一次还本付息的资本成本大大低于每年付息一次的资本成本，因为其利息的现值降低了。

2）长期借款资本成本

长期借款与公司债券同属长期负债，二者计算资本成本的公式类似，但长期借款往往要考虑相称存款余额（指银行为降低贷款风险，要求借款人将借款额中的一定比率存在其银行账户中，不得动用的那部分）因素，而无折价、溢价问题，另外银行手续费所占比例很低，通常忽略不计。实践中，长期借款的偿还方式主要有定期付息、到期一次偿还本金和定期等额偿还本息等做法。

对于定期付息，到期一次偿还本金的长期借款，其资本成本的计算公式为：

$$M(1-f)=\sum_{t=1}^{n}\frac{I(1-T)}{(1+K_d)^t}+\frac{M}{(1+K_d)^t} \tag{4.4}$$

式中：M为借款额；f为相称存款余额比率；K_d为借款资本成本。

【例4-2】某公司向银行借款10万元，相称存款余额比率为15%，年利息率为13%，所得税税率为33%，贷款期限为15年。

$$\begin{aligned}M(1-f)&=100\,000\times(1-15\%)\\&=100\,000\times 13\%\times(1-33\%)\times(P/A,\ K_d,\ 15)+100\,000\times(1+K_d)^{-15}\\&=85\,000\text{（元）}\end{aligned}$$

设$K_d=10\%$，资本成本计算公式右边的计算结果为90 188。

设$K_d=11\%$，资本成本计算公式右边的计算结果为83 532。

用插值法计算得到，$K_d=10.78\%$。

同样，这种还款方式下的长期借款资本成本近似值可用以下简化公式求出：

$$K_d=\frac{i\cdot(1-T)}{1-f}$$

而分期还本是指除每期付息外，借款本金在其借款期限分期等额偿付的方法，其资本成本的计算公式为：

$$M=\sum_{t=1}^{n}\frac{I(1-T)+\frac{M}{n}}{(1+K_d)^t}$$

式中：M为借款额；n为借款期限；$\frac{M}{n}$为每次还本额；其他符号同前。

【例4-3】某公司向银行借款10万元，年利息率12%，所得税税率33%，贷款期限10年，分10年等额偿还本金，则其借款的资本成本计算公式为：

$$100\,000=[100\,000\times 12\%\times(1-33\%)+100\,000\div 10]\times(P/A,\ K_d,\ 10)$$

求得$K_d=12.48\%$。

3）优先股资本成本

优先股资本成本包括企业支付的优先股股利和优先股发行费用。优先股的股利通常是固定的，与负债的利息支出有相似之处。但与负债不同的是，优先股没有到期日，是公司永久性资金来源，且股利是从税后利润中支付的，不具有节税作用。

优先股资本成本的计算公式为：

$$P_0\ (1-f)\ =\sum_{t=1}^{n}\frac{D_t}{(1+K_p)^t}+\frac{P_n}{(1+K_p)^n} \tag{4.5}$$

式中：P_0为优先股的发行价格；f为筹措费用率；D_t为第t年支付的优先股股利；K_p为优先股资本成本；P_n为第n年后企业收回优先股的价格。

K_p的计算较为复杂，若优先股为长期发行，且年股利额固定，则可用下列公式计算优先股资本成本的近似值：

$$K_p=\frac{D}{P_0(1-f)}$$

【例4-4】某公司发行面值为100元的长期优先股，筹措费率为4%，年股利率为12%，发行价格为120元。则：

$$K_p=\frac{100\times12\%}{120\times(1-4\%)}=10.42\%$$

4）普通股资本成本

普通股资本成本包括企业支付的普通股股利及普通股发行费用。普通股没有到期日，股利的支付视企业的经营状况而定，没有确定的金额。普通股的股利也是税后利润的分配，没有节税作用。与债务资本成本或优先股资本成本一样，普通股资本成本也应以投资者在一定风险条件下所要求的报酬率为基础，但由于普通股股东的收益与公司的经营状况息息相关，其投资报酬率往往不确定。因而，只能基于对未来的估计，近似地计算普通股的资本成本。

普通股资本成本计算方法有三种：

（1）根据资本成本的一般公式计算。普通股虽无到期日，但若干年后的股票市价是可估计的。故普通股资本成本可采用与优先股资本成本相仿的公式计算，即：

$$P_0\ (1-f)\ =\sum_{t=1}^{n}\frac{D_t}{(1+K_e)^t}+\frac{P_n}{(1+K_e)^n}$$

式中：K_e为普通股资本成本；其他符号的含义同优先股资本成本计算公式。

若考虑到普通股没有到期日，其计算公式也可写为：

$$P_0\ (1-f)\ =\sum_{t=1}^{n}\frac{D_t}{(1+K_e)^t}$$

（2）风险利率加风险报酬法，投资者期望的投资报酬率应该是无风险报酬率加上风险报酬率，普通股的风险报酬率通过回收率的标准差来确定，即普通股资本成本为：

$$K_e=i+\delta$$

式中：i为无风险利率（通常用无风险的政府公债的利率代替）；δ为风险报酬率。

（3）资本资产定价模型法。假定普通股股东投资于某种股票的投资风险取决于所投资股票在证券市场组合中的风险系数，根据无风险报酬率和某股票在证券市场的风险系数来计算普通股资本成本，其计算公式为：

$$K_i=R_F+\beta_i\ (K_m-R_F)$$

式中：K_i为第i种普通股或第i种证券组合的必要报酬率；R_F为无风险报酬率；K_m为证券市场证券组合的平均期望报酬率；β_i为该种股票或证券组合的风险系数，亦称为β系数。

以上是计算普通股资本成本的一般公式，若普通股股利的发放有一定规律，可用以下简化公式：

①年股利固定的情形。若每年股利固定不变，上面的公式可简化为：

$$P_0（1-f）=\frac{D}{K_e}$$

$$K_e=\frac{D}{P_0(1-f)}$$

【例4-5】某公司普通股售价为120元/股，每年固定股利为12元，筹措费率为5%。则：

$$K_e=\frac{12}{120\times(1-5\%)}=10.53\%$$

②年股利呈等比增长的情形。若年股利按固定的增长率逐年提高，则上述公式可简化为：

$$P_0（1-f）=\frac{D_1}{K_e-g}$$

$$K_e=\frac{D_1}{P_0(1-f)}+g$$

式中：D_1为第一年末发放的股利额；g为股利年递增率。

【例4-6】某公司普通股售价为100元/股，筹措费率为4%，第一年末股利为12元，以后每年按6%递增。则：

$$K_e=\frac{12}{100\times(1-4\%)}+6\%=18.5\%$$

5）留存收益资本成本

留存收益是企业税后净利在扣除当年股利后形成的，包括盈余公积和未分配利润。它属于普通股股东所有，可以用于未来股利的发放，也可将其资本化，作为扩大再生产的资金来源。因此，留存收益也是一种筹资方式。

正如负债与优先股成本取决于投资者对于这些证券所要求的报酬率一样，留存收益资本成本也取决于股东对这部分资金所要求的必要报酬率。留存收益的资本成本实质上是一种机会成本，即股东的这部分资金投资于其他项目可获得的报酬率。若市场均衡且投资风险相同的话，这个报酬率实质上就是公司普通股的资本成本。

从企业筹资的角度看，留存收益资本化与发行普通股具有相互替换的作用，区别只在于资金的来源渠道不同，而且留存收益无须筹措，没有筹措费用，故留存收益资本成本可参照普通股资本成本计算。若股利按固定比例递增，即：

$$K_r=\frac{D_1}{P_0}+g \tag{4.6}$$

式中：K_r为留存收益资本成本。

另外，若考虑发放股利给股东，股东须缴纳个人所得税，再购买股票还须支付手续费，则留存收益的筹资机会成本也由此而降低，计算公式为：

$$K_r=K_e（1-T）（1-f）$$

式中：T为个人所得税；f为手续费率。

4.1.3 综合资本成本（加权平均资本成本）及其计算

以上讨论的是各种不同来源长期资金的资本成本，而通常所说的资本成本，是指企业的综合资本成本$\overline{K}$，即各种资金来源的个别资本成本的加权平均值。这是由于企业受法律、风险等多种因素的制约，不可能只使用单一的筹资方式，因此一个企业的总的资本成本需要根据不同资本所占比重即资本结构来确定，也就是通常所说的加权平均资本成本

(WACC)。其计算公式为：

$$WACC=\overline{K}=\sum_{i=1}^{n}K_iW_i \tag{4.7}$$

式中：$\overline{K}$为综合资本成本；K_i为第i种资金来源的资本成本；W_i为第i种资金来源的资金占全部资金的比重；n为资金来源种类数。

综合资本成本取决于个别资本成本和资本结构两大因素，因此如何计算各类资本来源在全部资本中的比重，是计算综合资本成本的关键因素之一。一般情况下，以各种来源的资本的账面价值为依据，计算出的加权平均资本成本为历史资本成本，其优点是数据容易取得并准确可靠，但当债券和股票的市场价值与账面价值有大幅度偏离时，计算结果不符合实际，可能误导筹资决策。

【例4-7】某公司有关资料见表4-1。

表4-1 各种筹资方式的资本成本及其比重表

筹资方式	账面价值（万元）	比重（W_i）	资本成本（K_i）
公司债券	300	30%	11%
长期借款	200	20%	10%
优先股	50	5%	12%
普通股	300	30%	18%
留存收益	150	15%	15%
合计	1 000	100%	—

将表4-1中数据代入上面的公式：

$$\overline{K}=11\%\times30\%+10\%\times20\%+12\%\times5\%+18\%\times30\%+15\%\times15\%=13.55\%$$

例4-7中各项资金来源比重是按账面价值计算的。

由于通货膨胀等因素，账面价值往往不能准确反映实际价值。如果公司的股票、债券在证券市场上公开交易，采用各资本来源的市场价值来确定其在综合资本成本中的计算权重更为合适。由此计算出的综合资本成本接近实际水平，对投资决策更具有指导意义，其局限是市价经常处于波动之中。按市场价值计算的加权平均资本成本常用于衡量增资资本成本，即年内筹措新资金的资本成本。

另一种方法是以各个别资本的目标价值为计算权重的依据，这种方法体现了企业期望的资本结构，满足企业对未来融资的决策需要，对预测性评价有更强的相关性，但缺点是企业很难合理确定其证券的目标价值，难以推广使用该方法。

4.1.4 边际资本成本及其计算

边际资本成本（Marginal Cost of Capital，MCC），是指公司新增1元资金所需负担的成本。企业在追加筹资时往往要以边际资本成本为决策依据。

由于一个企业无法以某一固定的资本成本来筹措无限的资金，因此，当其筹措的资金超过某一特定限度，其边际资本成本就会增加。当企业拟筹资进行某项目投资时，应以边际资本成本而不是企业全部资本成本作为评价该投资项目可行性的经济标准。用新筹资金的成本即边际资本成本与投资项目的内含报酬率比较，以对项目可行性作出正确评价。

当企业新筹资本来源不单一时，边际资本成本也是按加权平均法计算的，即加权平均边际资本成本。

根据边际资本成本进行投资方案的取舍，首先必须明确本企业边际资本成本的变动状况，即MCC曲线，而关键在于确定使边际资本成本发生变动的筹资金额，即资本成本分界点。使某种筹资方式的资本成本发生变动的该种筹资的筹资金额，为某种筹资方式的资本成本分界点。如某公司发行债券在100万元或以下时，债券资本成本为10%，当发行额超过100万元时，债券资本成本将上升至12%，那么100万元就是债券的资本成本分界点。而筹资总额分界点是指当资本结构既定时，使某种资本成本发生变动的筹资总额，也叫筹资突破点。其计算公式为：

$$某方式筹资总额资本成本分界点=\frac{该方式资本成本分界点}{该方式筹资额占筹资总额的比重} \tag{4.8}$$

【例4-8】假设上述债券在公司资金总额中的比重为20%，则债券筹资总额资本成本分界点为500万元（100÷20%），即按既定的资本结构，筹资总额超过500万元时，债券资本成本将上升为12%。

根据加权平均资本成本计算公式中各要素的具体变动，可以计算出若干个资本成本分界点，于是形成了边际资本成本线。以下举例说明企业拟进行某项目投资时，如何根据边际资本成本线和内含报酬率（IRR）来选择投资项目。

【例4-9】某公司拥有长期资金1 000万元，其中长期借款200万元，债券200万元，普通股600万元。现需筹集一笔资金用于项目投资，其边际资本成本的计算及投资项目的选择过程如下：

（1）估计资本成本分界点。该公司根据资本市场状况及自身条件确定的资本成本分界点如表4-2所示。

表4-2 **各种筹资方式成本分界点**

筹资方式	个别资本筹资分界点（万元）	资本成本（%）
长期借款	0～200	7
	200～500	8
	>500	9
发行债券	0～100	10
	>100	11
发行普通股	0～600	10
	600～1 500	12
	>1 500	15

表4-2说明该公司长期借款的资本成本分界点是200万元、500万元，发行债券的资本成本分界点是100万元，发行普通股的资本成本分界点是600万元、1 500万元。

（2）确定公司目标资本结构。

该公司认为目前的资本结构为适合本公司的最优资本结构，因此决定追加筹资后仍维持原先的资本结构，即长期借款占20%，债券占20%，普通股占60%。

（3）根据该公司的个别资本筹资分界点及目标资本结构，可以计算各种筹资方式的筹资总额的成本分界点，并据此划分可能的筹资范围（见表4-3）。

表4-3　**筹资总额分界点计算表**

筹资方式	资本成本（%）	个别资本的筹资分界点（万元）	资本结构（%）	筹资总额分界点（万元）	筹资范围（万元）
长期借款	7	200	20	200÷20%=1 000	0 ~ 1 000
	8	500		500÷20%=2 500	1 000 ~ 2 500
	9	—			2 500以上
发行债券	10	100	20	100÷20%=500	0 ~ 500
	11	—			500以上
发行普通股	10	600	60	600÷60%=1 000	0 ~ 1 000
	12	1 500		1 500÷60%=2 500	1 000 ~ 2 500
	15	—			2 500以上

（4）由表4-3可得四组筹资成本不同的筹资总额范围：0 ~ 500万元，500万 ~ 1 000万元，1 000万 ~ 2 500万元，2 500万元以上。分别计算这四组的综合资本成本即加权平均边际资本成本，如表4-4所示。

表4-4　**不同筹资范围内的综合资本成本表**

筹资范围（万元）	资本种类	资本结构（%）	个别资本成本（%）	资本结构×个别资本成本	综合资本成本（%）
0 ~ 500	长期借款	20	7	0.014	9.4
	债券	20	10	0.02	
	普通股	60	10	0.06	
500 ~ 1 000	长期借款	20	7	0.014	9.6
	债券	20	11	0.022	
	普通股	60	10	0.06	
1 000 ~ 2 500	长期借款	20	8	0.016	11
	债券	20	11	0.022	
	普通股	60	12	0.072	
2 500以上	长期借款	20	9	0.018	13
	债券	20	11	0.022	
	普通股	60	15	0.09	

（5）将以上各筹资范围组的新增筹资总额的边际资本成本与投资项目的内含报酬率进行比较，可以进行投资与筹资相结合的决策。如假设已知该公司有以下A、B、C、D四个可供选择的投资机会，其投资额及内含报酬率情况见表4-5。

表4-5 **投资机会情况表**

投资项目	投资报酬率（%）	投资额（万元）	累计追加筹资额（万元）
A	15	400	400
B	13	500	900
C	11	600	1 500
D	10	1 200	2 700

注：以上项目按IRR高低排列，是因为若筹资额有限，应先满足IRR高的投资项目。某项目对应的累计追加筹资额是指同时选择该项目及排在其前面的项目所需的累计筹资额。

将表4-4、表4-5相比较可看出，只选择A项目时，筹资额为400万元，在0~500万元的筹资范围组内，要保持原有资本结构，其综合的边际资本成本为9.4%，低于A项目的投资报酬率，因而投资可行；同时选择A、B项目，需追加的筹资总额为900万元，加权平均边际资本成本为9.49%，低于A、B项目的平均投资报酬率，因此可行。将表4-4、表4-5的数据绘制在同一直角坐标系中，可直观地进行投资决策（如图4-1所示）。

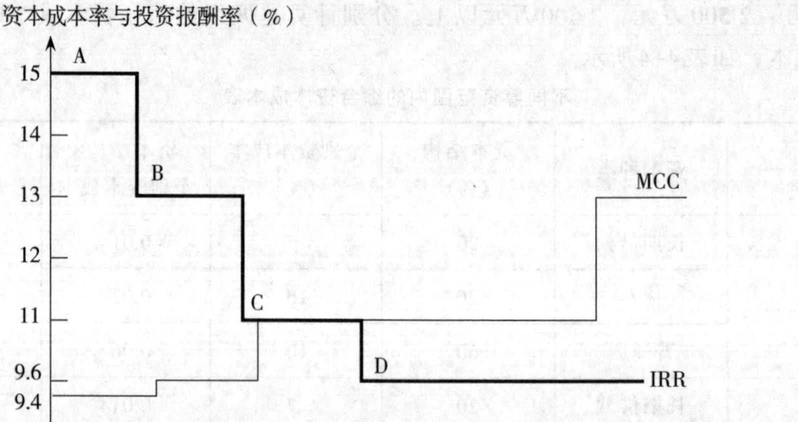

图4-1 资本成本率与投资报酬率

由图4-1可知，A、B项目的IRR明显高于所对应的MCC，投资可行；C项目的投资报酬率为11%，其筹资成本一部分为9.6%，一部分为11%，平均值小于IRR，故也可行。而D项目的IRR为10%，所需1 200万元资本的边际成本，一部分为11%，一部分为13%（累计筹资额超过2 500万元时，资本成本为13%），都高于所对应的IRR，故应放弃。因此，该公司应选择的投资项目是A、B、C，应累计筹资1 500万元。

可见，上述分析有助于企业明智地进行投资决策和资本预算，但在具体应用中，须充分考虑项目的风险性并对MCC作出相应的调整。

即测即评4.1

4.2 经营风险与财务风险

4.2.1 经营风险与经营杠杆

1）经营风险及其影响因素

企业的风险包括经营风险和财务风险。经营风险是指企业因经营上的原因而导致利润变动的风险，是企业固有的未来经营效益的不确定性。一般用企业未来的息税前收益即EBIT的不确定性来衡量。经营风险是决定企业资本结构的重要因素。影响经营风险的主要因素有：

①需求。市场对企业产品的需求越稳定，则EBIT亦越稳定，经营风险越小；反之，经营风险越大。

②销售价格。产品销售价格越稳定，EBIT亦越稳定，经营风险越小；反之，经营风险越大。

③原材料价格。原材料价格越稳定，EBIT亦越稳定，经营风险越小；反之，经营风险越大。

④对销售价格的调整能力。当通货膨胀使生产资料价格上涨时，若企业有能力将因涨价而增加的生产成本转移到销售价格上，则将消除其对EBIT的影响，这种调整能力越强，经营风险越小；反之，经营风险越大。

⑤固定成本。固定成本与EBIT的可变性之间没有必然的联系，但由于固定成本的性质使得当产品的销售量发生变动时，单位产品分担的固定成本随销量的增加（下降）而减少（增加），使EBIT以更大的幅度变动，从而增加经营风险。因此，我们将固定成本视为影响经营风险的因素之一。企业的固定成本比率越高，经营风险越大；反之，经营风险越小。

2）经营杠杆

如前所述，企业的经营风险部分取决于其利用固定成本的程度。固定成本的存在将使EBIT较产销量有更大幅度的波动，固定成本犹如杠杆的支点，比重越大，杠杆作用越大，故通常将企业所使用的固定成本在销量变动时对EBIT的影响称为经营杠杆作用。

经营杠杆作用的大小可用经营杠杆系数来衡量。经营杠杆系数亦称经营杠杆率，是指某一销量水平下息税前收益变动率相对于销量变动率的倍数，其计算公式为：

$$DOL=\frac{\Delta EBIT/EBIT}{\Delta Q/Q} \tag{4.9}$$

式中：DOL为经营杠杆率；ΔEBIT为息税前收益变动额；EBIT为变动前的息税前收益；ΔQ为销量变动量；Q为变动前的销量。

根据企业的本量利之间的线性关系，通过推导可将上述公式简化为：

$$DOL=\frac{Q(P-V)}{Q(P-V)-F}$$

$$DOL=\frac{S-V\cdot Q}{EBIT}$$

式中：P为单价；V为单位变动成本；F为固定成本总额；S为销售额。

可见，经营杠杆率为某一销量下的边际利润与息税前收益的比率。

下面举例说明经营杠杆作用及其系数的计算。

【例4-10】A、B公司生产同一产品，有关资料见表4-6。

表4-6 **产品价格与成本表** 单位：元

项目	A公司	B公司
产品价格	15	15
单位变动成本	8	7
固定成本总额	20 000	40 000

不同销量下A、B公司的息税前收益（EBIT）计算见表4-7。

表4-7 **息税前收益预测表** 金额单位：元

销售量（件）		5 000	10 000	20 000	30 000	35 000
单价		15	15	15	15	15
销售收入		75 000	150 000	300 000	450 000	525 000
A公司	变动成本	40 000	80 000	160 000	240 000	280 000
	固定成本	20 000	20 000	20 000	20 000	20 000
	EBIT	15 000	50 000	120 000	190 000	225 000
B公司	变动成本	35 000	70 000	140 000	210 000	245 000
	固定成本	40 000	40 000	40 000	40 000	40 000
	EBIT	0	40 000	120 000	200 000	240 000

例4-10中，当销量为20 000件时，A、B公司的EBIT相同；当销量上升50%，为30 000件时，B公司的EBIT较A公司有更大幅度的增长；当销量下降50%，为10 000件时，B公司的EBIT较A公司有更大幅度的下降；无论在销量上升或下降时，EBIT均随销量变动而产生同向且更大幅度的变动。而这一切之所以产生，是因为运用了固定成本这一杠杆且运用的程度不同。显然，若不利用这一杠杆，则EBIT变动与销量变动的幅度相同，经营杠杆作用为零；而固定成本比率越高，则经营杠杆作用越显著，即销量变动对EBIT的影响越大。

以例4-10数据为例，当销量为20 000件时，A、B公司的经营杠杆率如下：

$$DOL（A）=\frac{300\,000-160\,000}{120\,000}=\frac{7}{6}\approx 1.167$$

$$DOL（B）=\frac{300\,000-140\,000}{120\,000}=\frac{4}{3}\approx 1.333$$

计算结果表明，当销量变动时，A、B公司息税前收益的变动将分别为销量变动幅度的1.167倍和1.333倍。

如当销量增长50%，为30 000件时：

EBIT（A）=120 000×（1+50%×1.167）=190 000（元）

$$\frac{\Delta EBIT(A)}{EBIT(A)}=\frac{190\,000-120\,000}{120\,000}\times100\%=58.3\%=50\%\times1.167$$

EBIT（B）=120 000×（1+50%×1.333）=200 000（元）

$$\frac{\Delta EBIT(B)}{EBIT(B)}=\frac{200\,000-120\,000}{120\,000}\times100\%=66.7\%=50\%\times1.333$$

如当销量下降75%，为5 000件时：

EBIT（A）=120 000×（1−75%×1.167）=15 000（元）

$$\frac{\Delta EBIT(A)}{EBIT(A)}=\frac{15\,000-120\,000}{120\,000}\times100\%=-87.5\%=(-75\%)\times1.167$$

EBIT（B）=120 000×（1−75%×1.333）=0

$$\frac{\Delta EBIT(B)}{EBIT(B)}=\frac{0-120\,000}{120\,000}\times100\%=-100\%=(-75\%)\times1.333$$

由以上计算可知，当销量增长50%时，由于A公司的经营杠杆率为1.167，故其息税前收益增长58.3%，而由于B公司的经营杠杆率为1.333，大于A公司，故其息税前收益增长66.7%；当销量下降75%时，A公司的EBIT下降87.5%，而B公司的EBIT下降100%。由此可见，经营杠杆率越高，销量变动对息税前收益的影响越大，当销量上升时可获较高的利润，而当销量下降时则将蒙受较大的损失。

4.2.2 财务风险与财务杠杆

财务风险是指企业为了取得财务杠杆利益而利用负债、优先股等方式筹资而增加了丧失偿债能力（甚至破产）的可能和增加了股东每股收益（EPS）大幅度波动的可能，从而给企业带来的风险。这里的财务杠杆是指公司所使用的资本成本固定的资本来源，如负债、优先股、租赁费用等。财务风险主要指全部资本中负债程度所带来的EPS的不确定性。

1）财务杠杆作用

财务杠杆作用是指利用财务杠杆在提高股东每股收益（EPS）中所起的作用。财务杠杆之所以能产生作用，是因为在资金总额和资本结构既定的条件下，企业需要从息税前收益（EBIT）中支付的利息、优先股股利和租赁费用是固定的。当EBIT增大时，每1元利润所负担的固定费用会相应减少，从而给每1股普通股带来额外利润。这种由于财务杠杆作用带来的额外利润，也叫财务杠杆利益。

【例4-11】A、B、C、D四个公司资金总额均为200万元，普通股面值100元/股。其中，A公司没有负债；B公司资金总额中40%为负债，利率为8%；C公司资金总额中60%为负债，利率亦为8%；D公司资金总额中40%为负债，利率为12%。不同EBIT水平下各公司普通股每股收益计算见表4-8（暂不考虑所得税因素）。

（1）分析

①A公司没有负债，其资本收益率就是股东收益率，且股东收益率与EBIT呈正比例变动。

②B公司资本中有40%的负债，当EBIT为20万元，企业资本收益率为10%，大于负债利率8%时，股东收益率为11.33%，高于企业资本收益率，这称为财务杠杆的正作用；而当EBIT为12万元，企业资本收益率为6%，小于负债利率8%时，股东收益率为4.67%，低于企业资本收益率，这称为财务杠杆的负作用。

表4-8 普通股每股收益计算表

总资本（万元）		200	200	200
息税前收益（万元）		12	20	24
资本收益率（%）		6	10	12
A公司	负债利息（万元）	—	—	—
	普通股收益（万元）	12	20	24
	每股收益（元）	6	10	12
	股东收益率（%）	6	10	12
B公司	负债利息（万元）	6.4	6.4	6.4
	普通股收益（万元）	5.6	13.6	17.6
	每股收益（元）	4.67	11.33	14.67
	股东收益率（%）	4.67	11.33	14.67
C公司	负债利息（万元）	9.6	9.6	9.6
	普通股收益（万元）	2.4	10.4	14.4
	每股收益（元）	3	13	18
	股东收益率（%）	3	13	18
D公司	负债利息（万元）	9.6	9.6	9.6
	普通股收益（万元）	2.4	10.4	14.4
	每股收益（元）	2	8.67	12
	股东收益率（%）	2	8.67	12

③C公司资本中有60%的负债，高于B公司，故当EBIT为20万元时，其股东收益率为13%，高于B公司，而当EBIT为12万元时，其股东收益率为3%，低于B公司。即负债比率越高，EBIT变动对股东每股收益（EPS）的影响也越大。

④D公司的负债比率与B公司相同，但其股东收益率始终低于B公司，原因在于其负债利率高于B公司。故当企业资本收益率为6%、10%，低于其负债利率12%时，负债对EPS的影响始终表现为财务杠杆的负作用，当负债利息率等于企业资本收益率，为12%时，股东收益率等于资本收益率，负债对EPS没有杠杆作用。

⑤当企业运用财务杠杆时，EPS变动的幅度大于EBIT变动的幅度，且负债比率越高，二者差异越大。如例4-11中当EBIT从20万元上升20%，为24万元时，B公司的EPS从11.33元上升为14.67元，上升幅度为29.48%，与此同时，C公司的EPS从13元上升为18元，上升幅度为38.46%；而当EBIT从20万元下降40%，为12万元时，B公司的EPS下降幅度为58.78%，C公司的EPS则下降了76.92%。

⑥只要企业息税前收益率大于负债成本率，则增加负债比率会提高股东收益率

(ROE)。

（2）财务杠杆作用

①财务杠杆作用是指负债筹资对所有者（普通股股东）收益的影响，这种作用有正负之分。

②财务杠杆的正作用是指当企业资本收益率（息税前收益率，下同）大于负债利率时，运用财务杠杆可以使股东收益率大于企业资本收益率，且当资金总额既定时，负债比率越高，股东收益率亦越高，即EPS越大。

③财务杠杆的负作用是指当企业资本收益率小于负债利率时，运用财务杠杆将使股东收益率低于企业资本收益率，且当资金总额既定时，负债比率越高，股东收益率越低，即EPS越小，甚至为负数。

④在运用财务杠杆且资金总额及其结构既定的前提下，由于负债利息并不随EBIT变动而变动，故EPS的变动率总是大于EBIT的变动率，且负债比率越高，二者的差异越大。

2）财务杠杆系数

财务杠杆作用的大小可用财务杠杆系数来衡量。财务杠杆系数，又称财务杠杆率，是指某一息税前收益水平下普通股每股收益（EPS）变动率相当于息税前收益（EBIT）变动率的倍数。其公式为：

$$DFL=\frac{\Delta EPS/EPS}{\Delta EBIT/EBIT} \tag{4.10}$$

式中：DFL为财务杠杆率；ΔEPS为每股收益变动额；EPS为变动前每股收益；其他符号含义同前。

上述公式是按财务杠杆率的定义给出的，其计算时的实用公式为（推导过程从略）：

$$DFL=\frac{EBIT}{EBIT-I-L-\frac{d}{1-T}} \tag{4.11}$$

式中：I为负债利息；L为租赁费；d为优先股股利；T为所得税税率。

以例4-11数据为例，计算当EBIT为20万元时各公司的财务杠杆率如下：

$$DFL(A)=20÷20=1$$

$$DFL(B)=\frac{20}{20-6.4}=1.4706$$

$$DFL(C)=\frac{20}{20-9.6}=1.9231$$

$$DFL(D)=\frac{20}{20-9.6}=1.9231$$

计算结果表明，当EBIT变动时，A、B、C、D公司EPS变动的幅度将分别为EBIT变动幅度的1倍、1.4706倍、1.9231倍和1.9231倍。如EBIT从20万元上升20%为24万元时：

EPS（A）=10×（1+20%×1）=12（元）

EPS（B）=11.33×（1+20%×1.4706）=14.67（元）

EPS（C）=13×（1+20%×1.9231）=18（元）

EPS（D）=8.67×（1+20%×1.9231）=12（元）

可见，由于A公司没有负债，故其EPS的变动率等于EBIT的变动率；其他公司有负债，即财务杠杆率大于1，故EPS的变动率大于EBIT的变动率，且财务杠杆率越高，EBIT变动对EPS的影响越大。当EBIT上升时会产生有利于普通股股东的效果。

然而，当EBIT下降时，由于财务杠杆作用将使EPS以更大的幅度下降，且财务杠杆率越高，下降幅度越大。如EBIT从20万元下降40%为12万元时：

EPS（A）=10×（1-40%×1）=6（元）

EPS（B）=11.33×（1-40%×1.4706）=4.67（元）

EPS（C）=13×（1-40%×1.9231）=3（元）

EPS（D）=8.67×（1-40%×1.9231）=2（元）

3）财务杠杆与财务风险的关系

企业利用财务杠杆，当EBIT上升时可使普通股股东获得超出企业平均利润率的超额利润，使EPS以更高的比率增长，即获得财务杠杆利益；但与此同时，当EBIT下降时，财务杠杆的利用将产生财务风险，使EPS以更高的比率下降。

在企业总资本和经营风险既定的情况下，若企业不利用财务杠杆，则经营风险全部由投资者来承担；若企业利用财务杠杆，即通过负债筹集部分资本，由于不论企业经营效果好坏，债权人得到固定的利息收入，股东要承担全部经营风险，那么每1元股本承担的风险将大于无负债情况下的风险。这种由于负债而使股东承担的额外风险就是财务风险，由于财务杠杆的作用，财务杠杆率越高，财务风险也越大。我们沿用例4-11的数据说明这个问题，有关资料见表4-9。

表4-9 **每股收益及概率数据表** 金额单位：元

EBIT	概率（P_i）	EPS（X_i）		
		A公司	B公司	C公司
120 000	0.3	6	4.67	3
200 000	0.4	10	11.33	13
240 000	0.3	12	14.67	18

根据表4-9中的数据，我们可以计算出A、B、C公司EPS的期望值、标准差和变化系数，见表4-10。

表4-10 **EPS的期望值、标准差和变化系数汇总表** 金额单位：元

项目	计算公式	A公司	B公司	C公司
$\overline{E}$	$\sum X_iP_i$	9.4	10.33	11.5
σ	$\sqrt{\sum(X_i-\overline{E})^2P_i}$	2.37	3.96	5.94
V	$\sigma/\overline{E}$	0.25	0.38	0.52

表中：$\overline{E}$为EPS的期望值；σ为EPS的标准差；V为EPS的变化系数。

从A公司到B公司再到C公司，负债比率逐渐提高，财务杠杆作用逐渐加大，但其财务杠杆作用既提高了EPS的期望值，也增加了股东收益的变异性，即财务风险。

同一公司在其他条件不变时随负债比率的提高，其财务风险也逐渐加大。如A公司，负债的利率为8%，在不同负债比率下EPS的期望值和标准差的计算见表4-11（计

算过程从略）。

表4-11 不同负债比率下预期每股收益的期望值和标准差汇总表

负债比率	0	10%	20%	30%	40%	50%	60%	70%
$\overline{E}$	9.4	9.56	9.75	10	10.33	10.8	11.5	12.67
σ	2.37	2.64	2.97	3.39	3.96	4.75	5.94	7.92

从表4-11可以清楚地看到股东收益（$\overline{E}$）、风险（σ）与财务杠杆（负债比率）的关系。随着财务杠杆作用的加大，股东每股收益期望值逐步提高，而股东收益的可变性（风险）也在增加。故运用财务杠杆必须进行报酬与风险的权衡，以确定最优资本结构。关于如何确定最优资本结构的问题，将在本章4.3节讨论。

以上关于企业经营风险和财务风险分析的要点可归纳如下：

（1）若用σ_{ROA}测量经营风险，用σ_{ROE}测量股东承担的风险，则当企业负债比率为零时，$\sigma_{ROE}=\sigma_{ROA}$；若企业利用财务杠杆，则$\sigma_{ROE}>\sigma_{ROA}$。

（2）财务风险$=\sigma_{ROE}-\sigma_{ROA}$，即由于运用财务杠杆而使股东承担的额外风险，随着负债比率的提高而增大，与此同时，股东的预期报酬率也相应提高。

4）财务两平点分析

财务两平点，是指使普通股每股税后收益（EPS）为零的息税前收益（EBIT）或销售收入（S），也称企业财务风险临界点。其计算公式为：

$$\overline{EBIT}=I+\frac{d}{1-T} \tag{4.12}$$

$$\overline{S}=\frac{F+I+\frac{d}{1-T}}{1-\frac{V}{P}} \tag{4.13}$$

式中：$\overline{EBIT}$为财务两平点的息税前收益；$\overline{S}$为财务两平点的销售收入；I为负债利息；d为优先股股利；T为所得税税率；F为固定成本总额；V为单位变动成本；P为单价。

【例4-12】某企业生产A产品，单价10元，单位变动成本为5元，固定成本总额为30万元，负债利息支出为15万元，优先股股利支出为12万元，所得税税率为25%。则：

$$\overline{EBIT}=15+\frac{12}{1-25\%}=31\text{（万元）}$$

$$\overline{S}=\frac{30+15+\frac{12}{1-25\%}}{1-\frac{5}{10}}=122\text{（万元）}$$

财务两平点是比经营两平点更高层次的相对普通股股东而言的保本点，例4-12中当息税前收益为31万元或销售收入为122万元时，普通股股东没有收益。当EBIT或S超过财务两平点后，普通股股东才有收益，企业可维持现有的资本结构继续经营，甚至有可能适当提高负债比率；反之，若企业目前的EBIT或S小于财务两平点，则表明企业已出现财务风险，普通股股东收益小于零，他们在公司的财富将减少，那么应降低负债比率。

4.2.3 联合杠杆作用

经营杠杆的运用使得销量变动对EBIT的变化有扩大的作用；而财务杠杆的运用使得

EBIT变动对EPS的变化有扩大的作用。若企业使用联合杠杆，即同时使用经营杠杆与财务杠杆，则将使销量的细微变动导致EPS的大幅度波动，这种现象称为联合杠杆作用，其作用的大小可以用联合杠杆系数来衡量。联合杠杆系数，亦称总杠杆系数或综合杠杆系数，是指在某一销量水平下普通股每股收益（EPS）变动率相当于销售额或销量变动率的倍数，用公式表示为：

$$DCL=\frac{\Delta EPS/EPS}{\Delta Q/Q}=\frac{\Delta EBIT/EBIT}{\Delta Q/Q}\times\frac{\Delta EPS/EPS}{\Delta EBIT/EBIT}=DOL\times DFL \tag{4.14}$$

式中：DCL为联合杠杆系数；其他各符号含义同前。可见，联合杠杆系数实质上为经营杠杆系数与财务杠杆系数的乘积，故实际运用中可简化为（推导过程从略）：

$$DCL=\frac{S-V\cdot Q}{EBIT-I-L-\frac{d}{1-T}} \tag{4.15}$$

【例4-13】A公司销售额为100万元，变动成本率为40%，固定成本总额为32.8万元；总资本为110万元，其中负债40万元，利率为10%，优先股20万元，股利率为12%，普通股50万元，面值100元；所得税税率为25%。则：

$$DCL=\frac{100\times(1-40\%)}{100\times(1-40\%)-32.8-40\times10\%-\frac{20\times12\%}{1-25\%}}=3$$

这表明，EPS变动率将是销售额变动率的3倍。若销售额上升30%，则每股收益将提高90%（30%×3）；若销售额下降30%，则每股收益将降低90%。具体计算见表4-12。

表4-12 每股收益计算表

销售额（万元）	70	100	130
变动成本（万元）	28	40	52
固定成本（万元）	32.8	32.8	32.8
息税前收益（万元）	9.2	27.2	45.2
利息费用（万元）	4	4	4
税前收益（万元）	5.2	23.2	41.2
所得税（万元）	1.3	5.8	10.3
优先股股利（万元）	2.4	2.4	2.4
普通股股数（股）	5 000	5 000	5 000
每股收益（元）	3	30	57

可见，当S为100万元时，EPS为30元，此时DCL为3；当S增长30%，为130万元时，EPS增长幅度为S增长幅度的3倍，即90%，故使EPS上升为57元；而当S下降30%，为70万元时，EPS下降幅度为S下降幅度的3倍，即90%，故使EPS下降为3元。

在联合杠杆系数为3时，经营杠杆系数约为2.206，财务杠杆系数为1.36，即EBIT变动约为S变动的2.206倍，而EPS变动又是EBIT变动的1.36倍。这种双重杠杆的作用是一把“双刃剑”，在公司经营状况良好时固然可提高EPS的期望值，使股东获得联合杠杆利益；但同时使风险增大，在公司销售滑坡时，股东的每股收益率有大幅度降低。

联合杠杆系数的作用在于它可以确定销量或销售额变动对每股收益的影响，并揭示了两种杠杆之间的关系。显然，联合杠杆的作用大于经营杠杆和财务杠杆的单独作用，而两种杠杆又可以有多种组合，以达到企业理财要求的联合杠杆系数和总风险水平。

即测即评 4.2

4.3 最佳资本结构

资本结构是财务结构的一部分，它是指各种长期资本来源占资本总额的比率。企业的长期资本来源主要有长期负债和所有者权益，故企业的资本结构可以用负债比率来反映。在资本结构中使用负债，一方面由于负债成本一般低于自有资本成本，可以降低企业总资本成本，并可以获得适当负债带来的财务杠杆利益，另一方面也加大了企业的财务风险，在过度负债的情况下，会降低企业信用程度，出现融资困难，从而使企业股价下跌，企业总价值下降。正因为负债比率的高低将对企业的资本成本、股票市价和公司总价值产生不同的影响，故负债比率是确定最优资本结构的核心问题。

不同企业最佳负债比率亦不同，但最优资本结构却可以用统一的标准来衡量。衡量一个企业资本结构是否最优一般使用以下几个标准：

（1）资本成本最低；

（2）普通股每股收益最大；

（3）股票市价和公司总体价值最大。

4.3.1 影响资本结构决策的主要因素

1）企业的经营风险

经营风险是指因经营上的原因，如销售量、销售价格、产品成本等的变化，而导致的企业未来息税前收益的不确定性，而这种不确定性又因利用财务杠杆而进一步被扩大。故经营风险是确定企业资本结构时应考虑的主要因素。具体地说，经营风险较高的企业在确定资本结构时应降低负债比率，以保持较低的财务风险；而经营风险较低的企业可以适当增加负债比率，以获得较大的风险报酬。

2）企业的盈利能力与成长率

企业提高负债比率以获得财务杠杆利益的前提是该企业的息税前收益率高于其权益资本收益率，因此企业的盈利状况如何与最优资本结构的选择密切相关。若企业经营业绩不佳，息税前收益率低于负债资本成本，提高负债比率反而会降低权益资本收益率与每股收益。因此，在确定资本结构时，企业必须将其盈利能力与资本成本进行比较，盈利能力强的企业可以提高负债比率以取得更大的财务杠杆利益，盈利能力差的企业应降低负债比率以降低财务风险。

企业在确定资本结构时，不但要考虑目前的盈利能力，还应考虑企业未来盈利能力的成长情况。一般情况下，处于成长阶段的企业盈利能力强，对资金的需求较大，权益资本不能满足其发展需要而且成本较高，这时可以使用较多的负债。

3）企业的财务状况

财务状况包括企业的资产结构、资产的周转速度、资产的变现能力等因素。财务状况好的企业，能够承受较大的财务风险。因为负债到期时本息必须用现金支付，而现金支付能力不仅取决于企业的盈利能力，也取决于企业资产的变现能力或现金流量状况。因此，除考虑企业的盈利能力外，若资产中可供贷款担保品资产或其他易变现资产比例较大时，可较多地利用负债筹资，否则，不宜大量使用长期负债。

4）股东及经营者的态度

在企业经营良好的情况下进行融资决策时，股东偏向于提高负债率，一方面是出于不愿分散对企业控制权的考虑，另一方面也是为得到财务杠杆利益，提高每股收益与权益资本报酬率。

企业经营者的态度也将影响融资决策，而这种态度主要取决于其在企业的所有权。对企业控制权甚微的经营者们往往不会热衷于利用财务杠杆，因为若销售上升，得到利益的是股东而不是经营者；而若销售下降，由于财务杠杆负作用使股东丧失的只是其有限的股份，而经营者丧失的却是100%的工作。故经营者为了维持在企业的职务，会将负债比率控制在一定限度（不一定是最佳比率）。而那些对企业有相当控制权（50%以上）的经营者，则可能倾向于负债筹资，以避免其权利被稀释。此外，融资决策还受经营者的性格与对风险的偏好程度的影响，个性谨慎的经营者趋向于股权融资，个性喜好冒险的经营者趋向于负债筹资。

5）企业信用等级与债权人态度

如果企业的信用等级不高，债权人将要求较高的利率或不愿借债给企业，从而使企业无法达到其所希望的负债水平。因此，企业的信用等级高低与债权人态度直接影响到企业融资的便利程度与成本。

4.3.2 最优资本结构的确定

确定最优资本结构的核心是根据衡量资本结构优劣的某一标准来确定合适的负债比率，上述衡量资本结构的三个标准对应确定资本结构的三种方法。

1）综合资本成本比较法

这种方法以企业的综合资本成本最低为标准来确定企业的资本结构。如某企业需筹集100万元长期资金，可以用贷款、发行债券和普通股三种方式筹集，各种个别资本来源的成本及各待选方案的融资结构见表4-13。

表4-13 **个别资本成本及融资结构表（%）**

方案	贷款	发行债券	普通股
1	40	40	20
2	30	40	30
3	20	30	50
个别资本成本	8	10	12

计算三个方案的综合资本成本：

方案1：40%×8%+40%×10%+20%×12%=9.6%

方案2：30%×8%+40%×10%+30%×12%=10%

方案3：20%×8%+30%×10%+50%×12%=10.6%

第一种方案综合资本成本最低，因此在这三种可选方案中，最优资本结构为第一种。

以综合资本成本最小为企业资本结构决策标准，其缺点是可能会放弃可行投资方案，从而不能达到使所有者收益最大的目标。比如，企业追加投资的边际资本成本有可能大于追加投资前的资本成本，使追加投资后企业的综合资本成本上升，按资本成本最低的标准是不可取的。但只要追加投资的边际投资报酬率高于边际资金成本，该投资就是能提高所有者收益的，因此，资本成本最低标准存在不足之处。

2）普通股每股收益最大分析

资本结构是否合理也可以用每股收益（EPS）最大的标准来衡量。从股东的角度看，凡能提高每股收益的资本结构都是合理的，因此寻找最优的资本结构即确定能使EPS达到最大的负债比率。但企业每股收益的变化，不仅受资本结构的影响，还与企业的息税前收益（EBIT）密切相关，因此要运用“EBIT-EPS”分析法才能处理好三者之间的关系，确定某一收益能力水平下的最佳资本结构。

“EBIT-EPS”分析法是财务管理中常用的分析资本结构和进行融资决策的方法，它的核心是确定筹资无差别点，也就是使不同资本结构下每股税后收益（EPS）相等的息税前收益（EBIT）。

以下举例说明如何用“EBIT-EPS”分析法确定企业的最佳筹资结构。

【例4-14】某公司原有资本1 000万元，其中普通股400万股（面值1元），留存收益200万元，银行借款400万元，年利率10%。所得税税率40%。现准备扩大经营，增资600万元，筹资方案有三种：

A方案：全部发行普通股。增发400万股普通股，每股面值1元，发行价1.5元。

B方案：全部发行债券。发行600万元债券，年利率15%。

C方案：同时发行普通股与债券。增发200万股普通股，每股面值1元，发行价1.5元；发行债券300万元，年利率12%。

为确定哪种方案下普通股股东每股收益最大，从而为最佳筹资方案，按以下步骤计算：

（1）列出各方案的EPS计算式：

若采用A方案，该公司的资本结构变为普通股800万元，资本公积200万元，留存收益200万元，银行借款400万元。

$$EPS_A=\frac{(EBIT-400\times10\%)\times(1-40\%)}{800}=\frac{(EBIT-40)\times60\%}{800}$$

若采用B方案，该公司的资本结构变为普通股400万元，留存收益200万元，银行借款400万元，债券600万元。

$$EPS_B=\frac{(EBIT-400\times10\%-600\times15\%)\times(1-40\%)}{400}=\frac{(EBIT-130)\times60\%}{400}$$

若采用C方案，该公司的资本结构变为普通股600万元，资本公积100万元，留存收益200万元，银行借款400万元，债券300万元。

$$EPS_C=\frac{(EBIT-400\times10\%-300\times12\%)\times(1-40\%)}{600}=\frac{(EBIT-76)\times60\%}{600}$$

（2）计算每两个方案的筹资无差别点：

①令$EPS_A=EPS_B$，解得EBIT=220（万元），即A、B方案的筹资无差别点为220万元，

可计算出当EBIT为该点时，$EPS_A=EPS_B=0.135$元。

②令$EPS_A=EPS_C$，解得EBIT=184（万元），即A、C方案的筹资无差别点为184万元，可计算出当EBIT为该点时，$EPS_A=EPS_C=0.108$元。

③令$EPS_B=EPS_C$，解得EBIT=238（万元），即B、C方案的筹资无差别点为238万元，可计算出当EBIT为该点时，$EPS_B=EPS_C=0.162$元。

（3）确定最佳筹资方式。

将各方案EBIT与EPS的关系绘入坐标图，可以使我们清楚地看出企业在相应EBIT水平下应采取的筹资方式。根据以上数据作图，如图4-2所示：

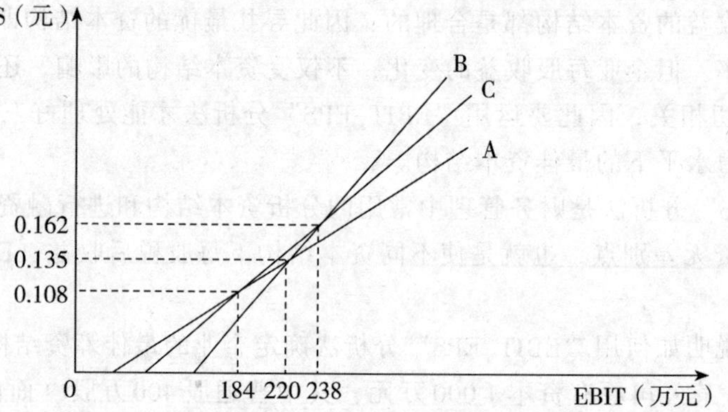

图4-2 EBIT与EPS的关系

从图4-2可以看出，当预计公司的息税前收益EBIT小于184万元时，应采用A方案筹资，股东的每股收益最大；当EBIT在184万元到238万元之间时，应采用C方案筹资；当EBIT大于238万元时，应采用B方案筹资。可见，息税前收益越大，负债比率高的筹资方案越对每股收益的提高有利。

按普通股每股收益最大的标准进行分析时，隐含了这样一个假定：股东只追求每股收益的最大，而忽视了高负债的风险因素，这是不符合事实的。因此，每股收益最大的标准不足之处在于忽略了高负债的风险会降低企业的价值，从而影响股东的长远收益。

3）公司总价值最大目标下的最优资本结构

以普通股每股收益（EPS）最大或资本成本最低为标准的资本结构决策各有其不足之处，分别用其决策，都不一定能达到真正的最优资本结构。以公司总价值最大为目标的资本结构决策，综合考虑了资本成本和风险因素，是较为综合的衡量标准。

企业的市场价值等于债务资本的总价值B和自有资本的总价值S之和，即V=S+B。为简化起见，设债务资本的市场价值等于其面值，自有资本（即普通股股票）的市场价值为：

$$S=\frac{(EBIT-I)(1-T)}{K_S} \tag{4.16}$$

式中：K_S为自有资本的成本，可用资本资产定价模型（CAPM）来计算，即：

$K_S=R_f+\beta(K_m-R_f)$

企业的综合资本成本可用以下公式计算：

$$K_W=K_b\cdot\frac{B}{V}(1-T)+K_S\cdot\frac{S}{V} \tag{4.17}$$

式中：K_W为企业的综合资本成本；K_b为债务资本的税前成本。

【例4-15】某公司现有的资本结构为100%的普通股，账面价值为1 000万元，息税前利润（EBIT）为400万元，假设无风险报酬率R_f为6%，市场证券组合的平均报酬率K_m为10%，所得税税率为40%，该公司准备通过发行债券调整其资本结构。已知其不同负债水平下的债务总额、债务资本成本率及β系数情况如表4-14中前三列数据所示，可根据以上公式计算出后四列数据。

表4-14 不同负债水平的K_S、S、V和K_W计算表

债务市场价值B（万元）	债务利息率K_b（%）	β系数	普通股成本K_S（%）	普通股市场价值S（万元）	公司总价值V（万元）	综合资本成本K_W（%）
0	0	1.5	12	2 000	2 000	12
200	8	1.6	12.4	1 858.1	2 058.1	11.66
800	10	2.1	14.4	1 333.3	2 133.3	11.25
1 000	12	2.3	15.2	1 105.3	2 105.3	11.4
1 200	15	2.5	16	825	2 025	11.85

可见，在没有债务的情况下，公司的总价值就是其原有股票的价值。当公司提高债务资本比重时，一开始公司总价值上升，综合资本成本下降。在债务上升到800万元时，公司总价值最高，综合资本成本最低。债务超过800万元后，公司总价值下降，综合资本成本上升。因此，800万元的负债是该公司的最优资本结构。

即测即评4.3

4.4 资本结构理论

资本结构是指企业各种长期资金筹集来源的构成和比例关系。短期资金的需要量是经常变化的，且在整个资金总量中所占比重不稳定，因此不列入资本结构管理范围，而作为营运资金管理。在通常情况下，企业的资本结构由长期债务资本和权益资本构成。资本结构指的就是长期债务资本和权益资本各占多大比例。西方资本结构理论是研究资本结构变动与股票市价及公司总体价值关系的理论。

公司总价值（V）由公司股东和公司债权人共享，普通股总市价（S）和债券总市价（B）构成公司总价值，即V=S+B。由于债权人对公司价值的求偿额是固定的，故S随V的变动而变动，即每股市价最大化取决于公司价值最大化。所以西方资本结构理论研究者往往将资本结构变动对普通股的影响归结到资本结构变动对公司总价值的影响上。

一般认为，1958年由莫迪格拉尼（Franco Modigliani）和米勒（Merton H.Millier）在其《资本成本、公司财务和投资理论》中提出的MM理论划分了早期的资本结构理论和现代资本结构理论。在20世纪50年代和60年代，西方资本结构理论还处于原始的、传统的阶段，被称为早期的资本结构理论。此后，由于数学模型被大量应用于财务管理研究，如马

科维兹（Morkowize）的证券组合理论（1952年）、夏普（Sharp）的资本资产定价模型（20世纪60年代初）与莫迪格拉尼、米勒的MM模型，都以数学模型为基础，极大地丰富了财务管理理论，也开辟了新的财务问题研究方法。MM理论的提出，使资本结构理论研究进入崭新的阶段。在这一理论的影响下，并在此基础上，出现了资本结构的权衡理论、不对称信息理论等。

4.4.1 早期的资本结构理论

1952年，美国的戴维·杜兰德（David Durand）把当时对资本结构的见解划分为三种：净收入理论、净经营收益理论和介于两者之间的传统理论。

1）净收入（the Method of Net Income，NI）理论

该理论假设债券成本和普通股成本不受负债比率的影响，无论负债程度多高，企业的债券成本（K_b）和普通股成本（K_S）都不会变化。因此，只要债务成本低于权益成本，则负债越高，企业的加权平均资本成本（K_0）就越低，企业的价值（V）就越大。所以，NI理论的基本观点是：负债可以降低企业的资本成本，负债程度越高，企业价值越大。当负债比例为100%时，企业加权资本成本最低，企业的价值达到最大。NI理论可用图4-3表示。

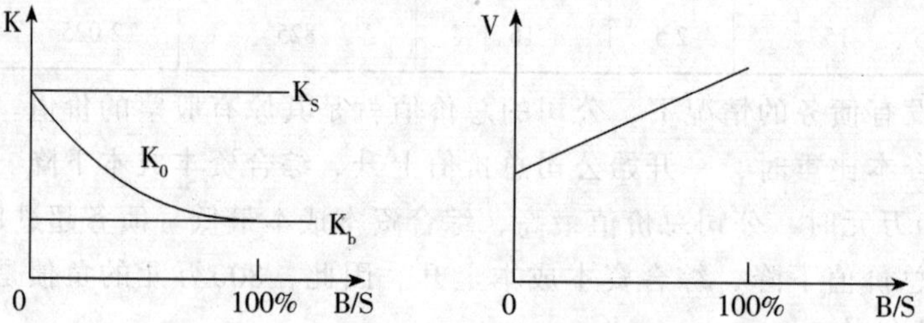

图4-3 NI理论的假设与结论图示

2）净经营收益（the Method of Net Operating Income，NOI）理论

NOI理论认为，不论财务杠杆如何变化，企业加权平均资本成本都是固定的，因而企业的总价值也是固定不变的。这是因为企业利用财务杠杆，加大负债比例时，债务成本本身不变，但由于加大了权益资本的风险，使权益资本成本上升，于是加权平均资本成本不会因负债比率的提高而降低，而是维持不变，企业的总价值也固定不变。根据NOI理论，不存在最佳资本结构，筹资决策无关紧要，所以NI理论与NOI理论是完全相反的两种理论。NOI理论如图4-4所示。

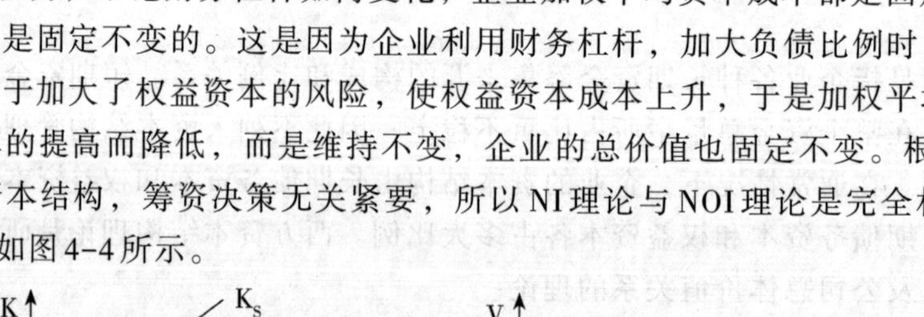

图4-4 NOI理论的假设与结论图示

3）传统理论

介于上述两种极端情形之间的一种资本结构理论被简称为传统理论。其基本观点是：

当负债比率在一定水平以下时，负债比率提高不会导致债券成本上升，虽然此时由于财务风险会使普通股成本率提高，但幅度不大。由于财务杠杆利益大于财务风险，故负债比率提高的结果是加权平均资本成本下降，而公司总价值提高。当负债比率超过一定水平之后，则会出现相反的情形，即负债比率的提高导致资本成本上升和公司总价值下降。因此，公司可选择最优负债比率，以实现K_0最低，V最大。传统理论如图4-5所示。

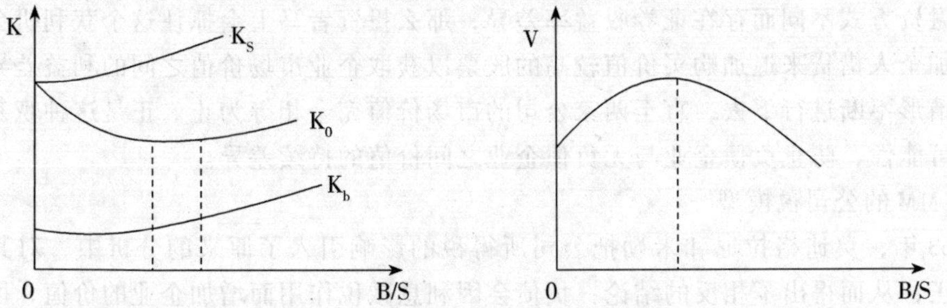

图4-5 传统理论的假设与结论图示

4.4.2 MM资本结构理论

它是1958年由美国著名的财务教授莫迪格拉尼和米勒提出的，简称MM理论。

1）MM的无税模型

MM理论的基本论点是在不课税情况下，公司总体价值大小与负债比率高低无关。导致这一结论的假设条件如下：

（1）资本市场是完美的，买卖证券没有交易成本；

（2）证券市场上有众多买卖方，单个投资者不能对证券价格产生较大影响；

（3）投资者个人和公司可以相同的市场利率借款，且借款利率不随负债比率增加而上升；

（4）所有投资者都可以无成本地得到所有相关信息；

（5）在同样条件下经营的企业有相同的经营风险；

（6）公司未来的经营利润额预测值固定，构成等额年金；

（7）投资者可按个人意愿进行套利活动而不受法律和有关制度的限制，即个人运用杠杆和公司运用杠杆完全可以替代。

（8）没有企业所得税与个人所得税。

根据上述假设，MM理论提出两个命题：

命题1：不管有无负债，任何企业的价值都等于其预期息税前盈利除以适用于其风险等级的报酬率。

$$V_L=V_U=\frac{EBIT}{K_0}$$

式中：下标L和U分别为有负债和无负债企业；K_0为企业的加权平均资本成本，也即投资者要求的报酬率。

命题2：有负债企业的权益成本率等于固定的加权平均资本成本加上风险补偿率，而风险补偿率的高低取决于财务杠杆程度（B/S）。有负债企业的权益成本会随着负债程度的上升而增加。

$$K_s=K_0+（K_0-K_b）（B/S）$$

以上两个命题结合起来，MM理论意味着，低成本举债带来的利益刚好被权益成本的上升所抵消，因此，有负债企业的加权平均资金成本等于无负债企业的权益成本。因此，其结论是在没有所得税且市场处于均衡状态下，企业资本结构不影响企业的价值和资本成本。

MM理论利用投资者的套利能力来支持其定理。根据其假定，如果两家风险相同的公司由于融资方式不同而存在证券收益率差异，那么投资者马上会抓住这个获利机会，可以通过增加个人借贷来追加购买价值较高的股票以获取企业市场价值之间的利益差异。这种套利的情形不断进行下去，直至两家公司的市场价值完全相等为止。正是这种恢复均衡的套利的可能性，防止负债企业与无负债企业之间价值的持续差异。

2）MM的公司税模型

1963年，莫迪格拉尼和米勒把公司所得税的影响引入了原来的分析中，对其理论进行了修正，从而得出了相反的结论：负债会因利息减税作用而增加企业的价值，因此，企业负债率越高越好。MM的公司税模型也对应有两个命题：

命题1：有负债企业的价值等于相同风险等级的无负债企业的价值加上负债的节税利益。负债的节税利益等于公司所得税税率（用T_C表示）乘以负债总额B。

$$V_L=V_U+T_CB$$

式中：V_L为有负债企业的价值；V_U为无负债企业的价值；B为有负债企业的负债额；T_C为公司所得税税率。

若此方程式被破坏，套利行为便会发生，迫使其平衡。

命题2：有负债企业的权益成本等于无负债企业的权益成本加上一笔风险报酬，而风险报酬的大小视负债程度与公司所得税而定。

$$K_S=K_0+(K_0-K_b)(1-T_C)\frac{B}{S}$$

在考虑公司所得税后，由于$1-T_C$小于1，权益成本仍随着负债程度的提高而上升，但上升的幅度低于不考虑所得税时上升的幅度。

以上两个命题结合起来得出的结论是：由于公司所得税的存在，使用负债的企业价值会比未使用负债的企业价值高，且负债程度越高，企业的加权平均资本成本越低，企业价值越高。

MM理论对该新结论的解释是，实践中按税法的规定，企业对负债筹资支付的利息可以计入成本而少缴纳公司所得税，而股息支出是税后支出，要缴纳公司所得税。

3）MM的公司税及个人所得税模型（米勒模型）

按照MM的公司税模型，企业似乎应完全使用负债来筹措所需资金，但这一结论与事实并不相符。米勒在1977年建立了一个既考虑公司所得税也考虑个人所得税的模型，得出的结论是：个人所得税的存在在某种程度上抵消了利息的减税利益，但在正常税率的情况下，负债的节税利益并不完全消失。在米勒模型中，由于考虑了股票收入的个人所得税（税率T_S），无负债企业的息税前盈余在扣除了公司所得税和个人股票收入所得税后的投资者的实际所得为：EBIT$(1-T_C)(1-T_S)$，因此无负债企业的市场价值为：

$$V_U=\frac{EBIT(1-T_C)(1-T_S)}{K_0}$$

如果企业进行负债融资，则它的市场价值为：

$$V_L=V_U+\left[1-\frac{(1-T_C)(1-T_S)}{(1-T_b)}\right]\cdot B$$

式中：T_C为公司所得税税率；T_S为投资者股票收入的所得税税率；T_b为投资者利息收入的所得税税率。公式推导过程略。

米勒模型的结果表明，MM理论的公司税模型高估了企业负债的好处，因为个人所得税在某种程度上抵消了企业利息支付的节税利益，但公司的价值仍可以因负债程度的提高而提高，其结论仍是100%负债时企业市场价值最大。

MM理论是建立在一系列的假设基础之上的，其假设及结论不符合实际情况，因为：

①MM理论忽略了交易成本，认为资金可以从股价高估的企业向股价低估的企业无成本转移。实际中，各类交易费用在一定程度上阻碍了套利交易的发生，不可能使价值高估企业和价值低估企业间的价值完全趋向均衡。

②MM理论假定企业负债和个人负债可以完全替代。实际中，企业和投资者的筹资成本不可能完全相同，这也阻碍了套利行为的发生。

4.4.3 权衡理论（发展的MM理论）

MM理论只考虑负债带来的纳税利益，却忽略了负债带来的风险和额外费用。权衡理论是在MM理论的基础上发展起来的，因此也称为发展的MM理论，它既考虑负债带来的纳税利益，也考虑负债带来的各种成本，并通过对两者进行适当平衡来确定资本结构，因此被称为权衡理论。

权衡理论考虑的负债带来的成本主要有：

1）财务危机成本

财务危机是指企业没有足够的偿债能力，不能及时偿还到期债务，影响正常生产经营，甚至导致破产。

财务危机成本包括以下各种情况下发生的费用或损失：（1）大量债务到期，企业不得不以高利率借款以清偿到期债务；（2）当企业客户或供应商意识到企业陷入财务危机时，会减少产品购买或材料供应，或不愿提供商业信用，使企业受到损失，甚至破产；（3）当企业出现严重财务危机时，管理人员往往出现短期行为，如推迟机器的大修，降低产品质量以节约成本等，此类短期行为会降低企业的市场价值；（4）当破产案件发生时，企业要承担法律费用、会计费用、破产管理费用及清算财产变现损失等。

财务危机发生时，企业产生的破产成本、额外费用和各种机会成本即财务危机成本。财务危机成本是由负债造成的，会降低企业价值。

2）代理成本

由于债权与股权的不同性质，债权人与股东之间存在着利益冲突。而管理者由股东任命，与股东之间存在委托代理关系。如果债权人对管理者不加限制，管理者就会利用债权人的钱为股东谋利而损害债权人的利益。如管理者可能改变投资决策，将债权人的资金投资于比预期风险高的项目。如果投资成功，股东作为剩余收益索取者是最大受益者，而债权人只能得到原定的利息回报，没有任何额外收益；如果投资失败，债权人要承受利息甚至本金的损失。

债权人为了保护自身的利益，通常在借款合同中加入一些限制性条款，对企业的各种行为进行监督，会发生额外的监督费用；另外，这些限制性条款在一定程度上约束了企业的经营活动，可能导致一些筹资机会或投资机会的丧失，产生机会成本。这些机会成本和监督费用即属于代理成本。代理成本的存在提高了负债成本，降低了企业价值。

权衡理论认为，企业的资本结构应权衡负债的节税利益与负债成本才能达到最优。在负债比率不高时，负债的财务危机成本和代理成本不明显，企业可以用负债的节税利益提高企业价值；随着负债比率的提高，负债的财务危机成本和代理成本都会明显增加，在负债的这两种成本之和大于负债的节税利益后，负债率的提高只会降低企业的价值。因此，最优资本结构就是使负债的财务危机成本和代理成本之和等于负债的节税利益时的负债比率，此时企业价值达到最大。权衡理论可以用图4-6表示。

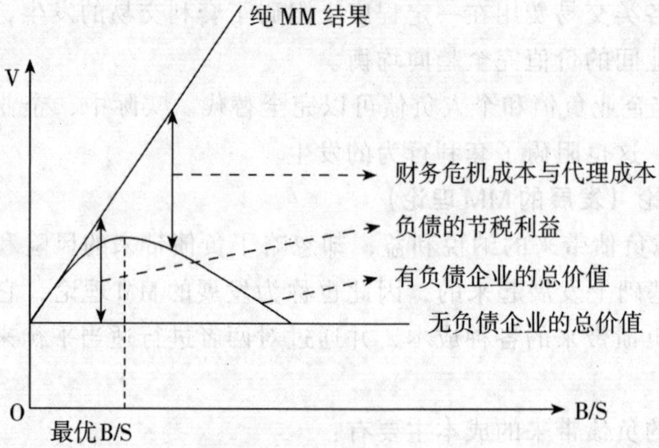

图4-6　权衡理论图示

4.4.4　信息不对称理论

美国的一些学者、教授在对企业的实际筹资顺序进行调查时发现，实际中当企业有新的投资机会，产生筹资需求时，一般会按以下顺序筹资：（1）首先利用内生现金流，即优先使用留存收益和折旧；（2）如果内生现金流不足，则出售持有的有价证券，当持有的有价证券不便出售或仍不足时，才考虑外部筹资；（3）外部筹资的顺序是先发行债券，再考虑发行股票。即一般的筹资顺序是留存收益—债券—股票。

上述发现不符合MM理论与权衡理论。按照权衡理论，企业筹资应按最优资本结构进行，缺什么补什么，而上述经验却给出了一个筹资顺序：先内后外，先债后股。美国经济学家罗斯（Ross）教授在《信息不对称、财务结构和金融中介》一文中，以及财务学家迈尔斯（Stewart Myers）和麦吉勒夫（Majluf）在《信息不对称时公司的筹资与投资决策》一文中，都分析了信息不对称因素对企业的融资决策与资本结构的重要影响，在此基础上产生了信息不对称资本结构理论，该理论认为企业的上述实际筹资顺序是由于信息不对称造成的。

权衡理论假定所有市场参与者都有相同的预期。而事实上，债权人、股东、管理者关于影响企业价值的信息是不对称的，管理者较一般投资者有更多的信息，因此，投资者只能通过管理者输出的信息间接评价企业发展前景与市场价值，而资产负债率或企业债务比率就是将企业内部信息传递给市场的工具之一。由于负债的成本较低及财务杠杆作用，一般认为，当企业发展前景比较好时，企业选择负债方式筹集资金，以增加每股收益，提高企业价值；当企业发展前景黯淡或投资项目风险大时，选择发行股票筹资，以避免可能发生的财务危机。由于信息不对称，管理者掌握的信息多，而投资者知道的信息少，当某家企业计划发行新股时，投资者根据上述的筹资方式与企业发展前景的关系，会认为企业未来前景黯淡才发行股票而不是债券。因此，发行股票会降低投资者对企业的预期与价值估计，导致股票市价的下跌，企业价值降低。因此，这种信息不对称的结果是鼓励企业管理人员在负债筹资与股票筹资之间总是先选择负债筹资。而负债筹资与内部筹资相比，又容易引起财务危机成本与代理成本的增加，因此利用留存收益筹资又优于负债筹资，于是造成了企业实际常用筹资顺序：留存收益—债券—股票。

即测即评4.4

专论

后资本结构理论——管理控制理论

资本结构管理控制理论从公司治理的角度研究了现代公司内部人控制对资本结构的影响。该理论认为，经营者实质上掌握了公司的控制权，因此公司的很多经营决策是出于经营者利益的考虑，而并非为了股东利益最大化。经营者的利益和权威来源于对公司的控制，根源是公司股权的过度分散。一般而言，经营者都有控制权偏好和进一步分散股权的动机。从经营者的角度，内部融资是最优的选择，因为这既不影响他的控制权，也可以借投资将前期收益转化为新项目投资，从而减少派发股利；在需要进行外部融资时，经营者也会偏好股权融资而非债权融资，避免新增债权的限制性约束。资本结构管理控制模型主要以Stulz模型（1998）、Harris-Raviv模型（1988）和Lsrael模型（1991）为代表。

后资本结构理论——产业组织理论

20世纪80年代中期，学者开始研究企业融资决策与产品市场经营决策的互动关系。Titman研究了产品或投入品特征与资本结构之间的关系，强调了负债率会影响公司与客户或供应商之间的关系。Brander和Lewis研究了公司的资本结构与产品市场上的竞争战略之间的互动关系，认为由于股票的期权性质，负债率的上升可能引致股东采取高风险的投资策略。Bolton和Scharfstein用掠夺性定价理论分析了企业的融资决策与产品市场竞争的关系，通过建立两期两企业模型证明了存在掠夺性定价的条件下，企业的最优负债水平为零。Maksimovic在给定产品市场上均衡类型——合谋或古诺竞争的条件下，分析了企业的融资决策对其市场价值的影响，以重复博弈模型分析了寡头垄断市场上企业的融资决策如何内生地决定企业在产品市场上的不同策略。

本章小结

•资本成本是公司为了筹集与使用资金而付出的代价，包括资金筹集费和资金使用费。

•资本成本概念包括个别资本成本、综合资本成本、边际资本成本。个别资本成本是指使用某种长期资金的成本，主要应用于比较各种筹资方式；综合资本成本也即加权平均资本成本主要用于资本结构决策；边际资本成本主要用于追加筹资决策。

•公司的风险可分为经营风险和财务风险，经营风险是指企业因经营上的原因导致的利润变动的风险，而财务风险是指由于负债存在导致的股东每股收益变化的风险。二者对公司的影响可以通过经营杠杆系数和财务杠杆系数予以计算。经营杠杆和财务杠杆的共同作用称为联合杠杆，可以通过联合杠杆系数计算其作用大小。

•资本结构是指各种长期资金来源占资本总额的比率，资本结构是企业融资决策中的重要内容之一。影响企业资本结构的因素众多，而确定最优资本结构就是综合考虑各种因素，确定使企业资本成本最低、每股收益最大或公司总体价值最大的适当的负债比率。以综合资本成本最低或股东每股收益最大为标准来衡量最优资本结构各有其不足之处，而公司市场价值最大化是较为综合、理想的标准。

•资本结构理论是关于资本结构对公司价值有无影响及如何影响的理论，不同的资本结构理论对公司的最佳资本结构有不同看法。本章主要介绍了早期的资本结构理论、MM资本结构理论、权衡理论和信息不对称理论。

主要概念和主要观念

□ 主要概念

资本成本　加权平均资本成本　边际资本成本　经营杠杆　财务杠杆　联合杠杆　财务风险　财务两平点　经营两平点　MM理论　权衡理论　信息不对称理论

□ 主要观念

1.资本成本的实质是机会成本。

2.资本成本归根结底是由投资风险决定的。

3.财务风险和经营风险越大，资本成本就越高。

4.杠杆对公司的影响有利有弊。

5.资本结构客观上存在最优组合，保持负债资本和自有资本的合适比例，形成最佳资本结构，能够增加企业价值。

基本训练

□ 知识应用

4.1 选择题

1.下列项目中，作为资本成本的有（　　）。

A.股利　　　　B.利息

C.债券发行手续费　　　　D.股票发行费

2.下列筹资方式中，一般来说资本成本最低的是（　　）。

A.发行股票　　B.抵押债券　　C.长期借款　　D.信用债券

3.资本成本最高但风险最低的筹资方式是（　　）。

A.发行股票　　B.发行债券　　C.长期借款　　D.融资租赁

4.财务风险的大小，可以用（　　）衡量。

A.经营杠杆系数　　　　B.财务杠杆系数

C.个别资本成本　　　　　　　　　D.综合资本成本

5.企业资本结构最佳时，你认为下列说法中正确的是（　　）。

A.企业价值最大　　　　　　　　　B.财务风险最低

C.债务比例最小　　　　　　　　　D.加权平均资本成本最低

4.2 思考题

1.资本成本的内涵是什么？

2.试述资本成本的分类和各自用途。

3.试述财务杠杆与财务风险的关系。

4.试述最优资本结构的衡量方法。

5.各种资本结构理论对确定最优资本结构有哪些影响？

□ 能力训练

4.1 计算题

1.某公司按面值发行5年期的债券500万元，票面利率为年利率的12%，发行费率为3%，该公司所得税税率为25%，计算其债券资本成本。

2.某公司向银行借款100万元，相称存款比率为20%，年利率为10%，所得税税率为25%，贷款期限20年，求借款资本成本。

3.某企业今年年初有一投资项目，需要资金5 000万元，通过以下方式筹资：发行债券1 200万元，利率为10%；长期借款800万元，利率为11%，要求相称存款比率为15%；普通股2 500万元，成本15%；留存收益500万元，成本14.5%。公司所得税税率为25%，计算其加权平均资本成本。

4.某公司原有资金5 000万元，其中普通股2 000万元（面值1元，2 000万股），留存收益1 000万元，银行借款2 000万元，年利率9%。现准备扩大经营规模，增资2 000万元，有以下两种筹资方案：

（1）全部发行普通股。增发1 000万股普通股，每股面值1元，发行价格2元。

（2）全部发行债券。发行2 000万元债券，年利率12%。

公司所得税税率为25%，问应选择哪种筹资方案？

5.某企业有A、B、C、D、E五个可供选择的投资项目，各自的投资额及投资报酬率见表4-15。

表4-15　**项目投资额及其报酬率**

项目	投资报酬率（%）	投资额（万元）
A	20.5	200
B	18	300
C	23	300
D	25	600
E	16	400

该企业采用银行借款和发行普通股两种方式筹资，两者比例分别为30%和70%。两

种筹资方式的边际资本成本见表4-16。

表4-16 资本成本数据表

筹资方式	筹资金额	资本成本率（%）
银行借款	0～150万元	12
	150万～300万元	14
	300万元以上	18
发行普通股	0～210万元	16
	210万～560万元	19
	560万～840万元	22
	840万元以上	25

根据上述资料作投资及筹资决策分析，确定可行的方案，并计算该方案的投资总收益和筹资总成本。

6. 某股份公司资金总额为8 000万元，其中债券3 000万元，年利率为12%；优先股1 000万元，年股利率为15%；普通股800万股。公司所得税税率为40%，今年的息税前收益（EBIT）为1 500万元，请计算：

（1）财务杠杆系数；

（2）普通股每股收益；

（3）财务两平点；

（4）当EBIT增加10%时，每股收益应增加多少？

7. 某公司现有长期资金200万元，其中债务资本80万元，权益资本120万元。已知该结构为公司最佳资本结构。公司准备追加筹资50万元，并维持目前资本结构。随着筹资额的增加，各种资本成本变化如下：发行债券筹资，若追加筹资额在30万元及30万元以下，其资本成本为8%，超过30万元，其资本成本为9%；发行普通股筹资，若追加筹资额在60万元及60万元以下，其资本成本为15%，超过60万元，其资本成本为16%。计算各筹资突破点以及相应的各筹资范围的边际资本成本。

4.2 案例分析

学海公司的筹资方案

学海公司成立于2021年年初，主营办公用具，注册资本1 000万元，由赵毅、钱迩、孙参、李斯四位股东各出资250万元，各占250万股。在公司经营中，赵毅主管销售，钱迩主管财务，孙参主管生产和技术，李斯主管人事和日常事务。经过3年的经营，到2023年年末，公司留存收益为600万元，权益金额增加到1 600万元。公司产品打开了销路，有很好的市场预期，于是决定筹集资金，扩大经营规模。2024年元旦，4人召开会议，讨论筹资事宜。

赵毅汇报了销售预测情况，认为：如果扩大经营规模，2024年办公用具的销售收入将达到1 000万元，以后每年还将以10%的速度增长。孙参提出，扩大经营规模需要增加一条生产线。增加生产线后，变动成本占销售收入的比率不变，仍然保持为50%，每年经营的固定成本将由70万元增加为100万元。李斯提出，扩大生产后需要增加工人和销售人员。4人根据上述情况，简单测算出公司大约需要增加资金400万元。

赵毅提议四人各增资100万元，出资比例保持不变。孙参和李斯表示出资有困难，建议引进新股东，新股东出资400万元（占250万股），权益总额变为2 000万元，5人各占1/5的权益份额。钱迩提出可以考虑向银行借款，目前借款年利率大约为9%。赵毅和孙参认为借款有风险，而且需要向银行支付利息，从而损失一部分收益。

假如你是钱迩，你决定说服赵毅、孙参和李斯通过银行借款来筹集资金。

要求：

（1）说明财务杠杆道理，解释财务杠杆利益与财务杠杆风险。

（2）如果公司采纳了借款方案，利用相关预测数据测算公司2024年的财务杠杆系数。

（3）解释资本结构的概念，说明合理的资本结构的重要性。

（4）根据对公司扩大经营规模后2024年相关数据的预测，测算引进新股东和向银行借款两种筹资方式下平均每个股东所能获得的净收益，以此判断哪种筹资方式更优。

（5）试计算两种筹资方式下的每股税后收益无差别点，进一步解释在预测情况下两种筹资方式的优劣。

4.3 调研实践

1.利用互联网了解我国上市公司关于资金募集信息的披露渠道和内容，即按照中国证监会的要求，上市公司发行股票和债券时要在哪些指定媒体披露信息，披露何种信息。然后利用上市公司的公开信息，如临时公告、会计报表和报表附注等，尝试收集你感兴趣的一家上市公司的财务信息。

2.单元实践：

实践目的：主要围绕筹资方式、资本成本的计算模型、加权平均资本的计算方法、筹资风险和最佳资本结构等进行实践。

实践内容：筹资方式、筹资成本的计算模型、加权平均资本成本、筹资风险、财务杠杆、资本结构、最佳资本结构和公司价值等内容。

实践材料：利用互联网，在上市公司指定的信息披露网站上，收集某一家公司筹资的相关数据，主要包括募集资金前后的股东权益金额、债权人权益金额、息税前收益、税率、支付的股利、利息。

实践程序：（1）温习资本成本和资本结构理论，掌握相关观念和计算规则。（2）进行互联网调研（如巨潮咨询网等），收集某一行业至少两家上市公司，或是不同行业两家公司的财务数据。（3）应用所学知识计算它们的加权平均资本成本、分析其财务杠杆、财务风险和资本结构。（4）找出一家最近时期增发股票或是发行债券的上市公司，收集相关财务数据。（5）分析其在融资前后的加权平均资本成本、财务风险、财务杠杆、资本结构以及公司价值的变化。

□ 政策思考

2015年12月中央经济工作会议以来，以习近平同志为核心的党中央高瞻远瞩，统揽全局，针对当前经济新常态提出供给侧结构性改革的新战略，并从我国经济发展的阶段性特征出发，形成了“三去一降一补”这一具有重大指导性、前瞻性、针对性的经济工作部署。其中“去杠杆”是供给侧结构性改革的重要组成部分。2020年8月20日，住房和城乡建设部、中国人民银行在北京召开重点房地产企业座谈会，会议上明确了重点房地产企业资金监测和融资管理规则，监管部门为房地产企业财务指标划定“三道红线”，严格落实“房住不炒”。所谓“三道红线”，是指房地产企业剔除预收款后的资产负债率不得大于70%，净负债率不得大于100%，现金及现金等价物与短期债务的比例不得小于1倍。根据踩线情况，房地产企业被分为“红、橙、黄、绿”四档。融资“三道红线”自2021年1月1日起全行业全面推行。按照监管要求，从2021年1月1日起，房地产企业正式进入降杠杆测试期。截至2023年6月底，12家试点房地产企业的“三道红线”指标必须全部达标；截至2023年年底，所有房企实现达标。

请查阅相关材料并思考：为何要“去杠杆”？应当如何“去杠杆”？

第5章 股利理论与股利政策

学习目标

知识传授：掌握不同股利政策的优缺点；掌握股票股利和股票分割的概念以及二者之间的异同。

能力培养：掌握股利政策的种类，掌握股利的支付程序和方法；理解股利理论对股利政策的影响；理解影响公司选择股利政策的因素。

价值塑造：深刻理解企业的本质不仅在于追求经济利益，而且在于承担社会责任；通过了解企业利润分配和股利政策相关法规，树立整体规划和协调思维，认识到法律对各利益相关方的保护，增强法治意识，强调合规行为与公平正义的联系。

思维导图5

视频导学5

引例：股权登记日与除息日之分

小王持有1 000股中国平安（股票代码：601318）。中国平安保险（集团）股份有限公司从2010年到2022年的净利润增长率分别为24.69%、12.50%、2.95%、40.42%、39.51%、35.99%、11.03%、38.15%、20.48%、36.46%、-3.04%、-23.57%、-11.80%，公司发展势头良好，历年来均以现金形式向股东发放股利。2023年6月7日，中国平安公布分配预案，即以公司A股总股本10 832 664 498股为基数，每股派发现金红利人民币1.50元（含税），该公司此次仅进行现金红利分配，无送股和转增分配。查阅相关公告可知，2023年6月13日是中国平安股利支付的股权登记日，在这一天仍持有该公司股票的股东有权享有此次分红；6月14日是股权除权除息日，在该日公司股票价格已不含股利。小王发现，他持有的中国平安股价有所下降，股票收盘价从13日的49.63元变成14日的48.05元，跌幅为0.21%，波动不大，这也属于市场机制的正常反应。

该案例告诉我们，公司股利政策受公司发展状况的影响，并且可能影响公司价值，股利支付遵循一定的程序。

5.1 股利理论

股利是指股份有限公司发给股东的投资报酬。股利理论主要研究两个问题：一是股利的支付是否能影响股东财富；二是如果有影响的话，股利的支付是如何影响股东财富的。在这两个问题上，存在着不同的观点，形成不同的股利理论。

5.1.1　股利无关论

该理论始于20世纪60年代初，系由莫迪格拉尼和米勒首先倡导，故该理论又被称为MM理论。该理论认为企业作出投资决策后，股利支付率的多少即股利政策对企业价值及股东财富并不产生影响，条件是在完美资本市场中，即无税收、无交易成本且无其他市场不完善性的情况下。MM理论认为：(1) 公司的股票市价是公司价值的反映，而公司的价值取决于其所拥有的资产及其盈利能力。(2) 在公司的政策取向上，投资政策为主导，因为它是形成资产获利能力的基础。股利政策为次要，其实是服从于投资政策的一种筹资策略而已。(3) 股东的财富由分得的股利和股价升值而形成的资本利得两部分组成。股利的分派将导致公司增长的减退，进而引起股价的下跌。因此，股东从分派股利中得到的好处正好被股价下降而导致的损失所抵消，股利分派不影响股东财富的数量。(4) 对具有理性的投资者来说，在股利和资本利得的选择上并不存在净偏好。

此外，我们可以用经济学界早期提出的一个关于股利理论的模式——沃尔特公式来说明股利政策完全由投资机会的收益率来确定。该公式如下：

$$P=\frac{D+\frac{\gamma}{\rho}(E-D)}{\rho} \tag{5.1}$$

式中：P为普通股每股市价；D为每股股利；E为每股收益；γ为投资收益率；ρ为资本市场平均利润。

因为普通股价格=每股收益/资本市场平均利率，如果从收益E中发放现金股利D，则留存收益为（E-D），留存收益再投资资本化为$\frac{(E-D)\gamma}{\rho}$，再加上现金股利D，就得到上述每股收益资本化的沃尔特公式。

【例5-1】假设E=4元，D=1元，γ=12%，ρ=10%，普通股每股市价为：

$$P=\frac{1+\frac{12\%}{10\%}\times(4-1)}{10\%}=46\text{（元）}$$

持续改变D的金额，计算出普通股每股市价的最高金额，为最佳股利支付额。按照沃尔特公式的含义，如果γ高于ρ，最佳股利支付率为零。如例5-1，若股利支付率为零，则：

$$P=\frac{0+\frac{12\%}{10\%}\times(4-0)}{10\%}=48\text{（元）}$$

如果γ低于ρ，最佳股利支付率为100%。

【例5-2】假设γ=8%，ρ=10%，如果这时仍有E=4元，D=1元，则：

$$P=\frac{1+\frac{8\%}{10\%}\times(4-1)}{10\%}=34\text{（元）}$$

如果股利支付率为100%，即D=4，则：

$$P=\frac{4+\frac{8\%}{10\%}\times(4-4)}{10\%}=40\text{（元）}$$

如果$\gamma=\rho$，每股市价对股利支付率的反应则不灵敏。

与“股利无关”相对应的股利政策理论是“剩余股利政策”（Residual Dividend

Policy）理论。其认为，投资者（股东）只是追求自身财富的最大化，至于财富以现金支付或是表现为资本利得并不重要，即实质重于形式。因此，对股东来说，如果公司把留存收益用于再投资所得到的报酬率能大于同等风险条件下的投资报酬率，则其就宁愿让公司把留存收益用于再投资，而不是用来发放股利。只有当有利的投资机会用完后，留存收益尚有剩余时，股东们才要求公司支付现金股利。显然，在“股利不重要”理论和“剩余股利政策”理论的思想指导下，股利支付是可有可无的，对公司及股东没有实质性影响。与此相应，公司取得的利润首先用于再投资，若出现剩余时方可发放股利。因此，股利政策的确定完全取决于投资机会的多少及其对资金的需求，股利政策是一种被动性的政策。

5.1.2 股利相关论

总的来说，该理论认为：股利支付不是可有可无的，而是非常必要的，并且具有策略性。因为股利支付政策的选择对股票市价、公司的资本结构以及股东财富的实现等都有重要影响，股利政策与公司价值是密切相关的，所以，股利政策不是被动性的，而是一种主动的理财计划与策略。但该政策在解释分派股利的正确性时，由于关注点不同，又形成了不同的理论分支。

1）不确定感消除论（“一鸟在手论”）

未来的一个最基本特征是不能完全地认识它，因此，大多数的经济决策是在具有不确定性的条件下作出的。不确定性的存在也就意味着风险的存在。人们对待风险的态度，总的来说是反感的，即不愿意担负风险，当在确定性收入和期望值相同的风险收入之间进行选择时，投资者更偏好前者。而在股东的投资报酬中，股利和资本利得的风险等级是不同的。通常是，前者高，后者低，因为股利支付可以减少投资报酬中的不确定性和风险。这种不确定性的减少或消亡，使得人们在投资报酬形式的选择上偏好前者。

在实际股票市场中的股利政策正如Graham和Dold所说：“股票市场经过深思熟虑后的一贯意见是，压倒性多数地赞成分派股利的政策。”而Gordon更是形象地认为，未来的资本利得就像林中的鸟一样不一定能抓得到，眼中的股利则犹如手中的鸟一样飞不掉，“二鸟在林，不如一鸟在手”。正因如此，该理论又被称为“一鸟在手”理论。

2）信号传递理论

该理论得以成立的基础是，信息在各个市场参与者之间的分布概率不相同，即信息不对称。一般而言，经理人员作为“局内人”，所掌握的有关公司未来收益变化的信息量大大地超过了公众包括股东所拥有的信息量。这种信息分布不均衡状态使得经理人员与其他外部人士之间有着潜在的利益冲突，并可能导致二者之间的对立关系。这时，为了消除（至少是部分地消除）经理人员与其他外部人士之间的可能冲突，就需要建立一种信息传递机制，以调节信息的不均衡状况，而股利政策恰好具有这种信息传递机制的功能与作用。因为股利政策的定位与变动，反映经理人员对公司未来发展方向的认识，投资者可据此作出自己的恰当判断，并调整对企业收益状况的判断和对公司价值的期望值。如果某公司的股票支付率一直很稳定，而现在却有所变动，那么投资者会把这种现象看作公司管理层将改变企业未来收益率的信号。股利提高表明公司创造未来现金的能力增强，该企业的股票会受到投资者的青睐；反之，则可能意味着公司经营出了麻烦，投资者会抛出这种股票。

3）代理成本理论

该理论认为，股东和经理人之间存在代理问题，股东对经理人的监督和激励支出则为代理成本，而公司股利支付能降低代理成本。Jensen（1986）提出现金股利的自由现金流量假说，他认为存在大量自由现金流量的公司为经理人浪费公司资源提供了机会，因此倾向于接受负净现值（NPV）的过度投资项目。此时，一定的现金股利分配由于降低了经营者可支配的自由现金流，从而削弱了其过度投资的能力，提升了公司价值。根据股利的代理成本理论，一定的现金股利支付会减少经理人浪费公司资源的机会，降低代理成本，因此投资者对上市公司现金股利公告的反应也是正面的，也说明股利政策与企业价值是相关的。

4）所得税差异理论

在许多国家的税法中，长期资本利得所得税税率要低于普通所得税税率。因为股利税率比资本利得的税率高，投资者自然喜欢公司少支付股利而将较多的收益保留下来用于再投资，以期提高股票价格，把股利转化为资本利得。即使资本利得与股利收入的税率相同，由于股利所得税在股利发放时征收，而资本利得在股票出售时征收，对股东来说，资本利得也有推迟纳税的效果。同时，为了获得较高的预期资本利得，投资者将愿意接受较低的股票必要报酬率。根据这种理论，股利决策与企业价值也是相关的，而只有采取低股利和推迟股利支付的政策，才有可能使公司的价值达到最大。

股利相关论的几种观点都只是从某一角度来解释股利政策和股价的相关性，不足之处在于没有同时考虑多种因素影响。在不完全资本市场上，公司股利政策效应要受许多因素的影响，如所得税负担、筹资成本、市场效率、公司本身因素等。因此，作为科学合理的股利理论，应当将这些因素都考虑进去，而不仅仅是从某一角度来解释。

即测即评 5.1

5.2 股利政策

5.2.1 股利政策的设计与选择

股利政策的设计需要以前述两种股利理论为指导，在思想上既不可贬斥股利政策，也不应人为地夸大股利政策的作用，影响公司的整体发展。为了实务运用中的方便，根据每股股利（DPS）的性态及其变动趋势，可将公司的股利政策设计成如下四种基本类型，以资选用。

1）剩余型股利政策

该政策是以MM理论及“剩余股利政策”理论为基础的。其应用过程是：（1）确认可以利用的投资机会；（2）确定投资所运用的资金换算；（3）根据公司目标资本结构确定所需权益资本；（4）尽可能地使用留存收益来供应投资所需的权益资本；（5）留存收益在满足投资需要的权益资本后尚有剩余时，则分派现金股利。剩余型股利政策的特点是，留存收益优先满足再投资的需要，这有助于降低再投资的资本成本，实现利益的长期性和最大化。但是，其缺点是，股利的支付与否及支付比率完全要根据投资机会的多少及其对资金的需求量来决定，并由此导致股利支付的经常性变动。例如，某年份可能因投资项目多或其资金需求量大而不发放股利，另一年份又可能因相反的原因而发放巨额的股利。因此，只有在投资者能接受这种股利变化无常的情况下，剩余型股利政策才是最合适的股利政策。

【例5-3】某公司提取公积金后的税后净利为600万元，下一年投资计划所需资金为800万元，公司的目标资本结构为权益资本占60%，债务资本占40%，那么所需权益资本数额为800×60%=480（万元），则公司的600万元税后利润除满足投资所需480万元权益资本外还有120万元剩余可用来发放股利。假设公司当年流通在外的只有普通股100万股，那么每股股利即为120÷100=1.2（元/股）。

2）固定型股利政策

固定型股利政策有两种应用形式：一是固定股利的发放比率，如规定股利支付率为每股盈余（EPS）的某一百分比；二是固定每股股利，即DPS的金额。在第一种形式下，股利与公司盈余紧密配合，体现了多盈多分、少盈少分、不盈不分的原则；但缺点是各年股利额随公司经营的好坏而上下波动，易造成公司不稳定的感觉，不易于稳定股票价格。在第二种形式下，公司一旦设定其年度的DPS金额后，就会一直维持此股利水平。而只有在其未来的留存收益足够长期维持新的股利水平时，才会提高DPS的金额。因此，在最初设定股利水平时，既不可太高，也不能太低。太高无法达到，太低则缺乏吸引力。这种政策的优点是投资者可较为准确地预知投资报酬中的每股股利的金额，其缺点是股利支付不能随留存收益的变化而变化，使股利政策失去了应有的弹性。

3）稳定增长型股利政策

该种政策的含义是，公司为股利增长设定一个比率（如6%），以后每年的股利均按此增长率向上调升，即使每股盈余（EPS）下降时也是如此。

这种股利支付策略有如下优点：（1）从股利的信息含量来说，稳定增长型股利政策向投资者传递了这样一个信号，即经理人员对公司的未来充满了自信，这有助于稳定投资者的心态，促使公司股票市价上涨；（2）对那些依靠股利收入生活的投资者来说，该政策可以满足其不断上涨的生活所需资金；（3）避免股利支付的大幅度、无序性波动，有助于预测现金流出量，便于理财和管理。

但是，这种只升不降的股利政策会给公司的财务运行带来压力，因此，很难长期采用该政策。目前，在西方国家，有些公司为应付股利增长带来的压力，建立了所谓的“股利平衡准备金”制度，以保证在留存收益下降的年份也有能力维持股利支付的增长率。

4）低经常性股利加额外支付型股利政策

在该种股利政策下，公司事先设定一个相当低的经常性股利金额，该金额能保证即使在公司的利润很低时也有能力分派股利。然后，在相当长时间内，公司都按此金额支付股利，只有当累积的盈余和资金相当多时，才额外地（金额通常较大）发放股利。这种股利政策既吸收了固定型股利政策的优点，又摒弃了其不足，使公司在股利发放上留有余地和保持弹性。因此，若某公司的盈余和现金流量经常变动，不易准确预测，则此种政策不失为最佳选择。在美国，通用汽车公司长期以来即采用这种股利政策。

对于上述四种股利政策，公司在选用时要综合考虑很多因素的影响。

5.2.2 影响股利政策的因素

前面我们介绍了有关股利政策影响公司价值的几种理论及实际实施的四种股利政策，公司可以根据自己对这些理论的看法及影响股利政策的因素，选择某一股利政策。影响股利政策的因素有：

1）法律因素

为了维护与公司股利分配有关各方经济利益，各国法律对公司的股利分配顺序、分配比例、资本保全、留存收益限额等方面都有所规范，公司必须在法律许可的范围内进行股利分配。这些法律上的约束通常有：

（1）资本保全。各国法律都要求公司在支付股利时要保全资本，即规定公司不能用资本（包括股本和资本公积）发放股利。

（2）公司积累。一些国家法律规定公司必须按净利润的一定比例提取公积金。

（3）净利润。各国法律都规定，公司的利润必须在弥补全部亏损之后才可发放股利。《中华人民共和国公司法》（以下简称《公司法》）也有规定。这种规定往往是为了鼓励公司积累资本。但由于各国一般对资本利得征税较低，有些公司通过积累利润，使股价上涨，从而帮助股东避税，因而有些国家又规定不得超额累积利润，对不合理的留存收益征收惩罚性税收。但是我国法律对公司累积利润只是规定“公司法定公积金累计额为公司注册资本的50%以上的，可以不再提取”，并未对超额留存收益作出限制和征税。

2）债务的合同因素

公司对外借债时，要签订债务合同，尤其是长期债务。债权人为防止股东、公司管理层滥用权力，保护自身利益，往往在合同中加入一些限制性条款，如限制最高股利数额，限制流动比率、速动比率、利息保障倍数等财务指标的最低数额，限制营运资金的最低数额等。这些限制都可能使公司的股利政策受到影响。

3）股东因素

公司在制定股利政策时不能不考虑股东的要求，股东从自身需要出发，对公司的股利分配会产生一些影响。

（1）稳定的收入和避税。一方面，一些依靠股利维持生活的股东，往往要求公司支付稳定的股利；若公司留存较多的利润，将受到这部分股东的反对。另一方面，一些高股利收入的股东又出于避税的考虑，往往反对公司发放较多股利。

（2）控制权的稀释。公司发放较多的股利，就会导致留存收益减少，如果公司有好的投资机会，势必要增发新股，从而导致原有股东控制权的稀释。因此，股东为了维持他们在公司的控制权，宁愿不分配股利。

4）公司因素

公司内部的因素主要包括：

（1）盈利的稳定性。盈利是公司支付股利的前提。盈利稳定的公司在选择股利政策时比较灵活，而盈利不稳定的公司一般只能采取低股利政策，以减少股价大幅波动的风险。

（2）资产流动性。资产的流动性也就是指资产的变现能力。较多地支付现金股利，会减少公司的现金持有量，使资产的流动性降低，从而使偿债能力降低。因此，资产流动性强、现金充足的公司，现金股利支付可多些；反之，现金股利支付会因公司必须保持一定的资产流动性而受到限制。

（3）举债能力。支付现金股利后，公司的举债能力会下降，严重的可能会导致破产。因此，举债能力弱的公司应少支付股利。

（4）投资机会。拥有良好投资机会的公司，往往将利润的大部分用于投资，从而减少了股利的支付额。高速成长中的公司多采用低股利政策，发展速度减缓、缺乏良好投资机会的公司则采取高股利政策。

（5）资本成本。留存收益的资本成本比发行股票低，且不会增加公司财务危机成本。因此，为了使公司资本成本最低、价值最大，当公司需要扩大资金规模时，应当采取低股利政策。

（6）偿债需要。公司如果有债务到期，既可通过借新债、发行新股筹集资金还债，也可直接用留存收益还债。当外部筹资有困难或资本成本较高时，就只能依靠留存收益，这时股利支付将会减少。

股利政策除了受法律、债务合同、公司等因素影响外，还受宏观经济环境的影响。如在通货膨胀情况下，大多数公司的利润会随之提高。股东也希望公司提供足够的股利以抵消通货膨胀的不利影响。但通货膨胀也会造成公司用提取的折旧进行固定资产重置更新的压力加大。因此，公司应权衡通货膨胀给公司带来的影响，选择适当的股利政策。

即测即评 5.2

5.3 企业利润分配顺序

支付股利属于利润分配的内容，选择股利政策还必须了解企业利润分配的一般顺序。按照我国《公司法》与《中华人民共和国企业所得税法》的规定，企业缴纳所得税后的利润，除国家另有规定外，应按以下顺序分配：

（1）弥补企业以前年度亏损。企业发生的年度亏损，可以用下一年度的税前利润弥补，下一年度不足弥补的，可以在5年内弥补。5年内不足弥补的，用税后利润弥补。

（2）提取法定盈余公积金。法定盈余公积金按照税后利润扣除弥补企业以前年度亏损后的10%提取。法定盈余公积金已达注册资本的50%时可不再提取。法定盈余公积金用于弥补企业亏损，扩大企业生产经营或转增企业资本金。但转增资本金后，企业的法定盈余公积金一般不得低于注册资本的25%。

（3）向投资者分配利润。企业弥补亏损和提取法定盈余公积金后所余利润，才是可供分配给投资者的利润。企业利润按照股东的出资比例或按照股东持有的股份比例分配。企业向投资者分配多少利润，取决于企业的利润分配政策，企业应根据法律规定、股东要求以及企业经营需要等因素加以确定。对股份有限公司，应按照支付优先股股利、提取任意盈余公积金、支付普通股股利的顺序进行分配。

即测即评 5.3

5.4 股利支付程序与方式

5.4.1 股利支付程序

股份有限公司向股东支付股利的过程中，要经历以下几个重要日期：

（1）股利宣告日，即公司董事会将股利分配方案予以公告的日期。公司的股利分配一般由董事会提出预案，经股东大会讨论通过后登报正式对外公告。公告中将宣布每股支付的股利、股权登记日、除息日、股利支付日。

（2）股权登记日，即有权领取本次股利的股东资格登记截止日期。只有股权登记日在公司股东名册上记载的股东，才有权分享本次股利。

（3）除息日，即除去股利的日期。在除息日当天或以后购买股票者将无权领取最近一次股利。证券交易所一般规定股权登记日的次日为除息日。如果一个新股东想取得最近一次股利，必须在除息日之前购买股票。

（4）股利支付日，即将股利正式发放给股东的日期。

5.4.2 股利支付方式

1）股利支付形式

股利支付形式主要有：

（1）现金股利，即以现金支付的股利，它是股利支付的主要方式。公司支付现金股利除了要有累计盈余（特殊情况下可用弥补亏损后的盈余公积金支付）外，还要有足够的现金，因此公司在支付现金股利前要筹备足够的现金。

（2）股票股利，即以发放的股票作为股利的支付方式。公司支付股票股利，不会发生现金流出，不会减少公司股东权益的账面价值，但会导致股东权益各项目结构的变化。

（3）财产股利，即以现金以外的资产支付的股利。这主要是以公司所拥有的其他企业的有价证券（如债券、股票）作为股利支付给股东。

（4）负债股利，即公司以负债作为股利支付给股东。通常以公司的应付票据支付给股东，仅在不得已的情况下发行公司债券支付股利。

财产股利与负债股利实际上是现金股利的替代。这两种股利方式目前在我国公司实务中很少使用。

2）股票股利

股票股利，也叫股份股利，是将股利以公司股份的形式分发给股东，以代替现金股利的支付。

发放股票股利（或称送股）是我国上市公司最常见的股利支付方式，公司将其未分配利润以股份形式分配给股东，不涉及资产的流出或负债的增加，因此公司的所有者权益总额不变，但所有者权益的内部构成发生变化，股本（含资本公积）和未分配利润（即留存收益）以同样的金额增减；同时，公司的总股数增加，普通股的每股账面价值与每股收益减少。

此外，我国部分上市公司在进行利润分配的同时还伴随着转增股本。转增股本是将资本公积转为股本，对企业而言属于所有者权益类项目内部的调整，对股东而言可以按照其所持有股份的比例获得相应的转增股份。从股东持有的股份数量上看，公司发放股票股利与资本公积转增股本都会使股东产生相同的股份增持效果，但并未增加股东持有股份的价值。

【例5-4】某公司原以每股5元的价格发行了10万股普通股，每股面值1元，本年盈余为22万元，资本公积余额为50万元，未分配利润余额为140万元。若公司宣布发放10%股票股利（10送1），即发放1万股普通股，当时每股市价为10元，则从“未分配利润”中转出的资金为10万元。股票股利对公司股东权益构成、每股账面价值、每股收益的影响见表5-1。

表5-1　**发放股票股利前后每股账面价值及每股收益计算表**

所有者权益项目	发放股票股利前	发放股票股利后
普通股股数（万股）	10	11
普通股（万元）	10	11
资本公积（万元）	50	59
未分配利润（万元）	140	130
所有者权益合计（万元）	200	200
每股账面价值	200万元÷10万股=20元/股	200万元÷11万股=18.18元/股
每股收益	22万元÷10万股=2.2元/股	22万元÷11万股=2元/股

对某一股东来说，其所持股份数增长10%，但公司总股数也增加10%，其股份占公司总股份的比例不变，因此其股份所代表的账面价值也不变，即其股东财富没有发生变化。但如果公司在发放股票股利后又发放现金股利，则股东因股数增加可得到更多现金，若股票市价在发放股票股利后没有成比例下降，则股东的总股票市价上升。另外，股东在需要现金时可以出售股票股利，在资本利得税税率低于得到现金股利要交的所得税税率的国家，股东还可以获得纳税上的好处。

采用股票股利的股利支付形式，对公司来说，使股东分享公司盈余而无须支付现金，可以节约大量现金支出用于再投资项目，有利于公司长期发展；可以降低每股股价，吸引更多的投资者；可以向市场传递公司有较好投资机会与发展前景的信息，提高投资者信心，起到稳定股价的作用。但发放股票股利的手续复杂，费用较大，会增加公司负担，并且有些投资者认为发放股票股利是公司资金周转困难的信号，向市场传递的是不利信息，从而降低投资者信心，使股价加速下跌。

3）股票分割

股票分割，又称股票拆分，是指将面额较高的股票分割成面额较低的股票的行为。如将原来的每股股票分割成两股，则每股的面额缩小为原来的1/2，但股本总额不变。对于公司来讲，实行股票分割的主要目的在于通过增加股份数量稀释每股市价，从而吸引更多的投资者，增加交易流动性。股票分割不属于某种股利方式，但其产生的效果与发放股票股利近似。在股票分割后，发行在外的股数增加，每股面额降低，每股股份所代表的账面价值降低，每股收益下降，但公司资本结构不变，股东权益总额及其各项目的金额、比例不会发生变化。这与发放股票股利既有相同之处，又有不同之处。例5-4中，若将股票面额一分为二，则所有者权益项目的变化见表5-2。

表5-2　**股票分割前后每股账面价值及每股收益计算表**

所有者权益项目	股票分割前	股票分割后
普通股股数（万股）	10（每股面额1元）	20（每股面额0.5元）
普通股（万元）	10	10
资本公积（万元）	50	50
未分配利润（万元）	140	140
所有者权益合计（万元）	200	200
每股账面价值	200万元÷10万股=20元/股	200万元÷20万股=10元/股
每股收益	22万元÷10万股=2.2元/股	22万元÷20万股=1.1元/股

比较表5-1、表5-2可见，股票分割与发放股票股利的相同之处在于两者都使发行在外的股数增加，从而使每股收益下降，每股股份所代表的账面价值下降，但股东权益总额不变。不同之处在于股票分割不会改变股东权益各项目的金额，只是降低了每股股票的面额；而股票股利不改变每股股票面额，但会改变股东权益各项目的金额与比例。

从实践效果看，由于股票分割与股票股利非常接近，所以一般要根据证券监管部门的具体规定对二者加以区分。如有的国家证券交易所规定，发放25%以上的股票股利即属于股票分割。

即测即评5.4

本章小结

•股利理论是研究股利的支付对公司价值有无影响的理论，主要分为股利无关论和股利相关论两大观点。在不同观点的指导下，公司会选择不同的股利政策。股利无关论认为股利政策与公司价值无关，公司价值完全取决于其资产的获利能力，投资者在股利收入与资本利得间没有偏好。

•在股利无关论的指导下，公司的股利支付可有可无，股利政策完全取决于其投资机会与资金需求，即采用剩余股利政策。股利相关论认为公司的股利政策会影响公司价值，根据其解释的原因的不同，又分为不确定感消除论、信号传递理论、代理成本理论和所得税差异理论。在股利相关论的指导下，公司应慎重选择自己的股利政策。

•在股利分配的实务中，常用的股利政策有：剩余型股利政策、固定型股利政策、稳定增长型股利政策、低经常性股利加额外支付型股利政策。

•股利支付的具体形式有现金股利、股票股利。

•股利支付的具体程序经历股利宣告日、股权登记日、除息日、股利支付日四个具体日期。

•不同的股利政策各有其优缺点，影响股利政策优劣的因素繁多，企业应根据自己的具体情况选择适当的股利政策与股利支付形式。

•股票股利和股票分割是既有区别又有联系的两个概念，二者对所有者权益总额及其各项目构成的影响有所区别，但因在实践中对股价有相似的影响，证券监管部门常对二者的区分作出具体规定。

主要概念和主要观念

□ 主要概念

股利无关论　股利相关论　股利政策　股利宣告日　股权登记日　除息日　股利支付日　股票股利　股票分割

□ 主要观念

1.“在手之鸟”“信号传递”“代理成本”三种理论都认为发放适当的现金股利可以提高公司价值。

2.发放股票股利时公司无须支付现金，其对公司价值的影响与现金股利不同。

基本训练

□ 知识应用

5.1 选择题

1.处于成长中的企业大多采取少分多留政策，最根本的原因是（　　）。

A.企业举债能力强　　B.未来投资机会多

C.盈余稳定　　D.筹资成本低

2.下列关于股票分割的说明中，不正确的是（　　）。

A.股票分割会引起公司现金流的变化

B.股票分割会增加发行在外的普通股股数

C.股票分割会使普通股每股面额降低

D.股票分割会使每股盈余下降

3.主要依靠股利维持生活的股东和养老基金管理人最不赞成的公司股利政策是（　　）。

A.固定型或稳定增长型股利政策　　B.剩余型股利政策

C.固定股利支付率政策　　D.低经常性股利加额外支付型股利政策

4.凡是在指定日期收盘之前取得了公司股票，成为公司在册股东的投资者都可以作为股东享受公司分派的股利，这个日期是（　　）。

A.股利宣告日　　B.股权登记日　　C.除息日　　D.股利支付日

5.2 思考题

1.可供企业选择的股利理论有哪些？企业制定股利政策时，是否一定要依赖于某种股利理论的指导？

2.具体的股利政策有哪些？企业应如何选择股利政策？

3.企业在制定股利政策时应认真分析哪些影响因素？

4.我国企业进行利润分配的法定顺序是什么？

5.股利的支付形式有哪几种？企业应如何选择？

□ 能力训练

5.1 计算题

1.某公司2023年共发放股利225万元。过去10年间，该公司的盈利以固定的10%的速度持续增长。2023年税后盈利为750万元。2024年实现税后盈利1 200万元，而投资机会总额为900万元。预计2025年以后仍会恢复10%的增长率。公司如果采取不同的股利政策，请分别按照如下标准计算2024年的股利：

（1）股利按照盈利的长期增长率稳定增长；

（2）维持2023年的股利支付率；

（3）采用剩余型股利政策（投资机会总额900万元中的30%以负债筹资）；

（4）2024年投资的90%以留存收益筹资，10%以负债筹资，未投资的税后利润均用于发放股利。

2.某公司提取了公积金后的本年税后净利为150万元，下年拟上一个新项目，需投资

200万元，公司目标资本结构为负债与权益之比（2∶3），公司流通在外的普通股为100万股，如果公司采用剩余型股利政策，问：

（1）公司本年可发放的股利额是多少？

（2）股利支付率是多少？

（3）每股股利是多少？

3.某公司股东权益情况见表5-3。

表5-3 **股东权益明细表**

普通股（面值6元，已发行500万股，市价20元）	3 000万元
资本公积	2 000万元
未分配利润	3 000万元
股东权益总额	8 000万元

要求：列出以下两种情况下公司的股东权益，并进行比较。

（1）发放10%的股票股利；

（2）以2∶1的比例进行股票分割。

4.某公司采用剩余股利政策，公司的目标资本结构为权益资本与债务资本各占50%，公司当年的税后利润为500万元，预计公司下一年的总资产要达到1 200万元，现有的权益资本为250万元（不含当年税后利润）。

要求：

（1）计算下一年所需的权益资本；

（2）计算从当年的税后利润中应补增的权益资本；

（3）计算当年的股利支付率。

5.某公司在发放股票股利前，股东权益总额为500万元，其中普通股为100万元（面额1元，已发行100万股），资本公积300万元，未分配利润100万元，当时的股票市价为10元/股，公司本年度盈利50万元，问：

（1）若公司决定发放10%的股票股利，此时，未分配利润项目的余额为多少？

（2）发放股票股利后，每股市价的变动百分比是多少？

（3）若甲股东持有1 000股该公司股票，在发放股票股利后该股东所持股票的市场价值是多少？

（4）若该公司将股票面额提高到每股2元，并以2∶1的比例进行股票分割，是否会引起普通股股本结构的变化？

6.某公司下列分红方案已通过：每10股送5股，每10股派2元现金红利。该公司股票除息日为股权登记日的第二天，股票股权登记日收盘价为14.8元。问：该公司股票除息日的基准价是多少？

5.2 案例分析

万科集团股利政策分析

1）万科集团2022年股利政策

万科企业股份有限公司（以下简称万科集团，证券代码000002）于2023年8月21日发布2022年度分配预案，即“以公司A股总股本剔除已回购股份72 955 992股后的9 651 240 541股为基数，向全体A股股东每10股派现金人民币6.800000元（含税）”。

2）万科集团历年股利政策（见表5-4）

表5-4 **万科集团历年股利政策**

分红							
公告日期	分红方案（每10股）			进度	除权除息日	股权登记日	红股上市日
	送股（股）	转增（股）	派息（税前）（元）				
2023-08-21	0	0	6.800000	实施	2023-08-25	2023-08-24	—
2022-08-18	0	0	9.761257	实施	2022-08-25	2022-08-24	—
2021-08-18	0	0	12.5	实施	2021-08-25	2021-08-24	—
2020-08-08	0	0	10.1661	实施	2020-08-14	2020-08-13	—
2019-08-09	0	0	10.451	实施	2019-08-15	2019-08-14	—
2018-08-16	0	0	9	实施	2018-08-23	2018-08-22	—
2017-08-22	0	0	7.9	实施	2017-08-29	2017-08-28	—
2016-07-22	0	0	7.2	实施	2016-07-29	2016-07-28	—
2015-07-14	0	0	5	实施	2015-07-21	2015-07-20	—
2014-04-28	0	0	4.1	实施	2014-05-08	2014-05-07	—
2013-05-08	0	0	1.8	实施	2013-05-16	2013-05-15	—
2012-06-27	0	0	1.3	实施	2012-07-05	2012-07-04	—
2011-05-20	0	0	1	实施	2011-05-27	2011-05-26	—
2010-05-10	0	0	0.7	实施	2010-05-18	2010-05-17	—
2009-05-27	0	0	0.5	实施	2009-06-08	2009-06-05	—
2008-06-05	0	6	1	实施	2008-06-16	2008-06-13	2008-06-16
2007-05-09	0	5	1.5	实施	2007-05-16	2007-05-15	2007-05-16
2006-07-14	0	0	1.5	实施	2006-07-21	2006-07-20	—
2005-06-21	0	5	1.5	实施	2005-06-29	2005-06-28	2005-06-29
2004-05-14	1	4	0.5	实施	2004-05-26	2004-05-25	2004-05-26
2003-05-19	0	10	2	实施	2003-05-23	2003-05-22	2003-05-23
2002-07-10	0	0	2	实施	2002-07-17	2002-07-16	—
2001-08-14	0	0	1.8	实施	2001-08-21	2001-08-20	—
2000-08-10	0	0	1.5	实施	2000-08-17	2000-08-16	—
1999-07-29	1	0	1	实施	1999-08-06	1999-08-05	1999-08-10
1998-07-04	1	0	1.5	实施	1998-07-10	1998-07-09	1998-07-14
1997-06-19	1.5	0	1	实施	1997-06-27	1997-06-26	1997-07-03
1996-07-19	1	0	1.4	实施	1996-08-06	1996-08-05	1996-08-08
1995-06-22	1.5	0	1.5	实施	1995-07-04	1995-07-03	1995-07-06
1994-06-02	3.5	0	1.5	实施	1994-06-21	1994-06-20	1994-06-24
1993-03-25	5	0	0.6	实施	1993-04-05	1993-04-02	1993-04-05
1992-06-30	2	0	0	实施	1992-03-30	1992-03-27	—
1991-05-27	2	0	0	实施	1991-06-08	1991-05-27	—

数据来源 新浪财经。

3）万科集团发展状况

公司公布2020年三季度报，前三季度累计实现营业收入人民币2 414.9亿元，同比增长7.9%，实现净利润198.6亿元，同比增长8.9%，基本每股收益1.741元，同比上升6.74%，公司业绩稳定增长，符合市场预期。

（1）业绩稳健增长，营业利润率下降，净利率小幅下降，权益净利率基本持平，结算结构拖累毛利率阶段性下滑。公司前三季度实现营业收入同比增长7.9%，实现归属于母公司所有者的净利润同比增长8.9%。万科集团的营业利润率口径为扣除土地增值税口径，2020年1—9月营业利润率为22.9%，较去年同期下降4.90个百分点。但经过费用率控制，2019年减值计提、所得税缓冲以及投资收益增长，净利率较去年同期仅下降0.30个百分点。同时考虑到2020年结算的项目权益比例较2019年同期高，所以2020年1—9月的权益净利率与2019年同期相比基本持平甚至略有上升。受结算结构及限价政策影响，期内房地产业务结算面积1 725.0万平方米，同比增长18.6%，结算均价12 400元/平方米，同比下降17.8%，拖累销售毛利率同比下降6.10个百分点至29.9%。随着土地市场降温，预计销售毛利率将企稳，但由于房价提升缓慢，其弹性也会变小。截至期末公司已售未结资源达7 248.8亿元，较上年年末增长19.0%，覆盖去年地产业务结算收入的2.1倍，未来业绩保障系数良好。

（2）销售规模和投资强度稳步提升且拿地更为进取。1—9月累计实现销售面积3 264.8万平方米，同比增长6.6%，销售金额4 927.6亿元，同比增长3.6%，其中第三季度实现销售面积1 187.9万平方米，同比增长30.3%，销售金额1 722.8亿元，同比增长21.7%，单季度改善显著。市场占有率为4.3%，较2019年提升0.30个百分点。公司1—9月新增101个开发项目，总建筑面积约1 832.3万平方米，权益规划建筑面积约1 066.4万平方米。其中第三季度新增46个开发项目，总建筑面积约851.3万平方米，权益规划建筑面积约572.2万平方米，拿地强度为37.3%，表明万科主观上更加重视规模。截至期末，公司当前在建及规划建设项目面积约1.1亿平方米，静态观测大约可保障未来2.5年的销售需求。

（3）财务稳健，杠杆率指标持续改善。截至期末，公司剔除预收账款后资产负债率为74.2%，略超过红线标准（70%），但较上年年末下降6.10个百分点；净负债率为27.6%，较上年年末下降7.20个百分点，位于行业低位；现金短债比高达2.0倍，均在红线内，总体上资债指标稳健，呈现优化趋势。

资料来源　董浩．[克而瑞证券：买入] 2020年三季报点评：业绩稳增长 拿地转进取 [EB/OL]．[2020-11-11]．https：//xueqiu.com/S/SZ000002/163023834.

讨论：

（1）观察万科集团成长性与现金股利支付率之间的关系是否始终保持一致？原因是什么？

（2）搜集万科集团股权结构、关联交易、支付能力的相关资料，你认为这些因素是否对股利政策产生重要影响？还有其他影响因素吗？

（3）你认为合适的股利政策应该考虑哪些因素？

5.3　调研实践

1. 利用互联网了解我国上市公司股利政策的特点，了解我国上市公司采取的股利政策类型，了解股价对股利政策公告的反应，了解现金股利和股票股利公告反应有何异同。

2.单元实践：

实践目的：主要围绕我国上市公司股利政策的特点和影响因素进行实验。

实践内容：股利政策类型，股利支付程序、方式，股票市场对股利政策的反应。

实践材料：利用互联网，在上市公司指定的信息披露网站上，收集4家以上的上市公司股利政策和财务指标相关数据，主要包括该公司的股利分配方案、个股收益率、市场收益率、每股收益、公司成长能力指标等。

实践程序：(1) 温习基本的股利理论、股利支付程序；(2) 进行互联网调研（如巨潮资讯网等），收集某一行业至少4家上市公司的5年以上的分配公告、股票市场数据，以及公司5年以上的财务数据；(3) 应用所学知识确定它们所采取的股利政策类型以及市场反应状况，并分析采取该股利政策的原因。

□ 政策思考

《中华人民共和国证券法》（以下简称《证券法》）规定，上市公司应当在章程中明确分配现金股利的具体安排和决策程序，依法保障股东的资产收益权。同时明确，上市公司当年的税后利润，在弥补亏损及提取法定公积金后有盈余的，应当按照公司章程的规定分配现金股利。2020年3月13日，国家发改委、中宣部、财政部、商务部等23个部门联合印发的《关于促进消费扩容提质加快形成强大国内市场的实施意见》提出，要稳定资本市场财产性收入预期，完善分红激励制度，坚决查处严重损害中小投资者分红派息权益的行为。4月9日，中共中央、国务院印发的《关于构建更加完善的要素市场化配置体制机制的意见》提到，要完善股票市场基本制度，鼓励和引导上市公司现金分红。

请思考：为何我国相关政府部门特别重视上市公司的分红？这对于上市公司、投资者以及资本市场分别有哪些影响？

第 6 章　股票融资

学习目标

知识传授：了解普通股的基本特征；掌握普通股的发行方式及发行费用有关的一般知识；熟悉普通股的各种价值形式并掌握其计算方法；能够客观评价普通股筹资方式的优点及不足之处；了解优先股的一般特征、种类、价值形式和一般价值评估方法，并能对优先股筹资进行评价。

思维导图 6

能力培养：能运用本章所介绍的普通股价值模型计算普通股的各种价值；能运用优先股定价模型计算优先股投资价值；能应用普通股的相关理论初步解释我国国有企业股份制改革及企业上市的意义。

视频导学 6

价值塑造：介绍我国新股发行制度和多层次资本市场建设的演进历程，使学生了解资本市场发展成就，认识到我国资本市场法治化市场化水平正在全面提升，增强制度自信和民族自豪感；了解信息披露在企业股票融资中的重要性，弘扬诚实守信的传统美德。通过思考企业如何选择股票融资方式和发行时机，培养学生的创新思维和实践能力。

引例：新股定价机制引发热议

“目前，核准制下的新股定价机制的市场化程度比较低，不能按市场需求、市场估值、市场氛围给新股定价。如果新股发行从核准制过渡到注册制，新股定价机制会得到很大改进。”武汉科技大学金融证券研究所所长董登新表示。

据统计，沪深两市在2015年上半年共发行新股192只，融资约1 474亿元。值得注意的是，这192只新股上市后普遍遭到疯炒。2015年上半年发行的192只新股，连续10个交易日以上涨停的次新股比比皆是。例如，2015年5月5日，暴风科技收获了其上市以来的第29个连续涨停板。“为什么新股一上市能够出现连续多个涨停板？就是因为发行定价不合理。核准制下的低估值新股发行，给予了市场爆炒个股的机会。”董登新说。

摩根大通亚太区原董事总经理龚方雄也认为，新股发行在国外不是稳赚不赔的，上市后下跌10%至20%是常有的事，跟二级市场是一样的。对投行来说，新股上市后上涨10%至20%是非常理想的，因为新公司上市，市场各方都不了解，留出适当的折让是合理的。如果上市后股价暴涨暴跌，说明对公司估值存在偏差，投行是有责任的。市场人士普遍认为，目前的新股定价，有“窗口指导”的意味，并非完全市场化定价，相对于市场化而言，显然难言合理，因此寄希望于注册制的到来。“核准制下的新股发行中比较有争议的是定价机制的安排。网上部分的散户基本没有发言权，网下部分透明度不够。网下欠缺透明，对内在价值的发掘缺乏监督；网上的销售渠道，又使网下不透明的结果貌似获得了认可，这样的话，一个在宏观上、在理论上看起来很可靠的定价过程，在微观上可能引起争议。”一位不愿透露姓名的专家表示。

董登新认为，实行注册制要做到以下两个条件：首先，发行人的信息披露将会做到更完整、更有效、更真实、更充分。其次，建立先行赔付机制确保对发行人的信息信用担保，如果有造假行为，那么，券商、律师事务所、会计师事务所等在文件上签字的当事人都应承担连带的法律责任。只有这样，我国的IPO定价机制才会以全新的面貌出现，网上的定价发行和网下的询价才会充分体现市场的供求规律，发行的股票估值差异也会拉开。

2019年1月30日，证监会发布了《关于在上海证券交易所设立科创板并试点注册制的实施意见》。2019年3月1日，证监会发布了《科创板首次公开发行股票注册管理办法（试行）》和《科创板上市公司持续监管办法（试行）》，明确科创板试点注册制的总体原则，规定股票发行适用注册制，精减优化现行发行条件，实现受理和审核全流程电子化，并明确科创板企业新股发行价格通过向符合条件的网下投资者询价确定。2019年7月22日，科创板注册制首批25家首发企业在上海证券交易所上市交易，中国资本市场迎来了一个全新板块。2020年6月12日，证监会发布了《创业板首次公开发行股票注册管理办法（试行）》《创业板上市公司证券发行注册管理办法（试行）》《创业板上市公司持续监管办法（试行）》《证券发行上市保荐业务管理办法》，宣告证监会创业板改革和注册制试点开始。2020年8月24日，创业板注册制首批18家首发企业在深圳证券交易所上市交易。2021年9月3日北京证券交易所正式成立，并同步试点证券发行注册制。2023年2月17日，中国证监会发布全面实行股票发行注册制相关制度规则，自公布之日起施行。这标志着经过4年在科创板、创业板和北交所的试点后，我国正式从股票发行核准制转向注册制，在中国资本市场改革发展进程中具有里程碑意义。随着全面注册制改革正式落地，以主板、科创板、创业板、北交所为主阵地的多层次资本市场体系日趋完善，板块特色鲜明、错位发展、功能互补，为各行各业不同生命周期企业快速发展提供了多元而包容的市场生态。

据统计，沪深两市在2019年共发行新股203只，融资约2 532.5亿元。其中：(1) 主板实行核准制，在2019年共发行新股81只，观察这81只新股上市后的市场表现可发现，绝大部分新股在上市首日的涨幅为43%左右，上市后一年平均涨幅超过70%；(2) 科创板实行注册制，在2019年共发新股70只，在上市首日，新股最高涨幅为400.15%，最低涨幅为-2.15%，波动相对较大，其涨幅的平均值为115.06%，但上市后一年平均涨幅不到20%。

资料来源 孙华.专家：新股发行市场化定价可遏制上市首日爆炒［EB/OL］.［2015-12-01］. https: //www.chinanews.com/stock/2015/12-01/7649820.shtml.有改动。

6.1 普通股融资

普通股（Common Stock）是股份公司发行给股东的无特别权利的股份，其收益随着股份公司利润的大小和股利政策的松紧而变化，它是股份公司筹集资本金的基本方式，也是最基本的、标准的股份。通常情况下，股份有限公司只发行普通股。

6.1.1 普通股的特征

普通股具有以下几个基本特征：

1）收益性

普通股的收益性是指股票持有者有权按公司的股利政策获取股息和红利等形式的投资收益。股票的收益性还表现在持有者可通过低买高卖取得价差收入。其中，股票的收益率可用公式表示为：

$$股票收益率=\frac{股息收益+买卖价差}{买入价} \tag{6.1}$$

具体股票的收益的大小还取决于公司的经营状况、盈利水平和股利政策。

2）风险性

普通股的收益随公司的经营状况、盈利水平而波动，亦受到股票市场行情的影响。股票的风险性与收益性并存，股东的收益在很大程度上是对其所承担的风险的补偿。股东收益的大小与风险大小呈正向关系。

3）流通性

普通股具有较高的流通性。在股票市场上，股票可以作为买卖对象或抵押品随时转让。股票的流通性会促使社会资金的有效利用和合理配置。

4）稳定性

普通股是一种无期限的法律凭证，对投资者而言，购买了股票就不能退股，只能在股票市场上转让；对公司而言，股票筹集到的资金在公司存续期间始终是一笔稳定的自有资金。

5）参与性

普通股的持有者有权出席股东大会，选举公司的董事会，参与公司的经营决策。普通股的这一特性，可以调动股东参与公司经营决策的积极性和创造性，促进公司运作机制和决策机制的科学化。

6）成本高

因为股票投资风险大，投资者要求的风险补偿率较高，且股利不免税，所以，股票筹资的成本高于债务筹资成本。

6.1.2 普通股发行方式及发行费用

1）普通股发行方式

公司发行普通股筹资，应当选择适宜的普通股发行方式。普通股的发行方式，就是发行公司采用什么方法、通过何种渠道或途径发行股票。总的来说，普通股的发行方式可分为有偿增资发行、无偿配股发行及有偿无偿并行增股三种方式。

（1）有偿增资发行方式

有偿增资发行方式是指投资者须按股票面额或市价，以现金或实物购买筹资公司发行的股票，主要有以下几种方式：

①公开招股发行方式，亦即公募发行，它是以不特定的多数投资者为发行对象公开招募认购股票。这种方式是股票上市最主要的方式。它可以是直接公募发行，也可以是间接公募发行。

A.直接公募发行是发行公司通过证券商等中介机构，向社会公众发售股票，发行公司承担发行责任与风险，证券商不承担风险而只收取一定手续费。

B.间接公募发行是发行公司通过投资银行发行和包销股票，通常的做法是发行公司与投资银行（承销人）之间签订承销合约，将股票出售给承销人，再由承销人向社会公众发售。投资银行承担了发行风险，故投资银行往往向发行公司索取较高的佣金作为其承担风险的补偿。

公开招股发行方式发行范围广，发行对象多，易于足额募集资本，且股票变现能力强，有助于提高公司的知名度。但此种方式手续繁杂，发行成本高。

②不公开直接发行方式，它是指不公开对外发行股票，只向少数特定的对象直接发行的方式，无须经中介机构承销。我国股份有限公司采用发起设立方式和不向社会公开募集的方式发行新股的做法，即属于股票的不公开直接发行。这种发行方式弹性较大，手续简单，发行迅速，节约发行费，但发行范围小，股票变现能力差。

③股东配股的股票发行方式，即赋予现有股东以优先认购新股的权利的发行方式。它是按原股东持有的股数的一定比例配给优先认购的新股数。这种发行方式不会引起股权结构发生大的变化。

④第三者配股的股票发行方式，即公司在新股票发行时，给予与公司有特定关系的第三者（如其他公司或银行）以新股认购权。这种做法多在公司经营不景气，筹资困难时才予以采用。

（2）无偿配股发行方式

无偿配股发行方式是指公司向股东发行股票且无须股东支付现金或实物的方式。公司采用这种做法，其目的不在于增资，而是为了调整资本结构或提高股票流动性，提高公司的社会地位，增强股东的信心。主要方式有：

①无偿交付方式，即公司将资本公积金转入资本金，按股东现有的股份比例向股东无偿地交付新股。其目的是调整公司资本结构，提高公司信用等级。

②股票分红（Stock Dividends）方式，即上市公司以股票形式代替现金形式对股东进行股利分配。这种做法对股份公司而言，可以避免资本外流，给公司保留更多的现金，扩大股本规模。但由于增加了股份数额，也加重了股利分配负担。

③股票分割（Stock Splits）方式，即将原来大额股票细分化，使之成为小额股票。股票分割只是增加股份的份额，而不改变股本总额。实行股票分割的目的在于降低股票票面金额，便于个人投资者购买，以促进股票交易的活跃，或者是公司兼并所需。

（3）有偿无偿并行增股方式

有偿无偿并行增股方式，即股份公司发行新股时，股东只需交付一部分股款便可获取一定量的新股，其余部分由公司资本公积金抵充。这种做法兼有增加资本和调整资本结构的作用，可鼓励股东缴纳股款购入新股。

2）普通股发行费用

股票的发行费用一般较高，如果发行数量较小，则成本会更高。发行股票的费用主要由三部分组成：

（1）给投资银行或承销商的佣金；

（2）发行股票所应负担的发行登记费用、律师费用、会计师费用、股票印刷费等；

（3）发行中的营销费用、其他损失费用以及其他相关支出。

在这三部分中，给投资银行或承销商的佣金最高，投资银行或承销商的佣金由投资银行或承销商付给公司的股票价格与售给投资者的价格之间的差额构成。这种承销的价差是通过两者之间讨价还价后决定的，总价差越小，公司发行股票的费用就越低。此外，发行费用还受发行额和是否采用“附权发行”的影响，当发行额大或“附权发行”时，发行费用相对较低。

一般而言，普通股发行费用大于优先股或公司债的发行费用，这主要是因为普通股的投资者较多，分销工作较为繁杂，与此同时，发行股票的风险也相对较大。

6.1.3 辅导与保荐

辅导与保荐制度是我国股票发行制度由传统的具有浓厚计划经济色彩的审批制向适应市场经济要求的核准制过渡的重大制度改革。根据辅导工作要求，拟上市公司必须在股票公开上市前展开至少一年的辅导，辅导机构必须是具有主承销商资格的证券机构或其他经有关部门认定的机构，也可以由上市保荐人担任。辅导的内容包括督促公司高级管理人员、大股东学习发行上市的有关法律，理解上市公司运作的规范和义务，辅导公司建立符合现代企业制度的内部控制制度、会计制度，并妥善处理与公司产权相关的财产关系等。

保荐人是企业上市的推荐人，负责对拟上市公司的辅导工作，审核披露信息是否完整、真实，识别是否符合公众公司上市的相关要求，并承担上市公司的风险防范责任。根据保荐制度的要求，保荐人对上市公司上市当年及持续督导期间的行为负有一定的连带责任，在此期间如果发现提交的资料存在虚假记载、误导性陈述或重大遗漏，证券上市当年即亏损或经营能力显著下降，募集资金使用不当，存在严重关联交易等违规行为，保荐人将受到证券监管机构的处罚。

6.1.4 普通股的价值

普通股是可以在证券市场上流通的一种有价证券，它具有多种价值形式。

1）普通股的票面价值

普通股的票面价值又称面额或面值，是指公司发行股票前在股票票面上标出的金额。票面价值由公司创始人或发行人依照自己的意愿确定，与该股票当前的市场价格无关。

【例6-1】公司章程规定额定普通股股本为100万元，发行普通股股数为100万股，则普通股的票面价值为：

$$面值=\frac{股本总额}{股数}=\frac{1\,000\,000}{1\,000\,000}=1（元/股）$$

面值的作用在于表示每一股份的原始投资额，作为计算股利的依据和对债权人的保障，同时也便于进行会计处理。

2）普通股的设定价值

普通股的设定价值，是指公司在发行无面值股票时，根据公司章程写明的设定资本总额和授权发行无面值股票的股份数所确定的股票价格。不载明票面价值但具有设定价值的股票，比有面值股票更富有灵活性和弹性。

【例6-2】某公司章程规定设定股本为100万元，规定授权发行20万股普通股，则每股普通股设定价值为：

$$设定价值=\frac{设定股本}{股数}=\frac{1\,000\,000}{200\,000}=5（元/股）$$

3）普通股的发行价格及定价方式

（1）发行价格

普通股的发行价格是指股份公司在募集股本或增发股票时，公开向特定或非特定投资者出售股票所采用的售价。普通股的发行价格通常由发行公司根据股票面值、股市行情和其他因素综合确定。股份公司可根据实际情况采用不同的方法确定其发行价格。目前，股票发行市场上有以下几种发行价格：

①等价发行。等价发行也称面额发行或平价发行，它是指以股票面额为发行价格来发行新股票，即股票发行价格与其面额等价。这种发行方式较为简便易行，且不受股市变动影响，但缺乏灵活性和市场性，发行公司亦不能获得溢价收入。股票若采用平价发行会较容易推销，这主要因为市场价格往往高于股票面额，认购者可从中获得差价收益。这种方式一般在股东配股时采用。当股票市场不甚发达的情况下，设立公司首次发行股票时，选用等价发行可确保及时足额地募集资本。

②时价发行。时价发行也称市价发行，它是企业发行新股时，以原发行的流通中的股票或同类股票现行市场价格为基准来确定股票发行价格的一种发行方式。采用时价发行时，考虑了股票的现行市场价值，可促进股票的顺利发行，同时，若市价高于股票面值，则发行公司可从中获得股本溢价，进而转增公司的资本公积金，降低股票发行成本。基于以上优点，时价发行已在世界范围内广泛采用，它通常在股票公开招股和第三者配股时采用。

③中间价发行。中间价发行是指以股票面额和股票市价之间的中间价格作为股票发行价格的一种发行方式。中间价发行兼具等价和时价发行的特点，它通常在股东配股发行股票时采用。

从上述对不同发行价格的介绍中，我们不难发现发行价格有高于面值、低于面值和等于面值三种情况。股票以超过其面额或设定价值的价格发行称为溢价发行；反之，若以低于其面额或设定价值的价格发行称为折价发行；而以等于面额或设定价值的价格发行称为按面额发行或平价发行。一般情况下，新公司首次发行普通股按面值或溢价发行；而增发普通股时，其发行价格可略低于本公司同类股票的市价，以实现预定的筹资计划。按我国《公司法》的规定，股票发行价格可以按票面金额，也可以超过票面金额，但不得低于票面金额，也就是说，在我国不允许采用折价发行的方式。

（2）定价方式

一般来说，在以募集设立方式设立公司首次发行股票时，由发起人决定发行价格；在公司增资募股时，由股东大会或董事会决定。

根据我国《证券发行与承销管理办法》（2023）的规定，目前我国拟上市公司首次公开发行股票，可通过向网下投资者询价的方式确定发行价格，也可由发行人与主承销商自主协商直接定价。在实践中确定发行价格的方式主要有以下三种方式：

①直接定价。首次公开发行股票在2 000万股（含）以下并且没有老股转让计划的发行人，可以直接定价。发行人尚未盈利的，应当通过向网下投资者询价方式确定发行价格，不得直接定价。

②初步询价后定价。发行人首先向证券公司、基金管理公司、期货公司、信托公司、保险公司、财务公司、合格境外投资者和私募基金管理人等专业机构投资者询价。注册制

改革后，首次公开发行证券并在主板上市的，还应向其他法人和组织、个人投资者询价。公开发行股票数量在4亿股（含）以下的，有效报价投资者的数量不少于10家；公开发行股票数量在4亿股以上的，有效报价投资者的数量不少于20家。网下投资者报价后，发行人和主承销商根据初步询价情况协商后确定发行价格。

③累计投标询价。在第一阶段，发行人和主承销商面向网下投资者初步询价后确定发行价格的区间；到了第二阶段，发行人和主承销商在初步询价确定的发行价格区间内，面向网下投资者，通过累计投标询价的方式确定最终发行价格。

4）普通股的账面价值

普通股的账面价值是指按账面计算的每一普通股份的资产价值，它反映每股普通股所拥有的本公司账面资产净值，是股东实际拥有的资产权益。股票的账面价值往往与股票的票面价值相差很远，它随着企业资产的增值而上升，随着企业资产的减值而下降，账面价值亦即普通股每股权益。根据上述定义，普通股每股账面价值可用下列公式表示：

$$\text{普通股每股账面价值}=\frac{\text{公司资产净值}-\text{优先股股本}}{\text{流通在外普通股股数}}$$

$$=\frac{\text{普通股股本}+\text{资本公积}+\text{留存收益}}{\text{流通在外普通股股数}} \tag{6.2}$$

【例6-3】某公司期末部分资产负债表见表6-1。

表6-1 **期末资产负债表（部分）**

资产总额	4 000万元
负债总额	2 000万元
优先股（面值2元）	200万元
普通股（面值1元）	1 000万元
股本溢价	500万元
留存收益	300万元

$$\text{普通股的账面价值}=\frac{(4\,000-2\,000)-200}{1\,000\div 1}=1.80\text{（元/股）}$$

或 $$\text{普通股的账面价值}=\frac{1\,000+500+300}{1\,000\div 1}=1.80\text{（元/股）}$$

此例中，普通股的账面价值高于面值，这主要是因为其包含了股本溢价和留存收益。此外，账面价值一般也不等于市场价格，后者受更多因素的影响。前面所述发行价格会略低于市价，但不可低于账面价值，否则将会对原股东的利益造成一定程度的影响。

5）普通股的内在价值

普通股的内在价值是指普通股的预期未来现金流入的现值。它是股票的真实价值，又叫股票的理论价值。为了正确理解普通股的内在价值，下面将对不同情况下的普通股的估价模型进行系统介绍。

投资者在持有股票时，希望能获得股息以及在抛售股票时能获得一定的现金收入，故普通股的内在价值就应包括两部分，即股票每期预期股利现金流入和出售该股的资本利得。相应地，评估股票内在价值所用的报酬率则应采用预期报酬率，而不用过去的实际报酬率。股票的预期报酬率只有高于投资者的最低报酬率，才能吸引广大投资者投资该股票。投资者的最低报酬率就是投资的机会成本，通常可用市场利率来计量。下面我们用K_s

代表股票的最低报酬率，并采用此投资者要求的必要报酬率分析股票的内在价值，并同时分析一下股票的预期报酬率。

普通股内在价值由每期预期股利现金流入和出售该股的资本利得两部分组成，据此可以推导出股票估价的基本模型为：

$$V=\sum_{t=1}^{n}\frac{D_t}{1+K_s}+\frac{P_n}{1+K_s} \tag{6.3}$$

式中：V为普通股内在价值；D_t为股东在第t年年底预期收到的股利；P_n为第n年年底的预计股票价格；K_s为股票必要报酬率；n为股票预计持有期数。

该模型是股票估价的基本模型，无论D_t的时间形态如何变化，也无论D_t是递增、递减、固定或随机波动，此模型均有效。从理论上说，如果投资者永远持有股票，则普通股内在价值就等于投资者可获得的股利的现值总和，故一般化的普通股评估模型可表示为：股票内在价值=预期未来股利现值之和，即：

$$V=\frac{D_1}{1+K_s}+\frac{D_2}{(1+K_s)^2}+\cdots+\frac{D_n}{(1+K_s)^n}$$

简化后得：

$$V=\sum_{t=1}^{n}\frac{D_t}{1+K_s} \tag{6.4}$$

根据不同的股利增长情况，此模型亦作相应的调整，下面分别对几种特别的情形予以介绍：

（1）零增长下的股票内在价值

零增长是指公司每年发放的股利均相同，形成一个永续等额年金，即上述公式中$D_1=D_2=D_3=\cdots=D_n=D$，在这种情况下，股票估价模型可改写为：

$$V=\frac{D_1}{1+K_s}+\frac{D_2}{(1+K_s)^2}+\cdots+\frac{D_n}{(1+K_s)^n}$$

用数学方法可以求得这个无限级数得：

$$V=\frac{D_1}{K_s}=\frac{D}{K_s} \tag{6.5}$$

上述公式表明，当预期增长率为零时，股票的内在价值为年股利额与必要报酬率的比值，而普通股的必要报酬率即为股利收益率。

【例6-4】某公司股票年股利率为10%，面值为30元/股。该股票的必要报酬率为12%，则该股票的内在价值为：

$$V=\frac{30\times 10\%}{12\%}=25\text{（元/股）}$$

这说明，该股票每年会给投资者带来3元的收益，它相当于25元在市场利率为12%时的资本收益，故该股票的内在价值为25元，此时预期报酬率与必要报酬率相等。若当时的市价不等于股票的内在价值，则预期报酬率与必要报酬率不相等，下文会对此作进一步介绍。

（2）正常或固定增长下的股票价值

一般情况下，公司的盈余与股利不会总是固定不变，它们将会呈逐年不断增长的趋势，假设这一增长率为g，则预计未来任何一年的股利为：

$$D_t=D_0\cdot(1+g)^t$$

据此可以将上述的估价模型变形为：

$$V=\sum_{t=1}^{\infty}\frac{D_0\cdot(1+g)^t}{(1+K_s)^t}$$

当g固定时，上式可化简为：

$$V=\frac{D_0\cdot(1+g)}{K_s-g}=\frac{D_1}{K_s-g}$$

而当预期报酬率等于必要报酬率时，可解出预期报酬率：

$$K_s=\frac{D_1}{V}+g \tag{6.6}$$

这就是著名的戈登（Gordon）模型，它在计算普通股的资本成本时经常使用。

【例6-5】假设ABC公司当年年终每股分派股利1元，投资者预期报酬率为10%，股息按5%逐年递增，则ABC公司目前股票的价值是：

$$V=\frac{D_1}{K_s-g}=\frac{1}{10\%-5\%}=20\text{（元/股）}$$

$$K_s=\frac{1}{20}+5\%=10\%$$

由上述分析可见，对按固定比例增长的公司而言，其预期报酬率（内含报酬率）等于目前的股利收益率加上预期增长率。

有一点必须说明的是，上述固定增长模型成立的必要条件是$K_s>g$，否则方程式的结果无意义。而上述零增长的情况是固定增长模型的一种特殊情况，即公式中的g=0。

（3）非固定增长下的股票价值

在现实生活中，有的公司的股利是不固定的。公司在生命循环周期的某些时期，其发展速度较快，形成超速增长的情形，相应的股利发放也呈不固定增长态势。我们用图6-1来比较一下零增长、正增长、负增长及超速增长的情况下每股股利的变化趋势。

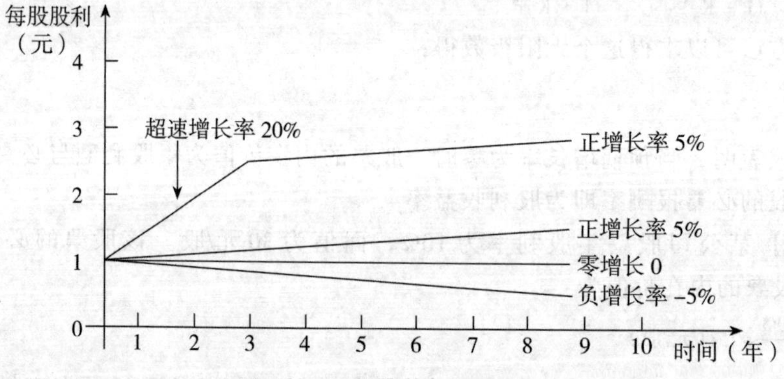

图6-1 每股股利变化趋势图

图6-1中显示超速增长的公司预期以20%的增长率发展3年，然后其增长率降至正常水平5%，其股票现值可用下列公式表示：

$$V=\sum_{t=1}^{N}\frac{D_0\cdot(1+g_1)^t}{(1+K_s)^t}+\sum_{t=N+1}^{\infty}\frac{D_N\cdot(1+g_2)^{t-N}}{(1+K_s)^t} \tag{6.7}$$

式中：N为超速增长的年限；g_1为超速增长率；g_2为正常增长率。

可见，上述公式把非固定增长情况下公司股票的价值分为两个部分，第一部分是超速增长时期收到的股利的现值，第二部分是正常增长时期的预计股利的现值，亦相当于第N

年年末股价的现值。

计算非固定增长情况下股票价值的方法如下：

①计算超速增长期间股利的现值；

②计算超速增长期末股票的价值和现值；

③计算该股票内在价值，即①+②。

下面举一实例详细说明非固定增长情况下股票价值的计算过程：

【例6-6】某一公司预期以20%的增长率发展3年，然后其增长率降至正常水平5%。有关数据：$D_0=1$，$K_s=15\%$，求其股票现值。

依上面的计算方法可得以下结果：

①超速增长期间股利的现值可用表6-2列示。

表6-2 超速增长期间股利的现值计算表

年序	股利（D_t）	现值因子（15%）	股利现值PVD_t
1	1×（1+20%）	0.870	1.04
2	1×（1+20%）^{2}	0.756	1.09
3	1×（1+20%）^{3}	0.658	1.14
合计	—	—	3.27

②超速增长期末股票的价值和现值。

A.第3年年末股票的价值：

$$V_3=\frac{D_4}{K_s-g}=\frac{D_3(1+g_2)}{K_s-g_2}=\frac{1\times(1+20\%)^3\times(1+5\%)}{15\%-5\%}=18.144\text{（元）}$$

B.第3年年末股票的现值：

$$PVP_3=V_3\cdot(1+K_s)^{-3}$$

$$=18.144\times(1+15\%)^{-3}=11.93\text{（元）}$$

③股票的内在价值：

$V=3.27+11.93=15.2$（元）

值得注意的是：以上我们讨论了在不同情形下普通股内在价值的计算方法，所推导出来的计算公式均涉及股票的必要报酬率（K_s）。可见，股票价值高低在很大程度上取决于K_s的取值，即资本化利率的大小。它与预期报酬率有所区别，下面将详细介绍二者的计算方法。

股票的必要报酬率可用公式表示为：

必要报酬率=无风险利率+风险补偿率 (6.8)

一般情况下，随着风险的增大，必要报酬率亦会不断提高。通常来说，股票的必要报酬率可用市场利率来代替。

预期报酬率是股利收益率与资本利得收益率之和，具体计算公式如下：

普通股的预期报酬率=预期股利收益率+预期资本利得收益率 (6.9)

第一年的预期报酬率用公式表示为：

$$K_1=\frac{D_1}{P_0}+\frac{P_1-P_0}{P_0}=\frac{D_1}{P_0}+g \tag{6.10}$$

式中：K_1为第一年股票的预期报酬率；D_1为第一年年末发放的股利；P_0为股票现在的

市价；P_1为股票预期第一年年末的价格；g为股价的预期增长率。

下面举例说明。

【例6-7】某投资者购入ABC公司的普通股，并拟持有1年。目前市价为20元/股，年股利为1元，股价年增长率为5%。K_1可计算如下：

$$K_1=\frac{D_1}{P_0}+\frac{P_1-P_0}{P_0}=\frac{1}{20}+\frac{20\times(1+5\%)-20}{20}=10\%$$

或 $K_1=\frac{D_1}{P_0}+g=\frac{1}{20}+5\%=10\%$

可见，股利收益率5%是将该年预期股利除以股票价格；而资本利得收益率5%是买卖价差除以买入的价格，亦即股价的预期增长率，二者之和即为预期报酬率。

在市场均衡的情况下，必要报酬率与预期报酬率相同，可互换使用，上述普通股估价模型中所举的范例均属这种情况。普通股的必要报酬率与预期报酬率不同，即市场处于不均衡状态时，股票的价格将迅速改变，以达到必要报酬率与预期报酬率相等的新的平衡点。下面我们立足于股票市场来分析一下这一现象。

当股票市场中股票的市价低于股票的内在价值时，股票的预期报酬率高于必要报酬率，则投资者会抢购该种股票以获取更高的收益，从而促使其价格上升，预期报酬率逐渐下降。这种状况将持续到预期报酬率与必要报酬率相等为止，此时达到新的平衡。上述情形可用图6-2表示。

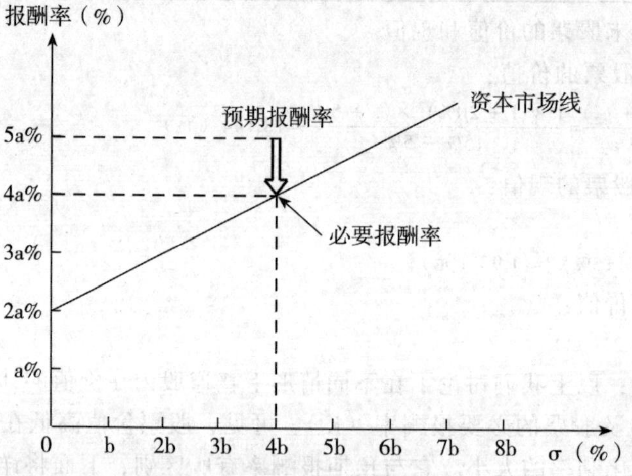

图6-2 预期报酬率与资本市场线

图6-2中，纵轴代表报酬率，横轴代表风险，以报酬率的标准差（σ）表示。

图6-2说明预期报酬率高于必要报酬率只是暂时的，很快会由于投资者竞相抢购使其股价上升而使预期报酬率下降（如箭头示意的方向），最终导致预期报酬率重新等于必要报酬率；若出现相反情况，即预期报酬率低于必要报酬率，则会出现相反方向的调整，股票持有者会群起抛售，使股价下跌，预期报酬率逐渐上升至必要报酬率。

综上所述，普通股内在价值的估价是一个将收益资本化的过程。虽然按前述估价模型计算出来的只是一种理论价格，真正的市场交易价格还受许多其他因素的影响，但是，股票的内在价值是股票的核心价值，它反映了公司股票获利能力与股票价值关系的实质，也是均衡股票市场发展的必然趋势，正确地理解其含义具有积极的意义。

6）普通股的投资价值

普通股的投资价值是指投资者使用其投资收益率对某股票进行评估而得出的股票价值。对于每一个具体的投资者而言，其可根据预期的投资报酬率和对该股票发展趋势的预测，计算出股票的投资价值，再与市场价格或发行价格相比较，以选择最佳的投资机会；而对发行公司而言，通过计算投资价值，可将股票发行价格设定为等于甚至低于投资者的投资价值，以实现公司的普通股筹资计划。

普通股的投资价值的高低，取决于投资者对股票市价和每股股利的预测，以及投资者的期望投资报酬率。投资价值的计算过程实际上也是一个收益资本化的过程，所考虑的因素与前述股票估价模型一致，唯一的区别是以投资者的期望报酬率作为资本化利率。

投资价值的计算公式可表达为：

$$某股票的年投资价值=\frac{年股利总额+年末股票市价}{1+投资者的期望报酬率(K_i)}$$

如果投资者认为该股票有发展前景，预测该股票市价会逐年上涨，那么他会先预计若干年的投资价值，再与开始时的股票市价相比较，以作出投资决策。此时股票的投资价值的表达式为：

$$某股票的投资价值=\frac{第一年股利额}{1+K_i}+\frac{第二年股利额}{(1+K_i)^2}+\cdots+\frac{第n年股利额}{(1+K_i)^n}+\frac{第n年年末股票市价}{(1+K_i)^n}$$

用公式表示为：

$$某股票的投资价值=\sum_{t=1}^{n}\frac{D_t}{(1+K_i)^t}+\frac{P_n}{(1+K_i)^n} \tag{6.11}$$

式中：K_i为投资者的期望报酬率。

我们举一例子来说明投资价值的计算与运用。

【例6-8】AAA公司每年年末发放股利4元。某投资者要求的年投资报酬率为12%，请计算下面两种情况下的投资收益：

（1）投资者预计该股年末售价为每股50元。

（2）投资者预计3年后股票的市价会上升为每股65元。

讨论投资者现在以每股49元的价格购买该股票是否合算？

第一种情况下：

$$该股票的年投资价值=\frac{4+50}{1+12\%}=48.21（元/股）$$

因为48.21元小于49元，即该投资者认为AAA公司股票的价值为48.21元，而市价为49元，显然，他不会选择该股票，因为该股票报酬率低于12%，对其而言，不合算。

第二种情况下：

$$该股票的投资价值=\frac{4}{1+12\%}+\frac{4}{(1+12\%)^2}+\frac{4+65}{(1+12\%)^3}$$

$$=3.57+3.19+49.11=55.87（元/股）$$

显然，这时该投资者有可能选择此项投资，因为该股票的预期报酬率高于该投资者要求的报酬率，投资者以每股49元购入该股票是合算的。

7）普通股的交易价值

普通股的交易价值又称交易价格，是指股票在转让时的价格。股票市场是一个不断变化的市场，股票交易价格也是不断变化的。一般来说，股票进入市场时间越长，股票交易价值的波动越大，有时与其价值相差几倍甚至数十倍。

由于股票交易价值的高低直接受股利数额和银行利息率的影响，所以，人们通常使用下列简易公式计算股票的交易价值：

$$股票的交易价值=\frac{预期每股股利}{银行存款利息率} \tag{6.12}$$

这也说明了股票股利的资本化价值决定了股票的交易价格。

【例6-9】某公司每股股票面值为10元，预计年股利率为10%，已知此时银行存款年利息率为4%，要求计算股票的交易价值。

$$股票的交易价值=\frac{10 \times 10\%}{4\%}=25（元/股）$$

另外，我们还可以用市盈率估计股价高低。

股票的市盈率是指股价为每股盈利的倍数。市盈率可以大致反映股价的高低，表明投资人愿意用盈利的多少倍的货币来购买股票，是市场对该股票的评价。我们可以由：

市盈率=股票市价÷每股盈利

推得：

$$股票交易价格=该股票的市盈率\times该股票每股盈利 \tag{6.13}$$

【例6-10】ABC公司的股票每股盈利为3元，市盈率为11，求该股票的交易价值。

该股票交易价值=3×11=33（元/股）

股票的交易价值往往不能如此简单地进行计算。实际上，有的公司几年不发股利，而其股票交易价格却年年看涨，有的公司虽然年年发放股利，股价却年年下降。这说明，除了股利和利息率以外，还有许多其他因素决定股票的交易价值，归纳起来有以下几点。

（1）公司内部因素

公司的内部因素主要是指公司的经营状况，具体包括：

①公司的经营范围、发展前景；

②公司的市场占有率；

③公司的财务状况和财务结构；

④公司股利发放政策；

⑤公司预期的盈利状况；

⑥公司信誉等。

这些因素会影响特定公司的股价，而不会影响整个股票市场。投资者可以通过分析公司对外公布的财务报表来获得对公司经营状况的了解。通常情况下，投资者若认为某公司风险小、盈利多、前景好，就会买进该公司股票，买者多了，股票价格就上升，行情看涨；反之，投资者若认为某公司风险大、盈利少，则不会去购买该公司的股票，而持有该公司股票的股东，也纷纷卖掉该股票，股票价格就下降，行情看跌。

（2）公司外部因素

公司外部因素与某个具体公司无关，这些因素通常影响整个股票市场，主要包括：

①政治因素，如国际国内政治形势变化、国家重要领导人的更迭、国家法规和政策的变化、国际关系的改变等。

②经济因素，如宏观经济形势是处于繁荣期还是处于衰退期，以及通货膨胀状况、国家的经济政策、社会失业水平、利息率和汇率的变化等。

③市场因素，如证券主管机构对证券市场的干预程度、市场的成熟程度、市场效率、市场的投机操作行为等。

④心理因素，即社会公众从心理上对公司股票的安全与危险的判断。

正是因为股票的交易价格受到诸多因素的影响，因而，股价的变化是非理性的，无一定的规律可循。

8）普通股的清算价值

普通股的清算价值是指公司停止营业时，处置各项财产，清偿各种债务，支付具有优先求偿权的各种财权之后，分配给普通股股东每一股份的剩余财产价值。它是公司在清算时每一股份所代表的实际价值。从理论上说，普通股的清算价值应等于股票的账面价值，但由于清算费用的发生以及处置资产的成交价格与财务报表上的账面价值的差异，二者通常无法保持一致，在大多数情况下，每股清算价值小于其账面价值，这也是普通股具有投资风险的表现。

6.1.5 普通股融资的评价

股份有限公司运用普通股融资，与发行优先股融资、公司债及长期借款等长期融资方式相比，有其优点和缺点。

1）普通股融资的优点

从发行公司的观点来看，普通股融资的优点主要有：

（1）普通股没有固定股利负担。与公司债和借款相比，普通股没有定期支付定额股利的法定义务。公司在有盈利并认为适于分配股利的情况下，就可以分配股利给股东；公司在盈利较少或资金短缺等情况下，可以少支付或不发放股利。这一特点使公司的现金收支具有很大的灵活性。

（2）普通股融资的风险小。普通股股本没有固定的到期日，也不存在固定的股利支付义务，公司在清算之前不需偿还原始投资，它是公司的永久性资本，可以保证公司对资金的最低需要，稳定公司资金来源，促进公司长期持续稳定发展。

（3）普通股的发行会增强公司信誉。用普通股融得的资本是公司的主权资本，它反映了公司的资本实力。发行较多的普通股可以提高公司的信用地位，为债权人提供更多的安全保障，同时也增强了公司的举债能力。

（4）普通股融资的限制较少。利用优先股、公司债及长期借款融资，通常有许多限制，影响公司经营的灵活性，而利用普通股融资没有使用约束，普通股在使用上不受投资者的直接干预，既可用于长期资产投资，在某种程度上也可用于永久性占用的流动资产投资。

2）普通股融资的缺点

（1）普通股融资的资本成本较高。普通股投资风险大，按照风险收益对等原理，股东要求获得相应的较高投资报酬率，从而使公司通过股本筹资的期望资本成本也加大；与此同时，普通股股利是从税后收益中支付的，不具节税作用，且其融资费用（发行成本）高于其他融资方式，这些都直接加大了公司资本成本。

（2）普通股融资会分散公司的经营控制权。增加普通股发行，会稀释原有股权结构，导致其他股东分享公司的投票权和控制权，冲淡原股东的特权。如果公司增加的普通股数额与公司的盈利不能成比例增加，势必会稀释每股净收益，引起普通股市价下跌，并有被收购的风险。

即测即评6.1

（3）增加公司对外公布财务状况的成本。上市公司的生产经营成果和财务状况需要公开披露，接受公众的监督，增强对社会公众股东的责任。这样，一方面增加了公司的财务披露成本，另一方面也会让竞争者获取公司的一些商业秘密。

6.2 优先股融资

6.2.1 优先股及其特征

优先股，又称为特别股，是指优先于普通股股东分得公司收益和剩余资产的一种股票，它是一种股息固定的股票，既类似于债券，又同时具有普通股的某些特性，故而优先股习惯上又被称为混合证券，它常被普通股股东视为债券，而被债权人视为主权资本。

优先股兼有负债与普通股两方面的特征，表现在以下几个方面：

1）优先股所具有的普通股特征

优先股与普通股同属于企业权益资本，具有普通股特征。

发行优先股所筹资金的性质为权益资本，优先股持有者也是公司的股东；优先股筹资构成股本，大部分情况下没有明确的到期日、不必定期支付股利，股利不是一种义务；其股息在税后收益中支付，不具有节税作用；优先股股东对其财产的求偿权仅限于股票面额，并承担有限责任。

但优先股股东比普通股股东享有一些优先权利，主要包括以下几点：

（1）优先分配股利。优先股股东可以从本公司当年可供分配的利润中优先得到按固定股利率支付的股利，如有剩余，普通股股东才可获股利。如果当年公司经营欠佳，可供分配的利润不足以支付优先股股利，持有优先股股票的股东还可以把未发足的股利累积起来，由以后年度可供分配的利润优先补足。

（2）优先分配剩余财产。公司破产或歇业清算时，在清偿所有债务后，剩余财产应先偿还优先股股本，如有剩余，才能按股份比例对普通股股东进行分配，所以优先股都设有票面价值，以便清偿。

2）优先股所具有的债务特征

优先股还兼有债券融资的特性，主要包括以下几点：

（1）优先股的股息固定，其股利通常按面值的百分比来发放或按定额股利发放，不受公司经营状况和盈利水平的影响。

（2）优先股股东一般没有表决权和管理权，即优先股股东没有选举权、被选举权和对公司的控制权。

（3）优先股的发行契约中可能规定有收回或赎回条款，有的还有偿债基金条款，即赋予其一个不确定的到期日，使其具有还本的特性。

（4）附转换权的优先股可在一定条件下转换为普通股。

（5）由于优先股的股利固定，对普通股股东权益而言，具有财务杠杆的作用。

优先股由于具有如上诸多特性，因此具有一定的融资优势，这将在下面的章节中作详细介绍。

6.2.2 优先股的种类

优先股按其所享有的优先权利的不同可分为以下几种：

1）累积优先股和非累积优先股

（1）累积优先股，是指公司由于种种原因而未能在营业年度内按期支付的股利积累到以后年度一并支付的优先股股票。它是最常见的优先股，其特点在于：股利率固定，并可以累积计算。公司在偿付以往拖欠的优先股股利时，不采用复利计息的方法。

【例6-11】某公司有累积优先股20 000股，年股利额为10元/股，假设该公司已有两年未发放股利，今年宣布发放股利700 000元，则公司共有3年的优先股应发放。

优先股股利=20 000×10×3=600 000（元）

普通股股利=700 000-600 000=100 000（元）

优先股这种股利累积的特性对优先股股东形成一种利益上的保护，防止公司管理层有意回避支付优先股股利而将大部分盈余留归普通股股东。

（2）非累积优先股。与累积优先股相对应的是非累积优先股，它是指不论上年度企业对其优先股股利是否进行过分配，一律以本年度所获得的盈余和比率为限进行分配的优先股股票。对此种优先股，企业不负有累计补付优先股股利的义务，优先股股东也无权要求企业予以补发。很显然，它会损害优先股股东所获得的优先地位，故一般不发行。

2）参与优先股和非参与优先股

（1）参与优先股，是指在其所应得的股利之外，如企业有额外盈余，允许以特定方式与普通股一同参加利润分配的优先股。其特点是，在股份公司的利润增大时，优先股股东除可获得固定股利之外，还可分得额外红利。参与优先股股票由于参与利润分配方式的不同，又可分为全部参加分配的优先股股票和部分参加分配的优先股股票。

①全部参加分配的优先股股票，是指优先股股东有权与普通股股东共享本期剩余利润。

【例6-12】某股份公司本年盈利7.2万元，发行全部参加分配优先股20万元，年股利率8%；发行普通股股票40万元，按12%的股利率计发股利。

优先股第一次分得股利为：

200 000×8%=16 000（元）

优先股第二次分得股利为：

200 000×（12%-8%）=8 000（元）

普通股股东分得的股利为：

400 000×12%=48 000（元）

优先股股东分得的股利为24 000元，普通股股东分得的股利为48 000元，优先股股票同普通股股票年收益率相同，均为12%。

②部分参加分配的优先股股票，是指优先股股东有权按规定额度与普通股股东共同参加利润分配的优先股股票。

例6-12中，若优先股规定按10%参加剩余利润分配，则：

优先股第一次分得股利为：

200 000×8%=16 000（元）

优先股第二次分得股利为：

200 000×（10%-8%）=4 000（元）

优先股股东分得的股利总计为20 000元，优先股股利率为10%，低于普通股股利率12%。

（2）非参与优先股，是指优先股股东所获得的股利只限于按事先规定的股利率计算，如果企业有额外盈余，应全部归属普通股股东。其特点表现在优先股股东只有权分取定额股利。

3）可转换优先股和不可转换优先股

（1）可转换优先股，亦称可调换优先股，是指在发行契约中规定，优先股的持有人可以在既定条件下将其股票按照事先规定的兑换率转换为企业的普通股。可转换优先股的特点是其股票价格易受普通股股票的价格影响而波动。可转换优先股较易发行成功，因为它对投资者而言具有灵活性。当股票市价达到转换价格时，是否转换完全取决于投资者的意愿，投资者可以在普通股市价上涨、收益超过优先股时成为普通股股东，亦可选择保留优先股股东的地位和权利。对于发行公司来说，可以较低的利率筹资，节省普通股发行费用，又可在适当的时候增加普通股股本，为增加负债奠定基础。

（2）不可转换优先股，是指优先股的持有人无权要求将其优先股转换成普通股，只能享受固定股利的优先股。凡不可转换为普通股股票的优先股均属此类优先股股票。

4）可赎回优先股和不可赎回优先股

（1）可赎回优先股，是指股份公司有权按预定的价格和方式收回已发行的优先股股票。是否收回的决定权归发行企业所有，股票的持有者不具有支配权。具体的赎回方式有以下几种：

①溢价方式，即根据事先规定的价格——优先股股票面值加上若干补偿金（溢价）赎回。

②设立偿债方式。股份公司在发行优先股股票时，每年按一定的比例购回优先股。这种收回方式使流通在外的优先股减少，其股利的偿付比率提高，从而使优先股股票市价上涨，保障了优先股股东的权益，但会同时加大普通股股东的财务风险，而优先股股东所获得的股利率也较低，故这种收回方式在实际中较少采用。

③转换方式，即把优先股股票转换为普通股股票。股份公司收回优先股股票的目的是，在市场平均利率趋于下降时，以较低股利率的股票取代已发行的优先股股票，进而降低股利负担，调整资本结构。优先股的回收对发行公司固然有利，但也必须注意收回的条件与时机，譬如，收回优先股不得损害公司章程中规定的优先股股东的权利，如参与权、累积权等；收回优先股不得动用公司正常经营资金，以免影响正常的资金周转；应根据市场利率和股票市价的水平选择适当的收回方式。

（2）不可赎回优先股，是指发行公司不能在某一时期以特定价格和方式收回的优先股。在这种情况下，公司若要收回优先股，只能到证券市场上按市价购回。

5）股利可调整优先股和固定股利优先股

（1）股利可调整优先股，是指股利率可以定期随资本市场平均利率的变动而调整的优先股股票。这种股利率变化与股份公司的经营状况无关，而与金融市场动荡、各种有价证券的价格变动和银行存款利率经常波动有关。

（2）固定股利优先股。凡不能调整股利率的优先股称为固定股利优先股，此种优先股较为常见。

6.2.3 优先股的价值

优先股与普通股相同，亦具有多种价值形式。

1）优先股的面值

优先股的票面价值是指公司发行优先股前在股票票面上标出的金额，它是计算股利额的依据之一。股利额通常为面值与名义股利率的乘积，也有直接规定每股股利额的情况，股利额的计算方法一经确定，一般不再变动。

2）优先股的发行价格

与普通股相同，优先股亦可按面值或溢价发行，超过面额的部分称为“股本溢价”。

3）优先股的内在价值

优先股的种类不同，其内在价值的评价方式亦有所不同。

当优先股是累积的参与优先股时，其收益与普通股类似，即包括股利收益和剩余盈余的收益，所以，其内在价值的评价方法与普通股相同，此处不再赘述。所不同的是，优先股的必要报酬率可能会比普通股低一些。

对于一般的具有固定股利的非参与累积优先股，估价时可认为其无到期日，可沿用零增长下的普通股内在价值的计算公式，即：

$$P=\frac{D}{K_p} \tag{6.14}$$

式中：K_p为优先股的必要报酬率；P为优先股内在价值；D为优先股股东每年收到的股利。

4）优先股的市价

与普通股一样，优先股市价取决于资本市场上同类风险股票的平均利率。计算公式为：

$$优先股市价=\frac{年股利额}{资本市场平均利率}=\frac{面值\times 名义股利率}{资本市场平均利率} \tag{6.15}$$

即为前述普通股的估价模型$V=D/K_s$。

显然，当名义股利率与市场平均利率不等时，市价将高于或低于股票面值。

【例6-13】假设某公司优先股的面值为100元，其名义股利率为8%，此时，资本市场平均利率为10%，求优先股市价。

$$优先股市价=\frac{100\times 8\%}{10\%}=80（元/股）$$

5）优先股的投资价值

优先股投资价值的高低主要取决于其发行契约中的具体优先权利条款，确定方法基本上分为两类。

（1）对于没有参与权的优先股，计算投资价值时只考虑其股利收益因素，其投资价值可按下列公式计算：

$$投资价值=D/K_i \tag{6.16}$$

式中：K_i为投资者的投资报酬率。

可见，投资价值即为固定股利额与某投资者要求的投资报酬率的比值。

【例6-14】承例6-13，若某投资者要求的报酬率为12.5%，市价为80元/股时：

$$投资价值=\frac{100\times 8\%}{12.5\%}=64（元/股）$$

显然，该投资者目前不会选择该股票，因为投资价值低于市价，即达不到其要求的报酬率。只有当投资价值大于或等于80元时，他才会考虑投资。

（2）若投资者准备作较长期投资，可按照下面模式确定其投资价值：

$$投资价值=\sum_{t=1}^{n}\frac{D_t}{(1+K_i)^t}+\frac{P_n}{(1+K_i)^n} \tag{6.17}$$

承例6–14，若该投资者预计3年后该股票市价会涨到90元，则：

$$该股票的投资价值=\frac{100\times 8\%}{1+12.5\%}+\frac{100\times 8\%}{(1+12.5\%)^2}+\frac{100\times 8\%+90}{(1+12.5\%)^3}=7.11+6.32+68.83=82.26（元/股）$$

在这种估计下，该投资者可能会考虑投资于该优先股。

对于有参与权的优先股，除了对公司有控制权之外，与普通股并无大的区别，故其投资价值的计算与普通股基本相同，但鉴于其特定的优先权利，在计算其投资价值时，期望报酬率应适当低于对普通股投资的要求。

6.2.4 优先股融资的评价

1）从发行公司的角度来看优先股的主要优点

（1）优先股通常没有固定的到期日，不用偿还本金。公司事实上等于获得了一笔无限期的贷款，且一般优先股又附有收回条款，这就使得资金更具有弹性，既可控制公司的资本结构，从而使公司获得较稳定的资金，又可减少财务风险。

（2）股利的支付既固定，又具有一定弹性。一般而言，优先股固定股利的支付并不构成公司的法定义务。如果公司财务状况不佳，则可暂时不支付优先股股利。

（3）保持普通股股东的控制权。由于优先股股东一般无表决权，所以发行优先股既可增加企业的资本金，又能够维持原股东的控股格局，使公司可按预定规划稳定发展。

（4）具有财务杠杆作用。若公司所获得的报酬率超出股票资金的特定成本，则可采用优先股融资，从而使普通股股东获得财务杠杆效应。

（5）降低负债比例，增强举债基础。发行优先股增加了公司的股本，提高了公司的信誉，并且增强了举债能力。

（6）可促使兼并谈判的成功。若被兼并企业的股东希望获得高水平和稳定的收入，则兼并企业可用优先股换取被兼并企业的普通股，以利于谈判的成功。

2）从投资者的角度来看优先股的主要优点

（1）为优先股股东提供了相对稳定的收益。

（2）在公司清算时，优先股股东分配剩余财产的权利优先于普通股股东，因此，可以避免受到类似于普通股股东所遭受的损失。

3）从发行公司的角度来看优先股的主要缺点

（1）优先股融资成本很高。优先股所支付的股利要从税后盈余中支付，不同于债券利息可在税前扣除，因此，优先股成本较高，对公司造成一定的财务负担。

（2）如果公司不能获取超过优先股资金成本的报酬，就会降低每股收益，从而抵消了这种融资的优点。

（3）发行优先股可能会对公司的经营发展造成一定的限制。比如规定了企业留存收益的标准和某些财务比率的水平，若企业未能达到这些标准和水平，就不能分配普通股股利等。

（4）发行优先股可能会引起一些有关控制和所有权的问题。如转换成普通股的优先股，可能会改变普通股所有权的构成比例，新加入的股东可能会对公司管理上所采取的一系列方针、政策持反对态度。

4）从投资者的角度来看优先股的主要缺点

（1）虽然优先股持有人承担了很大的风险，但其报酬有限，远不及普通股股东。优先股的价格波动大于公司债的价格波动，但其股利收入却未必高于债券利息收入。

（2）法律上没有强制分配股利的规定，对优先股股东的保障程度不高。

（3）公司积欠股利时，往往以非现金资产偿还，故实际得到的现金股息少于应计股息。

鉴于上述优先股融资的利弊以及优先股作为混合型融资方式的特征，公司应注意选择优先股融资的适当时机和种类，以达到良好的融资效果。一般而言，当公司的盈利水平高于优先股股利率，负债水平较高，管理层不愿分散控制权时，优先股是一种理想的融资方式。至于发行何种优先股，则要视当时的经济发展状况和投资者对收益率、公司支配权的要求以及对风险的态度而定。

即测即评6.2

专论

绿鞋制度与超额配售选择权

企业发行股票在其上市之时往往面对不可预期的市场风险，随着我国资本市场的迅速发展，上市公司新股上市当日成交价显著上扬，这意味着市场的实际需求可能大于发行股份数量，上市公司将错失融资良机，因此市场呼唤引入西方国家的绿鞋制度。“绿鞋制度”这一名称是因1963年美国波士顿绿鞋制造公司首次公开发行股票（IPO）时率先使用而得名，时至今日已成为国际资本市场承销商规避承销风险的重要手段。绿鞋制度的本质是超额配售选择权，是在与发行人签订的承销协议中赋予主承销商在新股发行时的一项期权，权利的内容是主承销商有权按发行价以不超过发行量15%的比例增发股票，目的是在一个一般约为30天的稳定期内通过该项期权稳定股票市场价格。主承销商在新股上市时首先卖空股票，如果股票上市后供不应求，股价大幅上扬，主承销商将行使期权，增发股票，从而对冲空头，并收取超额发行费用；如果股票上市后受到市场冷落，股价下跌，主承销商将放弃权利，从市场回购股票对冲空头协议。显然，这种超额配售选择权的存在将会成为新股价格的调节器，同时主承销商也不会蒙受价格风险。

中国证监会曾于2001年9月发布《超额配售选择权试点意见》，允许主承销商在上市公司增发股份时行使超额配售选择权，可以按不超过包销数额115%的股份向投资者发售。中国农业银行于2010年8月13日全额行使了首次公开发行A股超额配售选择权。

观念应用

中国工商银行上市

2006年10月27日，中国工商银行首次以A股+H股的方式同时在上海与香港地区上市，并创下全球资本市场有史以来最大筹资额的纪录，共融资1 732.3亿元，其中A股发行规模为466.4亿元人民币，H股融资1 249.5亿港元，总股本达3 340亿股，总市值为

2 500亿美元，成为亚洲最大、全球第三大上市银行。上市后的资本充足率和核心资本充足率达14.05%和12.23%。根据“中国工商银行股份有限公司2007年业绩预增公告”，公司净利润将在2006年的基础上大幅增加60%以上。

问题：

（1）登录www.icbc.com.cn，掌握关于中国工商银行近年经营与财务状况的数据，思考上市对中国工商银行的发展具有什么意义。

（2）我国多数大型国有企业都是先在境外上市，再回归国内A股市场，你认为中国工商银行为什么同时在境外与国内上市？

抑价现象

IPO抑价现象是指企业首次发行上市时股票市场价格显著高于发行价，新股认购者将会获得超额回报。抑价现象是股票市场普遍存在的一种现象，但在新型资本市场更为明显，这是传统资产定价模型难以解释的现象，学术界对此有不同的解释，所以又称其为“IPO之谜”。

一般而言，IPO抑价来源于两部分，即一级市场发行定价的实质性偏低和二级市场交易价格的非理性成分。过高的IPO抑价率会损害金融资源配置效率，加剧股票市场波动，在一定程度上影响资本市场的健康发展。新股发行制度和定价制度对IPO抑价发挥着重要作用。我国新股发行审核制度经历了从行政审批制、核准制到现在全面实施的注册制，对拟IPO企业信息披露规范和披露质量的要求不断提高。此外，我国新股定价机制也经历了多个阶段的变化，定价机制的市场化程度逐步加深。我国资本市场制度的不断完善，有助于投资者通过更高质量的信息披露判断企业的真正价值、通过询价机制获得公允的发行价格，IPO抑价率总体上呈现下降的趋势。图6-3展示了2007—2023年我国股票市场主板IPO平均首日均价升幅的逐年统计趋势。

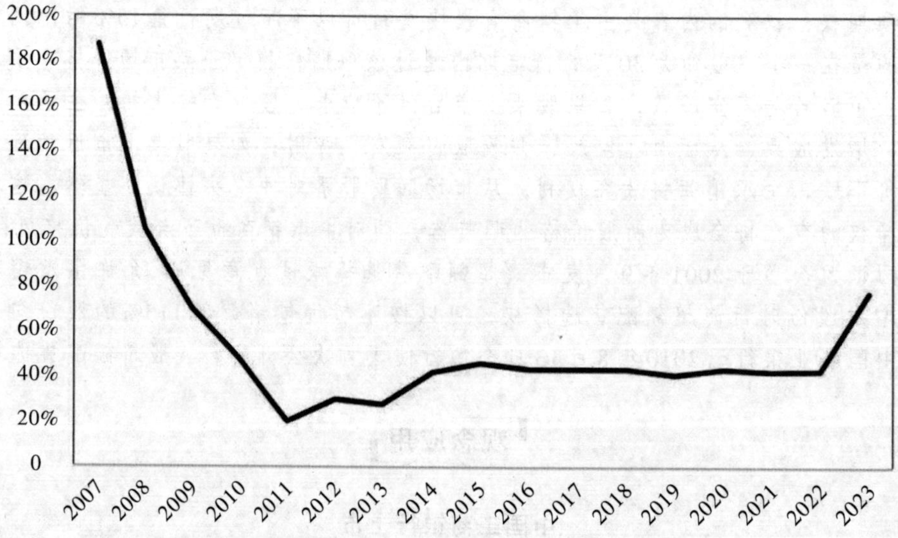

图6-3 2007—2023年主板IPO平均首日均价升幅

问题：

（1）从图6-3的统计数据来看，我国股票市场IPO抑价现象显著。你认为，上市首日均价升幅与公司经营业绩是否存在关系？你如何理解金融市场的IPO抑价现象？

（2）经过2019—2021年分别在科创板、创业板和北交所的政策试点后，2023年2月17日中国证监会发布全面实行股票发行注册制相关制度规则。注册制改变了以往由证券监管部门对拟上市企业价值作出“隐含性实质判断与背书”的情况，建立了以信息披露为核心的审核监管机制，明确了以投资者需求为导向的信息披露要求，健全了市场化询价的定价机制。你认为，注册制的实施会给新股发行的定价造成什么影响？

本章小结

•随着企业规模的不断扩大，长期融资决策对企业的发展显得尤为重要。作为筹集长期资金的重要来源之一，发行普通股已在国际、国内广泛运用，亦成为财务管理研究的一个重要课题。

•普通股有不同的发行方式，归纳起来大致有有偿增资发行、无偿配股发行及有偿无偿并行增股三种形式。公司的管理层应根据公司的实际情况选择合适的发行方式。相对而言，发行普通股的费用比较大，给投资银行或承销商的佣金则为其主要组成部分。普通股具有多种价值形式，其中最为核心的是普通股的内在价值，在零增长、正常或固定增长、非固定增长下，股票所具有的内在价值有所不同。这一价值具有积极的指导意义。此外，普通股的票面价值、设定价值、账面价值、投资价值、清算价值也是普通股的几种重要的价值形式。普通股因没有固定股利负担，融资的风险小，发行后可增强公司信誉，且融资的限制较少，故具有一定的融资优势。另外，普通股融资的资本成本较高，且容易分散公司的经营控制权，增加公司对外公布财务状况的成本，所以也同时有一些不足之处。

•公司亦可采用混合证券——优先股筹得公司发展所需的资金。优先股兼有负债与普通股两方面的特征并且具有多种分类方式。对发行公司而言，发行优先股的主要优点有：优先股通常没有固定的到期日，不用偿还本金；股利的支付既固定，又具有一定弹性；能够保持普通股股东的控制权；具有财务杠杆作用；可以降低负债比例，增强举债基础。但同时具有融资成本很高等缺陷。对投资者而言，优先股能为其提供相对稳定的收益，赋予其财产优先清偿的权利，但为此，投资者却承担了很大的风险，而其报酬却远不及普通股股东，且十分有限。优先股有多种形式，企业可以根据自身特点选择其中某种形式。

主要概念和主要观念

□ 主要概念

普通股　股票分割　普通股票面价值　普通股发行价格　普通股账面价值　普通股内在价值　普通股投资价值　普通股清算价值　累积优先股与非累积优先股　参与优先股和非参与优先股

□ 主要观念

1. 股权融资是企业的重要资金来源，普通股和优先股在权利和利益上都有所不同。

2. 股权的定价是财务管理中的难点，也是资本市场中人们极为关注的问题。

基本训练

□ 知识应用

6.1 选择题

1.下列关于普通股股东收益的大小与风险关系的说法中，正确的是（　　）。

A.正向关系　　B.反向关系

C.函数关系　　D.没有关系

2.下列各项中，属于无偿配股发行的是（　　）。

A.公开招股　　B.配股

C.股票分红　　D.公募发行

3.按我国《公司法》的规定，股票发行不允许采用（　　）的方式。

A.平价发行　　B.溢价发行

C.折价发行　　D.私募发行

4.普通股的账面价值是指按账面计算的每一普通股股份的（　　）。

A.资产总值　　B.资产净值

C.现金流量　　D.净利润

5.普通股的内在价值是指普通股的预期（　　）的现值。

A.未来现金流入　　B.利润

C.营业收入　　D.资产

6.优先股股东比普通股股东享有一些优先权利，其优先权利主要表现在优先分配股利和优先（　　）。

A.投票权　　B.参与管理

C.索取内部信息　　D.分配剩余财产

6.2 判断题

1.普通股是一种有期限的法律凭证，投资者购买了股票可以退股，也可以在股票市场上转让。（　　）

2.普通股的持有者有权出席股东大会，选举公司的董事会，参与公司的经营决策。（　　）

3.股票筹资的成本低于债务筹资的成本。（　　）

4.股票的市盈率是指股价为每股盈利的倍数，可以大致反映股价的高低，表明市场对该股票的评价。（　　）

5.普通股融资的风险比债务融资的风险高。（　　）

6.优先股兼有负债与普通股两方面的特征。（　　）

7.优先股股利的支付是固定的，而且必须按既定时间向持有者支付。（　　）

8.优先股股东一般无表决权，有助于控股股东维持其控股地位。（　　）

6.3 思考题

1.普通股具有哪些基本特征？

2.普通股有哪几种发行方式？各种方式又有哪些分类？各自的筹资目的有何不同？

3.股票的票面价值、设定价值与账面价值有何区别？各自的计算方法是什么？

4.股票发行价格的确定通常有哪几种方法？

5.股票的投资价值与股票的内在价值有何区别？具体的计算方法是什么？

6.影响股票的交易价值的因素有哪些？

7.怎样对普通股融资进行评价？

8.优先股具有哪些特性？

9.优先股可以如何分类？

10.如何对优先股进行评价？

□ 能力训练

6.1 计算题

1.A公司发行普通股筹资，当时投资者最低报酬率为16%。

（1）若该股为固定成长股，成长率为6%，预计一年后的每股股利为1.5元，求该股的内在价值。

（2）若该股未来三年股利为零增长，每股股利为1.5元，预计从第四年起转为正常增长，增长率为6%，求该股此时的内在价值。

2.企业为上市公司，几年前发行面额为100元/股的普通股，其流通在外的普通股为2万股，具体账面记录如下：普通股股本200万元，超面额股本（资本公积）16万元，留存收益94万元，权益合计310万元。企业现欲发行无面额（设定价值为70元/股）的普通股股票4万股转回上述流通在外的全部有面额的股票。股东权益的账面记录应作何调整？其股东权益有无变化？

3.某上市公司的股票价格为50元/股，现公司欲再发行普通股2 000万元，其承销商经市场测定，认为股价呈下降趋势，因而设定新股上市价为46元。该承销商要求获取的佣金为发行价格的3%。此外，企业还需另外支付各种发行费用20万元。为了筹得2 000万元的资金，该公司需要发行多少股普通股？

4.公司优先股的每股面值为120元，其累积的固定股利率为5%，此时，资本市场平均利率为8%。求该优先股的价格。

5.公司发行的股票有以下几种：

（1）普通股，每股面值10元，在外流通股数为20 000股，共计20万元；

（2）6%的部分参与优先股（最高股利限额为8%），每股面值50元，在外流通股数为1 000股，共计5万元；

（3）6%的非参与优先股，每股面值50元，在外流通股数为1 000股，共计5万元。若A公司在第一年到第三年内宣布分派股利分别为2.5万元、3.33万元、4.2万元。

要求：计算各年各类股东分得的股利。

6.A公司是一家软件制造商，第一次拟公开发行普通股，故需要确定合适的普通股发行价格。为此，公司寻找到一家已成功发行普通股的属同行业的B公司和C公司进行比照，这两家公司的规模、资产结构、资本结构与A公司极为相似，A、B、C公司的主要数据见表6-3。

表6-3 A、B、C公司主要数据

2023年	B公司	C公司	A公司
每股账面价值	30（元/股）	55（元/股）	
每股收益	4.5（元/股）	7.5（元/股）	
每股价格	36（元/股）	65（元/股）	
每股股利	2.25（元/股）	3.75（元/股）	
总资产（万元）	2 800	8 200	2 000
总负债（万元）	1 200	3 000	1 100
销售额（万元）	4 100	14 000	3 700
2019年			
每股收益	3.00（元/股）	5.5（元/股）	
每股股利	1.50（元/股）	2.75（元/股）	

其中，A公司2023年的总价值为9 000 000元，总收益为1 200 000元，2019年的总收益为816 000元。

要求：

（1）假设A公司将发行1 000份对外流通股，问此时的每股收益、每股股利、每股账面价值分别为多少？

（2）根据（1）的答案，你认为A公司是否需要进行股票分割？假设在（1）的基础上再将每股股份分割为400份，此时（1）的答案将作何修改？这样分割是否合理？

（3）请计算三家公司各自的增长率。

（4）你认为这三家公司的股利政策是否一致？

（5）计算三家公司的资产负债率，并分析A公司的风险程度。

（6）假设A公司按400 000股发行对外流通股，利用公式“$K=D_1/P_0+g$”计算B公司、C公司的K值，然后利用K值，按持续增长的股票模型推导出A公司的股票价格。

（7）你认为A公司以何价格对外发行股票最为合理。

（8）假设A公司的筹资费用率为8%，若按（7）的价格发行，A公司可以筹得多少资金？

6.2 案例分析

境外上市企业回归

2015年6月初，国务院常务会议明确指出“推动特殊股权结构类创业企业在境内上市”，此后迅速掀起了一股在境外上市的中国概念股私有化退市回归A股市场的浪潮。6月股市大跌暂时退潮，而11月17日证监会审核通过江南春旗下分众传媒借壳七喜控股上市，海归潮又重新提速潮涌。

随着A股市场重启IPO，一批在中国香港上市的H股公司蜂拥“回A”，开启了境外上市公司回老家的另一种模式。有媒体注意到，在IPO暂停的4个多月中，预披露公司增加了七八十家①，其中包括在中国香港上市的万达商业地产、富力地产、拉夏贝尔、秦港股份、哈尔滨银行等。以万达商业地产为例，其在中国香港上市才半年多，今年7月初即启动A股发行计划。毫无疑问，估值诱惑当是其回归A股的最大动力。

与此同时，作为主要承接中概股回归的上交所战略新兴板，将在证券法颁布后与注册制同步推出。而与战略新兴板对接的上海股权托管交易中心的科创板，已明确宣布在2015年年内推出。据报道，科创板已储备50多家企业，其中便有准备登陆战略新兴板的"拆红筹"企业。

境外上市的中国内地企业正在通过各种途径，抓住时机，蜂拥回归A股市场。中国资本市场担当着经济转型的重任，在目前传统企业权重明显过高的情况下，一批新兴企业回归A股当是利大于弊。当然，前提是加强监管，对内幕交易等违法犯罪行为严惩不贷。

讨论：

(1) 你认为，有哪些因素引发了中概股境外上市回归潮？

(2) 与前些年国企热衷于在境外和境内同时上市相比，中国资本市场环境发生了什么变化？

6.3 调研实践

1. 通过互联网收集最近一年我国首次发行A股的上市公司资料，主要收集这些企业股票首日上市升幅，市场交易数据如市盈率、换手率等，以及截止到你收集数据时这些股票的价格表现，了解这些企业的财务、经营状况。

2. 根据网上调研收集的数据，思考我国新股发行的定价是否存在抑价现象？如何利用定价理论解释这些现象？

□ 政策思考

请查阅相关材料并思考：注册制实施的必要性是什么？注册制会如何影响企业的股票融资行为？投资者应当如何适应注册制？

① 预先披露制度，是指申请首次公开发行股票的，在按照证券法的规定向国务院证券监督管理机构报送有关申请文件，并在其受理后，将有关申请文件向社会公众披露，而不必等到国务院证券监督管理机构对发行文件审核完毕、作出核准发行的决定后再进行披露。

第7章 长期负债融资

学习目标

思维导图7

视频导学7

知识传授：熟悉公司采用长期负债融资的三种方法，即债券融资、定期借款和租赁融资；了解公司债的基本特征及其发行方式；熟悉公司债信托契约的基本内容；掌握债券的价值形式及计算债券价值的原理；理解有关公司债替换的一般概念及相应的决策过程；理解对债券筹资的评价；掌握在不同偿还方式下还款安排的方法；正确区分不同租赁形式的异同和各自的特性；了解如何据此选择举债购买或者租赁的方式。

能力培养：掌握债券的不同价值形式及其计算的具体方法；掌握债券各种价值和利率之间的关系；掌握公司债务替换的决策方法；掌握租赁决策的相关计算；了解我国目前公司债券市场的基本现状，能初步评价我国企业的债券融资能力和债务偿还能力。

价值塑造：帮助学生理解金融市场服务实体经济的意义；注重长期负债融资的风险，树立风险防范意识和诚信精神；探讨企业过度负债融资与金融强监管等现实问题并提出改进建议，以培养批判性思维、创新能力和问题解决能力。

引例：南玻集团关于面向合格投资者公开发行公司债券方案的公告（节选）

为进一步拓宽公司融资渠道、优化公司债务结构、满足公司资金需求，中国南玻集团股份有限公司（以下简称“南玻集团”或“公司”）拟面向合格投资者公开发行公司债券。公司第八届董事会临时会议审议通过了《关于面向合格投资者公开发行公司债券方案的议案》，现将公司本次拟公开发行公司债券有关事项公告如下：

1.票面金额、发行价格及发行规模

本次公司债券面值为100元，按面值平价发行。本次公司债券发行金额不超过人民币18亿元（含18亿元），具体发行规模提请股东大会授权董事会或董事会授权人士根据公司资金需求情况和发行时市场情况在上述范围内确定。

2.发行对象及向公司股东配售的安排

本次公司债券的发行对象为符合《公司债券发行与交易管理办法》《深圳证券交易所债券市场投资者适当性管理办法》等规定的合格投资者。本次公司债券不向公司股东优先配售。

3.债券期限及品种

本次公司债券期限不超过10年（含10年），可以为单一期限品种或多种期限的混合品种，具体品种及各自规模期限构成提请股东大会授权董事会或董事会授权人士在发行前根据市场情况和公司资金需求情况在上述范围内确定。

4.债券利率及确定、还本付息方式

本次公司债券为固定利率债券，在债券存续期内固定不变。债券票面利率提请股东大会授权董事会或董事会授权人士根据网下询价簿记结果与主承销商在预设利率区间内按照市场情况协商确定。本次公司债券票面利率采取单利按年计息，不计复利。每年付息一次，到期一次还本，最后一期利息随本金的兑付一起支付。

5.担保方式

本次公司债券发行不提供担保。

6.发行方式

本次公司债券发行采用网下面向合格投资者询价配售、公开发行的方式，在获得中国证监会核准后，可以采取一次或分期发行。具体发行方式提请股东大会授权董事会或董事会授权人士根据公司资金需求和发行时市场情况在上述范围内确定。

7.募集资金用途

本次公司债券募集资金扣除发行费用后拟用于调整债务结构、补充流动资金及适用法律法规允许的其他用途。具体用途及金额比例提请股东大会授权董事会或董事会授权人士根据公司实际需求情况确定。

8.偿债保障措施

本次公司债券发行后，若出现未能或预计不能依据法律法规及相关约定按期足额偿付债券本息的情况时，提请股东大会授权公司董事会或董事会授权人士决议至少采取如下措施，并办理与该等措施相关的一切事宜：

（1）不向股东分配利润；

（2）暂缓重大对外投资、收购兼并等资本性支出项目的实施；

（3）调减或停发董事和高级管理人员的工资和奖金；

（4）主要责任人不得调离。

9.发行债券的上市

公司在本次公司债券发行结束后，在满足上市条件的前提下，拟向深圳证券交易所提出上市交易的申请，或经监管部门批准，本次公司债券亦可在适用法律允许的其他交易场所上市交易。根据中国证监会和深圳证券交易所的相关规定，提请股东大会授权公司董事会或董事会授权人士办理本次公司债券交易流通事宜。

10.赎回条款或回售条款

关于本次公司债券是否设置赎回条款或回售条款及其他相关条款的具体事宜，提请股东大会授权董事会或董事会授权人士确定。

11.关于本次公司债券的授权事项

为保证本次公司债券相关工作能够有序、高效地进行，提请公司股东大会授权董事会或董事会授权人士在有关法律法规及《中国南玻集团股份有限公司章程》的规定范围内全权办理本次公司债券发行相关事宜。

12.决议的有效期

本次公司债券决议自股东大会审议通过之日起二十四个月内有效。

资料来源 南玻集团．中国南玻集团股份有限公司关于面向合格投资者公开发行公司债券方案的公告［EB/OL］．［2020-02-25］．https://pdf.dfcfw.com/pdf/H2_AN202002241375434137_1.pdf.

7.1 公司债

公司债券也称“原始契约”，是企业为了筹集资金而向债权人发行的有价证券，是承诺按一定利率到期支付利息和偿还本金的一种书面凭证。公司债券表明了一种债权债务关系，它可以在证券市场上自由转让，是企业筹集长期资金常用的方式。

7.1.1 公司债的内容及特征

1）公司债券的内容

公司债券一般有以下几个基本要素：

（1）公司债的票面价值

公司债的票面价值是指公司所设定的票面金额，它表明了公司在到期日对债券持有人应支付的本金额，是计算债券利息的依据。

它包含两个方面的内容：

①票面价值的币种，即以何种货币作为债券票面价值的计量单位。选择币种时要依发行对象和实际需要来决定。一般来讲，如果发行对象是国内投资者，就应选择国内货币作为债券票面价值的计量单位；如果发行对象是国外投资者，就可选择债券发行地国家货币或国际通用货币。

②债券的票面金额。债券票面金额的大小直接影响债券的发行成本及发行数量，从而影响融资效果。一般来说，票面金额较小，有利于债券发行，但发行费用较大；相反，票面金额较大，则发行费用较小，但不利于吸引投资者。

（2）公司债的期限

公司债均有固定的偿还期限。债券偿还期限即从债券发行日至其到期日的间隔期。债券的期限由发行公司依据将来一段时间可调配的资金规模、市场利率的状况、证券市场的完善程度、投资者的投资行为等因素来决定。

（3）公司债的利率

公司债的利率，又称“票面利率”或“名义利率”，即债券持有者定期获取的利息与债券票面价值的比率，以百分率表示。

名义利率一般是固定不变的，若每年计息1次，则债券年利息为其面额与名义利率的乘积，此时债权人获得的实际利率等于债券的名义利率。这里需要注意的是：债券的票面利率不等同于实际利率。实际利率通常是指按复利计算的一年期的利率。因为债券的计息和付息方式有多种，这就使得票面利率不等于实际利率。

【例7-1】某公司债券面值为1 000元，票面利率为10%，每年计息一次，则：

债券年利息额=1 000×10%=100（元）

而在每年计息两次或两次以上的情况下，由于债权人可将利息再投资，故债券的实际利率将高于其名义利率。从公司的角度看，则融资成本高于每年计息一次的公司债融资成本。

承例7-1，若每半年付息一次，根据复利计算原理，则该债券实际利率为：

$(1+r/n)^{n}-1=(1+10\%\div2)^{2}-1=10.25\%>10\%$

不难看出，每年付息次数越多，债券的实际利率越高，设每季度付息一次，则：

实际利率$=(1+10\%\div4)^{4}-1=10.38\%>10.25\%$

债券利率的高低是由发行债券的主体决定的，但也受银行利率、发行者的资信级别、偿还期限、利息的偿还方式以及资本市场资金的供求关系等因素的影响。

（4）公司债本金和利息的偿还方式

债券本金有多种偿还方式，一般有到期日一次还本或分期按比例还本等。除此之外，债权债务的解除还可采取以新债券替换旧债券，以偿债基金赎回公司债或转换为普通股等方式。利息的偿还方式亦有半年支付一次、一年支付一次或到期日一次总付等多种方式。

2）公司债的特征

从融资者的角度来看，公司债的主要特征有：

（1）资本成本固定

公司债的利息率是债券发行时既定的，与企业将来的经营状况无关，无论企业经营收益多寡，均需按既定的利息率向债券持有者支付利息。债券的付息方式一般有三种：

①一般付息方式，即债券投资者到期一次性按利率取得利息报酬的方式。在我国，这是最常见的付息方式。

②附息票方式，即债券投资者定期凭债券所附凭证领取利息报酬的方式。

③贴现方式，即投资者以低于面额的价格买入债券，到期则按面额收回本金。相当于预先收取利息，其投资收益来自债券买入价与债券面额之间的差额。

【例7-2】某债券面额为1 000元，年利率10%，期限12年。若采取贴现方式，则：

债券发行价格$=1\,000\div(1+10\%)^{12}=318.63$（元）

（2）有明确的偿还期

债券的还本期是既定的。按其还本期的长短可将公司债券划分为长期债券（还本期在10年以上）、中期债券（还本期在1年以上10年以下）和短期债券（还本期在1年以内）。

（3）债券利息可以节税

公司债利息作为财务费用计入当期损益，在税前扣除，可节税。

（4）可转嫁通货膨胀损失

在通货膨胀的情况下，货币的实际购买力下降，发行公司可利用债券继续支付定额利息费用，而将通货膨胀造成的损失部分转嫁给债券持有者，降低公司的经营风险。

（5）不会分散公司的控制权

由于债券持有者无权参与公司的经营管理，故债券的发行对公司的控制权无影响。

从投资者的角度来看，公司债的主要特征有：

①偿还性。债券到期时，债权人可以向债务人收取利息和本金。

②收益性。其表现在两个方面：一是债权人凭借债券根据票面利率从债务人那里定期取得利息收入；二是在资本市场上通过债券的买卖，获得收入。

③安全性。投资于债券相对来说风险小一些，比较安全，因为：

A.债券在发行时利率已确定；

B.债券的还本付息有法律保障并且具有优先分配权；

C.发行债券的公司要接受银行和有关部门监督，以便保障债权人的利益。

④流动性。债券随时都可在金融市场上流通转让，流动性较强，而且投资者还能够以债券作抵押，取得银行等金融机构贷款。

一般来讲，债券的这几个特征很难兼顾。如要保证安全性，收益就可能低些；要使债券流动性强，收益性就可能差些。因此，融资者应充分考虑它们相互之间的关系，协调收益性、安全性与流动性的关系，以吸引更多投资者购买，从而达到融通资金的目的。

3）公司债与普通股融资的比较

发行普通股和发行公司债是股份公司筹集长期资金最基本且最典型的两种方式。由于所筹资金性质不同，导致了两种筹资方式在以下诸方面的差别：

（1）资金性质不同

发行普通股所融资金为股本，属公司的权益资本；而发行公司债所融资金属公司的负债。

（2）投资者的身份和所持凭证不同

普通股的投资者为普通股股东，是公司的主人，其投资凭证为普通股股票；而公司债的投资者为公司的债权人，其投资凭证是公司债债券。

（3）资金可供使用的期限不同

发行普通股所融资金可在公司继续经营期间永久地、无限期地使用；而发行公司债所筹资金只能在规定的期限内使用。

（4）融资的顺序不同

发行普通股是公司首要的融资方式；而公司债的发行必须在发行普通股之后。

（5）融资的手续不同

普通股融资的手续比较烦琐；而公司债的发行手续相对比较简单。

（6）投资者收益的形式、时间和数额不同

普通股股东投资收益的形式是股利或红利，其支付时间和数额是不固定的；而公司债持有者投资收益的形式是债券利息，其支付的时间和数额都是固定的。

（7）现金流出量不同

发行普通股融资所支付的现金股利是不定期且不定额的；而发行公司债融资所支付的各期利息额和本金是既定的。

（8）公司对投资者收益的财务处理及其节税的作用不同

普通股股利由税后收益支付，故不具节税作用；而公司债券利息则作为财务费用在所得税前扣除，具有节税作用。

（9）对公司控制权的影响不同

若普通股在一级市场上公开发行，则会冲淡公司原股东的控制权；而发行债券对公司控制权无影响。

（10）投资者财产的清偿顺序不同

当公司破产清算时，普通股股东对公司剩余财产的求偿顺序在所有债权人和优先股股东之后；而公司债持有者则有优先清偿权。

（11）风险程度不同

从发行公司的角度来看，发行普通股融资的风险小于发行公司债融资的风险；而从投资者的角度来看则相反，即投资于普通股的风险大于投资于公司债的风险。

（12）相互关系不同

普通股不可转换为公司债；而某些公司债可在一定条件下转换为普通股。

4）公司债信托契约

公司债信托契约又称“公司债约”或“辅助契约”，是发行公司与信托人之间订立的契约，它表明双方所拥有的权利与承担的义务。

债券信托人又称受托人，是介于债务人与债权人之间的第三方，代表公司债持有人的集体利益，强制执行公司债契约条款。任何法人包括公司组织均可担任信托人，但一般由商业银行信托部、投资银行等金融机构来承担信托人的责任。

信托人的责任主要有三方面：

①为公司债的发行签证，包括确定公司债信托契约订立的所有条款均已执行；

②监督发行公司履行信托契约所规定的责任；

③确保债权人的利益，在发行公司有任何违约行为的情况下，负责采取适当的行动，如直接从发行公司银行账户中支付本息等。

公司债信托契约是一种非常详细而复杂的文件，它必须包括关于公司债发行的所有重要事项。如对抵押财产的详细叙述；公司债发行的确切方式，发行用途，公司债数额、面额、利率、期限；对债权人的保护条款，诸如限制举债、要求设立偿债基金、规定股利发放的最高限额；应保持的最低盈利和利息倍数水平、最低营运资本水平的规定；债券赎回权利的规定；债券收回方式、转换条件；发行公司违约应承受的惩罚等。这些限制性条款的主要目的在于：尽可能防止公司在发行债券后，采取任何有损于公司债持有人利益的行为，以保护债券持有人的基本利益。

根据中国证监会2021年修订的《公司债券发行与交易管理办法》，公开发行公司债券的受托管理人旨在保护债券持有人权益的具体职责主要包括：

①持续关注发行人和保证人的资信状况、担保物状况、增信措施及偿债保障措施的实施情况，出现可能影响债券持有人重大权益的事项时，召集债券持有人会议；

②在债券存续期内监督发行人募集资金的使用情况；

③对发行人的偿债能力和增信措施的有效性进行全面调查和持续关注，并至少每年向市场公告一次受托管理事务报告；

④在债券存续期内持续督导发行人履行信息披露义务；

⑤预计发行人不能偿还债务时，要求发行人追加担保，并可以依法申请法定机关采取财产保全措施；

⑥在债券存续期内勤勉处理债券持有人与发行人之间的谈判或者诉讼事务；

⑦发行人为债券设定担保的，债券受托管理人应在债券发行前或债券募集说明书约定的时间内取得担保的权利证明或其他有关文件，并在增信措施有效期内妥善保管；

⑧发行人不能按期兑付债券本息或出现募集说明书约定的其他违约事件的，可以接受全部或部分债券持有人的委托，以自己名义代表债券持有人提起、参加民事诉讼或者破产

等法律程序，或者代表债券持有人申请处置抵质押物。

非公开发行公司债券的，债券受托管理人应当按照债券受托管理协议的约定履行职责。

许多公司债信托契约中都包括“设立偿债基金”条款。偿债基金是债券发行公司为在债券到期之前系统地清偿公司债务而设置的一项特别基金。

设立偿债基金的意义就在于：它提供了一种监督手段，保护债权人的权益，且实际上缩短了该债务的实际期限，降低了债务风险，保证了该债务到期时能如数清偿。

“偿债基金”条款要求债券发行公司每年提取一定数额的偿债基金，具体数额取决于公司债信托契约规定，它可以是固定的，也可以是变动的。在固定支付情况下，公司定期提交相同数额的偿债基金给信托人；而在变动情况下，则所支付的金额大小可视当年的销售额或税前利润额而定。公司债持有人一般都倾向于采用固定支付偿债基金的办法，所以，发行公司必须每年提取固定的金额，作为偿还债务的资金来源。

公司提存的偿债基金通常交由受托人或专设机构代为保管和运用，偿债基金的性质决定了其管理的基本要求是保持其流动性，并力求投资的安全有效。偿债基金的投资方式主要有：

①改善或增添该公司债的抵押财产；

②认购其他公司的公司债券（此方式风险性较大）；

③认购政府发行的债券（此方式安全但获利较低）；

④投资于本公司发行的同一公司债券。

投资于本公司发行的同一公司债券是指由受托人用偿债基金收回该债券交发行公司注销，从而达到偿债的目的，具体有两种处理方法：

①每年以约定价格赎回一定比例的公司债。因为债券都是顺序编号的，故可以采用抽签方式决定应收回的债券；

②用偿债基金在公开市场购回固定百分比债券。

在按年提存的偿债基金既定的情况下，公司应选择能促使公司债流通额尽快降低的方法，因此当利率上升，公司债价格下跌时，公司应选取在公开市场赎回的方法；而当利率下降，公司债价格上涨时，则应选取抽签赎回的方法。

虽然偿债基金的目的在于保护债权人的权益，但它有时也会损害债权人的利益。例如，当某种债券的票面利率高于市场利率时，该债券的市价将高于面值，此时若公司为了满足偿债基金的规定，按面值将部分债券收回，则被选为购回对象的债券持有人将遭受损失。另外，由于偿债基金的设立对投资者提供了额外的保障，故其利率较没有偿债基金的公司债低且售价较高，投资者的收益相对减少。尽管如此，一般投资人还是认为，有偿债基金规定的公司债比没有偿债基金规定的公司债更能保障其权益。

信托契约中未订有设立偿债基金条款的普通公司债，其债务于债券到期日一次清偿，也可分批清偿。若分批清偿的则为“分批偿还公司债”，这是一种在发行当时就规定有不同到期日的债券，投资者可根据自己的情况选择相应到期日的债券。由于期限不同而导致的收益水平的差异体现在债券的发行价格或名义利率上，故到期值仍为债券面值。

除了偿债基金条款外，信托契约中通常还规定有收回条款或称为赎回条款。这一条款赋予发行公司提前收回公司债的权利。公司债的回购价格通常比其面额高，采用溢价收回，并随到期日的接近而逐渐降低。假如公司债在第一年赎回，则收回溢价一般等于一年的利息，以后各年赎回的溢价则以定率递减。例如，面额1 000元、年利率10%的10年期公司债，若在第1年收回，则收回溢价为100元，第2年收回，则收回溢价为90元（减少年利息额的1/n，n为期限），依此类推。

回购条款使公司在融资上具有弹性，若操作合理，将会对发行公司有利。如预计市场利率将下跌时，公司即可行使收回的权利，随后以较低的利率发行新的公司债券，以降低筹资成本。另外，如果现行公司债的限制性条款过于苛刻，则回购条款可使公司通过提前购回公司债而消除这些限制。然而，这种权利会损害债券投资者，尤其是当债券出售期间利率正值高峰时更是如此。因此，新发行的可赎回公司债的利率必然高于新发行而没有收回条款的公司债的利率。

例如，2021年1月1日，甲公司出售BB级公司债，年利率为10%，此债券附有收回条款；同时乙公司发行同级的公司债，年利率为9.5%，此债券在10年内不能赎回。作为投资者，他显然会考虑接受利率低0.5%的乙公司债券，以保证至少在未来的10年内可获得相当高且稳定的收益。而甲公司愿意以高出0.5%的年利率来换取当利率下降时对该债券的赎回权利。

若信托契约中未订有收回条款而发行公司又想提前收回债券，就只能由信托人用偿债基金在证券市场上直接与债权人协商收回，此时，收购价格会较高。

7.1.2 公司债的评价模式

公司债券可以在证券市场上自由流通，因而也具有多种价值形式，具体的计算原理可以参照普通股的估价模式，采用资本化的原理来确定。

下面介绍一下公司债评价的一般模式。

从理论上说，投资于公司债券的收入包括债券存续期间的利息和到期价值，其价格应为各期利息的现值与面值的现值之和，用公式表示：

$$V=\frac{I_1}{1+k}+\frac{I_2}{(1+k)^2}+\cdots+\frac{I_n}{(1+k)^n}+\frac{M}{(1+k)^n}$$

$$=\sum_{t=1}^{n}\frac{I_t}{(1+k)^t}+\frac{M}{(1+k)^n} \tag{7.1}$$

式中：V为债券价格；I_t为债券每年利息=债券面值×票面利率；M为债券到期值（面值）；k为贴现率，即资本化利率；n为债券期限（年）。

【例7-3】某债券面额为1 000元，期限为5年，票面利率为8%，资本化利率为8%，则：

$$V=\sum_{t=1}^{5}\frac{1\,000\times 8\%}{(1+8\%)^t}+\frac{1\,000}{(1+8\%)^5}$$

=1 000（元）

显然，在I、M和n既定的条件下，债券价格取决于资本化利率k，而例7-3中债券的价值之所以等于面值，是因为资本化利率等于债券名义利率（8%）。债券不同价格形式的唯一区别在于所用的k不同。

1）公司债的发行价格

债券发行价格是指发行公司或其承销机构发售债券所使用的价格，它即为发行公司发行每一张债券所能筹集到的资金数额。

由于债券是向社会公众发行的，投资者会以金融市场利率来衡量债券发行价格的可接受性，故而，发行公司必须以市场平均利率计算发行价格，才能吸引投资者。通常情况下，债券面值、票面利率和期限在债券发行前就已确定，而债券发行价格主要取决于债券发行时的市场利率水平。我们在这里采用市场利率，即证券市场上风险、期限类似证券的平均利率，亦即前述的必要报酬率作为公司债券发行价格的贴现率来分析发行价格。

根据上述债券评价的一般模式，公司债发行价格的计算公式如下：

$$\text{发行价格}=\sum_{t=1}^{n}\frac{\text{年利息}}{(1+\text{市场利率})^{t}}+\frac{\text{债券面值}}{(1+\text{市场利率})^{n}} \tag{7.2}$$

从公式可看出，由于票面利率与市场利率的差异，从而使债券的发行价格可能出现三种情况，即平价、溢价与折价。一般而言，当债券发行时的市场利率高于债券票面利率时，发行公司应以低于面值的价格（折价）发行，以弥补投资者以低于市场利率计算的利息收入的损失。反之，当债券发行时的市场利率低于债券票面利率时，则发行公司可以高于面值的价格（溢价）发行，以抵补发行公司以高于市场利率计算的利息支出的损失。如果债券发行时的市场利率与债券票面利率持平，则债券发行价格将与票面面值一致，即平价发行债券。

在上述计算公式中，假定不同时期的收益所用的折现率（即市场利率）等同于发行时的市场利率，其实这是一种简化的做法。从理论上看，由于风险因素、流动性偏好以及通货膨胀等的影响，越迟发生的收益，所用的折现率应当越高。市场利率的这种期限关系，称为利率的期限结构。

下面举例说明公司债券发行价格的确定方法。

【例7-4】某公司发行面值为1 000元、票面利率为10%、期限为10年的债券，每年年末付息一次。试分别确定：当市场利率为10%、11%、9%时该公司债券的发行价格。

（1）当市场利率为10%时：

$$\text{发行价格}=\sum_{t=1}^{10}\frac{1\,000\times10\%}{(1+10\%)^{t}}+\frac{1\,000}{(1+10\%)^{10}}=100\times6.145+1\,000\times0.386=1\,000\text{（元）}$$

因为市场利率等于债券名义利率，投资者按面值购买即可获得平均利率，所以债券发行价格等于其面值，即按面值发行。

（2）当市场利率为11%时：

$$\text{发行价格}=\sum_{t=1}^{10}\frac{1\,000\times10\%}{(1+11\%)^{t}}+\frac{1\,000}{(1+11\%)^{10}}=100\times5.889+1\,000\times0.352=940.9\text{（元）}$$

因为市场利率高于债券名义利率，投资者只有以低于债券面值的价格购买才可获得平均利率，故债券发行价格低于面值，即折价发行。

（3）当市场利率为9%时：

$$\text{发行价格}=\sum_{t=1}^{10}\frac{1\,000\times10\%}{(1+9\%)^{t}}+\frac{1\,000}{(1+9\%)^{10}}=100\times6.418+1\,000\times0.422=1\,063.8\text{（元）}$$

因为市场利率低于债券名义利率，投资者以高于债券面值的价格购入亦可获得市场平均利率，故债券发行价格高于面值，即溢价发行。

根据上例，我们可以将债券的市场利率、票面利率、平价发行、折价发行及溢价发行的关系可用图7-1表示。

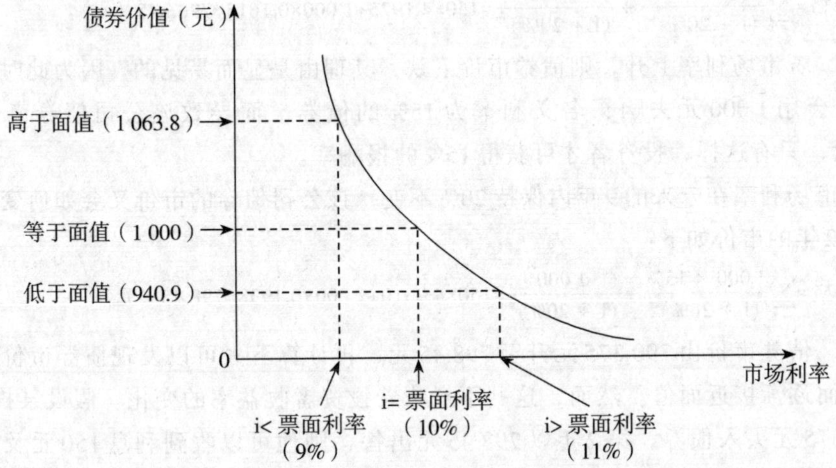

图7-1 利率与债券价值的关系

如前所述，在有效的市场中，市场平均利率（必要报酬率）与投资者预期的报酬率相同，故上述公式中市场利率也可理解为投资者预期报酬率。从以上举例可知，无论市场利率与债券票面利率的差异如何，按债券评价模式计算出来的债券发行价格均可保证投资者实现市场平均利率。

当公司债券不按面值发行时，会出现发行价差，使得公司实际融得的资金高于或低于按面额计算的债券金额。然而，无论以何种价格发行债券，每年的应付利息和债券到期值都是相同的，故对于发行价差即发行溢价或发行折价应在债券有效期间内进行摊销，调整各年的利息费用。

2）公司债的市场价格

公司债的市场价格即债券在证券市场上的售价，广义的市场价格还包括发行价格，为了避免与上文重复，我们这里所说的市价专指二级市场上的价格。其实，二者在计算上并无太大区别，只是发行价格所用的资本化利率是发行当时的利率，而市价所用的利率是目前的市场利率而已。

由上述债券一般评价模式可知，利率变动将导致债券市价的变动，我们再举一例来说明这个问题。

【例7-5】某公司于2021年发行一种债券，面值为1 000元，年利率为15%，期限为10年。分别确定当市场利率为15%、20%和10%时该公司的债券价格。

（1）当市场利率为15%时，该债券市价为：

$$市场价格=\sum_{t=1}^{10}\frac{1\,000\times15\%}{(1+15\%)^t}+\frac{1\,000}{(1+15\%)^{10}}=150\times5.0188+1\,000\times0.2472=1\,000（元）$$

该债券上市一年后市场利率仍保持在15%，则一年后的债券市价为：

$$市场价格=\sum_{t=1}^{9}\frac{1\,000\times15\%}{(1+15\%)^t}+\frac{1\,000}{(1+15\%)^{9}}=150\times4.7716+1\,000\times0.2843=1\,000（元）$$

可见，若市场利率不变，一年后的债券市价仍为面值。只要这种情形继续下去，则每一年均可获相同的结果，即债券的市价在任何时候均与其面值相等。

（2）当市场利率为20%时，该债券市价为：

$$市场价格=\sum_{t=1}^{10}\frac{1\ 000\times15\%}{(1+20\%)^t}+\frac{1\ 000}{(1+20\%)^{10}}=150\times4.1925+1\ 000\times0.1615=790.375（元）$$

可见，若市场利率上升，则债券市价下跌，其理由是显而易见的。因为此时所有的投资者都不会用1 000元去购买名义利率为15%的债券，而导致该公司债券市价下跌至790.375元，只有这样，投资者才可获得15%的报酬率。

假定市场利率在未来的9年内保持20%不变，该公司债券的市价又会如何变动呢？我们计算第2年的市价如下：

$$市场价格=\sum_{t=1}^{9}\frac{1\ 000\times15\%}{(1+20\%)^t}+\frac{1\ 000}{(1+20\%)^{9}}=150\times4.0310+1\ 000\times0.1938=798.45（元）$$

可见，债券市价由790.375元升至798.45元，再计算下去可以发现债券市价随着到期日的临近而逐渐接近面值。然而，这并不意味着投资者收益率的变化。假设某投资者第1年以790.375元买入债券，第2年以798.45元出售，则他可以收到利息150元及资本利得（买卖价差）8.075元，那么其收益率为：

（150+8.075）÷790.375×100%=20%

其中：

利息收益率=150÷790.375×100%=18.98%

资本利得收益率=8.075÷790.375×100%=1.02%

（3）当市场利率为10%时，该债券市价为：

$$市场价格=\sum_{t=1}^{10}\frac{1\ 000\times15\%}{(1+10\%)^t}+\frac{1\ 000}{(1+10\%)^{10}}=150\times6.1446+1\ 000\times0.3855=1\ 307.19（元）$$

假设该债券上市一年后市场利率仍保持在10%，则一年后的债券市价为：

$$市场价格=\sum_{t=1}^{9}\frac{1\ 000\times15\%}{(1+10\%)^t}+\frac{1\ 000}{(1+10\%)^{9}}=150\times5.7590+1\ 000\times0.4241=1\ 287.95（元）$$

显然，在这种情况下，债券可以溢价出售。若市场利率维持10%不变，则债券的收益率亦保持10%，其中仍包括利息收益率和资本利得收益率两部分，但后者为负数，而债券市价将随着到期日的临近而逐渐下降至面值。

以上分析了假定债券票面利率为15%，市场利率为10%、15%、20%时债券市价的变化情况，可用图7-2来表示。

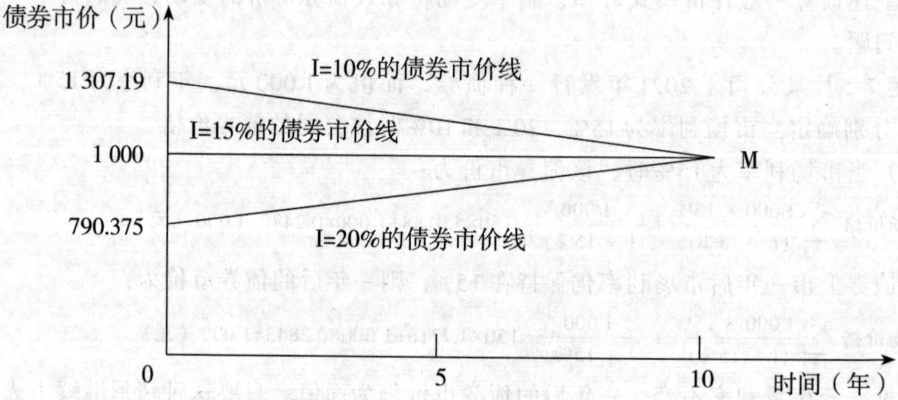

图7-2 债券市价变化图

通过图7-2可明确以下几点：

①当市场利率与债券票面利率相等时，债券市价等于其面值；

②当市场利率高于债券票面利率时，债券市价低于其面值；

③当市场利率低于债券票面利率时，债券市价高于其面值；

④市场利率上升导致已发行债券的市场价格下跌；

⑤市场利率下降导致已发行债券的市场价格上涨；

⑥债券市场价格随到期日的临近而逐渐接近面值。

债券市场价格与市场利率呈反向变动，而当市场利率变动幅度相同时，不同期限的债券市价的敏感程度却大不相同。

【例7-6】某公司A、B债券面值均为1 000元，年票面利率均为12%，而债券期限分别为1年和10年。不同市场利率下A、B债券的市场价格计算结果见表7-1。

表7-1　**不同期限债券市价同利率关系比较**　金额单位：元

市场利率（i）	债券市价 1年期（V_1）	债券市价 10年期（V_2）
5%	1 066.67	1 540.50
10%	1 018.18	1 122.85
12%	1 000	1 000
15%	973.92	849.45
20%	933.33	664.6

表7-1中市场利率与债券市价的关系如图7-3所示。

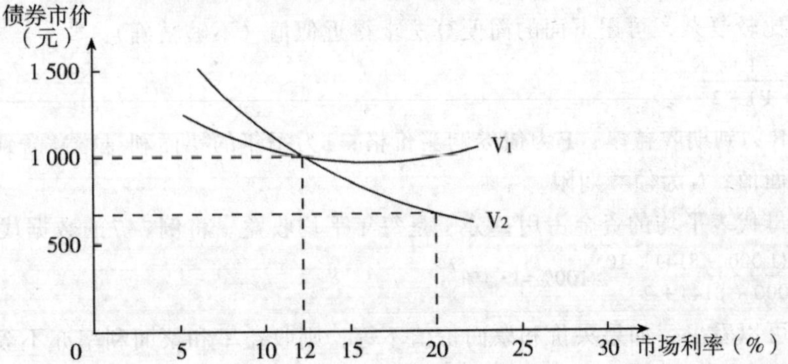

图7-3　市场利率与债券市价关系图

由图7-3可见，短期债券市价对利率变动的反应很不敏感。当市场利率为12%，等于名义利率时，两种债券的市价均为1 000元，等于其面值；当市场利率升至20%时，长期债券市价降为664.6元，跌幅为33.5%，而短期债券市价仅下跌了6.7%；当市场利率降至5%时，长期债券市价升为1 540.50元，升幅为54%，而短期债券市价仅上升了6.7%。债券期限越长，这种反应越灵敏。因此，即使两种债券违约风险相同，期限较长的债券因利率上升所蒙受的损失仍大于期限较短的债券，这就是短期债券票面利率始终低于长期债券票面利率的原因。财务经理们往往不愿以持有长期债券的方式为未来的现金流出量作准备，因为他们不愿以巨大的风险为代价而获得略高的收益。

3）公司债的投资价值

与普通股相似，投资者也可以其期望报酬率作为贴现率计算公司债的投资价值，并据此作出相应的决策。

【例7-7】某10年期公司债面值为1 000元，名义利率为10%，市价为814元，某投资者的期望报酬率为13%。

$$投资价值=\sum_{t=1}^{10}\frac{1\,000\times10\%}{(1+13\%)^t}+\frac{1\,000}{(1+13\%)^{10}}$$

$$=100\times5.426+1\,000\times0.295$$

$$=837.6（元）$$

显然，该投资者会考虑投资于该债券，因为其市价小于投资价值，表明债券的内含报酬率也称为到期收益率高于13%。那么，该债券的到期收益率究竟为多少呢？

根据内含报酬率的定义，以其作为贴现率计算的债券价值应等于目前的市价。因此，债券到期收益率可按内含报酬率的方法解出，承例7-7，已知该债券到期收益率高于13%，故可用14%作为贴现率代入公式，则：

$$投资价值=\sum_{t=1}^{10}\frac{1\,000\times10\%}{(1+14\%)^t}+\frac{1\,000}{(1+14\%)^{10}}$$

$$=100\times5.216+1\,000\times0.270$$

$$=791.6（元）$$

显然，所求收益率在13%与14%之间，运用内插法可求出该债券的到期收益率：

$$\frac{837.6-814}{13\%-x}=\frac{837.6-791.6}{13\%-14\%}$$

$$x=13.5\%$$

该债券的到期收益率为13.5%。

内插法比较复杂，可用下面的简便算法求得近似值（不够精确）：

$$R=\frac{I+(M-P)\div N}{(M+P)\div 2}$$

式中：R为到期收益率；P为债券购买价格；I为每年的票面利息；M为到期归还的本金，即债券面值；N为债券期限。

式中分母代表平均的资金占用，分子是每年平均收益。将例7-7的数据代入公式得：

$$R=\frac{100+(1\,000-814)\div10}{(1\,000+814)\div2}\times100\%=13.1\%$$

从上例可以看出，如果买价和票面价值不等，则收益率和票面利率亦不等。投资者在进行决策时，有时可采用到期收益率的办法，将其与投资报酬率相比较，而不必完全求出投资价值。

7.1.3 公司债的替换

公司债的本金有多种偿还方式，可以是到期日一次偿还、分期分批偿还、转换为普通股收回原债券（称为公司债的转换），以及用发行新的公司债替换原债券等。公司债的替换亦可视为公司长期资金的筹集方式，因为公司债的替换虽解除了原有的债权债务关系，但并不减少公司的资金来源总额，亦即在清偿债务的同时进行筹资。

公司进行公司债的替换，一般是以公司债信托契约中订有提前收回条款为前提的，这种方法通常称为公司债的再融资方法或债务赎展。

公司债的替换的实施结果不仅影响公司资金来源总额，也会对公司的资本结构、税后利润、每股收益等产生不同的影响。

1）公司债替换的原因

公司债的发行公司之所以采取发行新的公司债来替换一次或多次发行的旧公司债的办法，通常基于以下原因：

（1）原债券发行时资本市场利率偏高，而目前市场利率趋于下降，此时可以以低利率的新公司债替换高利率的旧公司债，减少债务的利息，也就是减少长期债务所负担的费用。

（2）进行公司债的替换，可以消除债券信托契约中某些限制性条款。如果原债券信托契约中某些条款束缚了公司的发展，而目前公司财务状况、信誉良好，则公司可以考虑发行一种约束条款比较宽松的债券换回原债券，以有利于公司的发展。

（3）进行公司债的替换，可以推迟债务的到期日，以改善企业的现金流动。债券到期在即，但公司由于种种原因导致还本资金不足，而公司债替换相当于原有债务的延展，可推迟还本，以保证当前的资金需要。

（4）进行公司债的替换，可以将公司多次发行、尚未清偿的公司债予以合并，有利于公司对债券的统一管理。

（5）进行公司债的替换，可以保持当前最佳的资本结构和赋税效果。在原债券即将到期时，公司可以采用以新替旧的办法，保持原有的债务结构。

2）公司债替换的决策

新公司债替换旧公司债的决策，可视为资本支出决策的一种。最常采用的方法是“投资收益法”，即测算出替换的“投资支出”以及与其相应的“投资收益”，通过比较后，最终作出决策。其中，“投资支出”包括所有为替换债券而发生的额外的现金流出量；而“投资收益”则为替换债券所导致的现金流出量的节约额的现值。

由此可见，这种决策方法运用了计算净现值（NPV）的方法。其中，决策使用的折现率，通常可以采用筹资成本率、资本市场平均利率或预期的投资报酬率。

下面举例分析公司债的替换决策。

【例7-8】A公司目前拥有5年前按票面利率14%发行的面值为1 000元的公司债6 000万元。该债券发行时按1 000元的价格发行，其发行费用为72万元。当前，市场利率下调，公司决定按1 140元的价格回收旧债券，并按12%的票面利率发行新债券6 000万元，期限为25年，将新债券获得的现金用于收回旧债券。新债券按面值1 000元发行，其发行费用为88万元。设公司的所得税税率为25%，新债券和旧债券的重叠期为4个月，此期间，新债券和旧债券均需付息。设公司采用8%的折现率考查该公司债的替换决策的可行性。请问公司能否采用此项替换决策？

该公司债的替换决策分析步骤如下：

（1）分析计算以新债券替换旧债券所发生的净现金流出量。这一计算过程可以用表7-2表示。

（2）分析计算以新债券替换旧债券所发生的现金流出的节约额。这一计算过程可以用表7-3和表7-4表示。

表 7-2　新债券替换旧债券的净现金流出量　单位：元

收回旧债券的支出（1 140×60 000 000÷1 000）	68 400 000
新债发行费用	880 000
重叠期旧债券利息支出（60 000 000×14%×4÷12）	2 800 000
现金流出合计	72 080 000
发行新债券收入	60 000 000
税收节约额：	
收回公司债溢价（140×60 000 000÷1 000×25%）	2 100 000
旧债券未摊销发行费用（720 000×25÷30×25%）	150 000
重叠期的利息费用（60 000 000×14%×4÷12×25%）	700 000
现金流入合计	62 950 000
净现金流出量	9 130 000

表 7-3　旧债券年净现金流出量　单位：元

年利息费用（60 000 000×14%）	8 400 000
减：税收节约额：	
利息费用（60 000 000×14%×25%）	2 100 000
发行费用摊销（720 000÷30×25%）	6 000
年净现金流出量	6 294 000

表 7-4　新债券年净现金流出量　单位：元

年利息费用（60 000 000×12%）	7 200 000
减：税收节约额：	
利息费用（60 000 000×12%×25%）	1 800 000
发行费用摊销（880 000÷25×25%）	8 800
年净现金流出量	5 391 200

年现金流出的节约额=6 294 000-5 391 200=902 800 （元）

（3）按税后资本成本8%贴现，计算出净现值，最终作出可行性判断。

NPV=902 800×（P/A，8%，25）-9 130 000=902 800×10.675-9 130 000=507 390（元）

净现值大于零，可见，新债券替换旧债券所导致的现金流出量的节约额的现值足以补偿替换债券而发生的额外的现金流出量，故公司应发行新公司债替换旧债券。

7.1.4 公司债的评级

1）公司债信用评级的设置

公司发行债券，一般要经独立的信用评级机构评级，以反映该债券的风险程度。债券评级最早于20世纪初产生于美国，现在各国都有其相应的信用评级机构。美国主要的债券评级机构有：标准·普尔公司（Standard & Poor's Corporation）、穆迪投资服务公司（Moody's Investors Service）、惠誉国际（Fitch Ratings）、贝氏评级公司（A.M. Best Company）、伊根-琼斯评级公司（Egan-Jones Ratings Company）、威尔斯公司（Weiss Corporation）等。

日本目前公认的评级机构有：评级和投资信息公司R&I（Rating and Investment Information）、日本信用评级公司（JCR）、日本公社债研究所（JBRI）。日本投资家服务公司（NIS）和日本评级研究所（JCB）。加拿大的评级机构有：加拿大债券评级公司（Canadian Bond Rating Service，CBRS）和多米宁债券评级公司（Dominion Bond Rating Service，DBRS）等。在中国，五大全牌照信用评级机构有：中诚信国际信用评级有限责任公司、大公国际资信评估有限公司、东方金诚国际信用评估有限公司、联合资信评估有限公司、上海新世纪资信评估投资服务有限公司。

公司债券的信用等级表示公司债券的质量优劣，它反映了债券还本付息能力的强弱和债券投资风险的高低，同时也反映债券违约的可能性大小，亦体现债券持有者的投资风险。它在很大程度上会影响债券的发售能力和到期成本，因此，在考虑发行债券筹资时，财务人员必须认真对待预期的债券等级。

不同的国家对债券的评级不尽相同，即使同一国家内的不同评级机构，其评级也不相同。但总的来说，它们均将债券按合同还本付息的可靠程度，用简单的记号或说明提供给投资者。相应地，各评级机构通常用不同的英文字母或阿拉伯数字来表示债券等级。现以美国的穆迪、标准普尔、贝氏评级、惠誉国际和威尔斯为例进行说明，见表7-5。

表7-5 美国几家著名评级机构的信用等级设置一览表

		穆迪 Moody's	标准普尔 S&P	贝氏评级 A.M. Best	惠誉国际 Fitch Ratings	威尔斯 Weiss
高品质级	优质品质级	Aaa	AAA	A++	AAA	A+
	较好品质级	Aa1	AA+	A+	AA+	A
		Aa2	AA	A	AA	A−
		Aa3	AA−	A−	AA−	B+
投资级	好品质级	A1	A+	B++	A+	B
		A2	A	B+	A	B−
		A3	A−	B	A−	C+
	中等品质级	Baa1	BBB+	B−	BBB+	C
		Baa2	BBB	C++	BBB	C−
		Baa3	BBB−	C+	BBB−	D+
次标准级	准中等品质级	Ba1	BB+	C	BB+	D
		Ba2	BB	C−	BB	D−
		Ba3	BB−	D	BB−	E+
	差品质级	B1	B+	E	B+	E
		B2	B	F	B	E−
		B3	B−		B−	F
投机级	差品质，可能拖欠	Caa	CCC		CCC	
	高度投机级	Ca	CC		CC	
	最差品质级	C	C		C	
	拖欠		D		D RD	

表7-5中每一个等级，各个公司又用相应的修正符号来进一步区分同级债券的优劣。如S&P公司用正负号来区分，因此A-则表示品质最差的A级债券；相应地，A.M. Best公司则用A++表示极优品质的债券。而Moody's公司用1、2、3等作为区分的标准，以1代表最佳，以3代表最差。因此，Aa级债券中，Aa1表示最佳品质，Aa2表示平均品质，而Aa3表示最差品质。

按照国际惯例，可以把债券的级别按风险程度的大小分为三等九级两大类。其中两大类指投资类（包括一等的AAA、AA、A级与二等的BBB级）和投机类（包括二等的BB、B级与三等的CCC、CC、C级）。具体的信用等级设置及说明见表7-6。

表7-6 债券信用等级设置及说明

级别分类	级别划分	级位次序	计分标准		说明
			下限	上限	
投资级	一等	AAA	90	100	该债券具有极高的清偿支付能力，投资者没有风险
		AA	80	89	该债券具有很高的清偿支付能力，投资者基本没有风险
		A	70	79	该债券到期具有一定的清偿支付能力，经采取保护措施后，很可能会按期还本付息，投资者风险较低
投机级	二等	BBB	60	69	企业资产、财务、信用状况较差，各项经济指标处于中等水平，经营管理不佳，经济实力不强，清偿与支付能力差，投资有一定风险性
		BB	50	59	该债券到期清偿支付能力低，投资风险较大
		B	40	49	该债券到期清偿支付能力脆弱，投资风险很大
	三等	CCC	30	39	该债券到期清偿支付能力很低，投资风险极大
		CC	20	29	该债券到期清偿支付能力极低，投资风险最大
		C	0	19	企业面临破产，该债券到期没有清偿支付能力，投资绝对有风险

我国目前的公司债券信用评级业务，既包括对债券的信用评级，也包括对发行企业主体的信用评级，两者在方法上相类似，但目的有所区别。

对企业主体的信用评级包括工商企业的信用评级和金融企业的信用评级。对工商企业的信用评级是对某一特定的工业企业或商业企业的资产情况、负债偿还能力、产品市场及发展前景、经济交往中的信用状况、经营管理情况以及领导水平等各方面进行评估，并标示其信用可靠程度的等级。这种信用评级的目的是为企业开展信用活动提供信息服务。对金融企业的信用评级主要是对某些非银行金融机构的资金来源和资金运用情况、债务负担情况和清偿情况、呆账及贷款损失情况、金融法规政策遵守情况、业务经营及财务盈亏情况等进行评估，并标示其信用可靠程度的等级。这种信用评级是为非银行金融机构开展间接融资和直接融资活动提供信息服务。目前申请参加评级的，大多是各类信托公司。

债券信用评级是以有价证券为评级主体的信用评级业务。债券信用评级是对企业发行的某一特定债券按期还本付息的可靠程度进行评估，并标示其信用程度的等级。这种信用评级是为投资者购买债券和证券市场债券的流通转让活动提供信息服务。

2）公司债评级分析

一般情况下，评级机构可以利用财务比率和现金流量的分析进行债券等级评估，所评的债券等级将会与该债券利率呈反方向变动关系，即高等级债券的利率会比低等级债券的利率低。

债券评级主要靠主观判断力，但在判断分析的过程中，仍需许多数量和非数量因素作为评估标准。这些因素总括起来可分为以下三个方面的分析：

（1）产业分析。产业分析是为了判断该企业所属的产业是上升还是衰退产业，是稳定的产业还是对经济活动反应敏感的产业，并评价该产业的级别。同时还应对产业内部的竞争力进行评价。分析生产设备状况、生产率、技术开发能力、销售份额等在该产业内处于何种位置，今后的发展前景如何。

（2）财务分析。财务分析主要以发行债券公司提供的财务数据为基础，进行定量分析。财务分析主要分析企业的盈利能力、营运能力、偿债能力三个方面，具体可通过对以下几个财务比率分析最终评定出来（见表7-7）。当然，在分析过程中，还可以结合对公司现金流量的分析，此处不再详述。

表7-7 **财务比率分析**

盈利比率	销售利润率（Gross Margin）
	营业利润率（Operating Profit Margin）
	净利润率（Net Profit Rate）
	成本费用率（Cost and Expense Ratios）
效率比率	总资产周转率（Sales to Assets）
	固定资产周转率（Sales to Fixed Assets）
	应收账款回收期（Accounts Receivable Days on Hand）
	存货持有天数（Inventory Days on Hand）
	资产报酬率（Return on Assets）
	权益报酬率（Return on Equity）
杠杆比率	资产负债率（Debt to Assets）
	负债与所有者权益比率（Debt to Net Worth）
	负债与有形净资产比率（Debt to Tangible Net Worth）
	利息保障倍数（Interest Coverage）
流动比率	流动比率（Current Ratio）
	速动比率（Quick Ratio）
	现金比率（Cash Ratio）

（3）信托契约分析。信托契约是详细规定发行债券公司与债券持有人的权利及义务关系的文件，在以保护投资者为目的的债券评级中，它是主要的分析内容之一。在信托契约分析中，通常要对契约中的限制性条款及债券的优先次序进行分析研究。

债券评级不仅可以为投资者带来降低信息成本、确保信息的准确性，以及充当信息信号等好处，而且还会影响债券发行者的筹资能力。债券的等级越高，其违约风险就越小，投资人要求的报酬率也就越低，企业就可以较低的利率发行债券。大多数债券的购买者是机构投资者，但在法律的限制下，很多机构投资者一般仅限于购买投资等级（BBB）以上的债券。因此，某一公司的债券等级若低于BBB级，则其筹资能力就会受到影响。

7.1.5 公司债筹资的评价

1）发行公司债筹资的主要优点

（1）资本成本低。与股票筹资相比，债券利息在所得税前支付，从而具有节税功能，成本也相对较低。

（2）具有财务杠杆作用。由于债券的利息固定，能为股东带来杠杆效益，增加股东和公司的财富。

（3）有利于保障股东对公司的控制权。债券持有者无权参与企业管理决策，因此，通过债券筹资，既不会稀释股东对公司的控制权，又能扩大公司投资规模。

（4）有利于调整资本结构。公司在作发行种类决策时，如果适时选择可转换债券或可提前收兑债券，则对企业主动调整其资本结构十分有利，可使公司资本结构富有弹性。

2）发行公司债筹资的主要缺点

（1）增大公司的财务风险。公司债是一种长期承诺，因而要承担利率风险。

（2）偿债压力大。公司债有固定的到期日，有偿付本息的义务，这样会增加公司的破产成本和风险。

（3）信托契约中限制条款较为严格。

（4）筹措资金的程度受限制。负债比率超过一定限度时，将导致举债成本急剧上升，进而影响企业的筹资能力。

（5）负债经营带来的高资本化率，将使普通股价值下降。

（6）筹资数量有限。公司利用债券筹资要受额度限制，包括两方面：一是国家规定的企业债券年度发行规模的限制；二是《证券法》对具体发行数量的限制，我国《证券法》明确规定，公开发行公司债券的公司累计债券余额不超过公司净资产的40%。

对债券持有者而言，其优点在于投资风险小。因为债权人收益固定，并受契约保护，清算时有优先求偿权；缺点则在于收益与公司经营状况无关，当公司利润较高时无权分享，且不享有投票权，对公司没有控制权，但这也不是绝对的，不少债权人在一定条件下可以转变为普通股股东。

3）公司宜采用发行公司债筹资的情况

（1）销货及盈余相当稳定；

（2）利润水平足以获得财务杠杆利益；

（3）预计利润或物价水平会上升；

（4）现有的负债比率偏低；

（5）普通股的本益比和利率水平偏低；

（6）控制权不宜分散；

（7）负债契约中现金流量的规定负担不是很重；

（8）公司债契约的限制不是很苛刻。

即测即评7.1

然而，上述八项因素常常会出现不一致的情况，故决策时要根据若干因素的相对重要性来决定。

7.2 定期借款

定期借款又称长期借款，是指企业向银行或其他非银行金融机构借入的偿还期限在1年以上的借款，它是借贷双方按事先约定到期偿还本息的一种合约。公司筹集定期借款主要用于构建固定资产和满足长期流动资产占用的需要。公司筹集定期借款资金的主要来源包括：银行和保险公司以及各项基金。

7.2.1 定期借款的特征

1）规定有还款期限

定期借款一般都明确规定偿还期限，即债务到期日。银行定期借款期限一般比较长，通常在1年以上5年以下，以保持其借贷资本的流动性，但也有借款期限达到10年的更长期贷款。

2）可以采用多种偿还方式

定期借款的偿还方式不一，一般采用分期偿还本息的方式，具体可以是各期等额偿还，也可以是变额偿还，包括定期支付利息、到期一次性偿还本金的方式；平时逐期偿还小额本金和利息、期末偿还余下的大额部分的方式等。还款方式确定后，企业应编制“还款计划表”，以确保偿还工作的顺利进行。

3）一般要求提供抵押品

定期借款一般都要求借款公司提供相应的抵押品。银行借款的抵押品主要有股票、公司债等有价证券，或者房屋、建筑物等不动产。考虑到抵押品的变现能力，贷款银行一般将借款金额定为抵押品的估计价值的80%左右，以降低贷款风险。若为信誉卓著的大公司，则可以用其自身的信用作为借款的担保，即申请信用借款，此种借款方式往往附有甚为严格的限制条款，并且利率会相对高些。

4）具有不同的借款利率形式

定期借款可采用不同形式的利息率，主要有以下两种类型：

（1）固定利率。即在债务存续期间内采用固定不变的利率。此固定利率的大小通常由借贷双方按市场利率并视公司信誉情况确定。此种利率计息方式一般在资金市场利率波动不大，资金供应比较平稳情况下才使用。

（2）变动利率。即在债务存续期间根据市场利率而作出调整的利率。调整以后贷款余额按新确定的利率计息。变动利率计息方式在高通货膨胀以及市场利率上升的情况下被广泛采用。在国际上，定期借款多采用变动利率。定期借款中的变动利率一般有以下几种：

①分期调整利率。这是在一般基准利率的基础上，根据资金市场的变化情况每半年或一年调整一次的利息率。尚未归还贷款的利息应按调整后的利息率计算。这种利率将通过借贷双方协商后在借款合同中进行规定。

②浮动利率。它是指借贷双方通过协商，在借款协议中规定其利率可随市场利率的变动而随时调整的利率。它通常以市场上信誉较好的企业的商业票据利率作为参考，或以市场上相同借款期的公认利率为准，规定了基本利率（又称“最惠利率”），然后在此基础上加成计算浮动比，如加0.5到2个百分点。在这种计息方式下，利率随“最惠利率”变动而浮动，定期支付的利息要按浮动利率计算，到期时则按面值还本。

5）借款合同一般均规定了限制性条款

贷款银行为避免借款企业在取得长期借款期内财务状况发生变化，对贷款银行造成不利影响，造成到期不能收回借款的风险，通常在借款合同中都附有各种限制性条款，以确保借款企业财务状况的稳定性和贷款银行自身的安全性。这些限制性条款主要有一般性限制条款、例行性限制条款及特殊限制条款三种。

（1）一般性限制条款

一般性限制条款是指对借款企业资产流动性、现金支付能力和偿债能力方面的要求条款，它是维护银行利益的最重要的条款，主要包括：

①营运资本的限制。贷款人通常要求借款人应保持最低的营运资本净额，并可能规定了流动比率的下限，如至少要在2.5：1、3：1、3.5：1以上。这一最低水准由借贷双方协商确定，并作为衡量借款人财务状况是否恶化以及是否对借款人采取提前偿付等惩罚手段的一个指标。这一条款给贷款人提供了一个评估借款人财务状况以及决定是否继续提供贷款的机会，同时也有助于提高借款人的偿债能力。

②现金支付的限制。为了保持企业资产应有的流动性，借款协议通常包括限制企业某些现金支出的契约条款。这些条款主要表现为股利支出、工资支出等，只能占企业净利润一定的百分比，规定每年的股利、还债、增加库藏股票、薪金等限制在某一最低限额之内。

③资本支出规模的限制。为了防止借款企业把资金冻结在非流动性投资上，贷款人有时会限制借款企业购置新固定资产，即要求借款企业在贷款期内每年资本支出不能超过某一固定金额。这种限制条款的目的在于减少企业日后不得不变卖固定资产以偿还贷款的可能性，保持资产应有的流动性。

④长期负债的限制。一般的借款协议中，往往规定借款公司不得再增加长期负债，不得承担或有负债，不得签订超过规定数额的长期租赁契约，即使是经贷款人同意而增借的任何债款，也只能是处于从属地位的贷款，或无担保的贷款，据此确保贷款人的优先清偿权，借以减少其风险。

（2）例行性限制条款

例行性限制条款是指所有的借贷契约中均有规定，所有借款企业均应遵守的条款。其内容主要包括：

①定期提供财务报表。借款企业应定期向贷款银行提供经过注册会计师审计的财务报表，以便贷款银行能经常了解企业的财务状况。

②及时支付到期债务和税金。由于任何到期债务的拖欠都有可能导致债务企业的破产，或者导致企业遭受罚款，因此，贷款人会要求借款企业及时付清其他负债及税款。

③不得以资产作为其他承诺的担保或抵押。借款企业不得以资产作为其他承诺的担保或抵押，以避免企业过重的负担。

④不得在正常情况下出售较多的资产。借款企业不得在正常情况下出售较多的资产，以维持正常经营活动的需要。

⑤补偿性余额的要求。补偿性余额是银行要求借款企业在银行中保持按贷款限额或实际借用额的一定百分比（一般为10%～20%）计算的最低存款余额。银行一般均会对企业作出补偿性余额的规定，以降低银行的贷款风险，但补偿性余额会提高贷款企业的实际利率。

（3）特殊限制条款

特殊限制条款是指在个别借贷契约中特别规定的条款，目的在于避免在特殊情况下可能出现的意外。如规定贷款专款专用；公司主管要参加人寿保险；主要管理人员的改变或改组须经贷款人核准等，以确保该公司的经营当局是在贷款银行所信赖的人控制之下。

定期借款的借款合同对借款公司的种种限制，一方面能全面保护债权人的利益，而另一方面也是对借款公司经营活动的一种积极的约束，旨在引导公司有效地运用借款，从而实现借贷双方的利益。

6）筹资速度快，借款成本低

定期借款是由借贷双方直接洽商，无须向证券监督管理委员会申请，手续大为简化，故可迅速取得资金，筹措费用和资金成本均较低。

7）借款弹性大

定期借款筹资富有弹性，借贷双方可根据情况的变化修改契约，达成新的协议。而公司债持有者分散，协商改善筹资条件的可能性很小。

7.2.2 定期借款的偿还

如前所述，借款合同中均规定了借款的偿还方式，而无论采用何种偿还方式，均必须先编制“还款时间表”或称为“还款计划”“偿还贷款明细表”等。企业偿还贷款的方式通常有：复利计息，到期一次还本付息；单利分期付息，到期一次还本；完全分期等额偿还法；部分分期等额偿还法等。以下将一一举例介绍。

1）复利计息，到期一次还本付息

此种偿还方式即按复利计算，每年年末计息一次，期满时一次还本付息。这是最常见的偿还方式，计算简单。下面举例说明。

【例7-9】设某公司向银行借款100万元，期限5年，年利率10%，银行要求该企业按复利计算，到期一次还本付息。则该笔借款的分期偿还计划见表7-8。

表7-8 **借款分期偿还计划表** 单位：万元

年序	年偿还额 ①	年付息额 ②=上年度④×i	本金偿还额 ③=①-②	本金剩余额 ④=上年度④-③
0	—	—	—	100
1	—	—	—	100
2	—	—	—	100
3	—	—	—	100
4	—	—	—	100
5	161.1*	61.1	100	0
合计	161.1	61.1	100	—

*到期应偿还的本息=1 000 000×（1+10%）^{5}=1 000 000×1.611=1 611 000（元）

2）单利分期付息，到期一次还本

这也是一种较为常见且操作方便的偿还方式，即每年年末单利计息一次，到期一次还本，利随本清。

承例7-9，假设银行要求企业按单利分期付息，到期一次还本。则该笔借款的分期偿还计划见表7-9。

表7-9 借款分期偿还计划表 单位：万元

年序	年偿还额 ①	年付息额 ②=上年度④×i	本金偿还额 ③=①-②	本金剩余额 ④=上年度④-③
0	—	—	—	100
1	10*	10	—	100
2	10	10	—	100
3	10	10	—	100
4	10	10	—	100
5	110	10	100	0
合计	150	50	100	—

*每期应偿还的利息=1 000 000×10%=100 000（元）

3）完全分期等额偿还法

完全分期等额偿还法是指贷款本息按某一相同的金额定期偿付的方法。它的特点是每期期末偿还借款本金和利息的总数相等，从而构成一笔等额的年金，该年金的现值即借款额，我们可用年金现值的计算公式倒求出每期期末的还本付息总额。

分期偿付计划可以按季、半年或年度制定，下面就根据上例定出每年年末等额偿还本息年度计划。

承例7-9，假设银行要求企业每年年末等额偿还本息，则该笔借款的分期偿还计划见表7-10。

表7-10 借款分期偿还计划表 单位：元

年序	年偿还额 ①	年付息额 ②=上年度④×i	本金偿还额 ③=①-②	本金剩余额 ④=上年度④-③
0	—	—	—	1 000 000
1	263 800*	100 000	163 800	836 200
2	263 800	83 600	180 200	656 000
3	263 800	65 600	198 200	457 800
4	263 800	45 800	218 000	239 800
5	263 800	24 000	239 800	0
合计	1 319 000	319 000	1 000 000	—

*每期偿还的等额本息 $=1\ 000\ 000\times\left(\sum_{t=1}^{5}\frac{1}{(1+10\%)^t}\right)^{-1}=1\ 000\ 000\div3.7908=263\ 796.56\approx263\ 800$（元）

注：表中数据存在尾数调整，下同。

由表7-10可以看出，在5年偿还期内，该企业共偿付本息1 319 000元，其中100万元为本金，31.9万元为利息。显而易见，这一方法可以使贷款人减少因借款人到期无法偿付借款所带来的风险。由于贷款利息是抵（减）税项目，将年末偿还额划分为本金和利息两部分，有利于借款企业的账务处理以及方便企业计算现金流量。

若采用变动利率，则还需计算利率调整后每期偿还的等额本息值。

【例7-10】假定上述借款于第3年年初起按12%计息，则第3年到第5年每年年末偿还额为：

$$\text{以后每期偿还的等额本息}=\frac{656\ 020}{(P/A,12\%,3)}=\frac{656\ 020}{2.4018}=273\ 136.81\text{（元）}\approx 273\ 140\text{（元）}$$

式中，656 020元为第3年年初欠款额。还款计划表见表7-11。

表7-11 借款分期偿还计划表 单位：元

年序	年偿还额 ①	年付息额 ②=上年度④×i	本金偿还额 ③=①-②	本金剩余额 ④=上年度④-③
0	—	—	—	1 000 000
1	263 800	100 000	163 800	836 200
2	263 800	83 620	180 180	656 020
3	273 140	78 720	194 420	461 600
4	273 140	55 390	217 750	243 850
5	273 110	29 260	243 850	0
合计	1 346 990	346 990	1 000 000	—

由表7-11中数据可知，从第3年起，利息按12%计算，年末偿付本息额调整为273 140元，从总额来看，比固定利率情况下多付息27 990元。

上述例子均为从第1年年末起偿还本息，但有的借款合同中规定从借款若干年后起每年年末等额偿还本息，这种方式同样首先要计算现值，但要将从第1年到开始还款之年初的本利和作为本金参与计算，或者将开始还款之年初的年金现值再折现到借款年初，使其等于原始借款额。它可以采用递延年金的计算方法，因计算较为复杂，这里就不再举例说明。

4）部分分期等额偿还法

部分分期等额偿还是指部分借款分期等额偿付，其余部分借款分期付息，到期一次还本的方法，下面举一较为简单的例子说明。

【例7-11】设某企业向商业银行借款100万元，借款期限为5年，年利率10%。借款合同要求：该笔借款的1/2在期内完全等额偿还，其余部分则分期付息，到期一次还本。

据此，该企业可以先将一半的借款按完全等额偿还的方式编制借款偿还计划表（见表7-12），再按分期付息、到期一次还本的方式编制借款偿还计划表（见表7-13），最后将两表合并，即可编制出部分分期等额偿还方式下的借款偿还计划表（见表7-14）。

表 7-12　**借款偿还计划表（完全分期等额偿还）**　单位：元

年序	年偿还额 ①	年付息额 ②=上年度④×i	本金偿还额 ③=①-②	本金剩余额 ④=上年度④-③
0	—	—	—	500 000
1	131 900	50 000	81 900	418 100
2	131 900	41 800	90 100	328 000
3	131 900	32 800	99 100	228 900
4	131 900	22 900	109 000	119 900
5	131 900	12 000	119 900	0
合计	659 500	159 500	500 000	—

表 7-13　**借款偿还计划表（分期付息、到期一次还本）**　单位：元

年序	年偿还额 ①	年付息额 ②=上年度④×i	本金偿还额 ③=①-②	本金剩余额 ④=上年度④-③
0	—	—	—	500 000
1	50 000	50 000	0	500 000
2	50 000	50 000	0	500 000
3	50 000	50 000	0	500 000
4	50 000	50 000	0	500 000
5	550 000	50 000	500 000	0
合计	750 000	250 000	500 000	—

表 7-14　**借款偿还计划表（部分分期等额偿还）**　单位：元

年序	年偿还额 ①	年付息额 ②=上年度④×i	本金偿还额 ③=①-②	本金剩余额 ④=上年度④-③
0	—	—	—	1 000 000
1	181 900	100 000	81 900	918 100
2	181 900	91 800	90 100	828 000
3	181 900	82 800	99 100	728 900
4	181 900	72 900	109 000	619 900
5	681 900	62 000	619 900	0
合计	1 409 500	409 500	1 000 000	—

表7-14表明，企业共偿还1 409 500元借款，其中，本金为100万元，利息为40.95万元。

当然，定期借款的偿还方式不仅限于上述四种方式，具体还应依据借款合同的规定，针对其条款最终编制出借款分期偿还计划表，此处不再一一举例说明。

7.2.3 企业信用评估

根据2004年4月中国人民银行发布的《贷款通则（征求意见稿）》的规定，金融机构应对借款人的信用进行评级，以防范银行的信贷风险。为此，企业为取得银行的贷款，可能要接受银行对其的信用评级以及对其资信情况的查询。

1）企业信用评估的基本程序

企业信用评估的基本程序大致分为企业申请、评估员调查审核、评委会评定、顾问团（组）审议、评委会最终评定、颁发信用等级证书六个程序。

（1）企业申请

企业按信用等级评估的条件，根据企业实际情况向当地开户银行提出申请，在征得评估机构同意后，领取企业信用等级评估申请表（见表7-15）。企业根据申请表的内容要求逐项如实填写。申请表经过签章后，连同要求提供的有关资料和书面说明，一并报送负责评估的单位。

表7-15 企业信用等级评估申请表

<table>
<tr><td rowspan="3">申请企业概况</td><td>企业名称</td><td>性质</td><td>地址</td><td>法定代表人</td></tr>
<tr><td></td><td></td><td></td><td></td></tr>
<tr><td colspan="4">经营范围（主要产品） 注册资金 万元
上年末银行贷款 万元；上年银行贷款累计数 万元
上年实现产值 万元；其中出口产品产值 万元
上年销售总额 万元；其中出口产品销售额 万元</td></tr>
<tr><td>企业申请说明</td><td colspan="4">年 月 日
（签章）</td></tr>
<tr><td>开户银行推荐意见</td><td colspan="4">年 月 日
（签章）</td></tr>
<tr><td>地行评委会评审意见</td><td colspan="4">年 月 日
（签章）</td></tr>
<tr><td>分行评委会评审意见</td><td colspan="4">年 月 日
（签章）</td></tr>
</table>

(2) 评估员调查审核

评估机构接到企业的申请后，组成评估小组，并相应确定评估人员的明确分工，经评估后，最终提出企业信用等级的初步意见。

(3) 评委会评定

评估机构接到评估员的评估报告和企业的申报材料后，直接交评估委员会进行投票表决，评定各个级次企业的信用等级。

(4) 顾问团（组）审议

评委会对企业信用等级评估后，交评委会最终评定进行审议。顾问团（组）成员可以根据信用评估的条件、内容，对照企业的经营和财务状况，对评委会的评估意见进行审议。

(5) 评委会最终评定

根据顾问团（组）的意见和企业对评估结论的反馈意见，评委会在认真分析后，作出最终的评定。

(6) 颁发信用等级证书

评委会最终评定后，按评定结论，向特级、一级信用企业颁发信用优良证书，对二级、三级信用企业只作口头或书面通知，不填发信用证书。

2）银行贷款的信用评级指标体系

国际上对企业的信用评级的基本做法是，根据企业的“5C”——品德（Character）、能力（Capacity）、资本（Capital）、担保（Collateral）、环境条件（Condition）——情况评定其信用等级，有的则采用“LAPP”原则——流动性（Liquidity）、活动性（Activity）、盈利性（Profitability）、潜力（Potentialities）——衡量企业的信用等级。

企业信用评级指标体系则是对以上要素的具体体现。企业信用评级指标体系分为两大类、八个体系，即将企业分为工商企业、金融企业两大类。其中，工商企业又分为工业企业、商业企业、建筑安装企业、进出口企业四个指标体系；金融机构又分为城市信用社、信用投资公司、保险公司、专业银行四个指标体系。

下面以工业企业为例，详细地介绍工业企业信用评级指标体系。

工业企业信用评级主要考查企业的素质、偿债能力、信用状况、经营状况、获利能力、发展前景，并结合一定量的参考指标，最终得出总得分。以下将详细介绍这些评定的具体规定。

(1) 企业的素质

企业的素质主要包括领导素质、职工素质、管理素质、经营环境设施这几个方面。其中，领导素质主要考核企业领导的文化程度、专业水平、开拓精神、工作业绩、年龄结构、团结协作、群众威信；职工素质主要考核企业员工的文化程度、专业水平、年龄结构、敬业精神；管理素质主要考核企业管理水平，包括基础工作、管理体系建设、财产投保、进出口合同履约率；经营环境设施则主要考核企业经营环境、出口基地建设、设施完善程度。对这几个方面的综合考虑可最终评定出企业的总体素质。此部分在整个评级的考查中不占主要成分，故所占分值较小，一般为10分。在评定企业的素质时，没有具体、明确的考核指标，在操作时，主要依据评估者对企业的综合印象评分，弹性比较大，评估结果不易检验。

（2）偿债能力

企业的偿债能力主要考查以下几个指标：

①资产负债率

该指标可以衡量企业的资产负债状况，显示了企业的财务杠杆程度，一般计算公式为：

资产负债率=总负债/总资产×100% (7.3)

②流动比率

该指标可以反映流动资产抵偿流动负债的能力，计算公式为：

流动比率=流动资产/流动负债×100% (7.4)

③非筹资性现金流量与流动负债比或速动比率

该指标反映企业以速动资产抵偿流动负债的能力，具体计算公式为：

$$非筹资性现金流量与流动负债比=\frac{经营活动的现金流入+投资活动的现金流入}{流动负债年平均余额}$$

速动比率=（流动资产−年末存货）/流动负债×100% (7.5)

④长期债务与营运资金比率

该指标反映企业的长期偿债能力，计算公式为：

长期债务与营运资金比率=长期负债/（流动资产−流动负债）×100% (7.6)

⑤利息保障倍数

该指标体现企业偿还贷款的能力，计算公式为：

利息保障倍数=（本年利润总额+本年已付各项利息）/本年应付各项利息 (7.7)

上述的每个指标，可以将实际计算值与参考值相比较，评出分数。此项内容在整个评级的考查中相对比较重要，上述5个指标合计分数达22分。

（3）信用状况

企业的信用状况主要考查以下几个指标：

①贷款偿还率

该指标计算公式为：

贷款偿还率=（1−年末逾期贷款余额/年末贷款余额）×100% (7.8)

②利息偿付率

该指标计算公式为：

利息偿付率=本年已付各项利息/本年应付各项利息×100% (7.9)

③应付账款清付率

该指标计算公式为：

$$应付账款清付率=\left(1-\frac{应付账款年末余额}{应付账款年初余额+本年应付账款贷方发生额}\right)\times 100\% \tag{7.10}$$

上述的每个指标，可以将实际计算值与参考值相比较，评出分数。此项内容在整个评级的考查中相对比较重要，上述3个指标合计分数达20分。

（4）经营状况

企业的信用状况主要考查以下几个指标：

①营业收入增长率

该指标计算公式为：

营业收入增长率=（本年营业收入/上年营业收入-1）×100% (7.11)

②产成品销售率

该指标计算公式为：

产成品销售率=［1-（年末产成品资金-年初产成品资金）/产成品工厂总成本］×100% (7.12)

③存货周转率

该指标计算公式为：

存货周转率=营业成本/存货年平均余额 (7.13)

④应收账款周转率

该指标计算公式为：

应收账款周转率=本年营业收入/应收账款年平均余额 (7.14)

⑤担保比率

该指标计算公式为：

担保比率=担保年末总余额/本年所有者权益×100% (7.15)

上述的每个指标，可以将实际计算值与参考值相比较，评出分数。此项内容在整个评级的考查中相对比较重要也是评估的难点，上述5个指标合计分数达18分。

（5）获利能力

企业的获利能力主要考查以下几个指标：

①总资产报酬率

该指标计算公式为：

总资产报酬率=（本年利润总额+本年已付各项利息）/总资产年平均余额×100% (7.16)

②权益收益率

该指标计算公式为：

权益收益率=税后利润/本年所有者权益×100% (7.17)

③成本费用利润率

该指标计算公式为：

成本费用利润率=本年利润总额/成本费用×100% (7.18)

④权益增长率

该指标计算公式为：

权益增长率=（本年所有者权益/上年所有者权益-1）×100% (7.19)

⑤利润增长率

该指标计算公式为：

利润增长率=（本年利润总额-上年利润总额）/上年利润总额×100% (7.20)

上述的每个指标，可以将实际计算值与参考值相比较，评出分数。此项内容在整个评级的考查中也极为重要，这5个指标合计分数达20分。

（6）发展前景

对企业的信用评级，还应考查企业的发展前景。它包括行业风险、市场地位及风险、发展后劲、效益预测几个方面。其中，行业风险主要考查产业政策、技术特征、市场特征、成长性等；市场地位及风险则考查市场占有率、规模、产品市场风险；发展后劲包括外部环境（投资者背景、主管支持度、金融机构支持度）、新产品、新技术开发能力；效益预测则考查预期效益。发展前景的考评方法同企业素质的考评方法基本相同，没有具体、明确的考核指标，凭评估者的经验与水平定性分析，这类指标在总分中所占比重一般不会太大，只占10分。

（7）参考指标

企业信用评级，除对上述六个方面考核外，还要结合总资产周转率、信用证履约银行垫款率、承兑汇票银行垫款率、利润获现率、资产抵押率、短期偿付保障倍数、不良记录情况、重大诉讼事件等几个方面，以期更为准确地评估企业的资信状况。

3）企业信用评级的信用级别设置与说明

企业的信用评级，一般应设置信用级别和相应的说明。在我国，各地评估机构的设置有所不同，绝大多数的评估工作者认为，企业信用评级的信用级别应设为三等九级，根据评级指标体系计算出来的分数来评定等级，满分为100分，70分以上为一等，40～69分为二等，0～39分为三等。关于级别的设置与说明可参见表7-16。

表7-16 企业信用评级的信用级别设置与说明

级位等级与次序		计分标准		级别说明
		下限	上限	
一等	AAA	90	100	信用极好
	AA	80	89	信用优良
	A	70	79	信用较好
二等	BBB	60	69	信用一般
	BB	50	59	信用欠佳
	B	40	49	信用较差
三等	CCC	30	39	信用很差
	CC	20	29	信用太差
	C	0	19	没有信用

在一般情况下，信用较差的企业很少委托进行信用评级，所以，第五级（BB级）及其以后的级位设置一般极少使用，因此，目前在实际工作中企业的信用级别只有四级，具体内容可参见表7-17。对这四个级别，不同的机构有不同的解释（见表7-18）。

即测即评7.2

表7-17 **常见企业信誉级别及说明**

级位等级与次序	计分标准		级别含义	说明
	下限	上限		
AAA	90	100	信用极好	企业资金实力雄厚，资产质量优良，各项指标先进，经营管理状况良好，经济效益明显，清偿支付能力强
AA	80	89	信用优良	企业资金实力较强，资产质量较好，各项经济指标先进，经营管理状况较好，经济效益稳定，有较强的清偿与支付能力
A	70	79	信用较好	企业资金实力、资产质量一般，有一定实力，经济效益不够稳定，清偿与支付有一定难度，但不致发生危机
BBB	60	69	信用一般	企业资产、财务、信用状况较差，各项经济指标处于中等水平，经营管理不佳，经济实力不强，清偿与支付能力差，有一定风险性

表7-18 **部分评估机构对企业信誉级别的设置与说明**

信用等级	中国工商银行系统	中国建设银行系统	中国农业银行系统	大连市信誉评级委员会	西安市资信评级委员会	重庆市企业资信评级委员会	南宁市企业资信评级委员会	沈阳市企业信用评级委员会	天津市信誉评级委员会
AAA	特级信用程度极好	一级优良	特级极好	特级信用极好	信用程度可靠，经济效益高，很有发展前途，经营管理好	特级信用程度极好	信用可靠，很有发展前途	特级信用极好	信誉良好
AA	一级信用程度优良	二级可靠	一级良好	一级信用优良	信用程度比较可靠，经济效益较高，很有发展前途，经营管理好	一级信用程度优良	信用优良，有发展前途	一级信用优良	信誉较好
A	二级信用程度较好	三级较好	二级一般	二级信用较好	信用程度尚可，获利水平一般，发展前途欠好，经营管理较差	二级信用程度较好	信用一般，经济效益一般	二级信用较好	信誉一般
BBB	三级信用程度一般	四级及格	三级较差	三级信用一般	信用程度一般，获利水平低，无发展前途，经营管理差	三级信用程度一般	信用较低	三级信用一般	信誉欠佳
BB									信誉较差
B									
CCC									
CC									
C									

7.3 租赁融资

租赁是一种契约行为，即约定资产的所有者（出租人）在一定的时期内，将资产交付承租人使用，承租人则在规定的期限内分期支付租金，并享有对资产的使用权。虽然租赁的结果使资产的所有权与使用权两者分离，但是，若一个企业的融资目的在于购置资产（设备），那么，运用租赁资产的方式来融通所需资金，便成了企业筹资的一项重要来源。

7.3.1 租赁融资的基本形式

租赁的形式很多，按其契约的特点可以分为：经营租赁和融资租赁。

1）经营租赁

经营租赁（Operating Leases），又称服务性租赁（Service Leases）、营业性租赁或业务性租赁，是指由出租人向承租人提供租用资产设备，并承担其维修保养、人员培训等专门技术服务的租赁方式。此类租赁一般用于满足承租人对资产的临时性需要，它具有短期筹资功能，是一种传统方式的租赁。其主要特点如下：

（1）租赁期限较短。营业性租赁的租期一般短于租赁资产的有效寿命期，承租人可以逐期租用；而出租人所收取的租金不足以收回出租物的全部成本，而只能用以后续租的租金或出售该资产的收入来收回剩余的成本。

（2）契约的可解除性。在资产设备租赁期内，如有合理原因，承租人可预先通知出租人提前解除租约，承租人可以因此而免于承担设备陈旧的风险。

（3）租金较高。一方面，经营租赁的期限较短，租金可能在较短期限内被收回；另一方面，出租人除了承担资产设备维修、保养、设备磨损、过时等风险外，还要承担因承租人租约到期不愿续约或中途解约退租使资产所有者另找租户期间蒙受损失的风险。有鉴于此，经营租赁的每期租金较高，但租金总额较低。

目前，适用于经营租赁的设备主要有：汽车、轮船、电脑、车辆和工程建筑机械等。

2）融资租赁

融资租赁（Financial Leases），亦称为资本性租赁（Capital Leases）或者财务租赁，是由出租人按照承租人的要求，出资购入预定的资产，然后租给承租人长期使用的租赁方式。承租人采用这种承租方式的主要目的是融资，但它有别于一般的资金融通：一般融资对象是资金，而融资租赁是以“融物”代替“融资”。由于出租人预先支付了设备的全部价款，这等于向承租人提供了长期信贷，因此具有长期信贷资金的性质。

（1）融资租赁的特点

与经营租赁相比，融资租赁的主要特点如下：

①租赁期限较长，一般接近于租赁资产的寿命。

②契约具有不可解除性。融资租赁合同规定在租赁有效期内，未经双方同意，任何一方均不得中途解约。

③租金较低。一方面，融资租赁的租赁期通常较长，接近资产的有效使用期，其租金能够分摊到较长的期限内；另一方面，租赁物的维修、保养、保险等费用由承租人负担，出租人足以收回资产成本。因此，融资租赁的每期租金较低，但租金总额较高。

④租期届满时，承租人有权对租赁物作出选择。租约期满时，承租人有权选择降低租

金续租、退还或购进设备等三种处置方式。

根据美国财务会计准则委员会的规定，凡符合下列条件之一者，为融资租赁：

①租赁期超过资产预计有效使用期的75%；

②各期租金的现值总额超过资产合理价值（历史成本）的90%；

③租赁期满时，承租人有权按低于该资产市场价格的价值优先购买；

④租赁期满时，租赁资产的所有权无偿转移给承租人。

由③、④两条特征可见，融资租赁实质上等于以租金形式分期购买资产，故有资本租赁或融资租赁的称谓。

适用于融资租赁的设备主要有不动产、医疗设备、机械和飞机等。

（2）融资租赁的形式

融资租赁具有不同的形式，主要有以下几种：

①直接租赁（Direct Lease）

直接租赁是指承租人直接向出租人承租所需的资产，并按租赁合同按期支付租金。直接租赁的出租人可以是制造商，也可以是独立租赁公司、专用设备租赁公司，或者是银行等金融机构。其中除制造商外，其余出租人均须按承租人的需要向供应商购买资产，然后租给承租人。通常所说的融资租赁，如果不作特别说明时即为直接租赁。

具体的直接租赁安排可用图7-4表示。

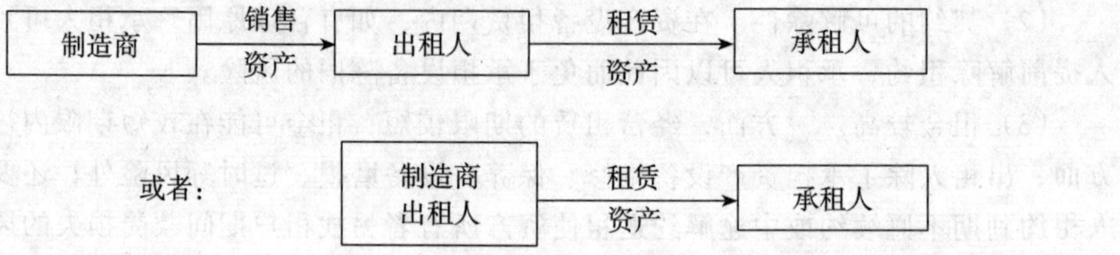

图7-4 直接租赁

②售后租回（Sale and Lease Back）

售后租回又称“售后租赁”或“销售再租回”，它是指企业将自己拥有的资产出售给出租人，而后以承租人身份再向出租人租回其所售出的资产，并按约定合同分期支付租金。在这种方式下，它既可解决承租人资金急需，得到一笔相当于资产市价的现金用于其他资产的购置或现金支付，又可在租赁期内用每年支付的租金换取原来属于自己的资产的使用权。而这种优越性是以放弃对资产残值的处置权和资产加速折旧的抵税效果作为代价的。这一点与抵押贷款的融资方式相似。

从事此项售后租回活动的出租方主要有租赁公司、保险公司和投资机构等。

具体的售后租回安排可用图7-5表示。

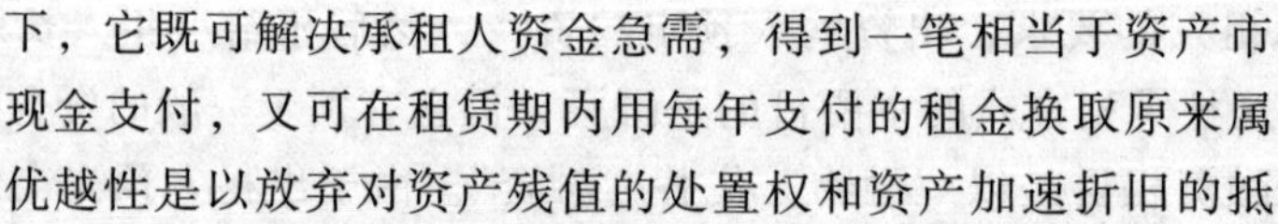

图7-5 售后租回

③杠杆租赁（Leveraged Lease）

杠杆租赁亦称借款租赁，此种租赁方式要涉及承租人、出租人和贷款人三方人员的参与。对于出租人而言，出租人只垫支购置资产设备所需现金的一部分（一般为20%～

40%)，其余部分则以该资产为担保向贷款机构借入款项支付。因此，在这种情况下，出租人既是资产的出借人，同时又是贷款的借款人，通过租赁既要收取租金，又要支付债务。

杠杆租赁对出租人的有利方面表现在：第一，出租人可以大大低于资产价款的资金投入，带动巨额的租赁业务，从中获得全部资产出租收益、残值和税收优惠；第二，购买资产的大部分资金来自借款，借款利息可作为经营费用抵减出租方税负，显然，财务杠杆的有利作用提高了出租人的投资报酬率；第三，出租人一般愿意将上述利益以低租金的方式部分转给承租人，因此，杠杆租赁的租金一般低于其他融资租赁的租金；第四，贷款人对其债权没有追索权，出租方的风险仅限于20%～40%。

通常来说，采用杠杆租赁形式一般适用于金额较大的设备项目。

具体的杠杆租赁安排可用图7-6表示。

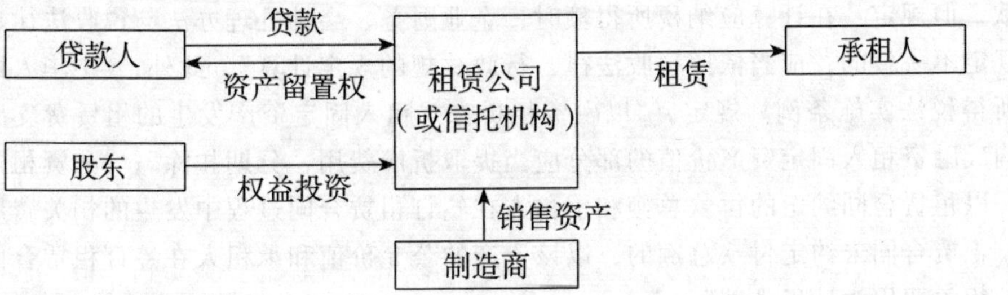

图7-6 杠杆租赁

通过上面的介绍，我们可以将各种不同的租赁类型作一个比较，见表7-19。

表7-19 租赁类型比较表

租赁类型	参与者	租赁期	租金额	出租人是否提供维修服务
经营租赁	出租人、承租人	短期	较少	是
融资租赁	出租人、承租人	长期	较多	否
直接租赁	出租人、承租人	长期	较多	否
售后租回	出租人、承租人	长期	较多	否
杠杆租赁	出租人、承租人、贷款人	长期	较多	否

7.3.2 租赁融资决策

企业若期望获得某项资产的使用权，可以采用举债购买或者通过租赁的方式来实现。管理当局可以依据相应的资本成本，借助对二者现金流量的分析，比较租赁与举债购买两方案的优劣，最终作出选择。

具体的租赁决策的分析过程可以归纳为以下几个基本步骤：

（1）计算融资租赁的净现金流出量；

（2）计算举债购买的净现金流出量；

（3）比较两种筹资方式，选择净现金流出量现值较低者。

需要注意的是，2018年12月7日，我国财政部修订发布了《企业会计准则第21号——租赁》(以下简称新租赁准则)。按照新租赁准则，承租人会计处理不再区分经营租赁和融资租赁，而是采用单一的会计处理模型，也就是说，除了采用简化处理的短期租赁和低价值资产租赁外，对所有租赁均确认使用权资产和租赁负债，参照固定资产准则对使用权资产计提折旧，采用固定的周期性利率确认每期利息费用。出租人租赁仍分为融资租赁和经营租赁两大类，并分别采用不同的会计处理方法。一项租赁属于融资租赁还是经营租赁，取决于交易的实质，而不是合同的形式。如果一项租赁实质上转移了与租赁资产所有权有关的几乎全部风险和报酬，出租人应当将该项租赁分类为融资租赁。出租人应当将除融资租赁以外的其他租赁分类为经营租赁。

新租赁准则将原租赁准则下承租人的经营租赁和融资租赁的会计处理方式进行了统一，且处理方法考虑了分期支付租金的货币时间价值，但税法通常不考虑货币时间价值，仅按照实际支付款项作为计税基础。《中华人民共和国企业所得税法》没有关于租赁分类的条款，但规定"在计算应纳税所得额时，企业财务、会计处理办法与税收法律、行政法规的规定不一致的，应当依照税收法律、行政法规的规定计算"。此外，《中华人民共和国企业所得税法实施条例》规定，"以融资租赁方式租入固定资产发生的租赁费支出，按照规定构成融资租入固定资产价值的部分应当提取折旧费用，分期扣除"；"融资租入的固定资产，以租赁合同约定的付款总额和承租人在签订租赁合同过程中发生的相关费用为计税基础，租赁合同未约定付款总额的，以该资产的公允价值和承租人在签订租赁合同过程中发生的相关费用为计税基础"。

【例7-12】A公司为扩大生产能力准备添置一台机器设备，预计该设备将使用5年。A公司正在研究是融资租赁取得该设备还是自行购置该设备。有关资料如下：

（1）如果向租赁公司融资租入该设备，租赁期为5年，年租赁费为2.5万元，租金于每年年初支付，租赁期届满时租赁资产所有权不转让。

（2）如果自行购置该设备，预计购置成本为10万元，税法折旧年限为5年，无残值，直线法计提折旧。

（3）A公司所得税税率为40%，税后借款（有担保）利率为13%。

请问A公司是否应采用融资租赁的方式取得该设备？

决策过程如下：

（1）计算融资租赁方式下的净现金流出量。

①判断租赁的税务性质。该合同不属于选择简化处理的短期租赁和低价值资产租赁，符合融资租赁的认定标准，租赁费用为每年25 000元，不可在税前扣除。

②确认租赁资产的计税基础。由于合同约定了承租人的付款总额，因而租赁费是取得租赁资产的成本，全部构成其计税基础。

租赁资产的计税基础=25 000×5=125 000（元）

③计算折旧抵税额。按同类固定资产的折旧年限计提折旧费：

租赁资产的年折旧额=125 000÷5=25 000（元）

每年折旧抵税额=25 000×40%=10 000（元）

④计算各年现金流出量。

第1年年初（第0年年末）现金流出量=25 000元

第1年年末至第4年年末现金流出量=25 000-10 000=15 000（元）

第5年年末现金流出量=0-10 000=-10 000（元）

据此编制融资租赁方式下的净现金流出量（见表7-20）。

表7-20　**融资租赁方式下的净现金流出量**　单位：元

年序	年租金额 ①	折旧额 ②	折旧抵税额 ③=②×40%	净现金流出量 ④=①-③
0	25 000	0	0	25 000
1	25 000	25 000	10 000	15 000
2	25 000	25 000	10 000	15 000
3	25 000	25 000	10 000	15 000
4	25 000	25 000	10 000	15 000
5	—	25 000	10 000	-10 000
合计	125 000	125 000		75 000

（2）计算自行购置方式下的净现金流出量。

①计算购置设备支出。

第1年年初购置设备=100 000元

②计算折旧抵税额。按税法规定计提折旧费。

购置设备的年折旧额=100 000÷5=20 000（元）

每年折旧抵税额=20 000×40%=8 000（元）

③计算各年现金流出量。

第1年年初（第0年年末）现金流出量=100 000元

第1年年末至第5年年末现金流出量=-8 000万元

据此编制自行购置方式下的净现金流出量（见表7-21）。

表7-21　**自行购置方式下的净现金流出量**　单位：元

年序	购置成本 ①	折旧额 ②	折旧抵税额 ③=②×40%	现金流出量 ④=①-③
0	100 000	0	0	100 000
1	—	20 000	8 000	-8 000
2	—	20 000	8 000	-8 000
3	—	20 000	8 000	-8 000
4	—	20 000	8 000	-8 000
5	—	20 000	8 000	-8 000
合计	100 000	100 000	40 000	60 000

（3）比较两种筹资方式，选择净现金流出量现值较低者。

对于上述两种筹资方式，可以采用税后借款（有担保）利率13%作为折现率，计算各自的现值（见表7-22）。

表7-22 两种筹资方式的净现金流出量现值 单位：元

年序	复利现值系数 (P/F，13%，n) ①	融资租赁方式		自行购置方式	
		净现金流出量 ②	现值 ③=①×②	净现金流出量 ④	现值 ⑤=①×④
0	1.000	25 000	25 000	100 000	100 000
1	0.885	15 000	13 275	−8 000	−7 080
2	0.783	15 000	11 745	−8 000	−6 264
3	0.693	15 000	10 395	−8 000	−5 544
4	0.613	15 000	9 195	−8 000	−4 904
5	0.543	−10 000	−5 430	−8 000	−4 344
合计	—	75 000	64 180	60 000	71 864

由表7-22可知，融资租赁方式下的净现金流出量（64 180元）小于自行购置方式下的净现金流出量（71 864元），故A公司不应采用自行购置方式，而应采取融资租赁方式取得该设备。

即测即评7.3

专论

信贷资产证券化与次贷危机

2005年4月中国人民银行和银监会发布《信贷资产证券化试点管理办法》，标志着信贷资产证券化正式进入我国金融市场。信贷资产证券化是指银行将信贷资产（一般为个人信贷资产，其中住房抵押贷款往往占较大比重）以资产抵押债券（ABS）的形式出售给投资银行，投资银行也无意长期持有这些资产，而是将这些资产连同其他形式的贷款（如汽车贷款、信用卡贷款等）一起形成新的资产池，再次对这些资产作证券化处理，形成担保债务凭证（CDO），出售给市场上的最终投资者。在资产证券化的过程中最关键的步骤是信用增级，即把风险高、信用级别较低的资产重组为风险低、信用级别较高的资产，这是能否吸引投资者、资产证券化能否成功的关键。信用增级可以通过内部和外部两个渠道实现，内部增信的基本原理是通过资产池内低级别资产承担大部分风险来保证高级别资产的收益现金流，外部增信主要是通过第三方保险实现。

信贷资产证券化是20世纪70年代在美国出现的新兴金融产品，已迅速成为一种普及的衍生工具，这是由于信贷资产证券化有助于提高金融机构的资产流动性，加快信贷资产的周转，同时也是风险转移和分解的有效途径，对于金融市场的结构完善具有重要作用。与所有的金融产品一样，信贷资产证券化也必然有其自身的风险性。信贷资产证券化犹如一根链条，起点是借款人，终点是最终投资者，当借款人由于某些原因无法履行还款义务而导致资金链断裂时，作为终点的投资者必将蒙受损失。在金融市场中这类信贷资产证券的大量投资者是保险公司、银行、对冲基金等金融机构，这些金融机构在信贷资产证券蒙受损失时往往通过抛售其他资产来弥补，最终会波及整个金融市场。2007年美国次贷危机就是这样发生的。

美国次贷危机的背景是：美国国内对于申请住房贷款的信用保护条款使得那些信用分数较低、收入证明缺失、负债严重的人士无法按正常途径获得住房贷款，于是一些小型私有的贷款公司乘虚而入，向这些低收入人士提供优惠条件吸引他们申请贷款，形成所谓的“次级债务”。随后，这些贷款公司把这类信贷资产证券化，最终由投资者持有。随着美国个人拥有住房的比例不断提高，截至2006年美国国内的住房抵押债务已经超过国债规模和公司债券规模。但是，随着美联储的连续加息，次级房贷的利率也相应上升，在2006年已经超过10%，利息负担的上升使贷款拖欠情况越来越严重，最终酿成一场次贷危机。

美国的次级债务问题也使全球金融市场经历了一场小型金融危机，导致美林证券、花旗银行等金融机构出现大额亏损，欧美主要股票市场面临自“9·11”事件以后的最大跌幅，我国金融机构也无法幸免。据《证券市场周刊》的估计，我国投资者损失惨重，仅中国银行、中国建设银行、中国工商银行的损失就超过40亿元。

我国正处于深化金融市场体制改革的关键阶段，信贷资产证券化试点改革也是其中一项具体措施。在同一时期，我国房地产价格和住房信贷急速上升，美国的次贷危机给了我们一个反思金融体制改革的极好机遇。面对错综复杂的金融市场和堪称“双刃剑”的衍生金融工具，如何在推进金融改革的同时尽量避免市场风险的爆发，其中的经验和教训都是非常值得我们认真思考和总结的。

企业债券与公司债券

从抽象的理论角度来看，企业债券和公司债券应该没有本质的区别，但在实践中，我国独特的国情使两者有较大的区别。1993年国务院出台《企业债券管理条例》，标志着债券正式成为我国企业融资的工具之一，但该条例实质上只是赋予了国有企业通过债券进行融资的资格，在证券市场上流通的这类债券基本上都是由中央或地方政府批准设立的国有独资企业或者小部分国有控股上市公司发行的，在债券发行过程中政府扮演了重要的角色，债券能否发行由国家发改委审批，而不是由证券监管部门审批，发行债券融通的资金只能投入经政府审批许可的项目。在我国，企业债券就是指具有上述特征的债券。

这种企业债券体制极大地限制了债券这种融资形式发挥作用的空间。据统计，我国的债券主要由国债、中央银行票据、金融债券、企业债券构成，但前三者占比高达94%，企业债券只占3%，企业债券占比大大低于发达国家水平。造成这种局面的原因在于《企业债券管理条例》对债券的发行主体、资金用途都有严格的限制。近年来，中小企业融资难的问题困扰着中小企业的发展，而企业债券这种形式又因受到相关政策的制约而难以发挥其应有的作用。

鉴于这种情况，从2006年开始，我国对相关法规进行了重大修改，首先是当年修订后的《公司法》对公司债券的发行主体不再限定于股份有限公司或国有企业。2007年8月14日颁布并实施的《公司债券发行试点办法》标志着真正意义上的公司债券正式出现在我国资本市场。《公司债券发行试点办法》对公司债券的发行方式、发行条件、发行程序、债券持有人权益保护等方面作出了规定，围绕着放松行政管制建立以发债主体的信用责任机制为核心的公司债券市场体系以及信用评级、信息披露、债券受托管理人等市场化配套制度的基本思想，力图更好地发挥市场机制在公司债券市场发展中的基础作用。根据《公司债券发行试点办法》，公司债券的发行属于企业内部决策范畴，无须政府审批，政府的监管职能由中国证监会履行，监管的形式由审批制改为核准制。对于公司债券募集的资金不再限制用途，发行企业既可用于项目投资，也可用于解决流动资金周转或其他方面。《公司债券发行试点办法》还特别强化了对债券持有人权益的保护：一是强化发行债券的信息披露；二是引进债券受托管理人制度；三是建立债券持有人会议制度；四是强化参与公司债券市场运行的中介机构的责任。在《公司债券发行试点办法》施行元年，长江电力发行了我国首只公司债——“07长电债”，公司债自此正式登上我国资本市场的舞台。相较于拥有多年发展历史的企业债券，尽管我国公司债市场起步较晚，但其灵活性更强，比如引入信用评级、不强制要求提供担保等。

自2007年《公司债券发行试点办法》出台以来，我国在公司债券发行相关法规方面进行了多次重大修订，不断完善公司债券的发行规范、信息披露、信用监管等，推动债券市场金融基础设施建设，为公司资本结构合理配置、债券市场有序发展提供了制度和实践基础。2015年1月15日，证监会颁布了《公司债券发行与交易管理办法》，正式取代此前的《公司债券发行试点办法》，明确将公司债券发行范围由上市公司扩大至所有公司制法人，取消公司债公开发行的保荐制和发审委制度，并且全面建设债券私募制度，将合格投资者细分为公众和专业两类。自此，在经历2007年的元年起航阶段、2008年的金融危机停发阶段、2009年的重发阶段之后，公司债从2014年开始迎来爆发式增长阶段。尤其是2015年《公司债券发行与交易管理办法》颁布实施之后，公司债扩容取代中小企业私募债，发行呈“井喷”态势。2007—2016年，公司债券累计发行5 587只，发行金额总计45 957.22亿元，发行数量超过企业债、中票、定向工具等券种，成为第二大信用债品种。此外，公司债券市场积极研发创新债券品种，近年来推出扶贫债券、绿色债券、可续期债券、可交换债券、熊猫债券、“一带一路”债券等债券品种，市场认可度越来越高。2020年3月1日，伴随新《证券法》的正式实施，国家发改委和证监会分别印发通知，明确企业债公开发行以及公司债发行由核准制向注册制转变，这意味着相关发债主体融资的制度性成本进一步下降，债券市场服务实体经济、支持改革发展的能力也将进一步增强。2015—2023年国内各类债券发行情况统计见表7-23。

表7-23 **2015—2023年国内各类债券发行情况统计** 单位：亿元

年份	政府债券	金融债券	公司信用类债券	国际机构债券	各类债券合计
2015	59 408	102 095	67 205	115	228 823
2016	91 086	182 152	82 377	412	356 027
2017	83 513	258 056	56 352	573	398 494
2018	78 278	274 056	77 905	720	430 959
2019	85 187	259 360	107 058	468	452 073
2020	135 293	291 539	142 012	554	569 397
2021	142 662	323 516	146 804	857	613 839
2022	170 719	306 195	136 720	825	614 458
2023	204 210	364 417	138 206	1 430	708 263

注1：公司信用类债券包括非金融企业债务融资工具、企业债券以及公司债、可转债等。

注2：随着债券市场的发展与完善，中国人民银行逐渐减少在国内债券市场发行央行票据，主要通过其他公开市场操作（如回购交易等）来调节市场流动性。

资料来源 作者参考中国人民银行调查统计司披露的统计数据（http://www.pbc.gov.cn/diaochatongjisi/）整理而得。

观念应用

等额本息偿还与等额本金偿还，孰优孰劣？

等额本息法与等额本金法是偿还长期贷款的常见方式。等额本息偿还法就是前述完全分期等额偿还法；等额本金偿还法则是各期偿还总额不相等，但偿还本金相等。

以下假设贷款10 000元、年利率5%、贷款期限5年，按两种方法计算的贷款偿还计划分别见表7–24、表7–25。

表7–24　**等额本息偿还法偿还计划表**　单位：元

年序	年偿还额 ①	年付息额 ②=上年度④×i	本金偿还额 ③=①–②	本金剩余额 ④=上年度④–③
0				10 000.00
1	2 309.75	500.00	1 809.75	8 190.25
2	2 309.75	409.51	1 900.24	6 290.01
3	2 309.75	314.50	1 995.25	4 294.76
4	2 309.75	214.74	2 095.01	2 199.75
5	2 309.75	109.99	2 199.75	0
合计	11 548.75	1 548.74	10 000.00	—

表7–25　**等额本金偿还法偿还计划表**　单位：元

年序	本金偿还额 ①	年付息额 ②=上年度④×i	年偿还额 ③=①+②	本金剩余额 ④=上年度④–①
0				10 000.00
1	2 000.00	500.00	2 500.00	8 000.00
2	2 000.00	400.00	2 400.00	6 000.00
3	2 000.00	300.00	2 300.00	4 000.00
4	2 000.00	200.00	2 200.00	2 000.00
5	2 000.00	100.00	2 100.00	0
合计	10 000.00	1 500.00	11 500.00	—

从计算结果看，两种方法下偿还的本金总额都等于贷款总额，但等额本息法的利息偿还总额大于等额本金法，这是否意味着等额本金偿还法更合算？

本章小结

•企业为了满足生产经营过程对资金的需求，除了可以采用股票融资，还可采用发行公司债券、定期借款和租赁的方式筹措长期资金。

•公司债券具有以下几个特性：资本成本固定，有明确的偿还期，支付的利息可以节税，还可转嫁通货膨胀损失，不会造成公司的控制权分散。

•公司债与普通股融资有诸多不同，表现在：二者筹集的资金性质有别，投资者的身份和所持凭证不同，资金可供使用的期限各异，融资的顺序、手续也有区别，同时投资者收益的形式、时间和数额也不同，对公司控制权的影响程度也有差别。

•发行公司与信托人之间通常应订立信托契约。公司债信托契约包括关于公司债发行的所有重要事项。许多公司债信托契约中都包括设立“偿债基金”条款。“偿债基金”条款要求债券发行公司每年提取一定数额的偿债基金，除此之外，信托契约中通常还规定收回条款或称为赎回条款。

•公司债券可以在证券市场上自由流通，具有多种价值形式。参照普通股的估价模式，可以推导出公司债评价的一般模式。根据债券发行时市场利率与债券票面利率的差异，债券可采用等价、溢价与折价发行。

•发行公司债券成本低，可以产生财务杠杆作用，有利于保障股东对公司的控制权，并可调整资本结构。但同时，发行公司债筹资会增大公司的财务风险，加大公司的偿债压力，且要受信托契约条款的严格限制，筹资数量相对有限，故也有其不足的一面。

•定期借款筹资方式规定了还款期限和一些限制性条款，可以采用多种偿还方式，具有不同的借款利率形式，筹资速度快，借款成本低，借款弹性大。

•企业偿还贷款方式通常有如下几种方式：复利计息，到期一次还本付息；单利分期付息，到期一次还本；完全分期等额偿还法；部分分期等额偿还法等。无论采用何种偿还方式，企业均须先编制“还款时间表”，以便做好还款安排。

•企业若期望获得某项资产的使用权，除可采用举债购买的方式，亦可采用租赁的方式。租赁的形式有很多种，按其契约的特点可以分为：经营租赁和融资租赁。而融资租赁也有不同的形式，主要有：直接租赁、售后租回、杠杆租赁。它们之间既有相似处，又有其特殊性。

•企业管理层可以通过对租赁与举债购买的现金流量的分析，作出租赁或是举债购买的选择。一般采用三个步骤，即先计算融资租赁的净现金流出量；再计算举债购买的净现金流出量；最终比较两种筹资方式，选择净现金流出量现值较低者。

主要概念和主要观念

□ 主要概念

公司债券　公司债信托契约　偿债基金　公司债评价的一般模式　债券发行价格与市场价格　等价、溢价与折价发行　公司债替换　定期借款　固定利率与变动利率　分期调整利率与浮动利率　一般性限制条款与特殊条款　经营租赁与融资租赁　直接租赁　售后

租回 杠杆租赁

□ 主要观念

1.债券融资是一把双刃剑，一方面其利息计入成本可以产生节税作用，另一方面如果负债过重企业将产生财务风险，因不能偿还债务导致破产。

2.合理确定企业债务的数量结构和期限结构，对企业偿债能力有很大的影响。

基本训练

□ 知识应用

7.1 选择题

1.普通股股东投资收益的形式是股利或红利，公司债持有者投资收益的形式是债券利息，以下说法中正确的是（ ）。

A.利息的支付时间和数额是不固定的

B.利息的支付时间和数额都是固定的

C.股利的支付时间固定，数额不固定

D.股利的支付时间固定，数额不固定

2.（ ）具有节税的作用。

A.普通股现金股利　　B.普通股股票股利

C.优先股股利　　D.公司债券利息

3.债券信托人（又称受托人）的主要任务是（ ）。

A.代理债券的发行

B.代表发行企业的利益

C.代表证券监管部门行使监督职能

D.代表债权人利益执行公司债契约条款

4.当市场利率高于债券名义利率，投资者以（ ）购买债券。

A.平价　　B.溢价　　C.折价　　D.市场价格

5.两种具有相同违约风险的债券，所承担的利率风险是（ ）。

A.长期债券较高　　B.短期债券较高

C.相等　　D.期限与风险无关

6.公司债进行债券替换的原因包括（ ）。

A.减少债务的利息　　B.消除某些限制性条款的约束

C.推迟债务的到期日　　D.以上都正确

7.偿债基金是（ ）。

A.负责公司破产后的债务偿还

B.可以延长债务的实际期限

C.在债券到期之前设置的一项特别基金

D.在债券到期之后设置的一项特别基金

8.债券评级的内容包括（ ）。

A.产业分析　　B.财务分析

C.信托契约分析 D.以上三个方面

9.贷款协议中的限制性条款目的是（ ）。

A.确保借款企业财务状况的稳定性和贷款银行自身的安全性

B.确保借款企业的正常经营

C.确保银行按约定金额贷款

D.确保借款企业遵守国家财经法律

10.投资者以低于面额的价格买入债券，到期则按面额收回本金，这实质上是投资者以（ ）方式获得利息。

A.一般付息 B.附息票 C.贴现 D.等额

7.2 判断题

1.一般来说，债券的票面利率都等同于实际利率。（ ）

2.从发行公司的角度来看，发行普通股融资的风险大于发行公司债融资的风险；而从投资者的角度来看则相反，即投资于普通股的风险小于投资于公司债的风险。（ ）

3.AAA是标准普尔评级中的最优评级。（ ）

4.经营租赁一般用于满足承租人对资产的临时性需要。（ ）

5.融资租赁中的租赁契约可以中途解除。（ ）

6.公司债的回购价格通常采用平价收回，并随到期日的接近而逐渐降低。（ ）

7.杠杆租赁要涉及承租人、出租人和贷款人三方人员的参与。（ ）

7.3 思考题

1.比较股票融资与公司债融资的异同。

2.利率变动、期限长短会对公司债价值的变化产生什么影响？

3.公司债替换的原因是什么？

4.借款合同所规定的限制性条款的具体内容是什么？

5.定期借款具有哪几种偿还方式？试举例说明其不同之处。

6.租赁融资有哪几种形式？各自有何特点？相互之间的关系如何？

7.租赁决策一般包括哪几个步骤？如何对租赁与举债购买进行选择？

□ 能力训练

7.1 计算题

1.A公司2024年7月1日购买某公司2022年7月1日发行的面值为10万元、票面利率8%、期限5年、每半年付息一次的债券，若此时市场利率为10%，计算该债券价值。若该债券此时市价为94 000元，此价格对购买者有无吸引力？此时的到期收益率为多少？

2.B公司发行面值为1 000元、票面利率为10%、期限为10年的债券，每年末付息一次。试分别确定：当市场利率为10%、12%、8%时该公司债券的发行价格。

3.某公司债券每年发放80元利息，5年后到期兑现1 000元，现在的市场利率为12%，请估计该公司债券现在的市场价值。

4.某公司发行年利率为12%、半年付息一次的A和B两种债券，债券面值均为1 000元，A债券的期限为10年，B债券的期限为3年，两种债券到期均按面值兑现。

①假设两种债券的到期收益率为9%，计算两种债券的市场现价。

②假设两种债券的到期收益率为8%，计算两种债券的市场现价。

③请比较①和②的结果，对不同期限的债券，说明到期收益率的变化对债券市场现价有何影响？

④假设到期收益率为8%，A和B债券期限均缩短1年，计算两种债券的市场现价。

⑤从④中能否归纳出A和B债券期限缩短对市场现价的影响。

5.某企业从银行借入10 000 000元贷款，期限为5年，利率为10%。银行要求该笔贷款的1/2在贷款期内完全等额分期偿还，其余1/2则分期付息、到期一次还本、每年计息一次，请编制“借款分期偿还计划表”。

6.C公司销售了面值为1 000万元、利率为8%的债券，该债券在10年内用偿债基金方式收回。偿债基金的支付额与债券金额相等，于每年年底支付，基金收入将用来偿付债券。问：

①每年偿债基金支付额应是多少？

②假设偿债基金以等额数量在每年年底支付给银行管理偿债基金信托公司，利率为6%，并用这些基金购买政府债券，其数额在10年末应达到1 000万元，并用它来偿还到期债券。此时，年偿债基金支付款项应为多少？

7.2012年1月，D公司发行票面利率为3.4%、期限为30年的债券，债券发行后，市场利率有所上升，随利率的上升，债券价格不断下跌，到2025年1月，债券价格由1 000元降为650元。问：

①若债券以面值发行，其到期收益率为多少？

②假设利率稳定在2025年的水平，那么，债券在2037年1月的价值为多少？

③债券到期日前一天，该债券的价值为多少？

8.E公司于2015年发行了利率为14%、期限为10年的可收回债券200万元，每张面值为100元，回收价为111元。2025年公司回收了旧债券，同时发行了利率为11%的新债券，每张面值仍为100元，2033年到期。新债券发行费为发行面值的3%，其他有关费用为2万元，这两笔费用在8年内摊销。新旧债券并存两个月，公司所得税税率为25%。问：E公司进行此项债券替换是否值得？

9.C公司计划增加一台设备。若采用自行购置方式取得该设备，设备价值为100万元，使用期为5年，若不计残值，每年折旧为20万元；若采用租赁方式取得该设备，每年租金为24万元，租赁期为5年。所得税税率为25%，税后借款（有担保）利率为10%。试分析C公司采用租赁方式取得该设备是否可行。

7.2 案例分析

中国长江电力股份有限公司短期融资分析

中国长江电力股份有限公司（以下简称长江电力）是由中国长江三峡集团有限公司作为主发起人设立的股份有限公司，创立于2002年9月29日，2003年11月在上海证券交易所IPO挂牌上市。2020年9月，长江电力发行的沪伦通全球存托凭证在英国伦敦证券交易所上市交易。长江电力主要从事水力发电、投融资、抽水蓄能、智慧综合能源、新能源和配售电等业务，经营区域覆盖中国、秘鲁、巴西、巴基斯坦等多个国家，是中国最大的电力上市公司和全球最大的水电上市公司。长江电力运营管理的乌东德、白鹤滩、溪洛渡、向家坝、三峡、葛洲坝六座梯级电站，构成了世界最大清洁能源走廊，有效保障了长江流域防洪、航运、补水和生态安全，为我国经济社会绿色发展提供了强劲动能。

2022年11月22日，长江电力发行了2022年度第二期短期融资券，该期实际发行总额为15亿元，发行期限为285天，发行利率为2.50%。

长江电力主要财务数据和指标见表7-26。

表7-26 长江电力主要财务数据和指标 单位：亿元

项目	2019年	2020年	2021年	2022年
资产总额	2 965	3 308	3 286	5 785
其中：流动资产	110.4	146.8	179.2	270.9
货币资金	73.23	92.31	99.30	106.4
应收账款	29.44	36.50	37.68	152.3
存货	2.224	2.821	4.700	5.674
固定资产	2 263	2 311	2 187	4 505
负债总额	1 465	1 525	1 383	3 224
其中：流动负债	559.6	784.7	534.1	917.5
非流动负债	905.1	740.4	848.7	2 307
营业收入	498.7	577.8	556.5	688.6
营业利润	269.3	329.0	328.8	303.9
财务费用	52.11	49.86	47.51	95.81
净利润	215.7	265.1	264.9	251.0
经营现金流量净额	364.6	410.4	357.3	434.8
投资现金流量净额	−66.31	−360.4	−65.65	−117.0
筹资现金流量净额	−278.7	−30.07	−283.8	−315.7

注：数据四舍五入，有尾差.主要财务数据来源：东方财富网（https://www.eastmoney.com）.

资料来源　长江电力.中国长江电力股份有限公司2022年度第二期短期融资券发行情况公告[EB/OL].[2022-11-24].https://www.chinamoney.com.cn/dqs/cm-s-notice-query/fileDownLoad.do?mode=open&contentId=2504727&priority=0.

讨论：

（1）长江电力的短期融资有什么意义？

（2）如何评价长江电力的偿还能力？

7.3 调研实践

1.通过互联网收集一份公司债券的发行公告，并阅读公告各项内容，了解发行企业的产业背景、经营与财务状况等方面的资料。如果该债券在证券交易所公开交易，了解债券近期的价格表现。

2.根据所收集的资料思考企业通过公司债券形式筹集资金的动机，以及企业的经营与财务状况是否为偿债提供了足够的保证。如果该债券在证券交易所公开交易，对交易价格的波动进行理论解释。

□ 政策思考

2020年，国务院发布了《关于构建更加完善的要素市场化配置体制机制的意见》。该文件强调指出："（十二）加快发展债券市场。稳步扩大债券市场规模，丰富债券市场品种，推进债券市场互联互通。统一公司信用类债券信息披露标准，完善债券违约处置机制。探索对公司信用类债券实行发行注册管理制。加强债券市场评级机构统一准入管理，规范信用评级行业发展。"

请查阅相关材料并思考：债券市场对于我国资本市场健康稳定发展具有哪些作用？为何要丰富债券市场品种、完善债券违约处置机制并对公司信用类债券实行发行注册管理制？

第8章 认股权证与可转换债券

学习目标

思维导图8

知识传授：了解公司采用认股权证和可转换债券筹资的一般方法；熟悉认股权证的价值形式以及计算其价值的具体方法；能够对该筹资方法进行评价；对可转换债券的一般概念和可转换债券的三种价值形式及其相互关系进行一定程度的了解；熟悉可转换债券的转换方式；能够对可转换债券筹资进行评价。

视频导学8

能力培养：掌握认股权证各种价值形式的计算方法，以及认股权证对公司所产生的影响；掌握可转换债券三种价值形式的计算，以及债权与股权转换的相关计算；能根据认股权证与可转换债券的相关理论，从制度背景、发行动机、融资计划等角度分析和解释我国金融市场中上述证券的发行，并初步评价其对公司经营的影响。

价值塑造：学会运用混合融资工具进行融资与风险管理，认识到法律法规对于保护市场参与者权益和维护市场秩序的重要性，增强法律意识和风险防范能力，减少投机与违法行为。了解我国在混合融资工具方面的制度建设与监管规定，增强学生对国家金融制度的自信。

引例：易成新能发行股份及可转换债券购买首山化工资产

河南易成新能源股份有限公司（以下简称易成新能，证券代码：300080）拟向河南平煤神马首山化工科技有限公司（以下简称首山化工）发行57 077 525股股份（发行价格：4.59元/股）和654 964张可转换公司债券（每张面值为人民币100元，按照面值发行；存续期限为自发行之日起6年，票面年利率为0.1%，计息方式为到期后一次性还本付息，不计复利；转股期自发行结束之日起满6个月后第一个交易日起至可转换债券到期日止）购买其持有的平煤隆基新能源科技有限公司（以下简称平煤隆基）30.00%股权，同时，易成新能拟向不超过35名符合条件的特定投资者发行股份募集配套资金。本次交易完成后，上市公司持有控股子公司平煤隆基的股权比例由50.20%增加到80.20%。

资料来源　易成新能．河南易成新能源股份有限公司发行股份及可转换债券购买资产并募集配套资金暨关联交易报告书（注册稿）［EB/OL］．［2020-10-30］．http：//www.szse.cn/disclosure/listed/bulletinDetail/index.html?59cdf2bc-b4db-44d6-a147-2b778f7fbc7f.

8.1 认股权证

8.1.1 认股权证的要素和分类

认股权是依特定价格购买一定数量普通股股票的选择权，而认股权证则是由股份公司发行的可认购公司股票的一种权利证书，它赋予持有者在一定期间内以特定价格优先购买一定股份的权利。认股权证是权证系列产品的一种，与其相对的是认沽权证，即持有人可以按一定价格在行权日出售股票的权利凭证。在我国股权改革中股份公司往往制定两种权证捆绑的方案，这样的方案可以把流通股股东的可能损失预先限定于某一水平。

1）认股权证的要素

在介绍认股权证的价值之前，我们先了解认股权证的几个要素：

（1）认购数量。认购数量可以用两种方式进行约定：一是确定每一单位认股权证可以认购多少公司发行的普通股；二是确定每一单位认股权证可以认购多少金额的普通股。

（2）认股价格。认股价格一般以认股权证发行时发行公司的股票价格为基础，或者以公司股价的轻微溢价发行。如果公司股份有所变动，可能会对认股价格进行调整。有些公司则规定当公司的股票市价过度上扬时，其发行的认股权证的认股价格可以按预定公式自动上调。

（3）认股期限。认股期限是指认股权证的有效期。在此期间，认股权证的持有者可以随时认购股份，超过此期限，认股权证将失效。一般说来，期限越长，认股权证的价格就越高。认股的期限长短，不同国家、不同地区、不同市场，均会有所不同，通常为3～10年。

（4）赎回权。通常发行认股权证的公司均会制定赎回权条款，即在特定情况下，公司有权赎回已发行的认股权证。

2）认股权证的分类

根据不同的标准，认股权证可以划分为多种类型：

（1）根据行权时间分类

①美式权证。持有人可以在权证到期日前随时行使认购权的权证。

②欧式权证。持有人必须在行权日才能行使认购权的权证。

③百慕大式权证。持有人可以在权证发行日与到期日之间几个预先设定的时间行使认购权的权证。一般来说，在同等条件下，该类权证的价格高于欧式权证，而低于美式权证。

（2）根据发行主体分类

①公司权证。由权证标的证券发行人所发行，这类认股权证的发行结果将使发行企业的股份增加。

②备兑权证。由证券公司以所持有的股票为标的而发行的认股权证，这类认股权证的发行不会造成标的股份的增加。

（3）根据权证结算方式分类

①证券结算型权证。即以证券进行结算的权证，持有人在行使认购权后，发行人向持有人支付证券。

②现金结算型权证。在行权日当大，发行人按照证券行权价与当日证券收市价之间的差额支付给权证持有人。

8.1.2 认股权证的价值

在介绍认股权证的价值之前，我们先了解认股权证具有以下几个要素：

认股权证能够给投资者带来收益和权利，因此具有价值。其价值形式分为理论价值和市场价值两种形式。

1）认股权证的理论价值

认股权证的理论价值可由下式求得：

$$V=(P-E)\cdot N \tag{8.1}$$

式中：V为认股权证理论价值；P为普通股股票市场价格；E为优先认购价格；N为每一张认股权证可认购的股票数。

【例8-1】某普通股股票现行市价为每股55元，认股权证规定认购价为每股40元，每张认股权证可购得1股普通股。则认股权证理论价值为：

V=（55-40）×1=15（元）

按照公式，当股票市价高于认购价格时，认股权证理论价值为正值；当股票市价等于认购价格时，认股权证理论价值为零；而当股票市价低于认购价格时，认股权证理论价值为负值，此价值毫无意义。因此，可以定义此时的认股权证理论价值为零，也就是说，认股权证的最低理论价值为零。

认股权证理论价值与股票市价的关系如图8-1所示。

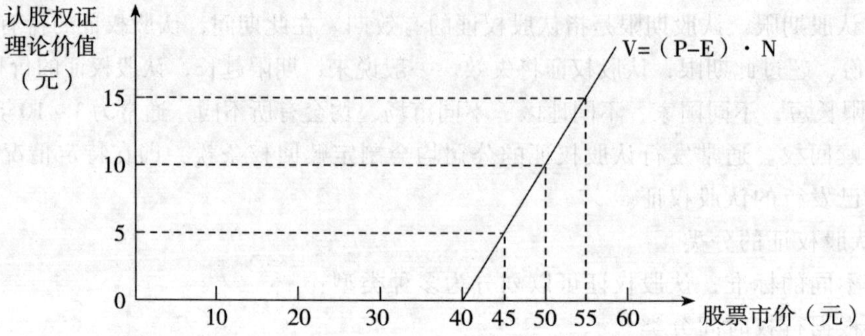

图8-1 认股权证理论价值与股票市价的关系

2）认股权证的实际价值

认股权证的实际价值又称为认股权证的市价或售价，是由市场供求关系所决定的。

一般而言，由于套购活动和套购利润的存在，认股权证的实际价值高于其理论价值，二者的差额称为“超理论价值溢价”，而认股权证市场价格的下限应是其理论价值。

认股权证理论价值、实际价值与股票市价的关系如图8-2所示。

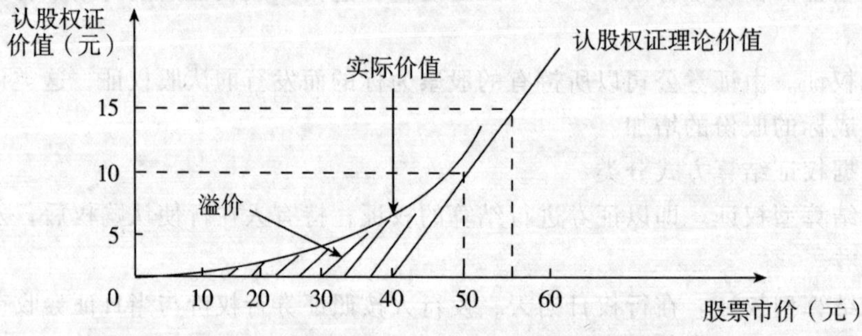

图8-2 认股权证理论价值、实际价值与股票市价的关系

由图8-2可见，认股权证实际价格通常高于其理论价值。形成溢价（图中阴影部分）的主要原因是：认股权证的收益率高于普通股的回报率，而且投资损失会小于普通股。也就是说，当普通股市场价格上涨超过认股权证交易时的普通股价格时，在认股权证上投资的潜在利润大于购买普通股的利润；并且在普通股市价上涨幅度较大时，这种潜在利润会以更快的速度增加，从而产生杠杆作用。我们将通过下例进一步说明。

【例8-2】某公司认股权证载明的认购价格为15元，其售价等于其理论价值，且每张权证可认购1股。当股票市价为20元时，甲投资者投资60元于普通股票，乙投资者用60元投资认股权证。当股票市价上升为30元时，比较二者的收益情况。

甲投资者总收益=（30−20）×（60÷20）=30（元）

甲投资者获利率=30÷60×100%=50%

乙投资者认股权证理论价值=（20−15）×1=5（元）

故：60元可购入认股权证数=60÷5=12（张）

乙投资者总收益=（30−15）×12−60=120（元）

乙投资者获利率=120÷60×100%=200%

可见，用同样的资金，乙投资者却获得了相当于甲投资者4倍的权益，认股权证的高度杠杆作用显而易见。

下面再计算一下二者可能的损失。

若股票市价持续下跌，假设降低为0，此时，若乙仅买1张认股权证，甲购入1股的普通股，则甲的总损失是20元，而乙的总损失仅为5元。

可见，认股权证所具有的高获利和有限的损失，使其市价高于其理论价值。

我们从图8-2中还可得出以下结论：

① 当市价越接近认购价格，认股权证超理论价值溢价也越大。

② 随着股票市价的上升，认股权证理论价值与股票市价成正比例变动。

③ 认股权证的溢价逐渐减少，使认股权证市价逐渐趋近于其理论价值。

为了说明这几个结论，现举例如下：

承例8-2，若甲、乙投资者在股票市价为30元时投资，在股价上升为45元时出售股票，则：

甲投资者总收益=（45−30）×（60÷30）=30（元）

甲投资者获利率=30÷60×100%=50%

乙投资者认股权证理论价值=（30−15）×1=15（元）

故：60元可购入认股权证数=60÷15=4（张）

乙投资者总收益=（45−15）×4−60=60（元）

乙投资者获利率=60÷60×100%=100%

可见，甲投资者的收益率保持不变，而乙投资者的收益率却下降了。正是这种投资获利杠杆作用递减和损失风险递增的趋势，使认股权证的溢价逐渐减少。此外，随着认股权证到期日的临近，其溢价也逐渐减少。

8.1.3　认股权证的发行

认股权证一般可以采用两种方式发行。

（1）认股权证附于有关证券。这种方式较为常见，认股权证通常作为发行普通股、公司债或优先股时的附带权利，投资者无须支付认购款项。在此种发行方式下，认股权证将随同股份或债券凭证一同发给认购者或者一并由中央登记结算公司划入投资者账户。这种发行方式，可以增强公司股票和债券的吸引力。

（2）认股权证单独发行。认股权证可与证券分离而单独流通。在此种发行方式下，认股权证的发行与普通股、公司债或优先股的发行没有内在联系。它是按原股东的持股数量的一定比例对其发放的，作为对原股东的一种回报。

8.1.4 认股权证的行使

认股权证与证券的可分性不同，其相应的行使权也不同。若认股权证与公司有关证券是分离的，则认股权证可单独行使，即既可以在证券市场上单独出售，也可以认购普通股票；若认股权证与公司证券是不可分离的，则认股权证不可单独出售，而只在持证券人认购普通股时才有效，并在行使后即与原证券分离。

认证股权一般在普通股市价达到既定的认购价格时才会被行使。具体有以下几种理由会促使认股权证的行使：

（1）当公司的经营业绩不错，认股权证的认购价格逐渐上升时，其持有者会在认股权证价格上升前行使其权利。

（2）当公司提高普通股股利时，认股权证持有者会为获得股利收入而行使其认股权证。此时，认股权证的持有者考虑到继续持有该认股权证，既不能为其带来股利收入，又不能使其获得投票权，在股利极具吸引力时，会行使其相应的权利。

（3）当股票市价高于认购价格，同时认股权证行将到期时，则认股权证持有者会愿意行使其权利。

认股权证行使后，原来的证券仍在流通，故可以使公司的权益增加，并将改变公司的资本结构，且认股权证行使后对普通股每股收益也会产生影响，其影响程度视认购前后每股税前收益水平而定。

8.1.5 认股权证筹资评价

认股权证通常作为包括普通股、优先股或债券在内的一揽子计划的一部分。它使持有者有权以规定的价格用现金购买公司普通股股票，亦可促使公司证券的销售。其筹资优势表现在：

（1）认股权证的发行可以促使其他筹资方式的运用，达到筹资的目的。

许多公司，特别是规模较小的公司经常发现：发行附有认股权证的债券比发行纯粹的债券更有吸引力。此外，小公司经常将认股权证作为改善新发行普通股或非公开销售债券发行条件的因素。一些大公司，如美国电话电报公司、美国捷运公司等，亦以认股权证筹资的方式，达到成功的筹资效果。

（2）附认股权证的公司债兼具负债和股权的特性，可降低公司的资金成本。

发行附认股权证的证券，可以使投资者在公司获利状况不错时成为股东，从而分享公司盈余，故投资者愿意接受较低的债券利率和较为宽松的债券契约条款，达到降低公司的资金成本的目的。

（3）认股权证可以带来额外现金。认股权证不论是单独发行还是附带发行，均可为公司带来额外的现金，增强公司的资金实力。

综上所述，发行附认股权证券筹资对公司与投资者均具有一定的好处，但还应注意筹资的时机和条件，一般来说，其主要适用于下列情形：一是公司目前股票市价较低；二是公司目前急需大额长期资金，而普通股此时不具有吸引力；三是预计未来收益能力和普通股市价会稳步上升；四是预计公司未来有资金需求。

若公司股票价格无法上升，则优先权将不被行使，这将造成公司资本结构中负债比率过高，财务风险增大，股价上升会有压力，也不利于举借新的债务。这也是采用认股权证筹资应考虑到的潜在风险。

即测即评8.1

对认股权证的评价，我们还将结合下面的对可转换债券的评价进一步阐述。

8.2 可转换债券

可转换债券（Convertible Bond）是指根据发行公司的债券募集办法的规定，债券持有人可以按规定的条件在将来特定期间内转换成公司普通股的公司债券。

由于可转换债券兼有公司债券和普通股股票的双重性质，所以发行公司除应当具备发行公司债券的条件外，还应当符合发行新普通股股票的条件，并应报请国务院证券管理部门批准，方可发行。在我国，早期有关文件规定符合一定条件的上市公司和重点国有企业经批准可以发行可转换债券。2019年，为贯彻落实中共中央、国务院关于加强金融服务民营企业的决策部署，有关文件指出，符合一定条件的上市公司、股票公开转让的非上市公众公司均可发行可转换债券。上市公司经股东大会决议，即可发行可转换债券，并应在公司债券募集办法中规定具体的转换办法。

在介绍可转换债券的价值前，我们先了解以下两个基本概念：

1）转换价格

转换价格是指转换为普通股时实际支付的价格。

可转换债券发行时，对转换价格都有明确规定。证券持有者在行使转换权的有效期内，可按某一固定转换价格将可转换债券转换成普通股。例如，某公司发行期限为10年、面值为1 000元的可转换债券，债券持有者可在10年内的任何时间，以每股50元的固定转换价格将每张债券转换成20股该公司的普通股。

转换价格一般在可转换债券发行时就设定，在该债券存续期间固定不变，但有时也设定逐渐上升的转换价格，即随可转换债券转换时间的推迟而定期提高转换价格。例如，某公司可在发行可转换债券时规定：发行后第一个五年期间按每股50元转换价格、第二个五年期间按每股55元转换价格转换成公司普通股。设定逐渐上升的转换价格可以减少每张债券转换成普通股的股数，其目的在于促使可转换债券持有者尽可能早些进行转换，以减少损失。同时也可减轻股东股权受稀释时对每股收益的影响。

转换价格通常会由于股票分割、股票股利或认股权证发行而加以调整。在公司向其股东分配资产（不包括现金股利）或负债时，也需对转换价格进行调整。

2）转换比率

转换比率是指可转换债券转换成普通股的股数。它与转换价格的关系可用公式表示为：

$$\text{转换比率}=\text{可转换债券面值}/\text{普通股转换价格} \tag{8.2}$$

由于转换价格既有固定的，也有逐期提高的，因此转换比率可以是固定的，亦可以是逐期降低的。

【例8-3】某公司发行的可转换债券面值为1 000元，转换价格为每股50元，期限为10年，则固定转换比率为：

转换比率=1 000÷50=20

若前五年转换价格为每股50元，后五年转换价格为每股55元，则逐期降低的转换比率为：

前五年期间：转换比率=1 000÷50=20

后五年期间：转换比率=1 000÷55=18.18

像认股权证认购价格一样，转换价格的设定一般高于可转换债券发行当时普通股市价的15%～20%。这种转换价格高于发行当时股票市场价格的差额即为公司债的转换溢价，转换溢价越高，则普通股的稀释程度越低。

承例8-3，若发行当时普通股市价为每股40元，转换价格为每股50元，则：

转换溢价=（50-40）×（1 000÷50）=200（元）

转换溢价率=（50-40）÷40×100%=25%

8.2.1 可转换债券的价值

可转换债券赋予持有者在普通股市场价格上升到转换价格以上时，按低于市价的价格将持有的债券转换为普通股，故可转换债券附有的此种优先权具有价值，它的理论价值用公式表示为：

优先权理论价值=普通股每股市价-该普通股转换价格

优先权总价值=（普通股每股市价-该普通股转换价格）×转换比率 (8.3)

由公式可知，当普通股市价高于转换价格时，优先权价值为正值，并随股票市价而增加；当股票市价等于转换价格时，优先权价值为零；当股票市价低于转换价格时，优先权价值为负值，但此时优先权将不会被行使，故在理论上将股票市价低于转换价格时优先权的价值设为零。

【例8-4】某公司可转换公司债面值为1 000元，转换价格为每股50元，当普通股市价为每股60元时：

优先权理论价值=60-50=10（元）

优先权总价值=（60-50）×（1 000÷50）=200（元）

事实上，可转换债券的理论价值与其市价会有所差异，通常情况下，市价高于其理论价值，二者的差额随期限的延长而增大，当接近到期日时，上述理论价值公式中转换价格趋于零，而优先权的理论价值相当于普通股票市价。关于优先权理论价值、优先权市价与普通股市价的关系可用图8-3表示。

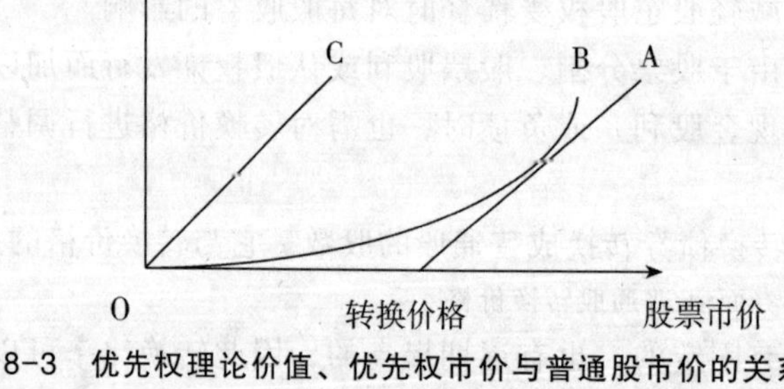

图8-3 优先权理论价值、优先权市价与普通股市价的关系

图8-3中：线A表示优先权的理论价值；线B表示一般情况下优先权的价值；线C表示期限无限延长时优先权市价。

由图8-3可见，优先权理论价值与其市场价格的差距因优先权有效期限长短而异。

归纳起来，可转换债券有三种价值形式，即转换价值、非转换价值和市场价值。下面将详细介绍这三种价值形式及其相互关系。

1）转换价值

可转换债券转换为普通股的总市价称为该债券的转换价值。在转换价格不变的条件下，转换价值同普通股市场价值成正比例关系，有如下公式：

$$\text{转换价值}=\text{普通股市价}\times\text{转换比率} \tag{8.4}$$

【例8-5】设普通股的市价为每股70元，转换比率为20，则：

转换价值=70×20=1 400（元）

2）非转换价值

非转换价值是指，在可转换债券持有人不行使转换权或发行者不行使强制赎回权时，该债券所具有的原有一般债券的价值。它又称为可转换债券底价，即可转换债券市价的下限，它等于普通公司债的市价。根据债券评价基本模式，其计算公式为：

$$P=\sum_{t=1}^{n}\frac{I_t}{(1+i)^t}+\frac{M}{(1+i)^n} \tag{8.5}$$

式中：P为非转换债券价值；I_t为债券每年利息额；M为债券到期日本金（面值）；i为贴现率，即投资者要求的最低报酬率；n为可转换债券剩余的期限（年）。

【例8-6】某可转换公司债券面值为1 000元，期限10年，名义利率10%，市场平均利率为9%，转换价格为50元，则：

$$P=\sum_{t=1}^{10}\frac{1\,000\times 10\%}{(1+9\%)^t}+\frac{1\,000}{(1+9\%)^{10}}$$

$$=100\times 6.4177+1\,000\times 0.4224$$

$$=1\,064\text{（元）}$$

由于债券名义利率高于市场平均利率，故其市价高于面值，这意味着可转换债券的最低价值为1 064元，即使普通股市价下降，该债券也可与一般债券一样按该底价进行交易。显然，可转换债券非转换价值与普通股市价无关。

3）市场价值

市场价值是指该可转换债券在证券市场上成交的价格。

依据上述分析，可转换债券所附有的优先权具有价值，故可转换证券的价格通常高于一般债券的价值，亦高于可转换证券的转换价值，其差额部分称为溢价。可转换债券的三种价值形式及转换溢价关系可用图8-4表示。

图8-4中，可转换债券的非转换价值与普通股市价无关，故而与横轴平行；转换价值与普通股市价成正比例关系，故而呈一条斜向上的直线。由图8-4可知：

（1）可转换债券对其持有者而言具有双重价值，它既具有公司债券的价值，又可作为普通股股票的潜在价值，若股票市价上升，可转换债券的价值主要取决于其转换价值；而若普通股市价下跌，可转换债券的价值取决于一般债券的价值，即非转换价值。

（2）若可转换债券的非转换价值等于面值（即名义利率与市场平均利率相等），当普通股市价等于转换价格时，可转换债券的转换价值与其市价相等。

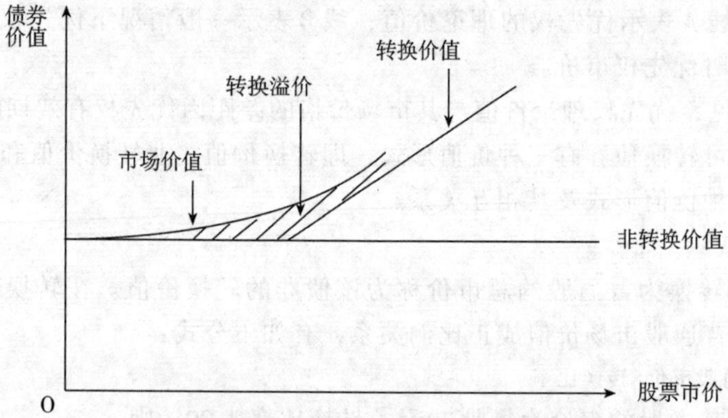

图8-4 可转换债券的三种价值形式与转换溢价的关系

（3）可转换债券市价，在普通股市价不为零时，其价值将高于其底价，且始终高于其转换价值。

（4）可转换债券的溢价（图8-4中阴影部分）以转换价格为界划分为两个部分：①当普通股市价低于转换价格时，溢价表现为可转换债券市价与其底价的差异，这种溢价形成的原因是可转换权使该证券持有者有机会成为普通股股东，分享公司的剩余收益；②当普通股市价达到转换价格之后，溢价表现为可转换证券市价与其转换价值的差异，这种溢价形成的原因是股票市价在优先权有效期内还有继续上升的可能性，而转换价值将与股票市价成正比例变化。由图8-4可见，溢价大小与普通股市价密切相关，但它还受其他因素影响，故溢价的数额很难用数学公式精确地加以计算，因而可转换债券价值也只能根据图象作近似的描述。

8.2.2 可转换债券的转换

公司发行可转换债券是希望当普通股市价达到转换价格后，该债券能最终转换为普通股股票。然而，转换与否主要取决于可转换债券持有者的意愿。一般情况下，当股票市价高于转换价格时，债券持有者也许会选择转换证券，但并不是所有的债券持有者都执行转换权，因为可转换债券的转换价值会随着普通股市价上升而上升，并可继续获得固定的收入，所以他们会推迟转换。那么，发行公司怎样能使可转换债券持有者进行转换，以实现其发行该债券的目的呢？通常采用以下两种方法：

1）强制转换

公司通常在发行可转换债券时附有一定的收回条款，以强迫债券持有者进行转换，促使该债券如期转换。这种提前偿债条款，允许发行者在任何转换价值超过提前收回价格的时候，迫使债券持有人将债券转换为普通股。这是因为，此时，股票价值高于提前收回的价格，持有者将债券转换获利更多。例如，某可转换债券转换价格为40元，转换率为25，债券赎回价格为1 130元，当普通股市价为50元时，该债券持有者会选择转换，即将债券转换为价值1 250元的普通股股票；而若普通股市价为45元时，债券持有者更愿意债券被赎回。公司应采用使股东财富最大化的强制转换策略。

2）鼓励转换

发行公司通常采取两种措施，以鼓励债券的转换，其一是设立阶梯式的转换价格，以降低证券的转换率。这样会促使证券持有者在新的转换价格生效前进行转换；其二是增加普通股股利，吸引债券持有者进行转换。

事实上，由于债券持有者所拥有的债权人的优越地位和稳定的收入，会促使一部分人不愿意转换，故比较而言，附加收回条款对促成证券转换更为有效。

当可转换债券持有者决定行使其转换权时，须按可转换公司债券在发行时预先规定的三个基本转换条件进行：一是转换价格或转换比率；二是转换时发行的股票内容；三是请求转换期间。

3）转股价格与修正条款

转股价格是指募集说明书事先约定的可转换公司债券转换为每股股份所支付的价格。根据《上市公司证券发行管理办法》，转股价格应不低于募集说明书公告日前20个交易日该公司股票交易的均价和前一交易日的均价。[①]

在证券的存续期间，公司的股票价格如出现明显的连续下降，可转换公司债券的发行条款中可以附带价格修正条款，又称向下修正条款。如钢钒转债设置的自动向下修正条款内容是：当任意连续30个交易日内有20个交易日股票收盘价格不高于当时转股价格的90%时，董事会必须在上述情况出现后5个交易日内向下修正，幅度不低于转股价格的10%，并且调整后的转股价格不低于每股净资产，修正次数不限。修正条款的存在吸引了投资者，并为债务向股权的成功转换提供保证。

4）赎回与回售

募集说明书可以约定赎回条款，规定上市公司可按事先约定的条件和价格赎回尚未转股的可转换公司债券。赎回条款是对发行公司的保护，当公司股价在一段时间内（通常是20～30天）连续上升一定幅度（通常是20%～30%）时，发行企业有权按照事先约定的价格赎回未转换的债券。

回售条款大多在公司股价转弱时被触发，投资者可以要求发行公司按事先约定的价格回购发行的可转换公司债券。当回售条约被触发时，发行公司将面临支付压力，公司的资本结构将受到影响。为了避免这种情况的发生，发行公司可以通过转换价格修正来降低回售的可能。

8.2.3 可转换债券的评价

通过以上对可转换债券的特点和价值的分析，我们可以将其优缺点总结如下：

1）可转换债券的筹资优势

（1）有利于降低筹资成本。可转换债券的利率一般低于普通债券，转换前可转换债券的资本成本低于普通债券；转换为股票后，又可节约股票的发行成本，从而降低股票的资本成本，并可对企业资本结构进行调整，增强负债的基础和保障，这将有利于公司的进一步发展。

（2）有利于企业筹资。可转换债券对投资者具有双重吸引力：第一，在企业经营之初，购买此类债券能取得较稳定的债息收入；第二，当企业经营步入正常时，将可转换债券转为普通股，有更多的机会取得更大的收益。故而，可转换债券筹资极易成功。

（3）有利于调整资本结构。可转换债券是一种债务和权益双重性筹资方式，转换前可

① 自2021年1月31日起施行的《可转换公司债券管理办法》规定，上市公司向不特定对象发行可转债的转股价格应当不低于募集说明书公告日前二十个交易日发行人股票交易均价和前一个交易日均价，且不得向上修正。上市公司向特定对象发行可转债的转股价格应当不低于认购邀请书发出前二十个交易日发行人股票交易均价和前一个交易日均价，且不得向下修正。

转换债券属于公司的一种债务，若公司希望持有人转股，还可借助一些方法，从而促进转股，达到调整资本结构的目的。

（4）减轻股东股权稀释时对每股收益的影响。有些公司在股票市价偏低的情况下，如要筹集相同数量的资金需要发行更多的股票，从而稀释原有股权。此时，公司可采用先发行可转换债券筹集长期资本，在预计将来随着企业盈利潜力的发挥，每股盈利额增长，普通股股价上升后，再发行普通股换回债券，这样既可以筹集资金，又可以减少普通股的数量。

2）可转换债券筹资的不足

（1）可能由于股市的不确定性造成发行公司的损失。这种损失表现在：

①若可转换债券转股时股价高于转换价格，将使公司遭受筹资损失。

②若确需股票筹资，但股价并未上升，可转换债券持有人不愿转股时，发行公司将承受债务压力，这将导致企业的信誉下降，使企业增筹资金发生困难。

（2）可能损害原股东的利益。当可转换债券转换为普通股时，若该债券并非全部由原股东按比例持有，则转换后会造成股权的稀释，削弱原股东对于公司的控制权。其次，若转换价格低于公司原每股权益，则转换后每股权益将降低，对原股东不利。

（3）可转换债券转股后将失去利率较低的好处。一旦完成债券的转换，其成本较低的优势即告消失，筹资成本进一步提高。

3）两种优先权的比较

对于公司而言，发行可转换债券和认股权证都是作为一种暂时筹资的工具，其本意是发行普通股筹资，但两种优先权行使后对公司财务状况的影响却是不同的。这里将二者作一个简单的比较，以对可转换债券的优缺点有更为清晰的认识。

（1）对资金总额和资本结构的影响不同。可转换债券行权后，只是改变了企业资金来源的具体形式和资本结构，提高普通股所占比例，而企业资金来源不变；认股权证行权后企业除了获得原已发售证券筹得的资金外，还可新增一笔股权资本金，并改变资本结构。

（2）对负债总额的影响不同。当可转换债券行权后，原有的债务消失，负债总额减少；而认股权证行权后，原有的债务保留，负债总额不变。

（3）对纳税的影响不同。当可转换债券行权后，原有负债的节税功能相应消除；而认股权证行权后，不影响原有的节税效果。

（4）对财务杠杆作用的影响不同。可转换债券行权后，原有的财务杠杆作用消失；而认股权证行权后，原有的财务杠杆作用仍然保留。

（5）对原有股权冲淡程度的取决条件不同。可转换债券行权后对原有股东权益的影响取决于转换价格与原股东每股权益的关系；认股权证行权后对原有股东权益的影响取决于认购价格与原股东每股权益的关系。

通过上述分析，我们可以得出结论：可转换债券适用于将来不需增资且负债比率过高的情况；而认股权证则适用于将来要求大量增资且负债比率适当或较低的情况。发行公司可根据公司的财务状况，在分析不同筹资方式的优劣后，作出对公司有利的决策。

即测即评8.2

专论

备兑权证

备兑权证在国外证券市场的权证交易中占有主导地位。2005年11月21日，上海证券交易所发布《关于证券公司创设武钢权证有关事项的通知》，允许获得创新试点资格的证券公司创设武钢权证，这是我国首次引入备兑权证，但武钢权证的发行却引发了关于备兑权证的争议，从而使这种金融产品引起各方的关注。

备兑权证和认股权证都是赋予持有人在未来一定时间按一定价格买入股票的权利，最大的区别在于两者的发行主体不同，前者由证券公司、投资银行等中介机构发行，而后者则由权证标的证券发行企业发行。作为一种衍生金融工具，备兑权证可以作为风险管理的有效工具。由于在我国股票承销中证券公司大多采用包销的形式，这样就使证券公司面临市场价格风险，而备兑权证的出现使证券公司可以提早锁定股票套现价格，尤其是在股票市场前景不明朗的环境下，备兑权证降低了股票的发行风险。对于投资者来说，备兑权证也可以产生杠杆作用，获得较高的投资回报。由于连续创设（Further Issue）机制的作用，券商可以根据市场状况发行备兑权证，当权证标的证券价格连续高涨，券商将增加备兑权证的发行，客观上可以平抑市场价格的升势。

备兑权证风险的重要根源是其发行主体是标的证券发行企业以外的第三方，而持有者的投资收益却最终取决于标的证券的市场价格。作为备兑权证的发行者必须具有足够的实力履行权证持有人的认购要求，因此各国证券监管部门对发行主体有较高的门槛，2007年2月上海证券交易所发布的《证券公司发行备兑认股权证方案（讨论稿）》要求发行方提供履约担保，包括通过专用账户提供并维持足够数量的标的证券或现金作为履约担保，或提供经上交所认可的机构作为履约的不可撤销的连带责任保证人。

分离式可转换债券

近年来一些上市公司发行的可转换公司债券采用分离式可转换债券的方式，即认股权被证券化并与公司债券分开，可以单独流通买卖。分离式可转换债券与可转换公司债券在本质上都是认股权与债券组合的混合型融资工具，两者的区别在于：分离式可转换债券由于认股权凭证可以单独流通，因此分离式可转换债券中的债务利率较可转换公司债券中的债务利率低；分离式可转换债券中的债务部分与认股权证部分的续存期间不相同；在发行条款中分离式可转换债券可以不附设触发条款，即回购、赎回和价格修正条款；由于可转换公司债券所附有的触发条款，在大多数情况下债权都能够顺利转换为股权，但对发行分离式可转换债券的公司来说，如果认股权持有人放弃认股，发行公司将面临巨大的债务本息支付压力。

分离式可转换债券对公司融资和管理层激励都具有积极的意义。附设可以独立流通的认股权证使投资者可以获得债务本息和来自公司股价上升的认股权溢价收益，因此这类证券容易吸引投资者，增加了发行成功的机会；对于发行公司来说，较低的债务利率有效降低了融资成本；债务融资与认股权的结合有利于建立公司的约束激励机制，一方面债务融资可以比股权融资更好地解决代理问题，另一方面认股期权的存在使公司管理层必须提高公司的长期经营绩效，否则如果投资者放弃认股，公司将面临兑现的财务压力。

观念应用

太极股份可转换债券

2019年10月16日，太极股份发布公告，拟发行6年期AA级可转换公司债券。具体如下：

一、本次发行基本情况

1.发行证券的种类

本次发行的证券种类为可转换为公司人民币普通股（A股）股票的可转换公司债券。该可转债及未来经可转债换股产生的A股股票将在深圳证券交易所上市。

2.发行规模及发行数量

本次可转债的发行总额为人民币100 000.00万元，发行数量为1 000.00万张。

3.票面金额和发行价格

本次发行的可转债每张面值为100.00元人民币，按面值发行。

4.可转债基本情况

（1）债券期限：本次发行的可转债存续期限为发行之日起6年，即自2019年10月21日至2025年10月21日。

（2）票面利率：第一年0.40%、第二年0.60%、第三年1.00%、第四年1.50%、第五年1.80%、第六年2.00%。

（3）债券到期偿还：在本次发行的可转债期满后5个交易日内，发行人将以本次发行的可转债的票面面值的112%（含最后一期年度利息）的价格向投资者兑付全部未转股的可转债。

（4）付息的期限和方式：本次发行的可转债采用每年付息一次的付息方式，到期归还本金和最后一年利息。

（5）初始转股价格：本次发行的可转债的初始转股价格为31.61元/股，不低于募集说明书公告日前20个交易日公司A股股票交易均价（若在该20个交易日内发生过因除权、除息引起股价调整的情形，则对调整前交易日的交易均价按经过相应除权、除息调整后的价格计算）和前一个交易日公司A股股票交易均价。

（6）转股期限：本次发行的可转债转股期自发行结束之日2019年10月25日（T+4日）起满6个月后的第一个交易日（2020年4月27日）起至可转债到期日（2025年10月21日）止。

（7）信用评级：本次可转债的信用级别评级为AA，发行主体信用级别评级为AA。

（8）资信评估机构：中诚信证券评估有限公司。

（9）担保事项：本次发行的可转换公司债券未提供担保。

5.发行时间

本次发行的原股东优先配售日和网上申购日为2019年10月21日（T日）。

6.发行对象

（1）向发行人原股东优先配售：本发行公告公布的股权登记日（2019年10月18日，T-1日）收市后中国结算深圳分公司登记在册的发行人所有股东。

（2）中华人民共和国境内持有深交所证券账户的社会公众投资者，包括：自然人、法人、证券投资基金等（法律法规禁止购买者除外）。

（3）本次发行的承销团成员的自营账户不得参与本次申购。

7.发行方式

本次发行的太极转债向股权登记日收市后登记在册的发行人原股东优先配售，原股东优先配售后余额部分（含原股东放弃优先配售部分）通过深交所交易系统网上向社会公众投资者发行。

……

14.转股价格向下修正条款

（1）修正权限与修正幅度：在本次发行的可转换公司债券存续期间，当公司股票在任意连续30个交易日中至少有15个交易日的收盘价低于当期转股价格的90%时，公司董事会有权提出转股价格向下修正方案并提交公司股东大会表决。上述方案须经出席会议的股东所持表决权的三分之二以上通过方可实施。股东大会进行表决时，持有本次发行的可转换公司债券的股东应当回避。修正后的转股价格应不低于本次股东大会召开日前20个交易日公司股票交易均价和前一个交易日均价之间的较高者。若在前述30个交易日内发生过转股价格调整的情形，则在转股价格调整日前的交易日按调整前的转股价格和收盘价计算，在转股价格调整日及之后的交易日按调整后的转股价格和收盘价计算。

（2）修正程序：如公司决定向下修正转股价格，公司将在深圳证券交易所网站（www.szse.cn）和中国证监会指定的上市公司信息披露媒体上刊登相关公告，公告修正幅度和暂停转股期间等有关信息。

15.赎回条款

（1）到期赎回条款：在本次发行的可转债期满后5个交易日内，公司将以可转换公司债券的票面面值的112%（含最后一期年度利息）的价格向投资者兑付全部未转股的可转债。

（2）有条件赎回条款：在本次发行的可转换公司债券转股期内，当下述两种情形的任意一种出现时，公司董事会有权决定按照债券面值加当期应计利息的价格赎回全部或部分未转股的可转换公司债券：①在本次发行的可转换公司债券转股期内，如果公司A股股票连续30个交易日中至少有15个交易日的收盘价格不低于当期转股价格的130%（含130%）；②当本次发行的可转债未转股余额不足3 000.00万元时。

16.回售条款

（1）有条件回售条款：在本次发行的可转换公司债券最后两个计息年度，如果公司股票在任何连续30个交易日的收盘价格低于当期转股价的70%时，可转换公司债券持有人有权将其持有的可转换公司债券全部或部分按面值加上当期应计利息的价格回售给公司。

最后两个计息年度可转换公司债券持有人在每年回售条件首次满足后可按上述约定条件行使回售权一次，若在首次满足回售条件而可转换公司债券持有人未在公司届时公告的回售申报期内申报并实施回售的，该计息年度不能再行使回售权，可转换公司债券持有人不能多次行使部分回售权。

（2）附加回售条款：若公司本次发行的可转换公司债券募集资金投资项目的实施情况与公司在募集说明书中的承诺情况相比出现重大变化，根据中国证监会的相关规定被视作改变募集资金用途或被中国证监会认定为改变募集资金用途的，可转换公司债券持有人享有一次回售的权利。可转换公司债券持有人有权将其持有的可转换公司债券全部或部分按债券面值加上当期应计利息价格回售给公司。持有人在附加回售条件满足后，可以在公司公告后的附加回售申报期内进行回售，该次附加回售申报期内不实施回售的，不能再行使附加回售权。

17.转股后的股利分配

因本次发行的可转债转股而增加的本公司股票享有与原股票同等的权益，在股利发放的股权登记日当日登记在册的所有普通股股东（含因可转债转股形成的13股东）均参与当期股利分配，享有同等权益。

资料来源 太极股份.公开发行可转换公司债券募集说明书[EB/OL].[2019-10-17].http://vip.stock.finance.sina.com.cn/corp/view/vCB_AllBulletinDetail.php?stockid=002368&id=5687798.有删减.

问题：评价太极股份以可转换债券的方式筹集资金的优缺点，说明可转换债券的特殊条款是如何保护发行人和投资者利益的。

本章小结

•企业除采用发行股票、发行公司债、贷款、租赁等长期筹资方式之外，还可以利用优先权即发行附认股权证券或可转换债券筹得资金。

•认股权证通常作为发行公司债或优先股时的附带权利，能够给投资者带来收益和权利，因此具有价值。认股权证的价值形式分为理论价值和市场价值两种形式。一般而言，认股权证所具有的高获利和有限的损失的特点，使其市价高于其理论价值。

认股权证按照与证券的可分性不同，其相应的行使权也不同。认股权证一般在普通股市价达到既定的认购价格时才会被行使。认股权证行使后，原来的证券仍在流通，故可以使公司的权益增加，并改变公司的资本结构，并会影响每股收益。

认股权证的发行可以促使其他筹资方式的运用，并可以带来额外现金，具有一定的筹资优势，但同样具有一定的筹资风险，使用时要谨慎，以免产生负效益。

•可转换债券赋予持有者在普通股市场价格上升到转换价格以上时，按低于市价的价格将持有的债券转换为普通股的权利，具有三种价值形式，即：转换价值、非转换价值和市场价值。这三种价值形式具有一定的关联度。

•发行公司为使可转换债券持有者进行转换，通常采用强制转换和鼓励转换两种方法，以实现其发行该债券的目的。

•可转换债券的筹资优势表现在：它可以降低筹资成本，便于企业筹资，利于调整资本结构，并可以减轻股东股权稀释时对每股收益的影响。但是，可转换债券在股市波动时，也可能给发行公司造成损失，还可能损害原股东的利益，故采用这种筹资方式亦须谨慎对待。

主要概念和主要观念

□ 主要概念

认股权证　认股权证的理论价值　认股权证的市场价值　可转换公司债券　可转换公

司债券的转换价格　可转换公司债券的转换比率　可转换公司债券的转换价值　可转换公司债券的非转换价值　可转换公司债券的市场价值　超理论价值溢价

□ 主要观念

1. 认股权证的理论价值和实际价值会产生差异。与股票相比，其收益的变化更具波动性，从而风险会更大。

2. 发行可转换债券可以起到优化资本结构的作用，但它不一定都会转换成股票，要视转换条件随市场的变化。

基本训练

□ 知识应用

8.1　选择题

1. 某普通股股票的市价是30元/股，认股权证中的每股认购价为24元，每份认股权证可认购0.5股普通股，则认股权证的理论价值为（　　）元。

A.6　　B.3　　C.30　　D.15

2. 某可转换公司债券面值为1 000元，转换比率为12.5，则转换价格是（　　）元。

A.50　　B.60　　C.70　　D.80

3. 某可转换公司债券面值为1 000元，转换价格是100元，如果股票价格是120元/股，则该可转换公司债券的转换溢价是（　　）元。

A.20　　B.200　　C.10　　D.100

4. 某可转换公司债券面值为1 000元，转换价格是50元，同期普通股市价是60元，票面利率4%，期限两年，本利到期一次支付，该债券的转换价值是（　　）元。

A.50　　B.60　　C.1 000　　D.1 200

5. 根据上题的资料，如果资金成本是4%，该债券的非转换价值是（　　）元。

A.50　　B.60　　C.1 000　　D.1 200

8.2　判断题

1. 当认股权证的标的普通股股价上升时，认股权证的投资收益率小于购买普通股的收益率。（　　）

2. 随着认股权证到期日的临近，其溢价也逐渐减少。（　　）

3. 认股权证持有人行使认股权不会对发行公司的每股收益产生影响。（　　）

4. 可转换公司债券中的优先权价值随着行权时间的到来而下降。（　　）

5. 可转换公司债券的票面利率一般高于普通债券的票面利率。（　　）

6. 可转换公司债券的价值主要取决于转换价值。（　　）

8.3　思考题

1. 认股权证有几种价值形式？相互之间的关系如何？

2. 在何种情况下会促使认股权证的行使？

3. 如何对认股权证筹资进行评价？

4. 可转换债券具有哪三种价值形式？相互之间的关系如何？

5. 可转换债券具有哪两种形式？

6. 可转换债券筹资具有哪些优点和缺点？

□ 能力训练

8.1 计算题

1.A公司认股权证载明的认购价格为40元，每一认股权证可购买1/2股。若目前普通股市价为50元，求该公司认股权证理论价值。

2.B公司认股权证载明的认购价格为30元，其售价等于其理论价值，且每一认股权证可购买1/2股。当股票市价为40元时，甲投资者投资80元于普通股票，乙投资者用80元投资认股权证；当股票市价上升为60元时，比较二者的收益率情况；当市价降为0时，比较二者可能导致的损失。

3. 某公司发行了1 000万张认股权证，每张认股权证可按执行价格每股10元购买2份股票。公司现有股票2 400万份，股东权益总额10 000万元，税后利润为800万元。如果所有持有认股权证的均购买了股票，股东权益报酬率不变，则公司的每股净利有何变化？

4.C公司发行面值为1 000元的可转换债券，转换价格为40元，期限为6年。若前两年转换价格为40元，第三年到第四年的转换价格为45元，最后两年的转换价格为50元，求这三次转换比率。发行时普通股市价为30元/股，求这三种情况下的转换溢价和转换溢价率。

8.2 综合题

1. 美国捷运公司曾经分两部分发行了规模庞大、交易活跃的认股权证。其一是向其普通股持有者分配了93.2万张普通股认股权证，其二是向公众以每张$12.625的价格出售了90万张认股权证。每张美国捷运认股权证使持有者有权在发行日后5年内的任意时间，以$55的认购价格购买美国捷运普通股股票。认购价格比先前公司普通股收盘价高出17%。美国捷运公司还规定了强制转换条款，即认股权证在发行日后2年可以由公司决定以每张$40的价格赎回。通过此案例，试分析：

①美国捷运公司发行认股权证筹资的优势所在；

②美国捷运公司的强制转换条款执行条件。

2. 近年来A公司由于新产品开发而使利润下降，公司的市盈率为18，而同行业平均水平为22。公司股票市场价格为每股20元，每股盈利为0.5元。公司现有股票100万股，30%掌握在第一大股东B手中，B希望保留公司的多数控制权，但又没有资金购买更多的股票。公司管理人员认为，新产品的开发项目有很高的盈利能力，预测需资金1 000万元，但现金流入需12个月以后，公司现有负债2 000万元，是公司资产的45%，按负债契约已不能发行新债券。B为避免失去控制权，拟发行利率为11%的可转换债券或附有认股权证的债券，可转换债券期限为2年，认股权证的期限为5年。试分析公司采用发行可转换债券或附有认股权证债券的决策依据。

8.3 案例分析

中国石化分离式可转换公司债券

2008年2月中国石化公开发行总额不超过300亿元的分离式可转换公司债券，债券期限为6年，票面利率在0.8%与1.5%之间，债券每年支付一次利息，到期支付本金。每10份债券派发101份认股权证，认股权证的续存期为24个月，行权日为到期前的5个交易日。每两份认股权证可以按初始价19.68元的价格认购1股公司股票。

根据中国石化2007年第三季度的报表，该公司2007年9月30日的总资产为66 027 900万元，比2006年年末增加10.69%，股东权益为29 287 400万元，比2006年年末增加13.56%，负债总额为34 316 900万元，而2006年年末为31 659 600万元，1—9月税后利润为486 830万元，经营活动产生的现金流量净额为10 227 700万元，投资活动所产生的现金流量净额为-708 200万元，筹资活动产生的现金流量净额为-2 976 200万元，现金及现金等价物净增加额166 400万元。(关于中国石化财务报告的详情可以登录上海证券交易所网站查询)

要求：

评价中国石化本次通过分离式可转换公司债券融资的意义。

8.4 调研实践

1.通过互联网收集最近一年我国发行可转换公司债券和认股权证的上市公司资料，首先收集可转换公司债券和认股权证的发行公告，然后收集发行公司的年度或者季度财务报表。

2.根据网上调研收集的数据，思考这些企业为什么要通过可转换公司债券和认股权证融资？和传统的普通股和债券相比，可转换公司债券和认股权证有什么优越之处？从投资者的角度看，如何评价可转换公司债券和认股权证的投资价值？

□ 政策思考

2020年12月31日，证监会颁布了《可转换公司债券管理办法》。《可转换公司债券管理办法》共23条，涵盖交易转让、信息披露、转股、赎回、回售、受托管理、监管处罚、规则衔接等内容。

请详细阅读相关材料并思考：可转换公司债券有可能存在哪些潜在的风险？为何证监会要加强对可转换公司债券的监管？《可转换公司债券管理办法》又会如何影响公司的融资行为？

第⑨章　短期融资

学习目标

思维导图9

视频导学9

知识传授：了解短期融资政策的基本类型及特点；了解短期融资的利弊；了解各种短期融资方式的特点及利弊。

能力培养：掌握放弃现金折扣成本的计算方法；掌握应计费用筹资额的确定方法；掌握借款实际利率的计算方法；能正确进行是否享受现金折扣的决策；能确定各项应计费用筹资额。

价值塑造：通过消费信贷工具使用情况调查，强调短期融资的风险，树立理性消费观和信用意识，提升金融素养；了解我国货币市场的发展历史、现状与问题，理解货币市场与多层次资本市场之间的关系，深刻认识到理性融资对于维持企业流动性和维护金融市场稳定性的重要作用。

引例：一个商业信用融资案例的启发

这是一家位于广州市内商业闹市区、开业近两年的理发店，它吸引了附近一大批稳定的客户，每天店内生意不断，理发师傅难得休息，加上该店老板经营有方，每月收入颇丰，利润可观。但由于经营场所限制，始终无法扩大经营，该店老板很想增开一家分店，但由于本店开张不久，投入的资金较多，手头资金还不够另开一家分店。平时，有不少熟客要求理发店打折优惠，该店老板都很爽快地给了九折优惠。该店老板苦思开分店的启动资金时灵机一动，不如推出10次卡和20次卡，对于购买10次卡的客户给予8折优惠；对于购买20次卡的客户给予7折优惠。对于客户来讲，如果不购理发卡，一次剪发要40元；如果购买10次卡，平均每次只要32元，10次可省下80元；如果购买20次卡，平均每次只要28元，20次可省下240元。该店通过这种优惠让利活动，吸引了许多新老客户购买理发卡，结果大获成功，两个月该店共收到理发预付款达7万元，解决了开分店的资金缺口，同时稳定了一批固定的客源。通过这种办法，该理发店先后开办了5家分店、2家美容店。事实上，商业信用融资给企业提供了一个巨大的创新平台。与理发店相类似的保健中心、美容行业、汽车清洗店、公交汽车公司等服务业，都可以通过售卖次票、月票、年票的方式，巧妙运用商业信用融资方式，这不仅可以吸引一批长期稳定的客户，更重要的是，企业能够借此筹集到一笔可观的无息资金去扩大经营规模。

9.1 短期融资概述

短期融资是指企业筹集其所需要的短期资金的财务活动。短期资金是指占用期在1年或1年以下的一个营业周期内的资金。

9.1.1 短期资产投资与短期融资政策

短期资产即企业的流动资产，它分为两个部分：一部分是恒久性流动资产，即那些占用量相对稳定的流动资产；另一部分为波动性流动资产或临时性资产，即那些由于季节性或临时性的原因而形成的流动资产。

任何一个企业的资产分布状况如图9-1所示。

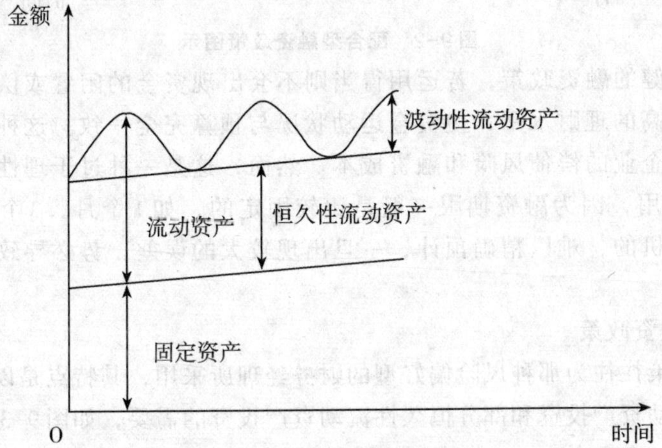

图9-1 企业资产分布状况图示

与流动资产的分类相对应，流动负债也可以分为临时性负债与自发性负债。一般而言，临时性负债是为了满足临时性流动资金需要所发生的负债；自发性负债是指直接产生于企业持续经营中的负债。

企业流动资产投资额的高低在很大程度上决定了企业营运资金持有量的高低，而后者则影响着企业的收益和风险。较高水平的流动资产投资额意味着企业拥有较多的现金、有价证券、应收账款及存货，这会使企业具有较强的支付能力及准时向客户提供产品的能力，从而保证企业生产经营正常进行，使企业承受较低的风险。但流动资产的盈利性通常较固定资产低，故持有较多的流动资产会降低企业资金收益水平。而较低水平的流动资产投资额所带来的后果正好相反，即收益提高，而风险加大。

短期融资政策的核心问题在于以何种资金来满足流动资产投资的需要。一般有以下三种模式：

1）配合型融资政策

配合型融资政策也称为期限配合模式，其特点是将流动资产投资期限与其来源期限紧密配合，即根据投资的期限来确定融资的期限。具体而言，用临时性负债满足波动性流动资产投资的需要；而以自发性负债及长期资金满足恒久性流动资产及固定资产投资的需要，如图9-2所示。

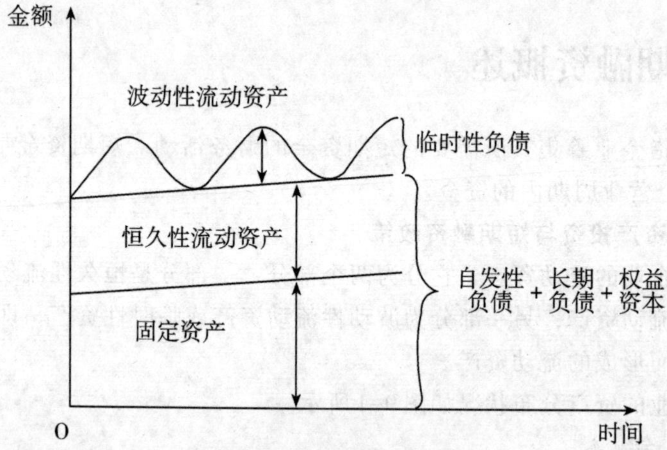

图9-2　配合型融资政策图示

这是一种稳健的融资政策，若运用得当则不会出现资金的闲置或偿债风险。这种政策要求企业有很高的理财水平，使资金运动状况与预算完全一致。这种融资政策的基本思想是力求降低企业的偿债风险和融资成本。然而，这是一种过于理性化的模式，在实际中往往难以运用，因为融资期限一般是比较固定的，如1个月、3个月、半年等，而投资期限却是随机的，难以精确预计，一旦出现较大的误差，势必导致偿还临时性债务的困难。

2）激进型融资政策

这种融资政策往往为那种风险偏好型的财务经理所采用，其特点是以临时性负债来满足全部波动性流动资产投资和部分恒久性流动资产投资的需要，如图9-3所示。

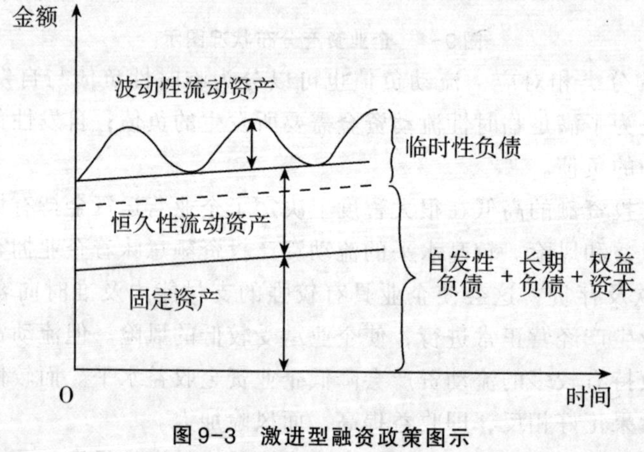

图9-3　激进型融资政策图示

由于恒久性流动资产实质上是长期资产，利用临时性负债来满足这种资产投资的需要，虽然可以减轻公司财务费用负担，却要承担较大的风险，比如临时性债务到期后申请债务展期或重新举债的困难，当利率上升时，还会面临财务费用加大的风险。因此，激进型融资政策是一种收益性与风险性均较高的融资政策，适宜在银根宽松的环境下采用。

3）保守型融资政策

这种融资政策通常为那种风险规避型的财务经理所采用，其特点是临时性负债只满足部分波动性流动资产投资的需要，而自发性负债及长期资金则满足固定资产、恒久性流动资产乃至一部分波动性流动资产投资的需要，如图9-4所示。

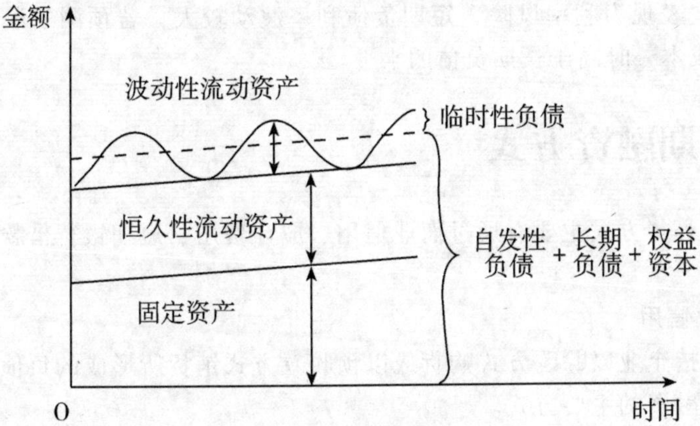

图9-4 保守型融资政策图示

显然，相比激进型模式，这种融资政策大大降低了风险程度，公司往往可保持较强的偿债能力，也减轻了由于利率变动而蒙受损失的风险，但也不必要地加重了公司财务费用的负担，从而导致企业收益水平下降。因此，保守型融资政策是一种收益性与风险性均较低的融资政策，适宜在金融环境恶劣、银根较紧的情况下采用。

上述流动资产投资与短期融资政策其实也可视为营运资金政策，包括营运资金持有政策和营运资金融资政策，而后者是营运资金政策研究的重点。通常将流动资产持有量较高、临时性负债较少从而营运资金较多者称为宽松的营运资金政策，如前所述，它使企业的风险与收益均处于较低的水平；而将流动资产持有量较低、临时性负债较多从而营运资金较低者称为紧缩的营运资金政策，它使企业的风险与收益均处于较高的水平；介于二者之间的是适中的营运资金政策，它对于实现股东财富最大化的财务管理目标在理论上无疑是最佳的，但我们却难以对该政策下的营运资金水平作量化的描述，而只能将其视为一种理想状态的目标，各企业应根据自身情况及金融环境，确定适当的流动资产持有量和临时性负债额，力求接近该理想状态的目标。

9.1.2 短期融资的利弊

与长期负债相比，短期融资有如下优点：

1）融资速度快

由于资金占用期较短，债权人的顾虑较少，对债务人的有关调查往往较为简单，因此短期融资方式可以使债务人在较短的时间内取得资金。

2）资金使用弹性强

对于长期负债，债权人从保护自身利益出发，往往会提出许多附加条件（限制性条款），这些条款有时会成为对企业正常经营的某种束缚，而短期负债的有关条款则宽松得多且期限短，使企业在融资和资金的使用上较为灵活，富有弹性。

3）融资成本低

一般而言，短期债权人的风险较低，故短期负债利率通常低于长期负债，对融资方而言，融资成本也就较低。

即测即评 9.1

短期融资的弊端主要在于融资风险较高。这种风险首先表现为偿债风险，企业若资金周转不灵导致无法在短期内筹足资金偿债，则会陷入财务危机；其次表现为利率风险，短期负债利率波动较大，若预测失误，也可能致使融资成本一时高于长期负债的水平。

9.2 短期融资方式

短期资金的筹集方式主要有通过商业信用、应计费用、短期银行借款和发行商业票据筹资。

9.2.1 商业信用

商业信用是指企业以赊购方式购货或以预收款方式销货所形成的负债。通过商业信用筹资是企业短期融资的主要方式。

通过商业信用筹资属于自然筹资，也称为自发性融资，它产生于商品交换的过程中，只要对方允诺，企业无须抵押品就可以获得相应的短期资金来连续使用。这种自然筹资同时也是一种自偿性负债，其偿还无须依赖于企业的收益能力，只要保证生产经营正常进行和资产的流动性，就可以通过流动资产自身形态的变化实现其债务的清偿。

商业信用的具体形式有应付账款、应付票据、预收账款等。

1）应付账款

应付账款是企业赊购货物而形成的债务，它可以满足短期的资金需要。在这种销售方式下，买方无须签署任何正式契约作为承担债务的依据，而采用这种方式的前提是卖方对买方的充分信任。

应付账款有付款期、现金折扣等信用条件。应付账款可分为：免费信用，即买方在规定的付款期付款或在规定的现金折扣期内享受折扣而获得的信用；有代价信用，即买方以放弃现金折扣为代价而获得的信用；展期信用，即买方超过规定的信用期而强行获得的信用。

（1）应付账款的成本

在有现金折扣的赊销方式下，若买方在现金折扣期内付款，则不发生商业信用成本，即买方享受了免费信用。

【例9-1】某公司以“2/10，N/40”的条件购入材料500万元。

若该公司在第10天内付款，便享受了10天的免费信用，信用额为490万元，并获得了10万元的现金折扣；若该公司放弃了现金折扣，则要承担由此而发生的商业信用筹资机会成本。可按下列公式计算：

$$\text{放弃现金折扣成本}=\frac{\text{现金折扣率}\times 360}{(1-\text{现金折扣率})\times(\text{享受信用期}-\text{现金折扣期})}\times 100\% \tag{9.1}$$

将例9-1数据代入公式（假定该公司于第40天付款），则该公司放弃现金折扣成本为：

$$\frac{2\%\times 360}{(1-2\%)\times(40-10)}\times 100\%=24.49\%$$

可见，若放弃现金折扣，则会产生非常昂贵的筹资机会成本，故在一般情况下，企业均不应放弃此项优惠。

由上述公式可知，放弃现金折扣成本的高低取决于现金折扣率的高低和享受信用期的长短，即随着信用条件的变化而变化。若例9-1中的现金折扣率为3%，则放弃现金折扣成本为：

$$\frac{3\% \times 360}{(1-3\%) \times (40-10)} \times 100\%=37.11\%$$

若信用期为30天，则放弃现金折扣成本为：

$$\frac{2\% \times 360}{(1-2\%) \times (30-10)} \times 100\%=36.73\%$$

若公司推迟到第60天才付款，则放弃现金折扣成本为：

$$\frac{2\% \times 360}{(1-2\%) \times (60-10)} \times 100\%=14.69\%$$

（2）享受现金折扣的决策

从以上计算可知，企业若放弃现金折扣，将承受不同程度的隐含机会成本，那么，企业应如何在享受现金折扣与放弃现金折扣之间作出明智的抉择呢？

一般有以下几种情况：

①如果同期借款利率低于商业信用筹资机会成本，则可借入款项支付货款，享受现金折扣，避免筹资成本。如例9-1中企业贷款利率为10%，低于24.49%，企业则应以10%的利率借入490万元，在第10天支付货款，享受10万元的现金折扣；如果同期借款利率高于24.49%，则应放弃现金折扣。

②如果同期投资收益率高于商业信用筹资机会成本，则可考虑放弃现金折扣去获取更高的收益。

③如果企业无力在现金折扣期甚至信用期内支付货款而需展延付款期，则需在随着实际享受信用期延长而降低的放弃现金折扣成本与信用地位下降而带来的隐含机会成本之间进行权衡。一般而言，享受展期信用并非明智之举。

④如果存在两家以上信用条件不同的供应商，若公司有把握享受现金折扣，应选择商业信用筹资成本最大者；反之，若公司估计会拖欠货款，则应选择放弃现金折扣成本最小者。

2）应付票据

应付票据是企业进行延期付款商品交易时开具的反映债权债务关系的票据。根据承兑人不同分为商业承兑汇票和银行承兑汇票，支付期最长为6个月。应付票据可带息或不带息，其利息率通常低于银行借款利率，且无需补偿性余额，也不用支付协议费，故融资成本较银行借款低，但风险较大，因为若延期支付则要交付罚金。这种商业信用方式通常在卖方对买方不了解或不信任的情况下采用。

3）预收账款

预收账款是企业在交货之前预先向买方收取部分或全部货款的信用方式。一般用于生产周期较长、生产成本高的货物的销售。

商业信用是一种简便的、无须担保的、成本低的短期持续性的资金来源，企业应尽可能地利用它，但亦不可过多地、无节制地滥用，以免因承担过重的债务而导致企业信誉恶化。商业信用的主要缺陷在于期限较短且机会成本较高。

9.2.2 应计费用

应计费用是指企业在生产经营中根据现行法令和结算制度而形成的延期支付的款项，如应付工资、应付税金、应付利息等。通过应计费用筹资也是企业自然筹资的一种形式。由于这种短期负债通常是依法均衡发生并定期结算的，故又称为“定额负债”，同时也是一种无成本筹资。

应计费用筹资额的大小取决于其额度和滞后支付期两方面。在支付间隔期内，应计费用筹资额是逐日增加的，在支付日达到最高水平。以应付工资为例，设某企业月工资为180万元，每月发放一次，则上述情形如图9-5所示。

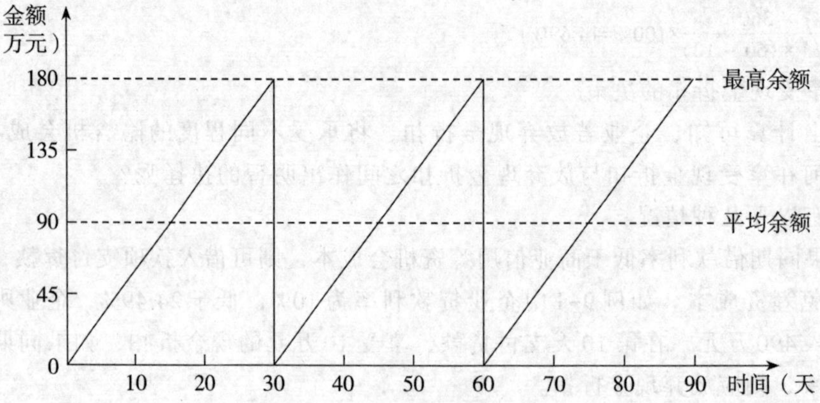

图9-5 应计费用筹资动态图

由图9-5可见，可供企业利用的应计费用筹资额应该是应计费用的平均余额，它可按下列公式计算：

$$应计费用筹资额=平均每日发生额\times\frac{支付间隔期}{2} \tag{9.2}$$

将上例数据代入公式：

$$应计费用筹资额=\frac{180}{30}\times\frac{30}{2}=90（万元）$$

9.2.3 短期银行借款

短期银行借款是指企业向银行和其他非银行金融机构借入的期限在1年以内的各种借款，其中主要是银行借款。

1）短期银行借款的种类

短期借款可按不同标志进行分类。按有无担保，可分为无担保借款和担保借款；按偿还方式不同，可分为一次性偿还借款和分期偿还借款；按利息支付方法不同，可分为收款法借款、贴现法借款和加息法借款。我国目前的短期借款按目的和用途不同，分为生产周转借款、临时借款、结算借款和特种借款。

2）短期银行借款的信用条件

按照国际惯例，银行发放无担保借款时往往带有一些信用条件，常见的有以下几种：

（1）信贷限额

信贷限额是银行向借款人发放无担保借款的最高额度，有效期通常为1年。在此限额和期间内，企业可随时借款，不必逐笔办理有关手续。信贷限额一般每年确定一次，亦可定期修订。但银行对于该信用额度不负有法律上的义务，亦不收取贷款不足限额部分的承诺费。若借款企业有不守信用等违约行为，银行可中止对它的贷款而不必承担法律责任。

（2）周转信贷协定

周转信贷协定是银行承诺提供不超过某一限额的具有法律效力的贷款协定。在该限额范围内，企业可随时借入所需款项；只要银行无异议，企业可在最高限额内连续循环借款。这种借款就每一次而言是短期借款，但实质上可能是中长期借款。其最大优点是保持筹资弹性，只要在限额范围内，企业借款可不受时间和数额的限制。这种信贷协定特别适合于企业对资金的需要量和需用期不甚明了的情况。当有关因素明了之后，可将其转为中长期借款或一般短期借款。

企业享用周转信贷协定，需按贷款限额的未使用部分支付给银行0.5%～1%的承诺费。

（3）补偿性余额

补偿性余额又称相称存款余额，是银行要求借款企业在银行保留相当于借款额一定比例（一般为10%～20%）的最低存款余额。这项规定可降低银行的信贷风险，同时提高了企业的实际利率。

【例9-2】某企业借款20万元，年利息率6%，银行要求维持20%的补偿性余额，则该笔借款的实际利率为：

$$\frac{20\times6\%}{20\times(1-20\%)}\times100\%=7.5\%$$

（4）清偿条款

清偿条款是在借贷合同中作出的借款者必须在借款期间的某一段时间将债务结清的规定（过了这段时间则可以再借款）。这项规定主要是为了防止企业将短期借款用于长期投资，督促企业加强流动资金的内部控制，同时也有利于保持银行借款资金的流动性。

3）短期银行借款的担保品

担保品即银行发放贷款时要求企业提供的抵押品。以提供担保品为条件向银行取得的贷款称为抵押贷款。贷款人对担保品依法拥有优先求偿权，必要时可出售抵押品来抵偿借款。

当企业的信用品质达不到取得信用贷款的标准或当时的财务状况欠佳时，就只能申请担保贷款。作为短期借款担保品的主要有应收账款和存货。银行发放抵押贷款的数额决定于抵押品的账面价值、变现能力和银行的风险偏好，一般为抵押品账面价值的30%～90%。由于抵押贷款对于银行而言是一种风险投资且管理上较为困难，故其贷款利率通常高于信用贷款。

（1）应收账款

以应收账款作为抵押品申请短期贷款具体有以下几种方式：

①应收账款贴现。企业将应收账款清单提交银行贴现，一般可获得相当于应收账款总额75%左右的借款。银行在付款的同时开出汇票，由贴现人承兑，汇票到期日与应收账款的平均到期日大致相同。在汇票到期日，企业将陆续收回的应收账款划拨银行还款。

②应收账款抵押。这种方式的特点是贷款人不仅对应收账款有留置权，而且对借款人保有债务追索权。若购货方不付款时，坏账损失由借款人承担，届时须根据协定赎回用作贷款抵押品的应收账款，或用可靠的应收账款代之。提供这种贷款的金融机构一般为商业银行或大规模的财务公司。至于贷款数额占抵押品账面价值的比例大小，则取决于应收账

款的质量和数额。这里的“质量”指所提供的应收账款清单中欠款企业的信用品质，符合标准者可贷到相当于应收账款账面价值50%~80%的贷款；而“数额”是指各笔应收账款的平均金额，因为小额应收账款的处理费用与大额应收账款所差无几，故持有小额应收账款的企业，即使其应收账款质量再高，也难以获得相应的借款。

③应收账款让售。应收账款让售也称为应收账款代理，实质上是企业将应收账款出售给贷款人。这种方式下贷款人对借款人无债务追索权，即坏账损失由贷款人承担。让售应收账款的企业要在有关票据上签字并通知其赊销客户将所欠货款直接汇给贷款人。在这种方式下，贷款人在发放贷款前必须对购货人的信用和偿债能力进行调查，实际上执行了放款、征信调查和承担风险三种功能。

一般而言，应收账款抵押或让售是一种便利而有用的筹资方式，其优点在于：这种资金来源富有弹性，它可随企业销售量的增减而变化；以应收账款作为担保，可保证偿债能力；由银行提供征信服务，可节约相当高昂的费用。这种方式的缺点在于：当小面额发票很多时，处理成本较高；需用流动性极强的资产作为担保。

（2）存货

由于存货的变现性差，且变现金额难以准确计算，故以存货作为担保的借款利率往往高于以应收账款作为担保的借款利率。存货筹资的主要方式有：

①存货全部留置。贷款机构对借款人的全部存货具有留置权，但借款人可自由出售存货，尽管需要相应减少担保品的价值。

②信托清单。使用信托清单方式时，借款人从贷款人处借到资金，并送给贷款人一张货物的信托清单。这些货物可储存在公共仓库，也可存放在借款人的仓库里，以贷款人的名义予以隔离。企业每出售清单上的货物所得的货款要划拨银行进行还款。待借款本息还清，即可注销清单。这种方式优于前者，但若借贷双方地域过于分散，也会带来许多不便。

③现场存货围堵。这是存货筹资中一种很经济的方法。它是将货物存储在借款人所在地，贷款人雇用第三者加以现场监督，专职的存货围堵公司就是贷款机构的控制代理机构。

4）短期借款的利率及利息支付方法

（1）借款利率

①优惠利率，也称最惠利率，是银行向财力雄厚、经营状况和信用品质良好的企业贷款时收取的名义利率，它是借款利率的下限。

②浮动优惠利率，是随着市场条件变化而随时调整变动的优惠利率。

③非优惠利率。这种利率通常要在优惠利率的基础上加一定的比例，二者之间的差距取决于借款企业的信誉、与银行的关系及当时的信贷资金供求状况。

（2）借款利息的支付方法

①收款法，即利息在贷款到期时与本金一并支付给银行的方法，这是一种较常用的方法。

②贴现法，即银行在发放贷款时先将利息部分扣除，而贷款到期时企业仍需偿还全部本金的方法。在这种计息方法下，企业贷款的实际利率高于名义利率。

【例9-3】某企业从银行取得为期1年的借款10万元，名义利率7%，按照贴现法，这笔贷款的实际利率为：

$$\frac{10\times7\%}{10\times(1-7\%)}\times100\%=7.5\%$$

③加息法。这种方法常在银行发放分期等额偿还贷款时采用。由于本金分期等额偿还，故企业可利用的贷款金额实际上只相当于借款总额的一半，却要按借款全额与名义利率的乘积支付利息，即实际利率为名义利率的两倍。

【例9-4】某企业借入名义利率8%的贷款20万元，分12个月等额偿还本息，则该借款实际利率为：

$$\frac{20\times8\%}{20\div2}\times100\%=16\%$$

5）企业对银行的选择

金融信贷业的发展使企业对贷款银行的选择成为可能，从理财有效性的角度而言，这也是非常必要的。

企业在选择银行时，除了要考虑借款种类、借款成本和借款条件外，还应兼顾的因素有：银行对企业的态度、银行的风险偏好、贷款的专业化程度、银行的稳定性等。

9.2.4 发行商业票据

商业票据又称商业本票，它是指在货币市场上交易的可转让的无担保短期期票。由于无须担保品，故只有信誉非常好的大公司才能签发商业票据，用以筹集其所需的短期资金。

1）发行商业票据的条件

企业要成功地发行商业票据，应当具备以下条件：财力雄厚、信誉卓著；经过长期经营，建立并保持良好信用记录；至少在一家大银行享有最惠利率；最好在银行保有未用的信用额度。

2）通过发行商业票据筹资的利弊

通过发行商业票据筹资的优点主要在于：利率较低；可提高公司的知名度和声誉；可避免与贷款机构交涉的不便和费用；可筹到100%的可用资金。

通过发行商业票据筹资的弊端在于：筹资数额有限，由于商业票据的购买者主要是保险公司、养老基金会、银行和其他企业，其可贷资金只限于某一特定期间的多余资金；商业票据筹资以高度脱离个人的方式进行，一旦到期必须无条件兑现，因此，通过发行商业票据筹资的企业要特别注意处理好与银行的关系，以便在关键时刻得到银行的支持。

即测即评 9.2

专论

证票通贸易融资

证票通贸易融资是建设银行推出的一种贸易融资产品。证票通贸易融资业务是指境内出口客户在以信用证等方式办理出口贸易结算的过程中，银行根据客户需求，基于真实的国内贸易背景和出口贸易背景，以银行承兑汇票代替现金的形式为客户提供的出口装运前或装运后短期贸易融资。出口贸易项下收汇是证票通业务的第一还款来源。该产品对客户的要求包括：除全额保证金或银行信用支持或承诺全额覆盖的情况外，信用证项下出口装运前，证票通除了需满足打包贷款的受理条件外，客户信用评级应达到A级（含）以上；非信用证项下装运前办理证票通业务的，除应满足订单融资的各项要求以外，客户信用评级应达到AA级（含）以上。

证票通贸易融资业务的表现形式主要有以下几个方面：一是信用证项下出口装运前办理证票通对应“打包贷款”；二是信用证交单后办理证票通对应“出口议付”“出口押汇”；三是远期出口信用证项下开证行发出付款承诺后办理证票通，对应“远期信用证项下汇票贴现”“应收款买入”；四是出口跟单托收方式项下交单后办理证票通，如符合“出口托收贷款”的规定条件，则可对应“出口托收贷款”。

证票通贸易融资案例如下：深圳A公司长期从事服装出口，每年出口额上千万美元。A公司的货源主要来自周边地区的几家服装厂商，以往都是采用货到付款的方式进行结算。近期由于贷款规模控制，A公司虽然持有大量出口订单及应收账款，却无法从银行及时获得融资款项，但公司又不能耽误对服装厂家的付款，如何化解企业的燃眉之急呢？中国票据网推荐了证票通贸易融资，可以有效地解决这一问题。

证票通具有多快好省的优势：(1）证票通适用广泛。证票通可适用于信用证、托收、汇款等多种结算方式，在备货、生产、发运等多个交易环节均可融资。换言之，无论企业出口交易选择何种结算方式、处于哪个交易环节，只要企业有国内支付需求，均可申请办理该业务。(2）证票通手续便捷。客户可比照出口贸易融资业务的有关流程申请办理该业务，手续方便快捷。(3）证票通条件优惠。证票通可直接占用客户的出口贸易融资额度或者信用证开证行的金融机构额度办理，无须再交保证金等。(4）证票通费用低廉。企业办理证票通业务，建行免收承兑汇票承诺费，仅收取承兑手续费和结算手续费，而且通过承兑汇票支付，企业可节约一笔可观的贷款利息支出。总之，证票通可以帮助企业轻松化解支付压力，保障企业健康快速发展。

本章小结

•企业的流动资产包括恒久性流动资产和波动性流动资产。

•短期融资政策有三种模式：配合型融资政策、激进型融资政策和保守型融资政策。

•短期融资具有融资速度快、资金使用弹性强和融资成本低的优点，但融资风险较高，具体表现为偿债风险和利率风险。

•通过商业信用筹资是一种非常方便的短期融资方式，但若放弃对方给予的现金折扣，则会产生非常昂贵的筹资机会成本，企业应视具体情况作出明智的决策。

•应计费用是一种自然筹资，同时也是一种无成本筹资，其筹资额大小取决于各项应计费用的额度大小和滞后支付期长短两方面的因素。

•短期银行借款可分为无担保借款和担保借款。无担保借款往往带有信贷限额、周转信贷协定、补偿性余额及清偿条款等信用条件；担保借款也称为抵押贷款，作为短期借款抵押品的主要有应收账款和存货。

•商业票据是一种无担保的短期期票。只有实力雄厚且信誉非常好的大公司才能成功地发行商业票据。

主要概念和主要观念

☐ 主要概念

恒久性流动资产　波动性流动资产　商业信用　应计费用　担保借款　无担保借款　周转信贷协定　补偿性余额　商业票据

☐ 主要观念

1.短期融资政策的核心问题在于以何种资金来满足流动资产投资的需要。

2.商业信用是一种简便的、无须担保的、成本低的短期持续性的资金来源，但若过多地、无节制地滥用，则可能因承担过重的债务而导致企业信誉受损。

3.当享受商业信用时，若放弃对方给予的现金折扣，会产生非常昂贵的筹资机会成本。

4.通过发行商业票据筹资的企业要特别注意处理好与银行的关系，以便在关键时刻得到银行的支持。

基本训练

☐ 知识应用

9.1 选择题

1.某企业按年利率8%从银行借款，对方要求的补偿性余额比例为20%，则借款实际利率为（　　）。

A.10%　　B.9.6%　　C.8%　　D.12%

2.某企业的赊购条件为“2/10，N/40”，若放弃现金折扣，则筹资机会成本为（　　）。

A.24.49%　　B.23.53%　　C.8.33%　　D.18.37%

3.银行要求借款企业在银行中保留的一定数额的存款余额被称为（　　）。

A.信用额度　　B.周转额度　　C.借款剩余额度　　D.补偿性余额

9.2 判断题

1.保守型筹资组合策略是将部分长期资产由短期资金来融通。（　　）

2.某企业的供应商给出的付款条件是“1/20，N/50”。若银行短期借款利率为10%，则企业应在折扣期内付款。（　　）

9.3 思考题

1.短期融资政策有哪些类型？

2.营运资金政策有哪些类型？

3.短期融资的利弊分别是什么？

4.简述通过商业信用筹资的具体形式及其适用范围。

5.如何进行享受现金折扣与否的决策？

6.短期借款利率有哪些种类？

7.发行商业票据应具备哪些条件？

□ 能力训练

9.1 计算题

1. 某公司赊购材料，对方开出的信用条件是“2/10，N/40”，市场利率为15%，公司应如何决策？

2. 某公司拟购进一批器材，甲、乙供应商开出的信用条件分别为“2/15，N/50”和“3/10，N/45”。若该公司有足够的付现能力，应选择哪家供应商？

3. 某公司向银行借款100万元，年利率为6%，协议中规定补偿性余额为20%，则该笔借款的实际利率为多少？

4. 某公司向银行借款50万元，年利率为7%，期限一年。试计算并比较采用收款法、贴现法和加息法付息的实际利率（加息法分12个月等额偿还本息）。

5. 某公司拟赊购一批价值10万元的材料，对方开出的信用条件是“3/10，N/60”，市场利率为12%。若公司享受现金折扣可少付多少货款？公司是否应该享受现金折扣？

9.2 案例分析

中国宏桥730亿元短期债务压顶，公司流动性减弱

中国宏桥集团有限公司（以下简称中国宏桥）是一家集热电、采矿、氧化铝、液态铝合金、铝合金锭、铝合金铸轧产品、铝母线、高精铝板带箔、新材料于一体的全产业链特大型企业。中国宏桥于2011年在香港联交所主板上市。截至2022年年底，公司拥有总资产1 857.42亿元，是全球领先的铝产品制造商之一。

2023年10月11日，穆迪确认中国宏桥“Ba2”的企业家族评级以及“Ba3”的高级无抵押评级，同时将其展望由“稳定”调整至“负面”。主因在于对短期债务的依赖日益增加，导致中国宏桥的流动性减弱，这减少了其对行业波动的缓冲能力。此外，穆迪预计中国宏桥将在未来12~18个月内逐步去杠杆，达到其作为低成本生产商的评级水平。

《小债看市》统计，目前中国宏桥存续境外债券两只，存续规模合计8亿美元，分别于2024年6月和2026年1月到期。在境内债券方面，中国宏桥主要通过其子公司山东宏桥和魏桥铝电发行。目前，山东宏桥存续18只债券，存续规模为154.2亿元；魏桥铝电存续2只债券，存续规模60.56亿元。从债券到期情况来看，山东宏桥和魏桥铝电分别有95亿元和60.56亿元债券将于一年内到期，合计到期规模为155.56亿元。进一步分析其债务结构发现，2022年中国宏桥以流动负债为主，约占总负债的80%，债务结构待优化。中国宏桥主要财务数据和指标见表9-1。

值得注意的是，近年来中国宏桥的流动负债规模上升较快，其流动资产对流动负债的覆盖能力明显下降，债务期限结构偏短期，且2023年债务集中兑付压力较大。截至2023年6月末，中国宏桥流动负债为730.34亿元，主要是短期借款，其一年内到期的短期负债为483.88亿元，但账上现金及现金等价物为297.77亿元，无法覆盖短期债务，公司面临的短期偿债风险较大。除此之外，中国宏桥还有177.11亿元非流动负债，主要为长期借贷，其长期有息负债合计158.83亿元。整体来看，中国宏桥有息负债总规模为642.71亿元，以短期有息负债为主，带息负债比为71%。

要求：

（1）根据上述资料，结合网上收集的相关资料，分析该公司目前的短期融资政策。

（2）根据上述资料，结合中国宏桥的行业特点，分析该公司短期融资政策的利弊。

表9-1　　　　中国宏桥主要财务数据和指标　　　　单位：亿元

项目	2019年	2020年	2021年	2022年
资产总额	1 796	1 815	1 884	1 857
其中：流动资产	931.9	974.3	1 035	875.7
现金及现金等价物	418.6	454.7	492.3	273.8
预付款项及其他应收账款	60.75	91.26	107.7	100.5
存货	218.5	197.2	227.1	372.7
物业、厂房及设备	710.2	647.5	634.4	680.6
负债总额	1 136	1 047	959.8	894.4
其中：流动负债	653.2	733.5	630.7	713.7
非流动负债	482.7	313.8	329.2	180.6
营业收入	841.8	861.4	1 145	1 317
经营溢利	134.8	167.0	261.2	151.2
财务费用	52.20	45.06	36.26	30.20
除税后溢利：溢利	64.55	104.4	168.5	98.09
经营活动所得现金净额	145.4	177.8	286.5	76.22
投资活动所用现金净额	−62.63	−69.74	−54.63	−167.7
融资活动所用现金净额	−118.2	−71.50	−194.0	−127.9

注：数据四舍五入，有尾差.主要财务数据来源：东方财富网（https://www.eastmoney.com）.

资料来源　小债看市.中国宏桥730亿短期债务压顶，公司流动性减弱[EB/OL].[2023-10-13].https://new.qq.com/rain/a/20231013A06O6C00.

9.3　调研实践

1.通过互联网收集有关资料，了解我国企业短期融资的现状。

2.根据网上调研收集的资料，总结我国企业营运资金管理中存在的主要问题，并分析这些问题产生的原因。

□　政策思考

2020年7月，国务院颁布了《新时期促进集成电路产业和软件产业高质量发展的若干政策》，专门指出："鼓励地方政府建立贷款风险补偿机制，支持集成电路企业、软件企业通过知识产权质押融资、股权质押融资、应收账款质押融资、供应链金融、科技及知识产权保险等手段获得商业贷款。充分发挥融资担保机构作用，积极为集成电路和软件领域小微企业提供各种形式的融资担保服务"；"鼓励符合条件的集成电路企业和软件企业发行企业债券、公司债券、短期融资券和中期票据等，拓宽企业融资渠道，支持企业通过中长期债券等方式从债券市场筹集资金"。

请阅读相关材料并思考：知识产权质押融资、股权质押融资、应收账款质押融资、供应链金融与短期融资之间的关系是什么？我国政府为何更鼓励企业通过中长期债券等方式从债券市场筹集资金？

第10章 现金和有价证券管理

学习目标

思维导图10

视频导学10

知识传授：理解企业持有货币资金的原因；掌握按现金收支法编制现金预算的基本步骤；理解按调整净收益法编制现金预算的基本步骤；了解企业持有短期有价证券的原因和短期证券投资应考虑的因素；把握最佳现金持有量的概念；了解各种最佳现金持有量确定方法的利弊。

能力培养：掌握现金预算的编制方法；掌握成本分析模型、存货模型和随机模型中有关指标的计算方法；能根据相关资料按现金收支法编制现金预算；能根据相关资料分别按成本分析模型、存货模型和随机模型确定最佳现金持有量。

价值塑造：了解国内外数字经济的发展趋势，探讨新兴金融技术对现金和有价证券管理的潜在影响；强化职业道德教育，树立诚信意识，坚持透明、公正的原则，杜绝财务造假，为将来成为合格的金融财务从业者打下基础。

引例：短期有价证券投资的魅力

1993年末，沃特·迪士尼公司持有的现金与短期有价证券占其资产的3.1%。这家引人注目的公司1993年的销售收入为近85亿美元，这意味着迪士尼公司平均每天的销售收入为21 917 800美元。如果迪士尼公司在1993年12月内仅仅将1天的销售收入投资于收益率为3.4%的3个月期商业期票的话，公司的利润将增加745 205美元。利率是会迅速变动的，例如，到1994年12月之前，同样的3个月期商业期票的收益率已达到6.26%。这意味着短期有价证券的利率在1年内上升了286个基本点。3个月期的有价证券利率见表10-1。

表10-1 3个月期的有价证券利率

日期	国库券	承兑票据	商业票据	大额可转让存单
1993年12月10日	3.11%	3.26%	3.40%	3.31%
1994年12月9日	5.83%	6.17%	6.26%	6.28%

如果迪士尼公司把相当于1天的销售收入的现金投资于收益率为6.26%的3个月期商业期票的话，公司的利润将增加1 372 054美元。

资料来源 KEOWN A J，SCOTT D F，MARTIN J D，等.现代财务管理基础［M］.朱武祥，译.7版.北京：清华大学出版社，2004：302.

10.1　现金管理

现金是指可以立即作为支付手段、投入流通的交换媒介。它包括库存现金、各种形式的银行存款和银行本票、银行汇票等，是企业资产中流动性最强的项目，具有被普遍接受的特性。

10.1.1　持有现金的原因

尽管货币资金通常被称为“非盈利资产”，然而任何企业都必须持有一定数量的现金。具体来说，企业持有货币资金的原因或动机可归纳如下：

1）交易动机

交易动机亦可称为交易性需求，即为了满足日常的现金支付，必须持有一定数额的货币资金。尽管企业也经常会收到货币资金，但货币资金的收支在时间和数额上往往是不同的，若不维持适当的货币资金余额，就难以保证企业的业务活动的正常进行。

2）预防动机

预防动机亦可称为预防性需求，即为了应付意外的货币资金支出，必须持有一定数额的货币资金。这种需求的大小与现金预算的准确性、突发事件发生的可能性及企业取得短期借款的难易程度有关。现金预算越准确，突发事件发生的概率越小，企业取得短期借款越容易，则所需预防性资金余额越小；反之，所需预防性资金余额越大。当然，这种预防性需求有时也可以通过持有短期有价证券来满足。

3）投机动机

投机动机亦可称为投机性需求，即为了把握投资获利的机会，必须持有一定数额的货币资金。比如遇到价格便宜的材料或适当的证券投资机会等。公司极少为投机的目的而专门积存货币资金，而个别投资者则较为常见。

上述三项动机可称为企业持有现金的内在原因，除此之外，企业持有现金的原因还包括为了满足银行“补偿性余额”的要求等。

10.1.2　现金预算

现金预算是预测企业某一时期内货币资金流入量、流出量、余缺额及其处理办法的书面方案。它是企业预算体系的组成部分，是货币资金管理最重要的工具。现金预算通常按年分月编制，亦可按年分季编制，主要依据是企业的其他预算资料。现金预算编制的主要方法有：

1）现金收支法

这是最常用的预算编制方法。其基本步骤如下：

（1）预测现金收入总额

企业的现金收入来源于销售收入、投资收益和其他货币资金收入，其中销售收入是主要部分。销售预算是其他预算编制的基础，其内容主要是各产品的销售量、单价和销售收入。销售量主要根据市场预测或买方订货合同并结合企业生产能力确定。销售预算通常还包括预计现金收入的计算，旨在为现金预算提供依据。预计现金收入包括当期销售的收现部分和以前各期销售当期收现部分。

【例10-1】假定A公司销售当期收现50%，第二期收现30%，第三期收现20%。A公司的销售预算及预计现金收入见表10-2、表10-3（为简化起见，该预算按年分季编制）。

表10-2 **销售预算** 金额单位：元

项目	第一季度	第二季度	第三季度	第四季度	全年
预计销售量（件）	1 000	1 200	1 600	1 400	5 200
预计单位销售价格（元/件）	400	400	400	400	400
销售收入	400 000	480 000	640 000	560 000	2 080 000

表10-3 **预计现金收入** 单位：元

项目	第一季度	第二季度	第三季度	第四季度	全年
上年应收账款（190 000）	114 000	76 000			190 000
第一季度（销售收入400 000）	200 000	120 000	80 000		400 000
第二季度（销售收入480 000）		240 000	144 000	96 000	480 000
第三季度（销售收入640 000）			320 000	192 000	512 000
第四季度（销售收入560 000）				280 000	280 000
现金收入合计	314 000	436 000	544 000	568 000	1 862 000

（2）预测现金支出总额

企业的现金支出主要包括材料采购、工资、制造费用、销售费用和管理费用、所得税等，故应根据相关预算的资料确定各期的现金支出额。

【例10-2】假定A公司的有关预算如下：

①生产预算

生产预算在销售预算的基础上编制，其格式见表10-4。

表10-4 **生产预算** 单位：件

项目	第一季度	第二季度	第三季度	第四季度	全年
预计销售量	1 000	1 200	1 600	1 400	5 200
加：预计期末存货	144	192	168	156	156
合 计	1 144	1 392	1 768	1 556	5 356
减：预计期初存货	114	144	192	168	114
预计生产量	1 030	1 248	1 576	1 388	5 242

生产预算中“预计销售量”的数据来源于销售预算；预计期末存货按下期销售量的12%计算；预计生产量的计算公式为：

预计生产量=（预计销售量+预计期末存货）-预计期初存货 （10.1）

在实际中，由于受生产能力和仓库容量的限制，编制生产预算往往较为复杂。在编制时要考虑各种因素的影响，选择成本最低的方案。

②直接材料预算

直接材料预算以生产预算为基础，同时要考虑原材料存货水平。

表10-5是A公司的直接材料预算，其中“预计生产量”的数据来源于生产预算；年初、年末材料库存量根据当前和今后的销售趋势预计；各季度“期末材料存量”根据下季度生产量的一定比例计算，本例为20%；预计采购量的计算公式为：

预计采购量=（生产需用量+期末存量）-期初存量 (10.2)

表10-5 直接材料预算

项目	第一季度	第二季度	第三季度	第四季度	全年
预计生产量（件）	1 030	1 248	1 576	1 388	5 242
单位产品材料耗用量（千克/件）	20	20	20	20	20
生产需用量（千克）	20 600	24 960	31 520	27 760	104 840
加：预计期末存量（千克）	4 992	6 304	5 552	5 216	5 216
合计（元）	25 592	31 264	37 072	32 976	110 056
减：预计期初存量（千克）	4 782	4 992	6 304	5 552	4 782
预计材料采购量（千克）	20 810	26 272	30 768	27 424	105 274
单价（元/千克）	10	10	10	10	10
预计采购金额（元）	208 100	262 720	307 680	274 240	1 052 740

由于按现金收支法编制的现金预算要反映各项目现金支出的数额，故在编制材料预算的同时要预计现金支出，它包括本期采购付现的部分和以前各季采购而应在本期支付的应付账款。假定A公司采购材料当期付现40%，其余货款分两期付清（即每季支付货款余额的50%），见表10-6。

表10-6 预计现金支出 单位：元

项目	第一季度	第二季度	第三季度	第四季度	全年
上年应付账款（108 000）	54 000	54 000			108 000
第一季度（采购208 100）	83 240	62 430	62 430		208 100
第二季度（采购262 720）		105 088	78 816	78 816	262 720
第三季度（采购307 680）			123 072	92 304	215 376
第四季度（采购274 240）				109 696	109 696
合计	137 240	221 518	264 318	280 816	903 892

③直接人工预算

直接人工预算根据生产预算和标准成本资料编制。由于工人的工资均需以现金支付，故无须再预计现金支出。

A公司的直接人工预算见表10-7。

表 10-7 **直接人工预算**

项目	第一季度	第二季度	第三季度	第四季度	全年
预计生产量（件）	1 030	1 248	1 576	1 388	5 242
单位产品工时（小时/件）	20	20	20	20	20
人工总工时（小时）	20 600	24 960	31 520	27 760	104 840
每小时人工成本（元/小时）	3	3	3	3	3
人工总成本（元）	61 800	74 880	94 560	83 280	314 520

④制造费用预算

制造费用预算包括变动制造费用和固定制造费用两个部分。其中固定制造费用部分应逐项预计，然后加总；变动制造费用在企业有完整标准成本资料的情况下，可根据标准成本资料和生产预算计算确定，否则，也应分项预计计划产量所需的各项变动制造费用。

从制造费用总额中扣除折旧费即为“现金支出的费用”。

A公司的制造费用预算见表10-8。

表 10-8 **制造费用预算** 单位：元

项目	第一季度	第二季度	第三季度	第四季度	全年
变动制造费用：					
间接人工	1 545	1 872	2 364	2 082	7 863
间接材料	1 442	1 748	2 206	1 943	7 339
修理费	3 090	3 744	4 728	4 164	15 726
水电费	1 648	1 997	2 522	2 221	8 388
小计	7 725	9 361	11 820	10 410	39 316
固定费用；					
修理费	2 800	3 000	3 200	3 100	12 100
折旧	20 000	20 000	20 000	20 000	80 000
管理人员工资	3 000	3 000	3 000	3 000	12 000
保险费	1 000	1 100	1 200	1 100	4 400
财产税	1 500	1 500	1 500	1 500	6 000
小计	28 300	28 600	28 900	28 700	114 500
合 计	36 025	37 961	40 720	39 110	153 816
减：折旧	20 000	20 000	20 000	20 000	80 000
现金支出的费用	16 025	17 961	20 720	19 110	73 816

⑤产品成本预算

产品成本预算实际上是前面各项预算的汇总，其主要内容包括产品单位成本和总成本。

A公司成本预算见表10-9。

表10-9 成本预算 金额单位：元

项目	单位成本			生产成本（5 242件）	期末存货（156件）	销货成本（5 200件）
	单价	单位成品耗用量	成本			
直接材料	10	20千克/件	200	1 048 400	31 200	1 040 000
直接人工	3	20小时/件	60	314 520	9 360	312 000
变动制造费用	0.375	20小时/件	7.5	39 315	1 170	39 000
固定制造费用	1.092	20小时/件	21.84	114 485	3 407	113 568
合计	—	—	289.34	1 516 720	45 137	1 504 568

成本预算中的制造费用按总工时进行分配，分配率计算如下：

变动制造费用分配率=39 316÷104 840=0.375（元/小时）

固定制造费用分配率=114 500÷104 840=1.092（元/小时）

⑥销售费用和管理费用预算

销售费用和管理费用属于企业的期间费用，其数额与销售规模、管理要求等因素有关，在编制预算时要充分考虑各项费用的必要性与合理化，提高资金利用效率。

A公司销售费用和管理费用预算见表10-10（假定每季度支付现金相同）。

表10-10 销售费用和管理费用预算 单位：元

项目	金额
销售费用：	
销售人员工资	40 000
广告费	130 000
包装、运输费	60 000
保管费	65 000
管理费用：	
管理人员工资	80 000
福利费	10 000
保险费	8 000
办公费	25 000
合计	418 000
每季度支付现金	104 500

（3）编制现金预算

现金预算由现金收入、现金支出、现金的多余或不足及资金的筹集和运用等几部分组成。资料来源于前述各项预算及所得税、股利分配、设备购置等专门预算。A公司现金预算见表10-11。

表10-11 现金预算 单位：元

项目	第一季度	第二季度	第三季度	第四季度	全年
各项现金收入总额	340 000	480 000	580 000	600 000	2 000 000
销货现金收入	314 000	436 000	544 000	568 000	1 862 000
其他收入	26 000	44 000	36 000	32 000	138 000
减：各项现金支出总额	349 565	474 859	554 098	582 706	1 961 228
直接材料	137 240	221 518	264 318	280 816	903 892
直接人工	61 800	74 880	94 560	83 280	314 520
制造费用	16 025	17 961	20 720	19 110	73 816
销售费用和管理费用	104 500	104 500	104 500	104 500	418 000
所得税	30 000	40 000	50 000	45 000	165 000
购买设备	—	—	20 000	—	20 000
股利	—	16 000	—	50 000	66 000
现金净收入额	（9 565）	5 141	25 902	17 294	38 772
加：期初现金余额	15 000	20 000	25 000	30 000	15 000
减：期末现金余额	20 000	25 000	30 000	28 000	28 000
现金多余或不足	（14 565）	141	20 902	19 294	25 772
归还借款本息	—	—	（10 750）	—	（10 750）
短期投资	—	（141）	（10 152）	（19 294）	（29 587）
银行借款	10 000	—	—	—	10 000
出售证券	4 565	—	—	—	4 565

预算中“现金多余或不足”一项为正数，表明该期可供利用的资金，可用于归还借款或进行短期证券投资；若该项为负数，则表明现金不足，应通过出售证券或向银行借款予以解决。年初现金余额是预计的，预算中归还借款利息是按年利率10%计算的。

按现金收支法编制预算的优点在于可直接将预算数与实际数相比较，以便控制和分析预算执行情况；其缺陷则在于预算与该预算期的财务成果脱钩，即货币资金净收入额并不表示企业的盈亏状况。

2）调整净收益法

调整净收益法也称调整净利法，其编制步骤如下：

（1）将按权责发生基础计算出来的税前净收益调整为按现金收付基础计算的税前净收益。

具体而言，就是加上那些非付现成本如折旧、坏账准备、预提费用等和账款回收额超过销售额的部分，减去那些付现却未计入成本的项目如待摊费用等和销售额超过账款回收额的部分。

（2）扣除预算期内的各项税款支付额（包括各期应交而在本期付现的数额），调整为按现金收付基础计算的税后净收益。

（3）加减预算期内与当期损益无关的货币资金收支金额，调整为预算期内货币资金增加额。

具体而言，在本步骤应加上的项目有出售证券收入、出售固定资产净收入、变卖存货收入等，应减去的项目有偿还债务本金、购置固定资产支出、购入证券支出等。

（4）加减预算期初、期末现金余额，并扣除将发放的现金股利，确定现金多余或不足。

（5）对预算期现金余缺额作出适当的规划。

这种现金预算编制方法弥补了“现金收支法”的不足，其优点在于将现金预算与财务成果联系起来，把净收益与现金流量之间的关系显示出来，按现金收付基础计算的净收益实质上就是由生产经营获利而使现金余额增加的数额；此外，该预算还能反映导致现金多余或不足的原因，盈利情况下可能出现货币资金短缺，而亏损情况下也可能出现货币资金余裕，从而引起企业理财人士对这种反常现象的重视。这种方法的缺陷在于不能反映该预算期生产经营过程中货币资金收支的具体数据，给货币资金收支的控制与考评带来不便。

10.1.3 现金日常管理

现金预算编制之后，它的实现有赖于加强现金日常管理，其基本目标是提高现金使用效率，主要方法有以下几种。

1）力争现金流量同步化

现金流量同步，是指现金流入与流出在时间与额度上同步，这样可以使交易性余额降至最低水平。

2）加速收款

一方面是指缩短应收账款的平均收现期，要权衡增加应收账款投资和延长收账期乃至发生坏账的利弊，制定合理的信用政策，具体内容将在第11章介绍；另一方面是指加速收款与票据交换，尽量避免由于票据传递而延误收取货款的时间。具体可采用以下方法：

（1）集中银行法

在客户较为集中的若干地区分设“收款中心”，并选定一个收款中心的开户银行（通常是企业总部所在地）为“集中银行”。各收款中心的客户在收到付款通知后，就近将货款缴到收款中心；收款中心每天将收到的款项存入指定的当地银行；各银行扣除补偿性余额后，将货款余额缴到集中银行，供企业支付现金之用。由上述集中银行法操作的基本程序可见，这种方法可大大缩短企业、银行及客户之间票据传递的时间，从而大大加快了从通知客户付款到企业获得可运用现金的进程。集中银行法的不足之处在于各收款中心的指定银行均要求补偿性余额，这笔资金的机会成本无疑将冲减集中银行法产生的效益。故有效运用这种方法的关键在于合理确定收款中心的数量和设置地点。

（2）锁箱法

锁箱法亦称“邮政信箱法”。若企业在远处销售金额很大时，可以在客户分布地区的邮局设置加锁信箱，让客户将支票汇至当地的这种信箱，然后由当地指定的银行每天数次收取信箱中的支票并存入特别的活期账户。由银行将这些支票在当地交换后以电汇方式存入该企业的银行账户。假如外地客户太分散，则可在企业所在地设信箱，由企业的往来银行去取支票及办理交换手续，并通知企业支票已收到。这种方法的优点在于无须由企业办理收款、存储手续，从而加快了货款收取和票据交换的进程；缺点在于成本较高，授权收取支票的银行除了要求补偿性余额之外，还要收取额外服务的劳务费，故采用前应进行可行性分析。

3）利用现金浮游量

浮游量是指公司账簿记录与银行账面余额的差额。因为从企业开出支票、收票人收到支票并存入银行，至银行将款项划出企业账户需一段时间，在这段时间里企业虽已开出支票，却仍可动用银行活期存款账户上的这笔资金。当然，企业要大量利用现金浮游量，必须有加速收款和延迟付款的能力，并精确地预测其存款余额，控制好利用浮游量的时间，以免发生银行存款的透支。

4）延迟付款

如同加速收款可以保存现金一样，延迟付款也可将现金保留较长时间。比如债务在其到期日才归还，利用汇票付款，充分利用汇票的承兑和付款期间来延缓货币的支付等。当然，拖延付款时间必须以不影响企业信誉为前提。

随着现代科技的高速发展，电子数据交换（Electronic Data Interchange，EDI）技术正在取代传统的交易模式。EDI的重要作用之一在于其在财务上的运用，通常称为财务EDI或FEDI，意即利用电子系统在交易各方之间传递财务信息或划拨资金，从而渐渐取代了纸质发票、支票、邮寄等相关处理方式。这样一来，上述传统方法在现实中或许失去了其存在和利用的价值而终将成为历史。然而，我们着重强调的是一种理念，而不是具体方法。

在财务EDI技术日益普及的今天，现金日常管理的重点将逐渐演变为围绕着计算机化信息交换及资金网上划拨的相关问题。

即测即评 10.1

10.2 短期有价证券管理

10.2.1 持有短期有价证券的原因

短期有价证券是指随时可以变现的各种债券、股票、国库券等。企业为了保持其资产的流动性及资金的弹性，除持有一定数额的货币资金外，还需持有一定数额的短期有价证券，其原因如下：

1）作为货币资金的替代品

由于短期有价证券有极强的变现性，故常被用作货币资金的替代品。一旦货币资金流出量超过流入量，就出售部分有价证券以满足货币资金支付的需要。但一般情况下，交易性动机和投机性动机往往靠银行信用来满足，而持有短期有价证券主要出于预防性动机以及应付银根紧缩的情况。

2）获取更高的投资收益

由于短期有价证券的收益率高于银行存款利率，故企业常进行一些短期有价证券投资，在获取较高利息的同时，为将来某一特定时刻的资金需要储备资金，如偿还债券本金、缴纳所得税、发放股利等。另外还可以利用资金闲置的间隙进行短期投资，如发行长期证券尚未投资时，季节性生产的淡季等。

10.2.2 短期证券投资应考虑的因素

基于上述持有短期有价证券的原因，投资时应考虑下列因素：

1）违约风险

违约风险是指证券发行人无法按期还本付息的可能性。由于企业持有短期有价证券常常是为了满足已知的特定需要，故必须考虑违约风险因素，以保证投资的安全性，避免由于违约而遭受财务上的困难。企业进行投资时要考虑信用等级，在无证券信用等级参考时，短期证券组合应限于违约风险最小的证券，但追求投资安全性往往要以牺牲部分投资报酬为代价。

2）利率风险

利率风险是指债券价格随市场利率波动而变动的可能性。相比之下，长期证券价格对利率的变动较短期证券价格更为敏感，但利率一般较高，故企业应进行证券组合投资，选择不同期限的证券以适应货币资金流出的需要，同时合理地分散风险。

3）流动性风险

流动性是指证券的变现性，也称为市场性或可销售性。由于上述持有短期证券的动机，企业所持有的短期证券应具有较高的变现能力。流动性风险主要是指证券变现速度和证券变现时可能伴随的价格损失。一般而言，畅销且变现性强的证券利率较低，反之则利率较高。企业应根据自身货币资金的情况选择有利的证券组合，在保证流动性的同时尽可能增加收益。

4）证券投资报酬

证券投资报酬是指税后利息、股利和资本增值的大小。一般而言，投资报酬率与投资风险呈同向变化，故企业进行证券投资时，必须在风险与报酬之间作出选择。通常的做法是同时投资于若干不同类别的证券，以分散投资风险。此外，由于通货膨胀因素也将影响投资报酬的实际水平，故投资于预期报酬率会上升的证券较投资于报酬率固定的证券更能避免这种损失。

即测即评 10.2

10.3 最佳现金持有量

如前所述，短期有价证券可作为现金的替代品，且可获得高于现金的收益率。但若企业缺乏必要的现金，则难以保证即刻的支付需要，使企业蒙受损失，即发生现金短缺成本；而若企业只是持有现金而没有任何短期有价证券，则会因此丧失获取投资收益的机会，产生相当可观的机会成本。可见，企业面临现金不足和现金过量两方面的威胁。企业现金管理的目标，就是要在资产的流动性和盈利能力之间作出选择，合理确定现金与短期证券的持有比例，即确定最佳现金持有量，以获取最大的投资利润。

最佳现金持有量，是指使现金持有总成本最低的现金余额。确定最佳现金持有量的目的在于既保证企业生产经营对现金的需要，又使持有现金所付的代价最低。

下面介绍确定最佳现金持有量的方法。

10.3.1 成本分析模型

成本分析模型是通过分析比较持有现金的成本，确定其最佳持有量。现金持有成本包括以下三个部分。

1）投资成本

投资成本是指现金投资的机会成本，即由于投资于现金这种非盈利资产而丧失的进行其他投资的报酬，故现金投资成本可以用企业的资本收益率表示。显然，现金持有额越高，投资成本也越高，二者的关系如图 10-1所示。

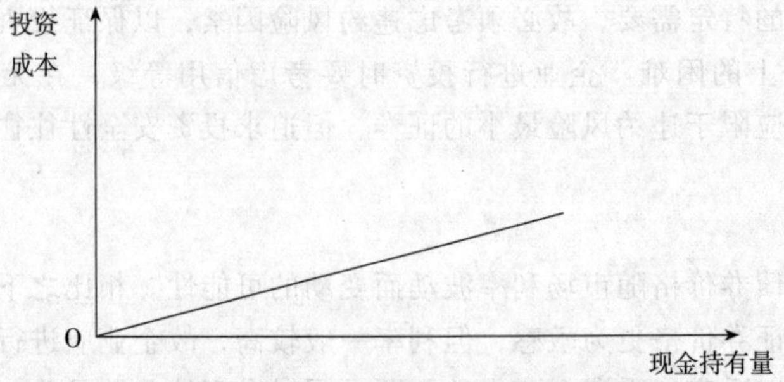

图 10-1 现金持有量与投资成本的关系

2）管理成本

管理成本是指企业持有现金而发生的管理性费用，如管理人员工资、安全措施费等。管理成本基本上是一种固定费用，在一定范围内不随现金持有量变动而变动，二者的关系如图 10-2所示。

图 10-2 现金持有量与管理成本的关系

3）短缺成本

短缺成本是指因缺乏必要的现金应付业务开支而使企业蒙受的损失或为此付出的代价。短缺成本不考虑企业其他资产的变现能力，而仅就不能以充足的现金满足支付需要而言，其内容主要有丧失购买机会（严重时会因停工待料而导致生产中断）、丧失现金折扣及企业信用损失等。其中因不能按期支付有关款项而造成信用损失的后果是无法用货币来计量的。现金短缺成本与现金持有量呈反向变动，二者的关系如图 10-3所示。

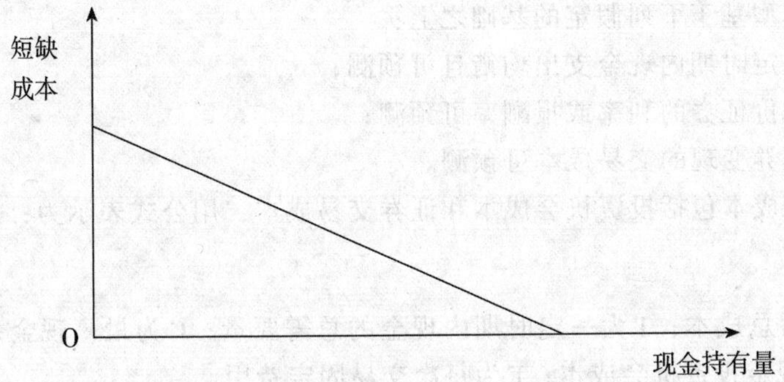

图10-3 现金持有量与短缺成本的关系

由于三种成本与现金持有量的关系不同，故有必要确定一个使三者之和最低即持有现金的总成本最低的现金持有量——最佳持有量。

【例10-3】有A、B、C、D四种现金持有量备选方案（见表10-12），试确定最优方案。

表10-12 各方案现金持有成本计算表 单位：元

项目 \ 方案	A	B	C	D
现金持有量	30 000	50 000	80 000	100 000
投资成本（年资本收益率15%）	4 500	7 500	12 000	15 000
管理成本	10 000	10 000	10 000	10 000
短缺成本	15 000	8 000	2 400	0
总成本	29 500	25 500	24 400	25 000

由上述计算可知，四个备选方案中C方案为最优方案，即最佳现金持有量为80 000元。

这种方法是较为粗略的，其准确性依赖于对各项成本的预测，尤其是对现金短缺成本的预测。即使预测十分精确，所确定的也不一定是最佳现金持有量，因为最佳持有量极可能处于所设定的两个备选方案之间，比如90 000元。故用这种方法测算时，各方案现金持有量间距不宜太大，且应包括总成本线的拐点。将所有方案的总成本描在坐标图上，并连成一条光滑的曲线，就可以找到最佳现金持有量。

10.3.2 存货模型

这是运用存货管理中经济批量模型的基本原理来确定最佳现金持有量的方法。

当企业现金持有量和短期有价证券各占一定时期货币资金需用量的一定比例时，若持有现金不足以支付有关款项，则需将一部分证券转换为现金，随之发生相应的交易费用（每次基本固定）；而若现金持有量过多又将发生较高的投资成本。现金持有量与投资成本呈同向变动，而与交易成本呈反向变动。利用存货模型确定最佳现金持有量，实质上是选择现金持有量和一定时期内有价证券变现次数，从而使两类成本之和最低。

运用存货模型基于下列假定的基础之上：

（1）企业一定时期内现金支出均衡且可预测；

（2）短期有价证券的利率或报酬率可预测；

（3）短期证券变现的交易成本可预测。

现金持有总成本包括投资机会成本和证券交易成本，用公式表示为：

$$Tc=K\cdot\frac{C}{2}+F\cdot\frac{T}{C} \tag{10.3}$$

式中：Tc为总成本；T为一定时期内现金的总需要量；C为最高现金余额（每次证券转换额）；K为现金投资机会成本；F为每次交易固定费用。

显然，最佳现金持有量就是使Tc最低的C。可将上式对C求导，并令其为零，即可解出令Tc最低的C，用C^*表示，即：

$$C^*=\sqrt{\frac{2FT}{K}} \tag{10.4}$$

上述现金持有成本各部分及其与现金余额的关系可如图10-4所示。

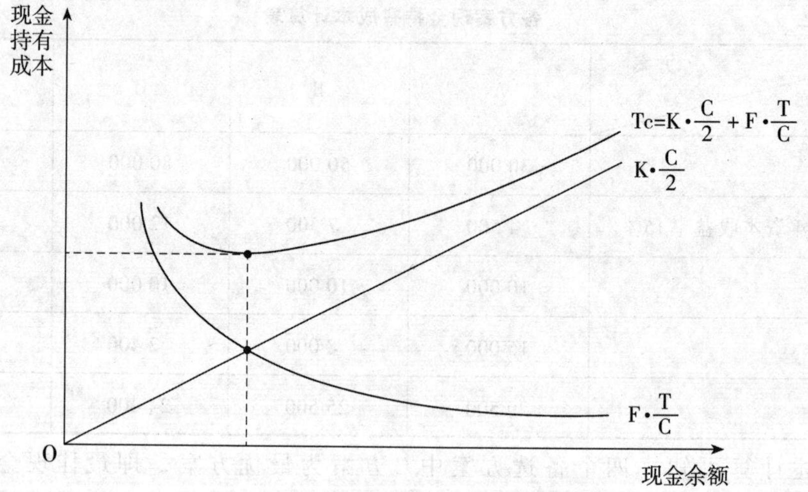

图10-4 现金持有成本与现金余额的关系

【例10-4】某企业预计在未来的两个月内经营所需现金100万元，有价证券年利率为12%，每次交易固定成本为100元，则：

$K=12\%\times(2\div12)=2\%$

$C^*=\sqrt{\frac{2FT}{K}}=\sqrt{\frac{2\times100\times1\,000\,000}{2\%}}=100\,000$（元）

有价证券变现次数=T/C=100÷10=10（次）

$Tc=100\,000\div2\times2\%+100\times10=2\,000$（元）

运用存货模型可较精确地测算出一定时期内最佳现金持有量，虽然假定条件使这种模型的实际运用受到限制，但其仍可作为现金持有量合理性的判定标准之一。

10.3.3 随机模型

随机模型也称为统计模型，这种模型是运用控制理论来确定企业最佳现金持有量。

随机模型假定企业货币支出量是随机的，无法事先预计，但企业可根据历史经验和现实需要，制定一个现金持有量的控制区域，如图10-5所示。

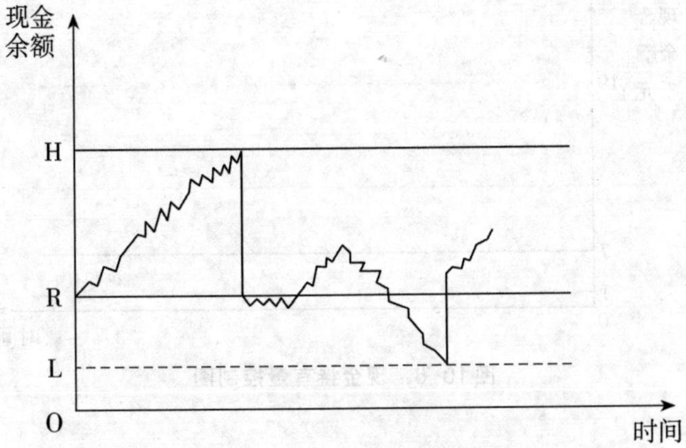

图10-5 现金持有量控制图

当现金余额达到该区域控制上限H时，用现金购入短期有价证券，使现金余额下降至现金返回线（最佳持有量R）的水平；当现金余额降至该区域控制下限L时，则售出短期有价证券，使现金余额回升至现金返回线的水平；当现金余额处于上下限之间时，则无须买卖证券。这样可以使现金余额始终保持在控制区域内，并集中在最佳余额R附近波动。

制定该控制区域的关键在于确定R值。由于现金流量是随机的，故R不仅受现金投资机会成本和证券交易成本的影响，而且与现金余额可能波动的幅度有关。根据历史数据(必要时应加以修订)，R值可按下列公式计算：

$$R=\sqrt[3]{\frac{3F\sigma^2}{4i}}+L \tag{10.5}$$

式中：R为最佳现金余额；F为有价证券每次交易固定费用；σ为每日现金余额的标准差；i为有价证券日利率；L为控制下限。

控制上限H的计算公式为：

$$H=3R-2L \tag{10.6}$$

控制下限L主要取决于每日现金需要量、有价证券变现所需的时间和管理人员的风险倾向，可根据经验数据确定。

【例10-5】某企业每日现金余额的标准差为1 000元，证券每次交易固定费用为100.8元，有价证券年利率为12.6%，控制下限为1 000元，则：

$i=12.6\%\times（1\div360）=0.035\%$

$R=\sqrt[3]{\frac{3\times100.8\times1\,000^2}{4\times0.035\%}}+1\,000=7\,000$（元）

$H=3\times7\,000-2\times1\,000=19\,000$（元）

根据上述计算结果作图即得到图10-6。

当企业的现金余额达到19 000元时，购入12 000元有价证券，使现金余额回落到7 000元；当现金余额降至1 000元时，则将6 000元有价证券转换为现金，使现金余额回升至7 000元；而只要现金余额在1 000元至19 000元之间，则无须进行证券买卖。

由于随机模型是在现金需求量难以预知的情况下所采用的现金持有量控制方法，故计算出来的现金持有量往往大于运用存货模型计算的结果。

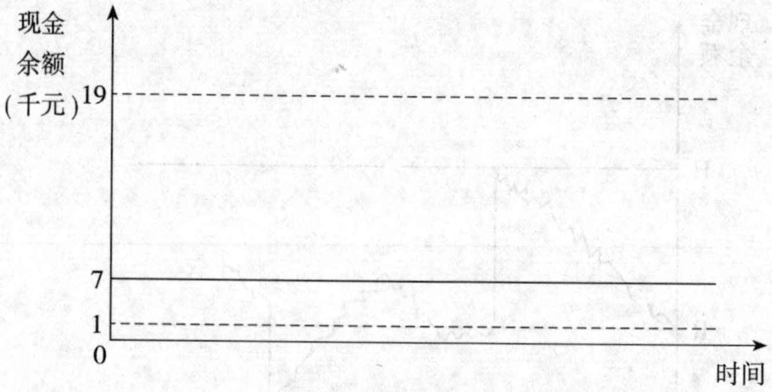

即测即评10.3

图10-6 现金持有量控制图

专论

预算的类型

(1) 固定预算和弹性预算

固定预算是以正常的、客观的某一业务量水平为唯一基础来编制预算的方法。其与实际不符的可能性极大，仅适用于业务量水平较为平稳的企业或非营利组织。

弹性预算是在成本习性的基础上，以业务量、成本和利润的依存关系为依据，按可预见的各种业务量水平、能适应多种情况的预算方法。主要用于编制弹性成本（费用）预算和弹性利润预算。编制成本预算的主要方法包括：公式法、列表法和图示法。在编制弹性利润预算的企业中，实行单一品种经营或采用分算法处理固定成本的多品种经营企业采用因素法，实行多品种经营的企业采用百分比法。

(2) 增量预算和零基预算

增量预算是在基期成本费用水平的基础上，根据预算实际情况，适当调整原费用项目的方法。其虽然简单易行，但可能把不合理的开支项目保留在预算中。

零基预算是指不考虑基期，对所有预算支出都以零为出发点，结合实际，逐项审议各费用的内容及开支标准是否合理，权衡轻重缓急，保证不可避免和不可延缓项目，在综合平衡的基础上编制预算的方法。其较为合理，能降低成本，但工作量大，重点不易突出。零基预算适用于较难辨认的服务性部门费用预算的编制。

(3) 定期预算和滚动预算

定期预算是以不变的期间作为预算期来编制的方法，其虽便于实际与预算的比较，利于分析和评价，但预算一般在年度前两三个月编制，跨期长，对计划期的情况不够明确，且执行中容易使管理人员只考虑本期计划的完成，缺乏长远打算。

滚动预算，将预算期与会计年度脱离，分析当期预算的执行情况与实际的差异，及时修订，不断延伸补充预算，连续、稳定的一种“特殊定期”的预算方法。具体操作时，可按月、按季或混合滚动；混合滚动根据人们对未来的了解程度具有对近期的预计把握较大，对远期的预计把握较小的特征，不但可做到长计划短安排、远略近详，且可减少预算工作量。

集团资金池管理涉税分析及管控方案选择

资金池（Cash Pooling），顾名思义，是用于企业间资金管理的自动调拨工具，其主要功能是实现资金的集中控制与灵活调拨。集团资金池是指集团公司将下属单位的资金汇总在一个资金池内，由集团统一调度使用资金，并向上划资金的下属单位支付利息，同时向使用资金的下属单位收取利息的资金管理活动。

集团资金池管理模式主要有两种：一是通过集团的内部结算中心管理，即在企业集团公司内部设立结算中心，引入银行机制，办理内部各成员之间资金往来结算、资金调拨、运筹；二是通过集团的财务公司管理，即以独立的财务公司行使内部结算中心职能。这两种模式下在资金池管理运营过程中会涉及哪些税费？如果处理不当，会产生哪些涉税风险？这两种模式下如何科学合理处理涉税事项？如何选择最佳的资金池管理模式？这些都是集团资金池管理应该关注的问题。下面将从涉税角度对上述问题一一作出分析。

一、资金池涉税事项

（一）内部结算中心模式下资金池管理涉税事项

1.增值税

财税〔2016〕36号文件附件1中“附：销售服务、无形资产、不动产注释”第一条第（五）项第1目规定，贷款，是指将资金贷与他人使用而取得利息收入的业务活动。各种占用、拆借资金取得的收入按照贷款服务缴纳增值税。内部结算中心模式下，集团公司向上划资金的下属单位支付利息、向使用资金的下属单位收取利息的管理活动，属于财税〔2016〕36号文件中规定的贷款服务。上划资金的下属单位支付利息时，下属单位需要针对利息收入按照贷款服务缴纳增值税；向使用资金的下属单位收取利息时，集团公司需要针对利息收入按照贷款服务缴纳增值税。

2.企业所得税

在利息支出方税前扣除方面，《中华人民共和国企业所得税法》第四十六条规定：“企业从其关联方接受的债权性投资与权益性投资的比例超过规定标准而发生的利息支出，不得在计算应纳税所得额时扣除。”但财税〔2008〕121号文件规定：“企业如果能够按照税法及其实施条例的有关规定提供相关资料，并证明相关交易活动符合独立交易原则的，或者该企业的实际税负不高于境内关联方的，其实际支付给境内关联方的利息支出，在计算应纳税所得额时准予扣除。”因此，内部结算中心模式下，可能存在超债资比部分（债资比的最高限额为金融企业5∶1、其他企业2∶1）利息支出不允许税前扣除的问题。

在利息收取方收取确认方面，针对利息收入，利息收取方需要正常确认收入，将其并入应纳税所得额计算缴纳企业所得税。

3.印花税

按照《中华人民共和国印花税暂行条例》附件中的税目税率表列示，借款合同印花税的征税范围为银行及其他金融组织和借款人（不包括银行同业拆借）所签订的借款合同。内部结算中心模式下，不涉及印花税纳税问题。

（二）财务公司模式下资金池管理涉税事项

1.增值税

财税〔2016〕36号文件附件2“营业税改征增值税试点有关事项的规定”第一条第（二）项第2目规定，存款利息属于不征收增值税项目。财务公司模式下，集团内各公司将资金归集到集团财务公司的行为属于银行存款行为，集团内各公司收到财务公司支付的存款利息，不用缴纳增值税。

2.企业所得税

在利息支出方税前扣除方面，由于集团财务公司与集团其他成员公司之间发生的资金存贷行为均符合独立交易原则，因此一般不存在税前扣除问题。

在利息收取方收取确认方面，财务公司模式下与内部结算中心模式下相同。

3.印花税

由于财务公司属于其他金融组织，按照《中华人民共和国印花税暂行条例》规定，财务公司与集团其他成员公司签订的借款合同，属于印花税征税范围，财务公司和借款方都需要按照借款合同税率缴纳印花税。

二、资金池涉税风险

（一）内部结算中心模式下资金池管理涉税风险

《中华人民共和国税收征收管理法实施细则》第五十四条规定，纳税人与其关联企业之间融通资金所支付或者收取的利息超过或者低于没有关联关系的企业之间所能同意的数额，或者利率超过或者低于同类业务的正常利率，税务机关可以调整其应纳税额。企业所得税方面，内部结算中心模式下，除超过债资比部分利息支出不允许税前扣除外，内部利率偏高或偏低还存在纳税调整的风险。

增值税方面，在层层上缴或层层下拨资金的内部结算中心模式下，如果处理不当，每一层资金上缴方和资金下拨方，均需要针对拨付资金利息计算缴纳增值税。

（二）财务公司模式下资金池管理涉税风险

除不存在利息支出税前扣除问题外，财务公司模式下，由于在制定内部存贷资金利息时参照同业利率，所以纳税调整风险基本不存在。

但是，在财务公司模式下，对于财务公司与集团内其他成员公司之间发生的资金借贷行为，即使未签署借款合同，只要发生借贷资金的实际行为，便会形成借款合同性质的相关单据，仍需要按照借款合同缴纳印花税，容易产生少缴印花税的风险。

三、两种模式比较分析

（一）内部结算中心模式优缺点分析

内部结算中心模式下，除便于总部统一管控资金外，不需要单独设立财务公司，操作简单。但税务方面的劣势也十分突出，除存在利息支出扣除限制和纳税调整风险外，由于在资金拨付过程中需要按照利息收入计算缴纳增值税，且利息支出对应的增值税不允许抵扣，因此会造成增值税税负的增加。虽然财税〔2019〕20号文件规定，自2019年2月1日至2020年12月31日，对企业集团内单位（含企业集团）之间的资金无偿借贷行为，免征增值税，但该政策也仅是针对该期间企业集团内单位之间资金无偿借贷行为的特殊规定，有偿借贷资金并不适用。

（二）财务公司模式优缺点分析

财务公司模式下，企业所得税方面基本不存在利息支出扣除限制及纳税调整风险，增值税方面由于可以适用存款利息不征收增值税的政策，因此增值税税负较低，但是需要按照借款合同税率缴纳印花税，且财务公司模式下需要设立集团内部财务公司，对于规模较小的企业集团并不适用。

四、资金池管控方案选择

由于财务公司模式下无论是涉税风险还是税负均低于内部结算中心模式，因此，在条件允许的情况下，建议优先选择财务公司模式进行集团资金池的管控。

如果条件受限，无法采用财务公司模式，那么，在采用内部结算中心模式时，也可以采取相应措施降低税务风险和增值税税负。例如，在降低税务风险方面，内部融通资金利率采用市场利率；在降低增值税税负方面，对于层层上缴和层层下拨资金进行账务处理时，对于中间环节的资金收付，可以仅作往来款处理，从而避免层层缴纳利息收入增值税；还可以采用统借统还的处理方式；在2020年12月31日前，如果集团内拨付资金的成员公司间实际企业所得税税率相同，可以适用“对企业集团内单位（含企业集团）之间的资金无偿借贷行为，免征增值税”的政策。

资料来源 佟毅，宗新琮. 集团资金池管理涉税分析及管控方案选择［EB/OL］.［2020-09-24］. http://www.zhonghuihn.com/home-newsinfo-id-768.html.

本章小结

•现金包括库存现金、各种形式的银行存款和银行本票、银行汇票等。

•企业持有现金是出于交易动机、预防动机和投机动机，同时为了满足银行“补偿性余额”的要求。

•现金预算是预测企业某一时期内货币资金流入量、流出量、余缺额及其处理办法的书面方案，可采用现金收支法或调整净收益法编制。

•短期有价证券可作为现金的替代品，且可获得高于银行存款利率的收益率，但投资时需考虑若干风险因素。

•最佳现金持有量是指使现金持有总成本最低的现金余额。

•确定最佳现金持有量可采用成本分析模型、存货模型和随机模型。

主要概念和主要观念

□ 主要概念

现金预算　现金投资成本　现金短缺成本　最佳现金持有量

□ 主要观念

1.尽管货币资金通常被称为“非盈利资产”，然而任何企业都必须持有一定数额的现金。

2.最佳现金持有量是指使现金持有总成本最低的现金余额。

基本训练

□ 知识应用

10.1　选择题

1.现金的（　　）。

A.流动性强，盈利性也强　　　　　　B.流动性强，盈利性差

C.流动性差，盈利性强　　　　　　D.流动性差，盈利性也差

2.下列各项中不属于流动资产特点的是（　　）。

A.流动性　　　　　　B.并存性

C.波动性　　　　　　D.投资回收分次性

3.企业由于现金持有量不足而造成信用危机所带来的损失称为现金的（　　）成本。

A.机会　　　　　　B.短缺

C.资金　　　　　　D.管理

4.避免债券投资违约风险的方法是（　　）。

A.分散债券的到期日　　　　　　B.购买预期报酬率上升的债券

C.不买短期债券　　　　　　D.不买质量差的债券

5.企业全面预算的起点是（　　）。

A.现金预算　　　　　　B.销售预算

C.生产预算　　　　　　D.采购预算

10.2　判断题

1.企业的现金是流动性最强但盈利性最弱的资产。（　　）

2.在成本分析模式下，最佳现金持有量是短缺成本与管理成本之和最低的现金持有量。（　　）

3.公司现金预算中某月份的直接材料金额即该月份预计采购金额。（　　）

4.拥有大量现金的企业具有较强的偿债能力和承担风险的能力，因此，企业单位应该尽量多地拥有现金。（　　）

5.企业进行有价证券投资，既能带来较多的收益，又能增强企业资产的流动性，降低企业的财务风险。

10.3　思考题

1.企业持有现金的动机是什么？

2.简述运用现金收支法编制现金预算的基本步骤。

3.简述运用调整净收益法编制现金预算的基本步骤。

4.请对两种现金预算编制方法进行比较。

5.现金日常管理的主要方法有哪些？

6.简述短期证券投资的必要性及投资时应考虑的因素。

7.简述确定最佳现金持有量的主要方法及其比较。

□　能力培养

10.1　计算题

1.某企业有四种现金持有方案，现金持有量从4万元起每档次增加2万元；现金管理成本从5 000元起每档次增加1 000元；现金短缺成本从2万元起每档次降低4 000元；企业短期投资预计收益率为12%。运用成本分析模型确定企业的最佳现金持有量。

2.某公司每日现金余额的标准差为800元，市场有价证券年利率为14.4%，每次交易固定费用为180元，控制下限为2 000元，求现金控制上限并作出控制图。

10.2 综合题

将下列现金预算的空缺数据填补齐全（见表10–13）。假设期末现金最低余额为5 000元，银行借款、还款为1 000元的整数倍，贷款年利息率为10%，还本时付息。

表10–13 **现金预算** 单位：元

项目	第一季度	第二季度	第三季度	第四季度	全年
各项现金收入额	60 000		96 000		32 000
减：各项现金支出额					
采购材料	35 000	45 000		35 000	
销售费用		30 000	30 000		113 000
购置设备	8 000	8 000	10 000		36 000
支付股利	2 000	2 000	2 000	2 000	
现金净收入额	(10 000)		6 000		
加：期初现金余额	8 000				
减：期末现金余额					
现金多余或不足					
银行借款		15 000	—	—	
归还借款	—	—			
归还利息	—	—			

10.3 调研实践

1.通过互联网收集有关资料，了解我国大中型企业现金管理的现状。

2.根据网上调研收集的资料，分析我国企业现金管理中存在的主要问题，并联系所学理论知识提出相应的对策。

□ 政策思考

2020年7月，习近平总书记指出，要千方百计把市场主体保护好，为经济发展积蓄基本力量。党中央明确提出要扎实做好“六稳”工作、落实“六保”任务，各地区各部门出台了一系列保护支持市场主体的政策措施。下一步，要加大政策支持力度，激发市场主体活力，使广大市场主体不仅能够正常生存，而且能够实现更大发展。

请结合习近平总书记在企业家座谈会上的讲话思考：为何我国出台政策举措对中小企业纾困帮扶？相关政策对于企业的现金管理有哪些积极意义？

第11章 应收账款管理

学习目标

思维导图11

视频导学11

知识传授：了解信用政策的构成因素；了解客户信用品质评估的方法；理解制定适度信用标准的重要性；了解应收账款日常管理的方法。

能力培养：掌握客户信用分数的确定方法；掌握信用条件定量分析的基本程序和方法；能根据给出的资料进行定量分析，确定对企业最有利的信用条件。

价值塑造：强调信用体系对市场经济的作用，理解个人与企业信用对于降低交易成本、提升资源配置效率的意义；强化应收账款管理风险及防控措施，批判性思考企业信用政策，提升基于财务数据作出科学信用决策与管理策略的能力。

引例：长虹集团应收账款危机（节选）

长虹电子集团有限公司（以下简称长虹集团）成立于1958年。长虹集团经营范围非常广，包括电视产品、空调产品、电子医疗产品、电力设备、机械产品、通信及计算机产品等。经过多年的发展，2005年，长虹集团成为世界500强企业。1996年以来，长虹集团的应收账款迅速增加，从1995年的1 900万元增加到2003年的近50亿元，应收账款占资产总额的比例由1995年的0.3%上升到2003年的23.3%。与此同时，应收账款周转率逐年下降，从1999年的4.67%下降到2005年第一季度的1.09%。在已经有大量应收账款的情况下，2001年9月，长虹集团与美国APEX公司签约，这一拟冲击美国市场的合作又进一步导致年应收账款的增加。截至2004年12月，长虹集团应收APEX账款达到4.675亿美元。根据长虹集团对APEX公司资产的估算，可能收回的资金只有1.5亿美元左右。2006年年底，长虹集团有80%的应收账款来自APEX公司。APEX公司是长虹集团在美国最大的合作伙伴。长虹集团在APEX公司拖欠国内多家公司巨额账款的情况下仍然与其签订了巨额销售合同，说明长虹集团在应收账款管理方面存在重大缺陷，缺乏合理的内部控制制度。在激烈的市场竞争中，为了扩大市场占有率，企业对销售商进行赊销，这是不得已的一项做法。长虹集团作为世界500强企业，为何也会一度陷入应收账款危机呢？

一是缺乏国际渠道，导致过度赊销。一方面，随着市场竞争的加剧，企业为了扩大市场份额，迫于压力进行赊销，这就大大增加了企业应收账款余额，从而加大了经营风险；另一方面，企业缺乏自己掌控的国际销售渠道，无法将自己的产品打入发达国家的主流销售渠道，只好让第三方企业来完成这个任务，而第三方企业往往资金实力较弱，只能以赊销方式进货。长虹集团由于存货量过大，因而为了减少库存、解决资金周转困难，只好采用赊销方式让APEX公司进货，这本身就增加了应收账款的风险。APEX公司由于本来就拖欠国内多家公司巨额账款，因此资金实力较弱，更是令长虹集团对APEX公司的应收账款回收雪上加霜。

二是合同设计存在漏洞。长虹集团在与APEX公司签订合同时，时间仓促，欠缺考虑，内容条款过于简单，没有理清双方的权利、义务以及潜在风险的分担。而且长虹集团和APEX公司的交易多为APEX公司以支票作为货款担保。如果APEX公司蓄意欺诈，这些支票将无法兑付，长虹集团的损失就不可避免。另外，长虹集团在与APEX公司签订销售合同时没有深究其企业状况。APEX公司表面看似辉煌，实则存在严重的经营问题，拖欠中国多家DVD制造商上千万美元。在没有了解清楚对方实力的情况下，长虹集团签下合同就意味着风险。

三是应收账款管理不完善。长虹集团采用国际贸易中通用的国际保理业务来保障其对应收账款的回收，并利用保理业务对应收账款进行充分管理，从而降低在途资金成本，化解潜在财务风险。应当说，保理结算比较适合长虹。然而，长虹集团与APEX公司、HANMI银行签署的三方协议并没有让HANMI银行承担应收账款的无追索赔付责任，保理商仅仅是对应收账户的管理而不是购买。这样一来，保理商既不会对每笔交易的信贷额度进行审核和授信，也不会对呆账承担相应的赔付责任。此外，应收账款是一个持续的过程，长虹集团既没有在赊销前予以考虑，也没有在赊销期间对应收账款适当计提坏账准备，还没有在赊销后积极追讨账款。种种内部控制方面的缺失，导致长虹集团海外巨额应收账款无法收回。

资料来源 武永梅.世界500强财务总监管理日志［M］.天津：天津科学技术出版社，2017.

11.1 信用政策

应收账款是企业因赊销商品或提供劳务而形成的应收未收款项，是企业流动资产的组成部分。从流动资产管理的角度来看，它是企业的一项投资，是企业提供给其客户的商业信用。由于商业竞争的原因，赊销已成为企业促进销售、增加毛利的重要手段，应收账款投资也随之产生了。既然应收账款是为了增强竞争能力，从而增加企业收益而进行的一项投资，企业必然要为此付出相应的费用和承担一定的风险。故应收账款管理的核心，就是要进行收益与费用、风险的权衡，以便通过最有利的信用政策实现最佳的投资效益。

企业应收账款投资额的高低及投资效果的好坏主要取决于该企业的信用政策。企业的信用政策主要包括三个可控制的因素，即信用标准、信用条件和收账政策。企业可通过调整信用政策中的有关因素来调节应收账款的投资水平，以实现最佳效益。

11.1.1 信用标准

信用标准是指企业提供信用时要求客户达到的最低信用水平。它反映应收账款的质量水平，通常以坏账损失率表示。若企业只对信用最佳的客户赊销商品，那么根本不会发生坏账损失，也无须为设立信用调查部门而支付费用。但由于销售量减少而减少的利润可能比避免的成本更多，同时还会增加存货，使市场占有率下降，削弱企业的竞争能力；而若信用标准过于宽松，虽然可增加销量，提高市场占有率，但与此同时应收账款投资与坏账损失均相应增加，而且还可能产生新的筹资成本。因此，决定最合适的信用标准要考虑信用边际成本与销售增加的边际利润，只要边际成本小于边际利润，就应放松信用标准。

上述边际成本实质上是客户的信用品质成本，主要包括违约或坏账成本、调查与收账成本、应收账款机会成本等。由于信用成本与信用品质紧密相关，因此判定客户的信用品质尤为重要。对客户信用品质或者说对信用风险的评价可采取以下方法：

1）信用的“5C”分析法

（1）信用的“5C”内涵

①品德（Character），即客户的信誉，也就是其诚心诚意履行其偿债义务的可能性。这是“5C”中最为重要的因素，因为信用交易意味着一种付款承诺，若客户无偿债的诚意，则信用的风险势必加大。对客户品德的评价一般以其以往的付款记录为依据。

②能力（Capacity），是指客户的偿债能力，可以根据过去的记录及其报表的有关指标进行衡量，再以实地参观或考察其经营方式的结果作为参考依据。

③资本（Capital），是指客户的财务状况。主要通过有关财务比率，如流动比率、速动比率、负债比率、利息保障倍数等来分析，并特别强调其有形资产净值。

④抵押品（Collateral），亦称担保品，是指客户可提供作为信用安全保证的资产。这一因素对于测定那些情况不清楚或信用状况不明的客户的信用品质尤为重要，因为授信公司对抵押品享有处置权。

⑤条件（Conditions），是指可能影响客户履行偿债义务的经济环境。

（2）客户信用的“5C”信息取得途径

①公司以往与客户交易的经验；

②客户与其他债权人交往的信息；

③企业间的证明，即由其他有声望的客户证明某客户的信用品质；

④银行的证明；

⑤征信调查机构所提供的客户信用品质及其信用等级的资料；

⑥客户的财务报表。

2）信用评分法

信用评分法是根据有关指标和情况计算出客户的信用分数，然后与既定的标准比较，确定其信用等级的方法。

对客户信用进行评分的指标体系主要包括流动比率、速动比率、销售利润率、负债比率、应收账款周转率等指标。此外还要考虑其赊购支付历史及企业未来预计情况等。在进行信用评定时，要先按上述各因素打分，然后乘以一个权数（按重要性而定）确定其信用分数。计算公式为：

$$\text{某客户信用分数}=\sum(\text{某项指标或情况分数}\times\text{权数}) \tag{11.1}$$

在采用信用评分法时，企业应先确定一个最低信用分数，若某客户信用分数低于该分数，则不给予信用。分数越高，表明信用品质越好，信用等级越高。通常来说，分数在80分以上者，信用状况良好；分数在60～80分者，信用状况一般；分数在60分以下者，信用情况较差。

【例11-1】某客户信用评分情况见表11-1。

表11-1 客户信用评分表

项目	财务比率或有关情况 ①	分数 ②	预计权数 ③	权重分数 ④=②×③
流动比率	1.8	85	0.1	8.5
速动比率	0.9	90	0.2	18
销售利润率	20%	80	0.1	8
负债比率	60%	70	0.15	10.5
应收账款周转率	12次	85	0.15	12.75
赊购支付历史	尚好	75	0.25	18.75
未来发展预期	好	85	0.05	4.25
合计	—	—	1	80.75

由计算结果可知，该客户信用状况较好，可以考虑提供信用。

11.1.2 信用条件

信用条件包括信用期间和现金折扣两个因素。例如，某公司允许符合其信用标准的客户在销货发票开出后30天内付清货款，则信用条件为（N/30）；如果附加一个条件：若在10天内付款，可获得2%的现金折扣，则信用条件为（2/10，N/30）。

1）信用期间

信用期间，亦称信用期或授信期，是允许客户最迟的付款期限。虽然延长信用期可以刺激销售，但是增加应收账款就会增加企业信用成本，包括应收账款投资额的机会成本、应收账款产生的坏账损失以及应收账款管理费用。其中，应收账款投资额的机会成本是指企业筹集应收账款相关资金应支付的成本，可以使用应收账款投资的必要报酬率进行计算；应收账款管理费用包括企业信用部门运作相关的费用以及收账成本。因此，企业应确定一个最佳信用期，使得增加销售所产生的边际利润超过增加应收账款投资的成本。

下面举例说明企业制定信用期的一般程序。

【例11-2】某公司现行信用期为20天，拟将信用期延长为30天或50天，有关资料见表11-2。

表11-2 应收账款数据表

项目 \ 信用期	20天	30天	50天
赊销收入（万元）	414	486	522
管理费用（万元）	2	4	7
坏账损失率（%）	1	1.5	2
平均收账期（天）	21	31	52

已知公司边际利润贡献率为20%，固定成本总额为30万元。应收账款投资机会成本为18%。

根据上述资料计算信用期变动对应收账款投资收益的影响，见表11-3。

表11-3 **信用期比较分析计算表** 单位：万元

行次	项目＼信用期	20天	30天	与现行标准比较	50天	与现行标准比较
1	赊销收入	414	486	+72	522	+108
2	边际利润总额	82.8	97.2	+14.4	104.4	+21.6
3	应收账款平均余额	24.15	41.85	+17.7	75.4	+51.25
4	应收账款投资额	19.32	33.48	+14.16	60.32	+41
5	应收账款机会成本	3.48	6.03	+2.55	10.86	+7.38
6	应收账款管理费用	2	4	+2	7	+5
7	坏账损失额	4.14	7.29	+3.15	10.44	+6.3
8	应收账款投资收益额	73.18	79.88	+6.7	76.1	+2.92

表11-3中有关指标的计算公式如下：

边际利润总额=赊销收入×边际利润贡献率

边际利润贡献率=（销售单价-单位变动成本）÷销售单价

应收账款平均余额=赊销收入÷360×平均收现期

应收账款投资额=应收账款平均余额×变动成本率

应收账款机会成本=应收账款投资额×机会成本率

坏账损失额=赊销收入×坏账损失率

应收账款投资收益额=边际利润总额-（应收账款机会成本+应收账款管理费用+坏账损失额）

例11-2中信用期延长并未引起固定成本的变化，故此例的固定成本属于非相关成本，不予考虑。当确定应收账款投资额时，应按照应收账款平均余额乘以变动成本率进行计算。这是因为，增加的营运资金仅仅涉及变动成本，而不是整个销售或全部制造成本。对应收账款平均余额的计算，可以用日销售额乘以平均收现期，其中平均收现期也称为应收账款周转天数。

由表11-3中计算可知，与现行标准相比，延长信用期的两个方案均使应收账款投资收益额有所增加。但信用期为30天的方案显然是最佳方案。

2）现金折扣

现金折扣是企业对提前付款的客户在商品价格上所作的扣减。提供现金折扣的目的在于吸引一些希望享有价格优惠的新客户，以增加销售额；而旧的客户也会因此而提前付款，从而使得企业能够缩短平均收账期。然而，给予客户现金折扣的成本又会冲减这些利益，所以也有是否给予现金折扣以及现金折扣率水平的决策问题。

与前述延长信用期的结果相反，在销售量既定的情况下，提供现金折扣导致销售额乃至边际利润的减少，平均收账期的缩短，投资机会成本、坏账损失和管理费用的减少。然而，由于现金折扣又是同信用期相结合而采用的，故要把二者的实施效果综合起来考虑诸备选方案的可行性。需要注意的是，并不是所有客户都会选择现金折扣提前付款，因此，当计算应收账款平均余额时，我们使用享受现金折扣的客户比例作为权重，计算企业的平均收现期，再乘以日销售额。

【例11-3】某公司拟定了信用条件不同的三套方案。假定享受现金折扣的客户比例为60%，应收账款投资机会成本率为20%。其他资料见表11-4。

表11-4 **信用条件决策分析计算表** 金额单位：元

项目 \ 方案 / 信用条件	A N/40	B 2/15，N/40	C 3/20，N/40
销售单价	100	100	100
赊销量（件）	12 600	13 000	13 500
赊销收入	1 260 000	1 300 000	1 350 000
单位变动成本	60	60	60
边际利润总额	504 000	520 000	540 000
平均收现期（天）	40	25	28
应收账款平均余额	140 000	90 278	105 000
应收账款投资额	84 000	54 166.80	63 000
应收账款机会成本	16 800	10 833.36	12 600
应收账款管理费用	50 000	30 000	40 000
坏账损失额	25 000	12 800	20 000
现金折扣成本	0	15 600	24 300
应收账款投资收益额	412 200	450 766.64	443 100

表11-4中有关指标的计算公式如下：

赊销收入=销售单价×赊销量

边际利润总额=赊销收入-单位变动成本×赊销量

平均收现期=享受现金折扣的客户比例×现金折扣期间+不享受现金折扣的客户比例×信用期间

应收账款平均余额=赊销收入÷360×平均收现期

应收账款投资额=应收账款平均余额×变动成本率

应收账款机会成本=应收账款投资额×机会成本率

现金折扣成本=单价×赊销量×享受现金折扣的客户比例×现金折扣率

应收账款投资收益额=边际利润总额-（应收账款机会成本+应收账款管理费用+坏账损失额+现金折扣成本）

由表11-4中的计算结果可知，B方案为最佳方案。

11.1.3 收账政策

收账政策，是指企业催收过期账款所遵循的程序。根据应收账款逾期长短应采取相应的催收方式，比如对于过期10天的客户以函件催缴；对于过期30天的客户再以措辞强硬的函件并继之以电话催缴；对于过期60天的客户可考虑派员催收；对于过期90天的客户则移交收账机构处理或诉诸法律解决。

无论采取何种收账政策都会产生一定的收账费用，并可能带来企业商誉的损失，故企业在收款时必须坚持原则，以避免收账期不必要的延长并尽力降低费用和损失。同时，应在各种收账政策的成本和利益之间进行权衡，以确定最适当的收账政策。

实施收账政策的目的在于减少坏账损失。在一般情况下，增加收账费用，提高收账效率可降低坏账损失比率，但二者的关系并非线性的，如图11-1所示。

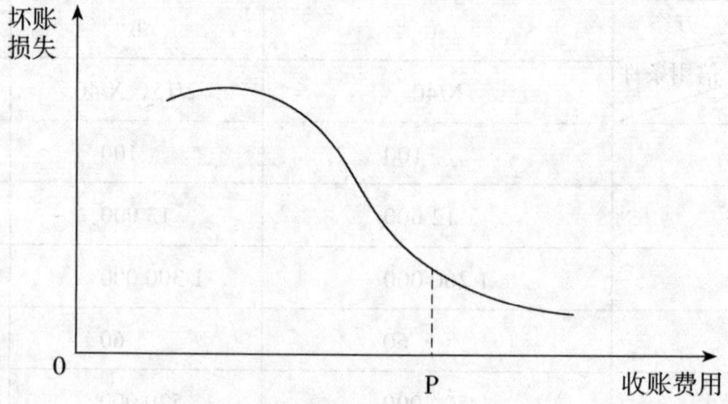

图11-1　收账费用与坏账损失的关系

由图11-1可见，在投入收账费用的初期，坏账损失的降低并不明显；而当收账费用逐渐增加，坏账损失则开始有较大幅度的下降；但当收账费用达到某一限度后，追加费用对降低坏账损失的影响明显减弱。这个限度，财务上称为"饱和点"，如图11-1中的P点。此外，收账费用与平均收账期亦有类似的关系。

【例11-4】某企业在现行收账方案的基础上拟定A、B两个收账方案，假定企业应收账款机会成本为20%，变动成本率为60%，各方案有关资料及计算分析见表11-5。

表11-5　**收账方案决策分析计算表**　金额单位：万元

项目＼收账方案	现行方案	A方案	B方案
每年收账费用	8	10	15
平均收账期（天）	60	30	20
坏账损失率（%）	4	2	1
年赊销总额	144	144	144
应收账款平均余额	24	12	8
新方案减少机会成本	—	1.44	1.92
坏账损失额	5.76	2.88	1.44
新方案减少坏账损失	—	2.88	4.32
新方案增加收账费用	—	2	7
新方案增加净收益	—	2.32	−0.76

由表11-5中计算可知，由目前方案改变为A方案，收账费用增加额为2万元，而减少的机会成本与坏账损失为4.32万元，故增加了2.32万元的净收益；而若改变为B方案，则将减少净收益0.76万元。若从A方案改变为B方案的角度来分析，则增加的收账费用为5万元，而减少的机会成本与坏账损失为1.92万元，不足以弥补收账费用，故应放弃B方案，采纳A方案。

即测即评11.1

11.2 应收账款日常管理

在制定了一定时期的信用政策之后，必须加强应收账款的日常管理，以保证既定信用政策预期效益的实现。应收账款投资的日常管理通常包括以下几个方面：

11.2.1 确定信用批量分界点

信用批量分界点是指提供商业信用所带来的收益与费用损失相等的商品订购数量。只有当订购量超过该分界点时给予商业信用才有意义。由于各客户的信用品质不同，不同商品的变动成本率不同，故商业信用批量分界点应按具体商品、客户分别测定。具体步骤如下：

1）确定各信用等级的有关指标

假定某企业根据以往经验确定各信用等级的有关指标见表11-6。

表11-6 信用等级的有关指标

信用等级	平均收账期（天）	应收账款管理费用（元）	坏账损失率（%）
A	30	100	2
B	60	400	10
C	90	1 200	20
D（新客户）	70	500	15

根据上述划分，可确定特定客户所属的信用等级。

2）计算给予某客户商业信用的有关费用（即信用成本）

信用成本由三部分组成（各部分计算公式同前）：

（1）坏账损失；

（2）应收账款投资机会成本；

（3）应收账款管理费用。

3）计算给予该客户商业信用的收益额（边际利润额）

4）计算该客户的商业信用批量分界点

【例11-5】某客户信用等级为B等，有关资料见表11-6。该客户欲订购企业生产的A产品，单价100元，变动成本率60%，边际利润率40%，应收账款投资要求报酬率为20%。

设：该客户信用批量分界点为x件，令商业信用成本=提供商业信用收益额，则有：

$$100 \cdot x \cdot 10\% + 100 \cdot 60\% \cdot x \cdot (20\%/360) \cdot 60 + 400 = 100 \cdot x \cdot 40\%$$

解出：

x=14.2857（件）

这表明，只要该客户订货批量达到15件，就应该接受其订单并给予商业信用。

这种方法较为严密但工作量很大，故只适用于订货次数少的客户。

11.2.2 确定信用额度

信用额度是指在一定时期内对某一客户提供商业信用的最高额度。当某一客户在一定时期内有连续多次且不同商品的订单时，为了避免逐一计算信用批量分界点的工作，往往根据其信用等级资料核定一个"信用额度"，只要其应收账款余额不超过该额度，企业就可以接受其订单，办理赊销业务，否则不给予信用。信用额度可依具体客户信用品质的变化而升降。可见，信用额度实质上是企业愿意对某一客户承担的最大风险，它与特定客户一定时期的信用状况紧密相关，故应根据不同客户或同一客户不同时期的信用品质来核定。

11.2.3 应收账款的回收

应收账款的回收是应收账款投资日常管理中最关键的一环。因为若赊销后不能如期收回账款，则无法实现增加销售的收益和将信用成本控制在预期的范围内，那么，既定的信用政策则无法落实，严重的呆账损失将使企业财务陷入困境，并引发偿债能力不足的危机。应收账款回收的重点在于对违反信用的应收账款的回收。目的在于尽量减少坏账损失。

企业应对已发生的应收账款实行严密的监控，以便随时掌握其回收情况。账龄分析表是一种较好的工具，通过账龄分析表可以显示应收账款账龄、数额及其比例。账龄分析表可以按具体客户或按账龄区间综合填列，其一般格式见表11-7。

表11-7 账龄分析表

应收账款账龄区间	账户数量	账面金额（元）	百分率（%）
信用期内	70	50	50
逾期1～30天	40	25	25
逾期31～60天	10	6	6
逾期61～90天	8	7	7
逾期91～120天	6	6	6
逾期120天以上	5	6	6
应收账款总额	—	100	100

通过账龄分析表可获得以下数据：

（1）尚未到期的应收账款数额及其比例；

（2）违约应收账款的数额及其比例；

（3）可能成为坏账的应收账款数额及其比例。

企业应根据账款拖欠时间按既定的收账政策采取相应的方式进行催收。要将催收费用与收益作比较，必要时可采取风险决策的方法来判定催收方案的可行性。

【例11-6】某客户尚欠账款5 000元，若催收将花费800元的收账费用。催收结果见表11-8。

表11-8 账款回收金额及概率

收回金额（元）	概率（%）
0	30
500	25
1 000	25
2 000	20

回收账款期望值=0×30%+500×25%+1 000×25%+2 000×20%=775（元）

由于收账费用的预期值高于该期望值，故这笔账款不值得催收。

对于账款逾期已久而迟迟不予支付的客户要作具体分析。客户拖欠货款的原因概括起来不外乎两方面，即无力支付和故意拖欠。对于无力支付的客户，若属遇到暂时困难的，可适当给予宽限；若属陷入无法挽回财务困境的，则应通过法律程序解决。对于故意拖欠者亦应通过法律程序解决。当然，若诉讼费用过于昂贵，则应选择将该笔账款作为坏账损失注销。总之，收账工作要以维护与客户的良好信用关系为前提，力求费用低、效果好。

11.2.4 进行客户信用分析

如前所述，客户的信用品质是决定信用政策的重要因素。在企业一定时期的信用政策确定之后，仍需对客户的信用状况进行追踪调查，以便根据客户的近期信用品质提供相应的信用条件，同时也对企业制定新的信用政策进行信息反馈。对客户进行信用分析的方法如前所述。

即测即评11.2

专论

应收账款保理业务

应收账款保理，即保付代理的简称，是一种专门为赊销而设计的集商业资信调查、应收账款管理、信用风险担保与贸易融资于一体的综合性金融服务业务，包括贸易融资、应收账款管理、应收账款催收和坏账担保等。应收账款保理在直接有效地规避应收账款所带来的风险的同时，可以迅速、低成本地筹集资金，开辟企业融资的新渠道。

(1) 保理业务的优点

①规避应收账款带来的风险。保理商（主要包括商业银行、保理公司）在核准的买方信用额度内，对没有任何商业纠纷的应收账款，可以为企业提供最高达100%的买家信用风险担保，有助于企业拓展销售业务；企业可借助银行的网络和技术优势，有效了解客户的资信情况；银行通过其人才、网络和系统优势，为企业提供应收账款的管理和催收，比公司职员更及时有效地完成应收账款的变现工作，清除了坏账隐患，减少了企业信用调查及应收账款管理的开支；在无追索权的买断式保理方式下，企业可以在短期内大大降低应

收账款的余额水平，节约应收账款的机会成本、坏账成本和管理成本。

②减轻企业资金缺乏的压力。针对接受保理的应收账款，银行和保理商可以按预先约定的比率（通常为发票金额的80%）提供即时的融资。通过应收账款融资，企业可以迅速筹措到短期资金，以弥补临时性资金短缺，且这种融资无须增加企业负债，如果企业使用得当，可以循环使用银行对企业的保理业务授信额度，从而最大限度地发挥保理业务的融资功能。尤其是对于那些客户实力较强、有良好信誉，而收款期限较长的企业作用尤为明显。其成本也要明显低于短期银行贷款的利息成本。

（2）保理业务的负面影响

需要支付一定费用。保理业务要求支付的费用主要有：服务费、贴现利息费、单据处理费等。另外，商业银行或保理商通常都要对企业提出一些额外的要求，如企业应对客户拖欠应收账款负责，应收账款无法收回时企业应承担相应的损失等。

（3）应收账款融资的财务成本分析

应收账款保理作为一种企业短期融资方式，其资金成本按有追索权保理和无追索权保理而有所不同。

无追索权保理的资金成本包括支付给保理机构的代理费（这是对其承担转嫁的应收账款风险而进行的补偿）和留置金两部分。

资金成本 K_1=支付的代理费/（应收账款面值−支付的代理费−留置金）　(11.2)

有追索权保理实质上是一种抵押贷款，其资金成本包括应收账款的机会成本、变现费用、坏账损失以及融资贴现利息。应收账款的机会成本指应收账款若变现并将其投入其他项目而给企业带来的收益；应收账款变现的费用指企业为了应收账款能够收回所支付的各种收账费用，包括服务费、单据处理费、诉讼费等。坏账损失，指应收账款因收不回而给企业带来的损失。

资金成本 K_2=（应收账款机会成本+应收账款变现费用+坏账损失+利息）/应收账款面值　(11.3)

从 K_1、K_2 的对比中可以看出，K_1 较低。特别是在融资量很大的情况下，企业要从资本市场上拆借到所需的资金，就必须支付比少量融资高的利率，此种情形之下，无追索权保理的优势更加明显。

（4）办理保理业务应注意的问题

选择适当的保理业务类型。常见的保理可以分为如下几种：

①有追索权保理和无追索权保理。有追索权保理指保理商凭债权转让向供应商融通资金后，如果采购商拒绝付款或无力付款，保理商有权向供应商要求偿还资金，即无论出自何种原因，如买方破产或无力支付，只要有关款项到期未能收回，保理商都有权向供应商进行追索，因而保理商具有全部“追索权”。无追索权保理指保理商凭债权转让向供应商融通资金后，即放弃对供应商追索的权利，保理商独自承担采购商拒绝付款或无力付款的风险。办理保理业务时，银行不仅要考核申请保理业务的供应商的资信状况和还款能力，更重要的是要看采购商的履约付款能力。因此无论是有追索权的保理，还是无追索权的保理，银行一般都要求必须签订银行、供应商和采购商之间的三方合同。同时，在签订三方合同的过程中，银行可以亲自走访采购商，从而获得更多的信息，进一步确认销售合同的真实性，分析采购商的履约付款能力，从而降低贷款的风险。

②明保理和暗保理。明保理是指债权一经转让，供货商立即将保理商参与保理的情况

通知给采购商，并签订银行、供货商、采购商之间的三方合同，指示采购商将货款直接付给保理商；而暗保理则是供货商为了避免让他人知道自己因流动资金不足而转让应收账款，并不将保理商提供保理的情况通知买方，货款到期时仍由供货商出面催款，收回之后再偿还保理商的预付融资款。目前，我国的保理业务必须为明保理。

③折扣保理和到期保理。折扣保理又称为融资保理，即保理商能够为供货商提供预付款融资。在折扣保理形式中，只要供货商将发票交给保理商，并且应收账款在信用销售额度内的已被核准，保理商应立即支付不超过发票金额80%的现款，余额待收妥后结清。到期保理则是保理商在赊销业务发生时不需提供预付款融资，而是在赊销款到期时才进行支付。对企业而言，折扣保理具有资金融通上的优势，而到期保理因失去了融通资金的作用，企业一般不会采用。但一些企业，其仅需要保理商提供应收账款管理及坏账担保的服务，可采用到期保理，届时（与采购商约定付款期或预期付款期）不管货款是否能够收到，保理商都必须支付货款。

（5）办理保理业务的操作流程

保理业务目前在国内银行还属于新业务，银行对拟从事该项业务的企业的审查，较其他贷款形式更严密、更周全。企业必须提供客观、真实的会计资料与经营资料，而银行为了降低自己的风险，一般会要求销售商就保理业务提供信用担保。企业应明确自己对保理业务的需求，按一定的程序办理保理业务：

第一，与银行协商，签订保理合同。企业应该与熟悉自己企业背景情况和业务能力的银行进行沟通，阐明申请保理的理由和内在需求；提供客观、真实的会计资料与经营资料；核定出应收账款保理业务的融资期；按照银行的要求积极准备需要提供的各种材料，与银行进行沟通，签订银行、企业保理合同。

第二，销售企业发货后将有关货物的提单和发票正本提交买方，发票副本则提交作为保理商的银行。

第三，银行在收到发票副本后，持发票副本向买方收取货款。

第四，卖方保理商按照保理合同的约定将货款拨付给销售企业。

资料来源 王智群.用保理业务加强应收账款管理［J］.经营管理者，2006（12）：50-51.

本章小结

•企业信用政策包括信用标准、信用条件和收账政策三个可以控制的因素。

•信用标准是指企业提供信用时要求客户达到的最低信用水平。信用标准的宽严将影响企业应收账款投资的水平，进而影响企业的信用成本和利润。对客户的信用品质可采取“5C”分析法和评分法进行评价。

•信用条件包括信用期间和现金折扣两个因素。进行信用条件决策时应综合考虑边际利润、应收账款机会成本、管理费用和坏账损失诸项因素。

•收账政策是指企业催收逾期账款所遵循的程序。制定收账政策时要进行成本和收益间的权衡。

•信用政策确定之后，还应加强应收账款的日常管理。

主要概念和主要观念

☐ 主要概念

信用标准 信用期间 现金折扣 信用批量分界点 信用额度

☐ 主要观念

1.信用标准的宽严将影响企业应收账款投资的效果，故企业应适度把握信用标准的尺度。

2.收账费用的投放不是越多越好。

3.应收账款的日常管理是非常重要的一环。

基本训练

☐ 知识应用

11.1 选择题

1.通常用于表示信用标准的指标是（ ）。

A.预计的未来收益率　　B.预计的未来收现率

C.预计的坏账损失率　　D.预计的机会成本率

2.应收账款周转次数多，表明（ ）。

A.企业信用销售放宽　　B.营运资金较多地占用在应收账款上

C.应收账款周转速度慢　　D.有利于减少坏账损失，但可能减少销售收入

3.企业在进行应收账款管理时，除了需确定信用标准和信用条件外，还应确定合理的（ ）。

A.信用期限　　B.现金折扣期

C.现金折扣率　　D.收账政策

11.2 判断题

1.企业的信用标准严格，给予客户的信用期很短，使得应收账款周转速度很快，将有利于增加企业利润。（ ）

2.信用额度实质上是企业愿意对某一客户承担的最大风险。（ ）

3.为防范坏账风险，企业不应进行应收账款的投资。（ ）

4.信用期与放弃现金折扣的成本呈反向变动。（ ）

11.3 思考题

1.企业的信用政策包括哪些内容？

2.信用标准过于宽松或过于严格对企业有哪些影响？

3.何谓信用的“5C”分析？

4.进行信用条件决策时主要应考虑哪些因素？

5.如何制定企业的收账政策？

6.应收账款的日常管理包括哪些内容？

□ 能力训练

11.1 计算题

1.某公司目前信用条件为“N/28”，拟改为“N/56”，有关数据见表11-9。

表11-9 应收账款数据表

项目	“N/28”	“N/56”
销售量（件）	200 000	240 000
销售单价（元）	5	5
单位变动成本（元）	4	4
固定成本（元）	100 000	100 000
坏账损失占销售额比例（%）	1	1.5
管理费用（元）	6 000	8 000
平均收账期（天）	30	60

若机会成本率为15%，公司应如何决策？

2.某公司现行信用条件为“N/40”，赊销量为12万件，单价10元，单位变动成本5.5元，平均收账期45天，管理费用5万元，坏账损失率2%。拟将信用条件改为“3/10，N/30”，预计赊销量可增加1万件，约有80%的客户会享受现金折扣，平均收账期缩短15天，坏账损失率为1%，管理费用为4万元，机会成本率为12%。问新的信用条件是否可行？

11.2 综合题

某公司目前采用现销方式，尚有30%的剩余生产能力。为提高销售额拟定了A、B两套赊销方案，有关资料见表11-10。

表11-10 应收账款数据表

项目	现行方案	A方案	B方案
信用条件	现销	N/30	N/60
销售收入（元）	800 000	900 000	1 000 000
变动成本率（%）	70	70	70
管理费用（元）	2 000	10 000	12 000
平均收账期（天）	—	32	65
坏账损失率（%）	—	1	1.5

（1）公司投资报酬率为20%，该公司应如何决策？

（2）若公司将上述A方案的信用条件改为“2/10，N/30”，估计客户均会在折扣期内付款，管理费用将减少30%，且不再发生坏账；若公司将上述B方案的信用条件改为“2.5/10，N/60”，估计有50%的客户会在折扣期内付款，管理费用和坏账损失各减少25%。问公司应如何决策？

11.3 案例分析

信用政策决策

光华公司是一家出售电子元件的公司，正在考虑改变其信用政策，以便从竞争对手那里争取更多的客户。目前公司的信用政策是“1/10，N/30”，而新的信用政策为“3/10，N/50”。当前公司40%的客户享受现金折扣，预计在新的信用政策下这个数字将会上升到50%，而且新政策实施的结果还将使销售额从每年200 000元增加到264 500元。

增加的销售额还将影响到存货水平。公司持有的平均存货以EOQ（经济订货批量）模型确定。假设新的信用政策实施后电子元件的销售量将从20 000件增加到26 450件；坏账损失率从原来的1%上升为1.5%；平均收账期从原来的23天延长为32天；每笔订单的费用为100元；每件产品的单位储存成本为1元（这些金额不会随着现金折扣而改变）。平均存货量为EOQ/2。

变动成本为销售总额的65%；管理费用为销售总额的10%；公司的投资机会成本为12%；所得税税率为25%。

要求：

（1）计算信用政策改变前后的应收账款平均余额；

（2）确定信用政策改变前后的EOQ和平均存货量；

（3）根据所给资料作出新信用政策的可行性分析。

11.4 调研实践

1. 通过互联网收集我国上市公司应收账款占销售额的比例、坏账比率、应收账款周转期等数据，了解我国企业应收账款管理的概况。

2. 根据网上调研收集的数据，分析我国企业应收账款管理中存在的主要问题，并联系所学理论知识提出相应的对策。

□ 政策思考

2014年以来，按照国务院“优化金融资源配置，用好增量、盘活存量”的总体部署，证监会一直重视资产证券化业务发展，其中应收账款证券化是资产证券化的重要组成部分。

请思考：应收账款证券化对于应收账款管理有哪些影响？哪些企业适合使用这种方法？

第12章 存货管理

学习目标

知识传授：理解企业持有存货的原因；了解存货成本的内容；了解经济订货量、订货点及最佳安全储备量等指标的含义；了解各种库存系统的特点及存货控制的主要方法。

思维导图12

能力培养：掌握存货总成本的确定方法；掌握在各种情况下经济订货量的确定方法；掌握订货点和最佳安全储备量的确定方法；能根据给出的资料确定在不同情况下的经济订货量，并按实际情况对计算结果进行相应的修订；能确定在不同情况下的订货点。

视频导学12

价值塑造：强调社会主义核心价值观在存货管理中的作用，认识到公平竞争、诚实守信与社会责任的重要性；深刻理解绿色经济与数字经济发展对企业存货管理的影响，注重绿色供应链管理，追求经济效益与社会效益的双赢。

引例：DGSE部署EIS的RFID存货管理方案

达拉斯金银交易所（DGSE）在得克萨斯州、加利福尼亚州和南卡罗来纳州的展示商店，部署了由Electronic Inventory Solution公司（EIS）提供的RFID存货管理解决方案，用于自动存货管理，提高安全性。EIS公司与达拉斯金银交易所合作，利用近场RFID标签、RFID手提读取器、EIS Portal系统和整合到达拉斯金银交易所销售点系统的EIS专有软件，提供了一个RFID解决方案。解决方案使达拉斯金银交易所能利用同样的RFID标签进行更严密的存货管理，大大减少了库存计数时间（减少85%），提高了库存精度（达99.7%），并在交易所的存货管理过程中增加了另一层的物理安全性保障。达拉斯金银交易所内部管理主管Diane Goff说："EIS公司能为我们提供一个完善的RFID解决方案，符合我们目前的需求和预算，并为我们在所有业务中部署解决方案提供了清晰的途径。"EIS公司的Darry Hubbard说："达拉斯金银交易所需要一个通过减少存货计数时间和更强的物品监督来迅速取得投资回报的RFID解决方案。因为交易所在继续拓展市场，该解决方案除了在它们的销售点系统内运作外，还必须是可扩展的，以满足未来对RFID的需求。未来，交易所的方向是过渡到实时存货管理，包括具有跟踪库存物品和工作人员的移动的能力。"

资料来源　佚名.DGSE部署EIS的RFID存货管理方案，用于自动存货管理［EB/OL］.［2011-11-09］.https://www.rfidworld.com.cn/news/2011_11_8b94950e8f9d5181.html.

12.1 存货资产规划

存货是指企业在生产经营过程中为销售或耗用而储备的物资，包括材料、燃料、低值易耗品、在产品、半成品、产成品、协作件、外购商品等。

12.1.1 持有存货的原因

存货是企业流动资产中变现性最差的部分。然而，在现行条件下，出于下列原因，企业必须持有一定数量的存货，以保证生产经营的正常进行。

1）保证生产经营的需要

连续生产的企业需要均衡地投料、生产和销售，而供、产、销诸环节在时间和数量上却往往难以保持绝对平衡。为了保证生产经营活动的正常进行，企业必须进行适量的存货投资，以便建立与生产经营过程和规模相适应的存货体系。

2）获得价格上的优惠

零星采购物资的单价通常比较高，而大批购买往往可获得商业折扣。这样一方面可降低购置成本，另一方面可减少采购费用，但同时也会增加存货的数量。

3）把握获利的机会

在市场经济条件下，商品价格常常处于波动之中。企业可根据市场预测和反馈的信息，在价格上涨之前购入大批所需的物资或储存适量的产成品，以获取价差的收益。然而，这也会导致存货数量的增加。

12.1.2 存货成本

存货成本，是指与购买和维持存货有关的成本。其内容可归纳为以下三项：

1）取得成本

取得成本是指为取得某项存货而支付的费用，可用TC_a表示。具体包括：

（1）订货成本

订货成本是指从企业向对方发出订单起，到所购物资运达企业验收入库为止所发生的各种费用，包括订货业务费、差旅费、邮电费、仓库验收费等。

订货成本按其与订货次数的关系可分为两部分：一部分称为订货的固定成本，即总额与订货次数无关的成本，如常设采购机构的基本开支等，用F_1表示；另一部分称为订货的变动成本，是指总额与订货次数有关的成本，如差旅费、邮电费等，这类费用的特点是每次订货的支出额固定，故亦称为每次订货成本，用K表示。于是，全年订货成本用公式表示为：

$$\text{订货成本}=F_1+\frac{D}{Q}K \tag{12.1}$$

式中：D为某存货全年需要量；Q为订货批量。

（2）购置成本

购置成本是指存货本身的价值，其高低取决于存货单价（U）与全年需要量（D）的乘积，即DU。

存货的取得成本为订货成本与购置成本之和，用公式表示为：

$$TC_a=F_1+\frac{D}{Q}K+DU \tag{12.2}$$

2）储存成本

储存成本是指为保持存货而发生的成本，亦称为持有成本，包括仓储费、保管费、保险费、存储损耗、存货占用资金成本等，用TC_c表示。

储存成本也可分为固定成本和变动成本。其中固定成本是指与存货数量无关的成本，如仓库折旧费、仓库人员固定人工等，用F_2表示；变动成本是指总额与存货数量有关的成本，如存货占用资金成本、保险费、存货破损、变质损失等，其总额与订货批量成正比，用公式表示为：（Q/2）·K_c，其中Q/2为平均存货量，K_c为单位存货年储存成本。

储存成本用公式表示为：

$$TC_c=F_2+\frac{Q}{2}K_c \tag{12.3}$$

3）缺货成本

缺货成本是指存货不能满足生产或销售需要时发生的损失，包括材料供应中断造成的停工损失，产成品库存不足造成的拖欠发货损失和丧失销售机会损失，高价购入应急物资所带来的损失等，用TC_s表示。

综上所述，存货总成本（TC）用公式表示为：

$$TC=TC_a+TC_c+TC_s=F_1+(D/Q)\cdot K+DU+F_2+(Q/2)\cdot K_c+TC_s \tag{12.4}$$

12.1.3 经济订货量

经济订货量，又称最佳批量，是指既能满足生产经营对存货的正常需要，又使存货总成本最低的某项存货批量。

存货资产规划的核心问题，就是确定使TC最低的经济订货量Q，继而确定最佳订货间隔期T。

1）经济订货量基本模型的建立

（1）经济订货量模型的基本假定

①企业每天存货消耗量既定，即库存量呈线性递减状态；

②存货全年需求量D、单价P、单位存货年储存费用K_c、每次订货成本K均为已知的常数；

③存货无中断供应的风险，即TC_s为零；

④企业现金充裕，不会出现因现金短缺而影响进货的情况；

⑤每次订货量Q是一次性到货，并能及时补充存货，即当库存下降为零时进货。

基于上述假定，存货总成本计算公式为：

$$TC=F_1+(D/Q)\cdot K+DU+F_2+(Q/2)\cdot K_c \tag{12.5}$$

经济订货量基本模型如图12-1所示。

（2）经济订货量的确定

经济订货量Q计算的具体方法是将TC对Q求一阶导数，并令其为零，然后求出令TC有极小值的Q。

$$\frac{dTC}{dQ}=\frac{K_c}{2}-\frac{DK}{Q^2} \tag{12.6}$$

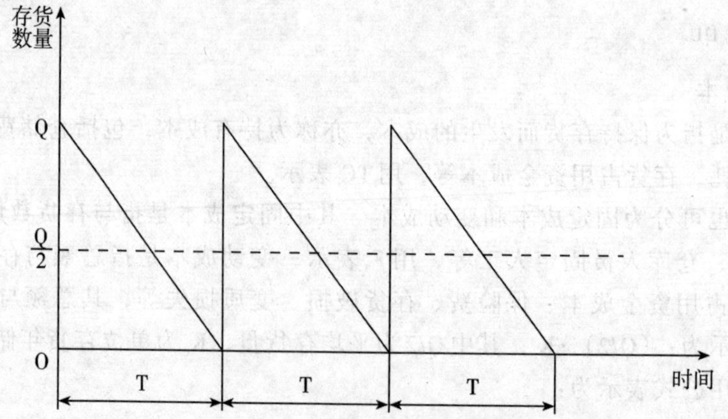

图12-1 经济订货量基本模型

图中：Q为每次订货批量；T为订货间隔期；$\frac{Q}{2}$为平均库存量。

令$\frac{dTC}{dQ}=0$，则$\frac{K_c}{2}-\frac{DK}{Q^2}=0$。

解出：

$$Q^*=\sqrt{\frac{2KD}{K_c}} \tag{12.7}$$

这一公式称为经济订货量基本模型，其中Q^*为使TC有极小值的经济订货量。

这一基本模型可演变为其他各种形式。

最低存货总成本公式：

$$TC^*=\frac{KD}{\sqrt{\frac{2KD}{K_c}}}+\frac{\sqrt{\frac{2KD}{K_c}}}{2}\cdot K_c=\sqrt{2KDK_c} \tag{12.8}$$

最佳订货次数公式：

$$N^*=\frac{D}{Q^*}=\frac{D}{\sqrt{\frac{2KD}{K_c}}}=\sqrt{\frac{DK_c}{2K}} \tag{12.9}$$

最佳订货周期公式：

$$T^*=\frac{360}{N^*}=360\cdot\sqrt{\frac{2K}{DK_c}} \tag{12.10}$$

经济订货量占用资金公式：

$$I^*=\frac{Q^*}{2}\cdot U=\frac{\sqrt{\frac{2KD}{K_c}}}{2}\cdot U=\sqrt{\frac{KD}{2K_c}}\cdot U \tag{12.11}$$

【例12-1】某企业全年耗用A材料180 000千克，该材料单价20元，单位储存成本2元，每次订货成本50元。则：

$$Q^*=\sqrt{\frac{2\times 50\times 180\,000}{2}}=3\,000\text{（千克）}$$

$$N^*=\frac{180\,000}{3\,000}=60\text{（次）}$$

$$T^*=\frac{360}{60}=6\text{（天）}$$

$$TC^*=50\times\frac{180\,000}{\sqrt{\frac{2\times 50\times 180\,000}{2}}}+\frac{\sqrt{\frac{2\times 50\times 180\,000}{2}}}{2}\times 2=\sqrt{2\times 50\times 180\,000\times 2}=6\,000\text{（元）}$$

$$I^*=\frac{3\,000}{2}\times 20=\frac{\sqrt{\frac{2\times 50\times 180\,000}{2}}}{2}\times 20=\sqrt{\frac{50\times 180\,000}{2\times 2}}\times 20=30\,000\text{（元）}$$

经济订货量亦可用图解法确定。方法是先计算出一系列订货批量下的订货成本、储存成本和总成本，然后根据计算结果作图，确定所求的Q。

【例12-2】按例12-1资料计算有关数据见表12-1。

表12-1 存货成本计算表 金额单位：元

N	Q（千克）	（D/Q）·K	$Q/2\cdot K_c$	TC
20	9 000	1 000	9 000	10 000
40	4 500	2 000	4 500	6 500
60	3 000	3 000	3 000	6 000
80	2 250	4 000	2 250	6 250
100	1 800	5 000	1 800	6 800

根据表12-1计算结果描点作图（如图12-2所示）。

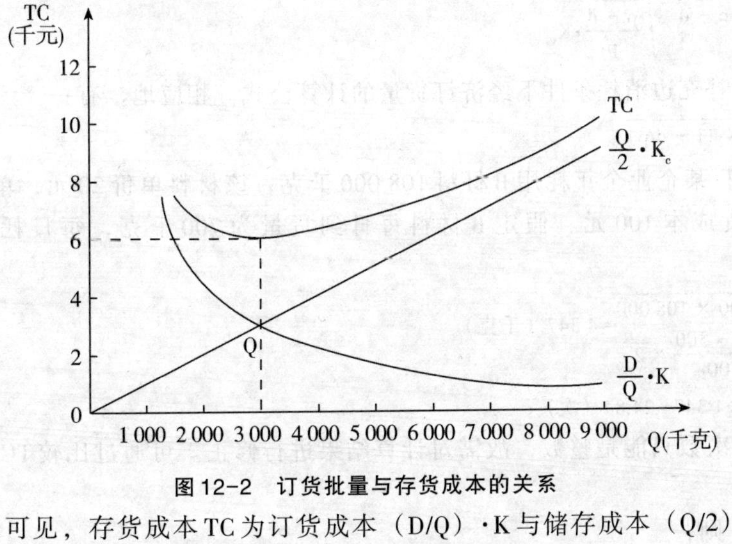

图12-2 订货批量与存货成本的关系

由图12-2可见，存货成本TC为订货成本（D/Q）·K与储存成本（Q/2）·K_c之和，而二者之和最小值即TC最低点所对应的Q，即所要求的经济订货量，本例为3 000千克，与上述公式法解出的结果相同。从图12-2还可看到，经济订货量也就是变动储存成本曲线与变动订货成本曲线的交点所对应的Q。

2）复杂情况下的经济订货量

上述经济订货量的基本模型是一种高度理想化的模型，在其假定中将除Q外的因素均视为已知的常数，故这种简化的模型在实际运用中往往存在局限性。

为了使经济订货量模型更接近于实际，有必要根据客观情况对其作出相应的调整或改进。

（1）存货边补充边消耗情况下的经济订货量

上述基本模型的假定条件之一是Q一次性到货，使存货达到最高库存水平。但在实际中，所购材料可能是陆续到达，企业也不是等全部材料到齐后才开始耗用，而是边补充边消耗。

此外，产品的投产和完工，产成品的入库和销售均属于这种情况。在这种情形下，需对上述基本模型进行修正。

设存货每天补充量为p，每天消耗量为d，其他符号与前文相同，则：

每批存货库存形成周期为Q/p，亦称送货期；

存货最高库存量为（Q/p）·（p–d）；

存货平均库存量为［（Q/p）·（p–d）］/2。

$\because TC=(D/Q)\cdot K+(Q/2)\cdot K_c$（此公式已将与Q无关的常数项舍去）

修订后的Q/2为［（Q/p）·（p–d）］/2，将其代入TC计算公式，则：

$\therefore TC=(D/Q)\cdot K+\{[(Q/p)\cdot(p-d)]/2\}\cdot K_c$

以Q为自变量，对TC求导，得：

$$\frac{dTC}{dQ}=-\frac{KD}{Q^2}+\frac{p-d}{2p}\cdot K_c$$

令其为零，解出：

$$Q^*=\sqrt{\frac{2KD}{K_c}\cdot\frac{p}{p-d}}=\sqrt{\frac{2KD}{\frac{p-d}{p}\cdot K_c}} \qquad (12.12)$$

这就是边补充边消耗条件下经济订货量的计算公式。相应地，有：

$$TC^*=\sqrt{2KDK_c(1-d/p)} \qquad (12.13)$$

【例12–3】某企业全年耗用B材料108 000千克，该材料单价20元，单位储存成本2元，每次订货成本100元。假定B材料每日到货量为700千克，每日耗用量为300千克，则：

$$Q^*=\sqrt{\frac{2\times100\times108\ 000}{\frac{700-300}{700}\times2}}\approx4\ 347\text{（千克）}$$

$N^*=108\ 000\div4\ 347\approx24.84$（次）

因为订货次数只能是整数，故需对计算结果进行修正。可通过比较TC来确定修正后的Q。

设N=24，则：

$Q=108\ 000\div24=4\ 500$（千克）

$$TC=24\times100+\frac{\frac{4\ 500}{700}\times(700-300)}{2}\times2\approx4\ 971.43\text{（元）}$$

设N=25，则：

$Q=108\ 000\div25=4\ 320$（千克）

$$TC=25\times100+\frac{\frac{4\,320}{700}\times(700-300)}{2}\times2\approx4\,968.57\text{（元）}$$

显然，应将经济订货量调整为4 320千克。

这种边补充边消耗的经济批量模型也适合于成批生产情况下产成品存货的规划，即用该模型确定最佳生产批量。

产成品存量最佳的标准是在保证销售需要的前提下使库存商品总成本最低。库存商品总成本（与生产批量有关的部分）由每批投产准备费用（相当于每次订货成本）和产成品储存费用组成。最佳生产批量就是使库存商品总成本最低的生产批量。

【例12-4】某公司生产C零件，全年需用量为144 000件，生产期间每天入库量为800件，单位零件储存成本为4元，每批投产准备费用为1 000元，每日需用量为400件。

$$Q^*=\sqrt{\frac{2\times1\,000\times144\,000}{\frac{800-400}{800}\times4}}=12\,000\text{（件）}$$

$$N^*=144\,000\div12\,000=12\text{（次）}$$

$$TC^*=\sqrt{2\times1\,000\times144\,000\times4\times(1-400\div800)}=24\,000\text{（元）}$$

这种模型还可用于自制或外购的决策。

【例12-5】承例12-4，C零件亦可外购。已知外购单价为25元，每批订货成本为100元，单位储存成本为5元，自制单位成本为23元。

$$\text{外购经济批量}=\sqrt{\frac{2\times100\times144\,000}{5}}=2\,400\text{（件）}$$

$$\text{外购总成本}=\sqrt{2\times100\times144\,000\times5}+25\times144\,000=3\,612\,000\text{（元）}$$

$$\text{自制总成本}=24\,000+23\times144\,000=3\,336\,000\text{（元）}$$

可见，C零件应自制。

（2）数量折扣条件下的经济订货量

在实际生活中，供应商为了扩大其销售，通常采用薄利多销的做法。

当订货数量达到某一水平时会给予适当的数量折扣优惠，存货的购置成本也会随着订货批量增减而发生相应的变化，故在确定经济订货量时，应将这一因素考虑在内。

【例12-6】某企业全年需用某材料288 000件，每次订货费用为200元，单位储存费用为单价的20%，其他有关数据见表12-2。

表12-2 **某材料订货量、单价及单位储存费用数据表**

每次订货量（件）	材料单价（元）	单位材料年储存费用（元）
0～3 999	20	4
4 000～5 999	18	3.6
6 000以上	16	3.2

①计算不同价格水平下的经济订货量。

根据$Q^*=\sqrt{\frac{2KD}{K_c}}$，计算结果见表12-3。

表 12-3 不同单价条件的经济订货量

单价（元）	经济订货量（件）
20	5 367
18	5 657
16	6 000

②确定可行的“价格-订购批量”组合。

由以上计算结果可知，当单价为20元时，经济订货量为5 367件，这显然不符合题意，应予以排除；当单价为18元时，经济订货量为5 657件，正好处于该价格的数量区间，故应予以保留；单价为16元的情况亦如此。也就是说在现有条件下，该企业有两种可行的“价格-订购批量”组合可供选择，即“18元-5 657件”组合与“16元-6 000件”组合。

③计算各可行方案的年存货总成本。

$TC=DU+(Q/2)K_c+(D/Q)K$

由于订货次数应为整数，故“18元-5 657件”组合应调整为“18元-5 647件”，即订货51次。

在“18元-5 647件”组合下：

TC=18×288 000+5 647÷2×3.6+288 000÷5 647×200=5 204 364.7（元）

在“16元-6 000件”组合下：

TC=16×288 000+6 000÷2×3.2+288 000÷6 000×200=4 627 200（元）

④确定经济订货量

在上述可行方案中选择TC最小的一组作为经济订货量。由以上计算结果可见，企业应采用“16元-6 000件”组合。

12.1.4 订货点

订货点，是指再次订货的时间，通常以提出订货时的库存量来表示。影响订货点的主要因素有正常消耗量、提前期和安全储备量。其中，正常消耗量是指产品生产过程中每一单位时间（日、周）的存货消耗量，一般按某项存货全年需用量除以全年天数或周数计算，用d表示；提前期是指从提出订货到所订货物运抵企业验收入库的间隔期，也称为交货时间，用L表示；安全储备量是指为了防止意外事件的发生而建立的保险性存货储备，用B表示。

1）确定情况下的订货点

在正常消耗量和提前期确定的情况下，订货点（R）按下列公式确定：

$R=d\cdot L$

【例 12-7】某企业全年需用材料43 200千克，每次订货成本300元，单位储存成本2元，每日正常消耗量为120千克，提前期为8天。则：

R=120×8=960（千克）

这表明，当该材料库存下降为960千克时，就应提出订货，材料库存情况如图12-3所示。

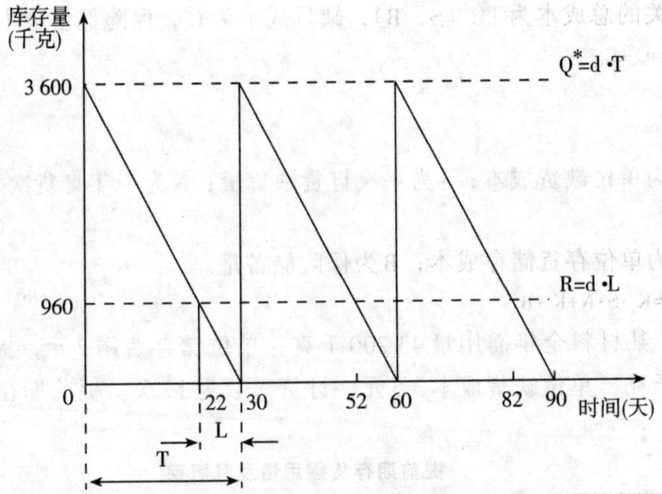

图 12-3 材料库存情况图示

图 12-3 中：

$Q^*=\sqrt{\dfrac{2\times300\times43\,200}{2}}$=3 600（千克）

N^*=43 200÷3 600=12（次）

T^*=360÷12=30（天）

显然，订货提前期对经济订货量没有影响，只是须在订货点发出订单罢了。

2）提前期不完全确定情况下的订货点

由于种种不确定因素的存在，有时订货提前期不能完全确定。此时须考虑安全储备量，即订货点由正常提前期的消耗量和超过正常提前期的安全储备量两部分构成。其中安全储备量（B）的计算公式如下：

B=正常消耗量×保险储备天数

则：

$$R=d\cdot L+B \tag{12.14}$$

承例 12-7，假设该材料保险储备天数为 3 天。则：

R=120×8+120×3=120×（8+3）=1 320（千克）

3）提前期和正常消耗量均不完全确定情况下的订货点

当提前期和正常消耗量均不完全确定的情况下，确定安全储备量时除了要考虑提前期延长而增加的消耗量之外，还要考虑由于平均消耗量不确定而增加的消耗量。安全储备量的计算公式为：

B=正常消耗量×保险储备天数+（预计最大消耗量－正常消耗量）×（提前期+保险储备天数） (12.15)

承例 12-7，假定由于意外因素的干扰，该材料平均每日消耗量可能达到 130 千克，则：

R=120×8+120×3+（130－120）×（8+3）=960+360+110=1 430（千克）

12.1.5 安全储备量

建立安全储备固然可以使企业避免由于供应中断而造成的缺货损失，但由此而引起的平均库存量的增高却会加大存货总成本。因此，有必要确定一个最佳安全储备量，使缺货成本和保险储备成本之和最低。

设与此有关的总成本为TC（S，B），缺货成本为C_s，保险储备成本为C_B，则：

$$TC（S，B）=C_s+C_B \tag{12.16}$$

其中：

$$C_s=K_u \cdot S \cdot N$$

式中：K_u为单位缺货成本；S为一次订货缺货量；N为一年订货次数。

$$C_B=K_c \cdot B$$

式中：K_c为单位存货储存成本；B为保险储备量。

$$TC（S，B）=K_u \cdot S \cdot N+K_c \cdot B$$

【例12-8】某材料全年需用量43 200千克，单位储存费用2元，提前期8天，每日正常需用量120千克，单位缺货成本3.5元，订货次数为12次。提前期存货需用量及其概率见表12-4。

表12-4 **提前期存货需用量及其概率**

需用量（d·L）	840千克	960千克	1 080千克	1 200千克	1 320千克
概率（p_i）	0.08	0.6	0.18	0.1	0.04

确定最佳安全储备量的步骤如下。

1）计算不同安全储备量的总成本

（1）不设安全储备量。

令B=0，则：

R=d·L=120×8=960（千克）

当R≤960千克时，不会发生缺货，其概率为0.68（0.08+0.6）；当需用量为1 080千克时，缺货120千克，概率为0.18；当需用量为1 200千克时，缺货240千克，概率为0.1；依此类推。故当B=0时，缺货期望值（S_0）可计算如下：

S_0=（1 080-960）×0.18+（1 200-960）×0.1+（1 320-960）×0.04=60（千克）

TC（S，B）=$K_u \cdot S \cdot N+K_c \cdot B$=3.5×60×12+2×0=2 520（元）

（2）安全储备量为120千克。

S_{120}=（1 200-1 080）×0.1+（1 320-1 080）×0.04=21.6（千克）

TC（S，B）=3.5×21.6×12+2×120=1 147.2（元）

（3）安全储备量为240千克。

S_{240}=（1 320-1 200）×0.04=4.8（千克）

TC（S，B）=3.5×4.8×12+2×240=681.6（元）

（4）安全储备量为360千克。

S_{360}=0

TC（S，B）=3.5×0×12+2×360=720（元）

2）确定最佳安全储备量

从上述各安全储备量的总成本中选出最低者，其所对应的B即为最佳安全储备量。由以上计算结果可知，最佳安全储备量为240千克，即订货点R为1 200千克（120×8+240）。

可见，安全储备量的决策实质上也是订货点的决策问题。

上述确定最佳安全储备量的方法，不仅适用于由于d超过正常需用量的情况，而且也适用于L超过正常天数的情况，因为二者都会使R上升从而引起B的决策问题。

即测即评 12.1

12.2 存货控制

12.2.1 库存控制系统

存货控制是指对存货的库存情况进行反映和监控。而要及时取得准确、适用的信息必须依赖于一个有效的库存控制系统。

库存控制系统主要有以下形式：

1）定量库存控制系统

定量库存控制系统亦称固定订货量控制系统，它是以经济订货量和订货点为基础的库存控制系统。

任何一种库存控制系统均包含两个主要变量，即订货数量和订货次数。其中一个变量既定时，另一变量则趋于变动。定量库存控制系统的特点是保持订货数量不变而使订货次数随需求量变动而相应变动。具体可分为以下两种形式：

（1）永续库存控制

永续库存控制亦称为连续库存控制，它要求对库存数量进行持续的记录和检查，以确定是否应提出新的订货。这一系统在正常情况下的库存动态如图12-4所示。

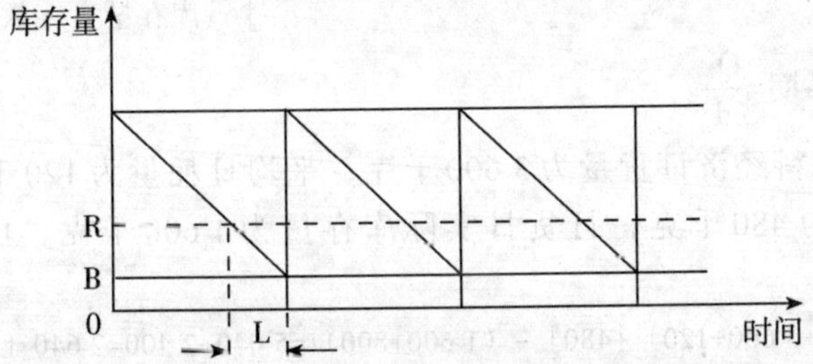

图12-4 正常情况下的库存动态

由图12-4可见，当库存量下降为R时提出订货，订货量为Q。在正常情况下，当提前期L结束时库存量下降至B，而新的订货同时入库，使库存量重新达到最高水平Q+B；若订货期间每日消耗量高于正常水平，则L结束时库存量低于B，补充后库存量低于Q+B；若订货期间每日消耗量低于正常水平，则会出现相反的情形。

永续库存控制系统要求随时记录、经常检查和分析库存水平，及时掌握库存的实际情况，否则，这种控制系统将不能有效发挥甚至完全丧失作用。在计算机技术进入管理领域之前，这种系统主要适用于单位价值高、领用次数少的存货。现在，电子计算机的广泛运用使永续库存控制变得十分简便。企业可用电脑盘点存货并将存货库存量存在电脑里；当存货被领用时，电脑立刻记录下出库量，并对库存量作相应调整；当库存下降到订货点时，电脑将自动印发订货单给供应商；最后，当货物运达企业验收入库后，电脑再将库存量调到相应水平。

（2）分存库存控制

这种控制方法由前者派生而来，实际上是永续控制系统的一种特殊形式。其特点在于无须对库存量作持续记录，而是将存货分成若干部分进行管理。其中最常见的有两种方法：

①双箱法

双箱法亦称双堆法，即在L确定的情况下，将某项存货的库存量分为两个部分，其中第一部分是超出R的部分，第二部分则是相当于R的部分。当第一部分用完时，意味着库存量下降至R，必须马上提出订货，同时用第二部分的存货满足生产经营需要。当新的订货到库时，先将第二部分补充到R，其余的优先使用，依此类推。

②三箱法

三箱法亦称三堆法，一般是在需要建立安全储备的情况下，将某项存货的库存量分成三部分，其中第一部分用以提示订货点；第二部分用以满足正常提前期的存货需要；第三部分是为防止意外情况出现而建立的保险储备。当新的订货到库时，首先要将第二、第三部分的最高库存量补足。

2）定期库存控制系统

定期库存控制系统亦称固定订货间隔期库存控制系统，其特点是保持订货次数，即订货间隔期不变，而使订货量随需求量变动而相应变动。

具体做法是：预先确定订货间隔期，如每月或每旬采购一次。每到订货日就进行订货，每次订货量根据当时的库存量而定，可按下列公式计算：

$$\text{订货量}=\left[\begin{matrix}\text{平均每日}\\ \text{需用量}\end{matrix}\times(\text{提前期}+\text{订货间隔期})+\text{保险储备量}\right]-\left(\begin{matrix}\text{实际}\\ \text{库存量}\end{matrix}+\begin{matrix}\text{已订未到}\\ \text{数量}\end{matrix}\right) \tag{12.17}$$

式中：订货间隔期$=\dfrac{Q^*}{d}$。

【例12-9】某材料经济订货量为3 600千克，平均日耗量为120千克，订货提前期为8天，保险储备量为480千克，订货日实际库存量为1 600千克，已订未到数量为800千克。

订货量=［120×（8+3 600÷120）+480］-（1 600+800）=5 040-2 400=2 640（千克）

当若干种材料物资的订货间隔期和订购日相同时，这种库存控制系统可降低订货成本，但要求的保险库存量大，故主要适用于货源集中于少数供应者以及使用集中仓库的情况。

相比之下，定量库存控制系统要求的保险库存量只要满足订货提前期的超量耗用即可。

3）计划需用量库存控制系统

计划需用量库存控制系统即按最终产品和生产计划安排进货时间和数量。这种系统运用的前提是企业具有完备的存货使用计划。

以工业企业为例，某产品零部件所需的原材料按既定的投产时间和消耗量运达企业，每种零部件在产品组装的时点完工，一旦产成品入库便无相关的存货。显然，这种库存控制系统能最大限度地压缩库存量和缩短储备期，做到“工完料尽”，有利于提高资金利用率，但一旦实际情况与计划不符，便会造成存货积压或短缺，故只适用于按合同组织生产和计划完善且精确的情况。

12.2.2 存货日常管理方法

在选择了适当的库存控制系统之后，还须在系统运行过程中努力降低存货总成本中各要素费用，才能实现存货管理的根本目标。主要方法如下：

（1）根据情况的变化及时修正经济订货量。

（2）缩短订货提前期。采取最简捷的订货方式，实行就近采购，从而降低平均库存量、订货点和运输成本。

（3）开辟多种供应渠道，以降低进货成本和缺货成本。

（4）选择经济的运输方式。

（5）改进产品生产工艺，缩短生产周期。

（6）加强库存监控，杜绝由于人为原因而造成的丢失、毁损及自然损耗。

（7）及时处理不适用的存货，包括过时、劣质、滞销、多余或变质的存货。

（8）实行ABC管理法。由于大多数企业的存货种类、品种繁多，且使用率经常变化，若对每一种存货进行"均等"管理，其结果必然是事倍功半，因此必须实行有区别的分类管理。ABC管理法亦称ABC制度，是将存货按其成本、使用率、缺货程度、订货提前期等标准划分为A、B、C三类。将那些成本高、经常使用且订货提前期较长的归为A类（其品种数量占5%～15%，存货价值占60%～80%），实行严格控制和规划，精确计算经济订货量和订货点，采用永续库存控制系统，并经常检查库存情况，修正其经济订货量；较不重要的归为B类（其品种数量占20%～30%，存货价值占15%～30%），对这类存货采取适当控制与规划，也应确定Q、R，但不必十分精确；最不重要的归为C类（此类存货品种数量占65%～70%，存货价值约占5%），故应简化管理工作，日常控制可采取"双箱法"。通过这样的分类管理，可以把精力集中在A类存货上，使管理效率大大提高。

即测即评12.2

专论

家乐福的存货管理

目前，在我国制造业的存货管理中，尚存在着许多有待解决的问题。但与此同时，大型流通零售企业在发展中却不乏成功的经验，特别是沃尔玛、家乐福等国际零售企业在发展中形成了高效的存货控制、仓储管理、信息管理系统。这些经验为我国制造业存货管理提供了良好的借鉴。

存货管理分为需求估算、购料订货、仓储作业以及账务管理四个阶段。

1）需求估算阶段

第一个环节是计划环节（Plan）。预先制订周全的计划，可以防止各种可能的缺失，可以使人力、设备、资金等各项资源得到有效、充分的运用，还可以规避各类可能的风险。制订一个良好的库存计划，既可以减少公司的不良库存，又能最大效率地保证生产的顺利进行。

在库存商品的管理模式上，家乐福实行品类管理（Category Management），优化商品结构。每当商品进入仓库时，就会有相应的电子设备实时收集库存、销售等数据并进行统一的汇总和分析，再根据汇总分析的结果对库存的商品进行分类。然后，根据不同的商品分类拟定相应的库存计划，对于不同类型的商品，根据具体分类制订不同的订货公式的参数。运用安全库存量的方法，当可得到的库存水平低于或等于确定的安全库存量的时候，该系统就会启动自动订货程序。

2）购料订货阶段

计划环节（Plan）的下一个环节即为实施环节（Do），也就是购料订货阶段。在选用合理的存货管理模式后，就要根据需求估算的结果来实施订货，以确保购入的货物能够按时、按量到达，保证以后生产或销售的顺利进行。

家乐福有一个特有的部门——订货部门（Order Pool，OP），它是整个家乐福物流系统的核心，控制了整个企业的物流运转。在家乐福，采购与订货是分开的。采购部门负责选择供应商，议定合约和订购价格；OP则负责对仓库库存量进行控制，生成正常订单与临时订单，确保将所有的订单发送给供应商，同时进行库存异动的分析。作为一个核心控制部门，订货部门的控制系统将它的资料分享给其他各部门。对于仓库而言，它控制实际的库存量和系统中所显示的库存量，并监控存货的异动情况；对于财务部门而言，它提供相关的入账资料和信息；对于营业部门而言，它提供存量信息，提醒各部门根据销售情况及时更改订货参数，或增加临时订货数量。

3）仓储作业阶段

家乐福的做法是将仓库、财务、订货、营业部门的功能和供应商的数据整合在一起，从统一的视角来考虑订货、收货、销售过程中的各种影响因素。因此，看家乐福仓储作业的管理，就必须将订货、财务、营业部门结合起来看，这是一个结构严密的有机体。仓库在每日的收货、发货之外会将每日存货异动情况、存量资料数据传输给订货部门，订货则根据累积的资料和新传输的资料生成各类分析报表。

与此同时，家乐福已逐步用周期盘点（Cycle Count）代替一年两次的"实地盘点"。在实行周期盘点后，家乐福发现，最大的功效是节省了一定的人力、物力、财力，没有必要在两次实地盘点的时候兴师动众，而且盘点的效率得到了提高。

4）账务管理阶段

账务管理是物料管理循环的最后一个环节，但同时也是下一个循环的开始。它包含两部分内容：一部分是仓储管理人员的收发料账；另一部分则是财务部门的材料账。这两类账的日常登记、定期的检查汇总，被称为物料的账务管理。账务管理最主要的目标是保证料、账准确，真实反映库存物料的情况。

家乐福账务管理的做法是从整体的角度出发，考虑仓库、财务、采购各个部门的职责和功能，减少不必要的流程，最大限度地提高效率和缩短工作周期。

在家乐福，账务管理的基本结构包括三个部分：一是库存管制，由仓管负责；二是异动管理，由订货部门负责入库、出库，物料增减情况的登录；三是库存资讯，包括库存量查询在内，由订货部门提供符合管理需求的相关报表，由财务部门提供符合财务需求的相关报表。

资料来源　赵琪，张卓，金晓锋，等.制造业的物料管理研究——家乐福存货管理的启示［J］.现代管理科学，2005（4）：81-82.

本章小结

•存货成本是指与购买和维持存货有关的成本。其内容包括取得成本、储存成本和缺货成本。

•经济订货量是指既能满足生产经营的正常需要，又使存货总成本最低的某项存货批量，确定经济订货量是存货资产规划的核心问题。

•经济订货量基本模型的若干假定决定了其在实际运用中的局限性，故当实际情况与其假定不符时，要对基本模型作相应的修订。

•订货点通常以提出订货时的库存量来表示。在确定的情况下，订货点由每日正常消耗量和提前期决定；在不确定的情况下，订货点的确定还要考虑安全储备量。

•确定安全储备量，要综合考虑缺货成本和保险储备成本，使二者之和最低。

•进行有效的存货控制须建立与本企业情况相适应的库存控制系统，并在系统运行过程中加强存货日常管理。

主要概念和主要观念

□ 主要概念

存货 经济订货量 订货点 提前期

□ 主要观念

1.存货成本是指与购买和维持存货有关的成本。

2.经济订货量是指既能满足生产经营的正常需要，又使存货总成本最低的某项存货批量。

3.安全储备量并非越多越好。

基本训练

□ 知识应用

12.1 选择题

1.经济订货批量是指（　　）最低的每次采购数量。

A.储存成本　　B.订货成本

C.缺货成本　　D.储存成本与订货成本之和

2.确定经济合理的采购批量，就是选择一个最佳采购批量使（　　）。

A.进货费用最低　　B.采购费用最低

C.存货费用最低　　D.储存费用最低

3.某企业全年需用甲材料5 200吨，每次的订货成本为338元，每吨材料年储存成本为52元，则甲材料每年最佳订货次数为（　　）次。

A.28　　B.20

C.130　　D.260

4.利用ABC法进行存货管理，重点管理的是（　　）的存货。

A.数量和金额居中　　B.数量和金额均最少

C.数量最多　　D.金额最多

12.2　判断题

1.存货的储存成本与采购批量成正比。（　　）

2.再订货点是在提前订货的情况下企业再次发出订单时尚有存货的库存量。（　　）

3.研究保险储备量的目的是寻求缺货成本的最小化。（　　）

4.订货的经济批量大小与订货提前期的长短无关。（　　）

12.3　思考题

1.企业持有存货的主要原因有哪些？

2.存货成本的内容是什么？

3.为什么说经济订货量的基本模型在实际运用中存在局限性？

4.安全储备量是否越高越好？为什么？

5.简述库存控制系统的主要形式及其特点。

6.简述存货日常管理的主要方法。

□　能力训练

12.1　计算题

1.某存货年需要量100万件，进货单价4元，单位储存成本率25%，每次订货成本为50元，安全储备量1 000件（期初就有这一存量），交货需2天。计算经济订货批量、订货间隔期、订货点和存货总成本。

2.某种零件年需要量为14 400件，自制此零件每天最大生产量为80件，每次生产准备成本200元，单位零件储存成本为0.5元，计算最佳生产批量。

3.某项存货的经济批量订货次数为每年10次，每天平均耗用量4件，平均交货时间25天，每件年储备成本25元，每件缺货一次的成本20元。交货期内不同耗用量的概率见表12-5。

表12-5　**交货期存货需用量及其概率**

耗用量（件）	50	75	100	125	150	175
概率	0.12	0.18	0.25	0.2	0.15	0.1

若建立保险储备，可选择保险储备量为0、25件、50件、75件四种方案。试确定该项存货的最佳再订货点。

3.某企业生产中使用的A标准件可自制也可外购。若自制，单位成本为6元，每次生产准备成本500元，日产量40件；若外购，购入价格是单位成本的1.5倍，每次订货成本20元。A标准件全年耗用量为7 200件，储存成本为标准件价值的10%。问企业应自制还是外购该标准件？

4.某公司全年需外购某零件3 600个，该零件单位储存变动成本20元，一次订货成本25元，单位缺货成本100元。交货期的需用量及其概率见表12-6。

表12-6 交货期存货需用量及其概率

需用量（件）	50	60	70	80	90
概率	0.1	0.2	0.4	0.2	0.1

要求：计算含有保险储备量的再订货点。

12.2 案例分析

85%产品不入库——海尔库存战略

传统制造业曾有“库存是万恶之源”之说。许多精益管理的企业都在追求加快周转、降低库存。早在2008年，海尔集团就提出“零库存”的目标。经过多年努力，2022年海尔家电全品类不入库率已达85%。迎着数字化的浪潮，海尔集团实现了从传统家电行业向物联网生态企业的转型。2022年底，工业和信息化部公示全国首批国家“数字领航”企业，海尔集团旗下海尔智家位列30家企业榜首；海尔旗下工业互联网品牌卡奥斯持续稳居全国跨行业跨领域工业互联网平台榜首。

2022年，海尔集团全球营收3 506亿元，利润总额252亿元，同比逆势增长5.4%和3.7%。目前，海尔旗下拥有4家上市公司、多家拟上市公司，其中海尔智家去年海外收入逆势增长10.3%至1 254.24亿元，首次超过其国内收入。知名调研机构欧睿国际数据显示，海尔连续14年位居全球大型家电第一品牌。如此巨大的产销量，如何做到85%产品不入库？秘诀在于，海尔这几年实现了“大规模制造”向“大规模定制”的转变。为减少产品库存、降低企业运营成本，海尔自2012年开始从大规模制造向大规模定制转型，提出了“互联工厂”的概念，此后经过10余年探索，逐渐形成了相对成熟的运营经验。“互联工厂”形成了以订单为导向的生产体系，使生产线上的每一台产品都有对应的订单。这种以用户为中心的大规模个性化定制模式，从根本上保证了低库存。

新的订单模式对整个生产流程也提出了更高的要求。海尔青岛洗衣机互联工厂积极推进转型升级，打造了全新的制造体系，连通订单流、生产流、工艺流，不断提升数字化、智能化水平。“从冲压钣金到完成检测封箱下线，生产一台洗衣机只要38分钟，其中内筒只要3分钟。”工厂前工序生产总监刘泰宏说，箱体、内筒的生产全都搭着缆车般的空中积放链或者电梯前往下一个步骤，大量工作都由自动化、智能化设备完成。

不同于其他长流程制造工厂，这座工厂产线很短，也看不到物料存储、运输、调配的杂乱场面，地面、空中积放链、地下3层组成的立体智能物流配送体系构建起这座立体工厂的框架，多道工序高效协同。整个内筒生产车间，只见机械快速而有条不紊地运行，罕见工人身影。

以一体冲压线为例，传统工厂内人工转运高达5次，单工序作业、换模时间长，产品也易损伤、不良率高。通过数字化改造建设互联工厂后，智能冲压精度提升了10倍，快速换型效率提升了100%，AI视觉检测质量提升了30%，噪声下降了50%，这个环节的用人数量从16人下降到2人。

高效率意味着大产能。大产能没有高库存，更是海尔制造的新变化。互联工厂生产的洗衣机大多无须进入仓库，因为开产之前就已“名花有主”，一下线就包装，再通过物流直达用户或者客户。即使在每天满负荷生产的情况下，海尔青岛洗衣机互联工厂的成品暂存区也没有库存。在互联工厂内，洗衣机从下单、备料、生产到检测的全部环节都被订单系统即时记录在云端。海尔青岛中德滚筒洗衣机互联工厂年产洗衣机近300万台，每个工作日有超过1万台洗衣机流向世界各地，但厂区仓库很小，只有小面积物流中转站。互联工厂的订单负责人刘彦龙介绍到，“我们工厂的排单情况，从接单到交货，只需7天到10天”，“这些信息不仅生产线的班组可以实时掌握，供应商也能实时看到”。眼前跳动的数据，支撑起一条条领先于行业水平的智能生产线。

“85%产品不入库”是海尔与用户之间实现“零距离”的生动案例。海尔智家董事长兼总裁李华刚用“瞬间”来形容。他说，全面数字化重构提高了企业效率，提升了用户体验，海尔智家如今能“瞬间”感知和响应用户需求、了解用户口碑。围绕用户全流程的变革涵盖了数字研发平台、数字制造平台、数字业务平台、用户体验平台。

资料来源　上海证券报.85%产品不入库背后——走进海尔看制造业数字化转型[N/OL].[2023-06-30]. https://paper.cnstock.com/html/2023-06/30/content_1788455.htm.

讨论：

（1）“零库存”是否真的没有库存？作为推动和实践“零库存”管理理念的典型，海尔公司库存战略运行的精髓是什么？

（2）在企业推行“零库存”运行模式，需要具备哪些条件？这种管理模式是否适用于所有企业？

12.3　调研实践

1.通过互联网收集我国上市公司存货占资产的比例、存货周转率等数据，了解我国企业存货管理的概况。

2.根据网上调研收集的数据，分析我国企业存货管理中存在的主要问题，并联系所学理论知识提出相应的对策。

□　政策思考

2015年12月中央经济工作会议以来，以习近平同志为核心的党中央高瞻远瞩，统揽全局，针对当前经济新常态提出供给侧结构性改革的新战略，并从我国经济发展的阶段性特征出发，形成了“三去一降一补”这一具有重大指导性、前瞻性、针对性的经济工作部署。其中“去产能、去库存”是供给侧结构性改革的重要组成部分。2017年，习近平总书记指出，深入推进去产能，要抓住处置“僵尸企业”这个“牛鼻子”。

请阅读相关材料并思考：为何要“去产能、去库存”？这会对企业的存货管理产生何种影响？

主要参考文献

[1] BRIGHAM E F, GAPENSKI L C.Financial management: Theory and practice [M]. 5th ed.Chicago: The Dryden Press, 1989.

[2] 布雷利，迈尔斯艾伦. 公司理财原理 [M]. 罗菲，译. 大连：东北财经大学出版社，2010.

[3] 陈共，周升业，吴晓求. 证券投资分析：基本分析·技术分析·风险管理 [M]. 2版. 北京：中国人民大学出版社，1996.

[4] 陈共，周升业，吴晓求. 证券发行与承销 [M]. 3版. 北京：中国财政经济出版社，2000.

[5] 爱默瑞. 公司财务管理 [M]. 荆新，王化成，李焰，等译. 北京：中国人民大学出版社，1999.

[6] 法雷尔，雷哈特. 投资组合管理：理论及应用 [M]. 齐寅峰，等译. 2版. 北京：机械工业出版社，2002.

[7] 方晓霞. 中国企业融资：制度变迁与行为分析 [M]. 北京：北京大学出版社，1999.

[8] 甘华鸣. 理财：资金筹措与使用 [M]. 北京：中国国际广播出版社，2002.

[9] 干胜道. 企业融资财务 [M]. 北京：高等教育出版社，上海社会科学出版社，2000.

[10] 韩东平，夏一鸣. 高级财务管理 [M]. 哈尔滨：黑龙江科学技术出版社，1995.

[11] 何志勇，郑长德，张绍学. 公司理财 [M]. 成都，西南财经大学出版社，1998.

[12] 凯斯特，弗鲁汉，派波，等. 财务案例 [M]. 冯梅，等译. 11版. 北京：北京大学出版社，2002.

[13] 刘娥平. 现代企业财务管理 [M]. 3版. 广州：中山大学出版社，2004.

[14] 卢家仪，蒋冀. 财务管理 [M]. 3版. 北京：清华大学出版社，2006.

[15] 罗斯，威斯特菲尔德，杰富. 公司理财 [M]. 吴世农，沈艺峰，王志强，等译. 9版. 北京：机械工业出版社，2012.

[16] 麦圭根，克雷洛，莫耶. 现代财务管理 [M]. 王满，译. 11版. 北京：机械工业出版社，2010.

[17] 欧阳光中，陈颖杰. 公司财务 [M]. 2版. 上海：复旦大学出版社，2006.

［18］沈艺峰．资本结构理论史［M］．北京：经济科学出版社，1999.

［19］宋献中，吴思明．企业财务管理学［M］．2版．广州：暨南大学出版社，2005.

［20］宋献中，熊楚熊．公司理财学［M］．杭州：浙江人民出版社，2000.

［21］王超．融资与投资管理［M］．北京：中国对外经济贸易出版社，1999.

［22］王永海．公司理财通论［M］．武汉：武汉大学出版社，1996.

［23］余绪缨，林涛，郭晓梅．企业理财学［M］．3版．沈阳：辽宁人民出版社，2010.

［24］郑裕权．企业管理学［M］．广州：中山大学出版社，2000.

［25］中国证券业协会．证券发行与承销［M］．北京：中国金融出版社，2012.

［26］中国证券业协会．证券投资分析［M］．北京：中国金融出版社，2012.

［27］中国注册会计师协会．财务成本管理［M］．北京：中国财政经济出版社，2024.

［28］周首华，杨济华．当代西方财务管理［M］．大连：东北财经大学出版社，1997.

附　　录

附表 1

复利终值系数表

期数	1%	2%	3%	4%	5%	6%	7%	8%	9%	10%
1	1.0100	1.0200	1.0300	1.0400	1.0500	1.0600	1.0700	1.0800	1.0900	1.1000
2	1.0201	1.0404	1.0609	1.0816	1.1025	1.1236	1.1449	1.1664	1.1881	1.2100
3	1.0303	1.0612	1.0927	1.1249	1.1576	1.1910	1.2250	1.2597	1.2950	1.3310
4	1.0406	1.0824	1.1255	1.1699	1.2155	1.2625	1.3108	1.3605	1.4116	1.4641
5	1.0510	1.1041	1.1593	1.2167	1.2763	1.3382	1.4026	1.4693	1.5386	1.6105
6	1.0615	1.1262	1.1941	1.2653	1.3401	1.4185	1.5007	1.5809	1.6771	1.7716
7	1.0721	1.1487	1.2299	1.3159	1.4071	1.5036	1.6058	1.7138	1.8280	1.9487
8	1.0829	1.1717	1.2668	1.3686	1.4775	1.5938	1.7182	1.8509	1.9926	2.1436
9	1.0937	1.1951	1.3048	1.4233	1.5513	1.6895	1.8385	1.9990	2.1719	2.3579
10	1.1046	1.2190	1.3439	1.4802	1.6289	1.7908	1.9672	2.1589	2.3674	2.5937
11	1.1157	1.2434	1.3842	1.5395	1.7103	1.8983	2.1049	2.3316	2.5804	2.8531
12	1.1268	1.2682	1.4258	1.6010	1.7959	2.0122	2.2522	2.5182	2.8127	3.1384
13	1.1381	1.2936	1.4685	1.6651	1.8856	2.1329	2.4098	2.7196	3.0658	3.4523
14	1.1495	1.3195	1.5126	1.7317	1.9799	2.2609	2.5785	2.9372	3.3417	3.7975
15	1.1610	1.3459	1.5580	1.8009	2.0789	2.3966	2.7590	3.1722	3.6425	4.1772
16	1.1726	1.3728	1.6047	1.8730	2.1829	2.5404	2.9522	3.4259	3.9703	4.5950
17	1.1843	1.4002	1.6528	1.9479	2.2920	2.6928	3.1588	3.7000	4.3276	5.0545
18	1.1961	1.4282	1.7024	2.0258	2.4066	2.8543	3.3799	3.9960	4.7171	5.5599
19	1.2081	1.4568	1.7535	2.1068	2.5270	3.0256	3.6165	4.3157	5.1417	6.1159
20	1.2202	1.4859	1.8061	2.1911	2.6533	3.2071	3.8697	4.6610	5.6044	6.7275
21	1.2324	1.5157	1.8603	2.2788	2.7860	3.3996	4.1406	5.0338	6.1088	7.4002
22	1.2447	1.5460	1.9161	2.3699	2.9253	3.6035	4.4304	5.4365	6.6586	8.1403
23	1.2572	1.5769	1.9736	2.4647	3.0715	3.8197	4.7405	5.8715	7.2579	8.2543
24	1.2697	1.6084	2.0328	2.5633	3.2251	4.0489	5.0724	6.3412	7.9111	9.8497
25	1.2824	1.6406	2.0938	2.6658	3.3864	4.2919	5.4274	6.8485	8.6231	10.835
26	1.2953	1.6734	2.1566	2.7725	3.5557	4.5494	5.8074	7.3964	9.3992	11.918
27	1.3082	1.7069	2.2213	2.8834	3.7335	4.8823	6.2139	7.9881	10.245	13.110
28	1.3213	1.7410	2.2879	2.9987	3.9201	5.1117	6.6488	8.6271	11.167	14.421
29	1.3345	1.7758	2.3566	3.1187	4.1161	5.4184	7.1143	9.3173	12.172	15.863
30	1.3478	1.8114	2.4273	3.2434	4.3219	5.7435	7.6123	10.063	13.268	17.449
40	1.4889	2.2080	3.2620	4.8010	7.0400	10.286	14.794	21.725	31.408	45.259
50	1.6446	2.6916	4.3839	7.1067	11.467	18.420	29.457	46.902	74.358	117.39
60	1.8167	3.2810	5.8916	10.520	18.679	32.988	57.946	101.26	176.03	304.48

续表

期数	12%	14%	15%	16%	18%	20%	24%	28%	32%	36%
1	1.1200	1.1400	1.1500	1.1600	1.1800	1.2000	1.2400	1.2800	1.3200	1.3600
2	1.2544	1.2996	1.3225	1.3456	1.3924	1.4400	1.5376	1.6384	1.7424	1.8496
3	1.4049	1.4815	1.5209	1.5609	1.6430	1.7280	1.9066	2.0872	2.3000	2.5155
4	1.5735	1.6890	1.7490	1.8106	1.9388	2.0736	2.3642	2.6844	3.0360	3.4210
5	1.7623	1.9254	2.0114	2.1003	2.2878	2.4883	2.9316	3.4360	4.0075	4.6526
6	1.9738	2.1950	2.3131	2.4364	2.6996	2.9860	3.6352	4.3980	5.2899	6.3275
7	2.2107	2.5023	2.6600	2.8262	3.1855	3.5832	4.5077	5.6295	6.9826	8.6054
8	2.4760	2.8526	3.0590	3.2784	3.7589	4.2998	5.5895	7.2058	9.2170	11.703
9	2.7731	3.2519	3.5179	3.8030	4.4355	5.1598	6.9310	9.2234	12.166	15.917
10	3.1058	3.7072	4.0456	4.4114	5.2338	6.1917	8.5944	11.806	16.060	21.647
11	3.4785	4.2262	4.6524	5.1173	6.1759	7.4301	10.657	15.112	21.199	29.439
12	3.8960	4.8179	5.3503	5.9360	7.2876	8.9161	13.215	19.343	27.983	40.037
13	4.3635	5.4924	6.1528	6.8858	8.5994	10.699	16.386	24.759	36.937	54.451
14	4.8871	6.2613	7.0757	7.9875	10.147	12.839	20.316	31.691	48.757	74.053
15	5.4736	7.1379	8.1371	9.2655	11.974	15.407	25.196	40.565	64.359	100.71
16	6.1304	8.1372	9.3576	10.748	14.129	18.488	31.243	51.923	84.954	136.97
17	6.8660	9.2765	10.761	12.468	16.672	22.186	38.741	66.461	112.14	186.28
18	7.6900	10.575	12.375	14.463	19.673	26.623	48.039	86.071	148.02	253.34
19	8.6128	12.056	14.232	16.777	23.214	31.948	59.568	108.89	195.39	344.54
20	9.6463	13.743	16.367	19.461	27.393	38.338	73.864	139.38	257.92	468.57
21	10.804	15.668	18.822	22.574	32.324	46.005	91.592	178.41	340.45	637.26
22	12.100	17.861	21.645	26.186	38.142	55.206	113.57	228.36	449.39	866.67
23	13.552	20.362	24.891	30.376	45.008	66.247	140.83	292.30	593.20	1 178.7
24	15.179	23.212	28.625	38.236	53.109	79.497	174.63	374.14	783.02	1 603.0
25	17.000	26.462	32.919	40.874	62.669	95.396	216.54	478.90	1 033.6	2 180.1
26	19.040	30.167	37.857	47.414	73.949	114.48	268.51	613.00	1 364.3	2 964.9
27	21.325	34.390	43.535	55.000	87.260	137.37	332.95	784.64	1 800.9	4 032.3
28	23.884	39.204	50.066	63.800	102.97	164.84	412.86	1 004.3	2 377.2	5 483.9
29	26.750	44.693	57.575	74.009	121.50	197.81	511.95	1 285.6	3 137.9	7 458.1
30	29.960	50.950	66.212	85.850	143.37	237.38	634.82	1 645.5	4 142.1	10 143
40	93.051	188.83	267.86	378.72	750.38	1 469.8	5 455.9	19 427	66 521	*
50	289.00	700.23	1 083.7	1 670.7	3 927.4	9 100.4	46 890	*	*	*
60	897.60	2 595.9	4 384.0	7 370.2	20 555	56 348	*	*	*	*

注：*>99 999。

附表2

复利现值系数表

期数	1%	2%	3%	4%	5%	6%	7%	8%	9%	10%
1	0.9901	0.9804	0.9709	0.9615	0.9524	0.9434	0.9346	0.9259	0.9174	0.9091
2	0.9803	0.9712	0.9426	0.9246	0.9070	0.8900	0.8734	0.8573	0.8417	0.8264
3	0.9706	0.9423	0.9151	0.8890	0.8638	0.8396	0.8163	0.7938	0.7722	0.7513
4	0.9310	0.9238	0.8885	0.8548	0.8227	0.7921	0.7629	0.7350	0.7084	0.6830
5	0.9515	0.9057	0.8626	0.8219	0.7835	0.7473	0.7130	0.6806	0.6499	0.6209
6	0.9420	0.8880	0.8375	0.7903	0.7462	0.7050	0.6663	0.6302	0.5963	0.5645
7	0.9327	0.8606	0.8131	0.7599	0.7107	0.6651	0.6227	0.5835	0.5470	0.5132
8	0.9235	0.8535	0.7874	0.7307	0.6768	0.6274	0.5820	0.5403	0.5019	0.4665
9	0.9143	0.8368	0.7664	0.7026	0.6446	0.5919	0.5439	0.5002	0.4604	0.4241
10	0.9053	0.8203	0.7441	0.6756	0.6139	0.5584	0.5083	0.4632	0.4224	0.3855
11	0.8963	0.8043	0.7224	0.6496	0.5847	0.5268	0.4751	0.4289	0.3875	0.3505
12	0.8874	0.7885	0.7014	0.6246	0.5568	0.4970	0.4440	0.3971	0.3555	0.3186
13	0.8787	0.7730	0.6810	0.6006	0.5303	0.4688	0.4150	0.3677	0.3262	0.2897
14	0.8700	0.7579	0.6611	0.5775	0.5051	0.4423	0.3878	0.3405	0.2992	0.2633
15	0.8613	0.7430	0.6419	0.5553	0.4810	0.4173	0.3624	0.3152	0.2745	0.2394
16	0.8528	0.7284	0.6232	0.5339	0.4581	0.3936	0.3387	0.2919	0.2519	0.2176
17	0.8444	0.7142	0.6050	0.5134	0.4363	0.3714	0.3166	0.2703	0.2311	0.1978
18	0.8360	0.7002	0.5874	0.4936	0.4155	0.3503	0.2959	0.2502	0.2120	0.1799
19	0.8277	0.6864	0.5703	0.4746	0.3957	0.3305	0.2765	0.2317	0.1945	0.1635
20	0.8195	0.6730	0.5537	0.4564	0.3769	0.3118	0.2584	0.2145	0.1784	0.1486
21	0.8114	0.6598	0.5375	0.4388	0.3589	0.2942	0.2415	0.1987	0.1637	0.1351
22	0.8034	0.6468	0.5219	0.4220	0.3418	0.2775	0.2257	0.1839	0.1502	0.1228
23	0.7954	0.6342	0.5067	0.4057	0.3256	0.2618	0.2109	0.1703	0.1378	0.1117
24	0.7876	0.6217	0.4919	0.3901	0.3101	0.2470	0.1971	0.1577	0.1264	0.1015
25	0.7798	0.6095	0.4776	0.3751	0.2953	0.2330	0.1842	0.1460	0.1160	0.0923
26	0.7720	0.5976	0.4637	0.3604	0.2812	0.2198	0.1722	0.1352	0.1064	0.0839
27	0.7644	0.5859	0.4502	0.3468	0.2678	0.2074	0.1609	0.1252	0.0976	0.0763
28	0.7568	0.5744	0.4371	0.3335	0.2551	0.1956	0.1504	0.1159	0.0895	0.0693
29	0.7493	0.5631	0.4243	0.3207	0.2429	0.1846	0.1406	0.1073	0.0822	0.0630
30	0.7419	0.5521	0.4120	0.3083	0.2314	0.1741	0.1314	0.0994	0.0754	0.0573
35	0.7059	0.5000	0.3554	0.2534	0.1813	0.1301	0.0937	0.0676	0.0490	0.0356
40	0.6717	0.4529	0.3066	0.2083	0.1420	0.0972	0.0668	0.0460	0.0318	0.0221
45	0.6391	0.4102	0.2644	0.1712	0.1113	0.0727	0.0476	0.0313	0.0207	0.0137
50	0.6080	0.3715	0.2281	0.1407	0.0872	0.0543	0.0339	0.0213	0.0134	0.0085
55	0.5785	0.3365	0.1968	0.1157	0.0683	0.0406	0.0242	0.0145	0.0087	0.0053

续表

期数	12%	14%	15%	16%	18%	20%	24%	28%	32%	36%
1	0.8929	0.8772	0.8696	0.8621	0.8475	0.8333	0.8065	0.7813	0.7576	0.7353
2	0.7972	0.7695	0.7561	0.7432	0.7182	0.6944	0.6504	0.6104	0.5739	0.5407
3	0.7118	0.6750	0.6575	0.6407	0.6086	0.5787	0.5245	0.4768	0.4348	0.3975
4	0.6355	0.5921	0.5718	0.5523	0.5158	0.4823	0.4230	0.3725	0.3294	0.2923
5	0.5674	0.5194	0.4972	0.4762	0.4371	0.4019	0.3411	0.2910	0.2495	0.2149
6	0.5066	0.4556	0.4323	0.4104	0.3704	0.3349	0.2751	0.2274	0.1890	0.1580
7	0.4523	0.3996	0.3759	0.3538	0.3139	0.2791	0.2218	0.1776	0.1432	0.1162
8	0.4039	0.3506	0.3269	0.3050	0.2660	0.2326	0.1789	0.1388	0.1085	0.0854
9	0.3606	0.3075	0.2843	0.2630	0.2255	0.1938	0.1443	0.1084	0.0822	0.0628
10	0.3220	0.2697	0.2472	0.2267	0.1911	0.1615	0.1164	0.0847	0.0623	0.0462
11	0.2875	0.2366	0.2149	0.1954	0.1619	0.1346	0.0938	0.0662	0.0472	0.0340
12	0.2567	0.2076	0.1869	0.1685	0.1373	0.1122	0.0757	0.0517	0.0357	0.0250
13	0.2292	0.1821	0.1625	0.1452	0.1163	0.0935	0.0610	0.0404	0.0271	0.0184
14	0.2046	0.1597	0.1413	0.1252	0.0985	0.0779	0.0492	0.0316	0.0205	0.0135
15	0.1827	0.1401	0.1229	0.1079	0.0835	0.0649	0.0397	0.0247	0.0155	0.0099
16	0.1631	0.1229	0.1069	0.0980	0.0709	0.0541	0.0320	0.0193	0.0118	0.0073
17	0.1456	0.1078	0.0929	0.0802	0.0600	0.0451	0.0259	0.0150	0.0089	0.0054
18	0.1300	0.0946	0.0808	0.0691	0.0508	0.0376	0.0208	0.0118	0.0068	0.0039
19	0.1161	0.0829	0.0703	0.0596	0.0431	0.0313	0.0168	0.0092	0.0051	0.0029
20	0.1037	0.0728	0.0611	0.0514	0.0365	0.0261	0.0135	0.0072	0.0039	0.0021
21	0.0926	0.0638	0.0531	0.0443	0.0309	0.0217	0.0109	0.0056	0.0029	0.0016
22	0.0826	0.0560	0.0462	0.0382	0.0262	0.0181	0.0088	0.0044	0.0022	0.0012
23	0.0738	0.0491	0.0402	0.0329	0.0222	0.0151	0.0071	0.0034	0.0017	0.0008
24	0.0659	0.0431	0.0349	0.0284	0.0188	0.0126	0.0057	0.0027	0.0013	0.0006
25	0.0588	0.0378	0.0304	0.0245	0.0160	0.0105	0.0046	0.0021	0.0010	0.0005
26	0.0525	0.0331	0.0264	0.0211	0.0135	0.0087	0.0037	0.0016	0.0007	0.0003
27	0.0469	0.0291	0.0230	0.0182	0.0115	0.0073	0.0030	0.0013	0.0006	0.0002
28	0.0419	0.0255	0.0200	0.0157	0.0097	0.0061	0.0024	0.0010	0.0004	0.0002
29	0.0374	0.0224	0.0174	0.0135	0.0082	0.0051	0.0020	0.0008	0.0003	0.0001
30	0.0334	0.0196	0.0151	0.0116	0.0070	0.0042	0.0016	0.0006	0.0002	0.0001
35	0.0189	0.0102	0.0075	0.0055	0.0030	0.0017	0.0005	0.0002	0.0001	*
40	0.0107	0.0053	0.0037	0.0026	0.0013	0.0007	0.0002	0.0001	*	*
45	0.0061	0.0027	0.0019	0.0013	0.0006	0.0003	0.0001	*	*	*
50	0.0035	0.0014	0.0009	0.0006	0.0003	0.0001	*	*	*	*
55	0.0020	0.0007	0.0005	0.0003	0.0001	*	*	*	*	*

注：*<0.0001。

附表3 年金终值系数表

期数	1%	2%	3%	4%	5%	6%	7%	8%	9%	10%
1	1.0000	1.0000	1.0000	1.0000	1.0000	1.0000	1.0000	1.0000	1.0000	1.0000
2	2.0100	2.0200	2.0300	2.0400	2.0500	2.0600	2.0700	2.0800	2.0900	2.1000
3	3.0301	3.0604	3.0909	3.1216	3.1525	3.1836	2.2149	3.2464	3.2781	3.3100
4	4.0604	4.1216	4.1836	4.2465	4.3101	4.3746	4.4399	4.5061	4.5731	4.6410
5	5.1010	5.2040	5.3091	5.4163	5.5256	5.6371	5.7507	5.8666	5.9847	6.1051
6	6.1520	6.3081	6.4684	6.6330	6.8019	6.9753	7.1533	7.3359	7.5233	7.7156
7	7.2135	7.4343	7.6625	7.8983	8.1420	8.3938	8.6540	8.9228	9.2004	9.4872
8	8.2857	8.5830	8.8923	9.2142	9.5491	9.8975	10.260	10.637	11.028	11.436
9	9.3685	9.7546	10.159	10.583	11.027	11.491	11.978	12.488	13.021	13.579
10	10.462	10.950	11.464	12.006	12.578	13.181	13.816	14.487	15.193	15.937
11	11.567	12.169	12.808	13.486	14.207	14.972	15.784	16.645	17.560	18.531
12	12.683	13.412	14.192	15.026	15.917	16.870	17.888	18.977	20.141	21.384
13	13.809	14.680	15.618	16.627	17.713	18.882	20.141	21.495	22.953	24.523
14	14.947	15.974	17.086	18.292	19.599	21.015	22.550	24.214	26.019	27.975
15	16.097	17.293	18.599	20.024	21.579	23.276	25.129	27.152	29.361	31.772
16	17.258	18.639	20.157	21.825	23.657	25.673	27.888	30.324	33.003	35.950
17	18.430	20.012	21.762	23.698	25.840	28.213	30.840	33.750	36.974	40.545
18	19.615	21.412	23.414	25.645	28.132	30.906	33.999	37.450	41.301	45.599
19	20.811	88.841	25.117	27.671	30.539	33.760	37.379	41.446	46.018	51.159
20	22.019	24.297	26.870	29.778	33.066	36.786	40.995	45.752	51.160	57.275
21	23.239	25.783	28.676	31.969	35.719	39.993	44.865	50.423	56.765	64.002
22	24.472	27.299	30.537	34.248	38.505	43.392	49.006	55.457	62.873	71.403
23	25.716	28.845	32.453	36.618	41.430	46.996	53.436	60.883	69.532	79.543
24	26.973	30.422	34.426	39.083	44.502	50.816	58.177	66.765	76.790	88.497
25	28.243	32.030	36.459	41.646	47.727	54.863	63.249	73.106	84.701	98.347
26	29.526	33.671	38.553	44.312	51.113	59.156	68.676	79.954	93.324	109.18
27	30.821	35.344	40.710	47.084	54.669	63.706	74.484	87.351	102.72	121.10
28	32.129	37.051	42.931	49.968	58.403	68.528	80.698	95.339	112.97	134.21
29	33.450	38.792	45.219	52.966	62.323	73.640	87.347	103.97	124.14	148.63
30	34.785	40.568	47.575	56.085	66.439	79.058	94.461	113.28	136.31	164.49
40	48.886	60.402	75.401	95.026	120.80	154.76	199.64	259.06	337.88	442.59
50	64.463	84.579	112.80	152.67	209.35	290.34	406.53	573.77	815.08	1 163.9
60	81.670	114.05	163.05	237.99	353.58	533.13	813.52	1 253.2	1 944.8	3 034.8

续表

期数	12%	14%	15%	16%	18%	20%	24%	28%	32%	36%
1	1.0000	1.0000	1.0000	1.0000	1.0000	1.0000	1.0000	1.0000	1.0000	1.0000
2	2.1200	2.1400	2.1500	2.1600	2.1800	2.2000	2.2400	2.2800	2.3200	2.3600
3	3.3744	3.4396	3.4725	3.5056	3.5724	3.6400	3.7776	3.9184	3.0624	3.2096
4	4.7793	4.9211	4.9934	5.0665	5.2154	5.3680	5.6842	6.0156	6.3624	6.7251
5	6.3528	6.6101	6.7424	6.8771	7.1542	7.4416	8.0484	8.6999	9.3983	10.146
6	8.1152	8.5355	8.7537	8.9775	9.4420	9.9299	10.980	12.136	13.406	14.799
7	10.089	10.730	11.067	11.414	12.142	12.916	14.615	16.534	18.696	21.126
8	12.300	13.233	13.727	14.240	15.327	16.499	19.123	22.163	25.678	29.732
9	14.776	16.085	16.786	17.519	19.086	20.799	24.712	29.369	34.895	41.435
10	17.549	19.337	20.304	21.321	23.521	25.959	31.643	38.593	47.062	57.352
11	20.655	23.045	24.349	25.733	28.755	32.150	40.238	50.398	63.122	78.998
12	24.133	27.271	29.002	30.850	34.931	39.581	50.895	65.510	84.320	108.44
13	28.029	32.089	34.352	36.786	42.219	48.497	64.110	84.853	112.30	148.47
14	32.393	37.581	40.505	43.672	50.818	59.196	80.496	109.61	149.24	202.93
15	37.280	43.842	47.580	51.660	60.965	72.035	100.82	141.30	198.00	276.98
16	42.753	50.980	55.717	60.925	72.939	87.442	126.01	181.87	262.36	377.69
17	48.884	59.118	65.075	71.673	87.068	105.93	157.25	233.79	347.31	514.66
18	55.750	68.394	75.836	84.141	103.74	128.12	195.99	300.25	459.45	770.94
19	63.440	78.969	88.212	98.603	123.41	154.74	244.03	385.32	607.47	954.28
20	72.052	91.025	102.44	115.38	146.63	186.69	303.60	494.21	802.86	1 298.8
21	81.699	104.77	118.81	134.84	174.02	225.03	377.46	633.59	1 060.8	1 767.4
22	92.503	120.44	137.63	157.41	206.34	271.03	469.06	812.00	1 401.2	2 404.7
23	104.60	138.30	159.28	183.60	244.49	326.24	582.63	1 040.4	1 850.6	3 271.3
24	118.16	158.66	184.17	213.98	289.49	392.48	723.46	1 332.7	2 443.8	4 450.0
25	133.33	181.87	212.79	249.21	342.60	471.98	898.09	1 706.8	3 226.8	6 053.0
26	150.33	208.33	245.71	290.09	405.27	567.38	1 114.6	2 185.7	4 260.4	8 233.1
27	169.37	238.50	283.57	337.50	479.22	681.85	1 383.1	2 798.7	5 624.8	11 198.0
28	190.70	272.89	327.10	392.50	566.48	819.22	1 716.1	3 583.3	7 425.7	15 230.3
29	214.58	312.09	377.17	456.30	669.45	984.07	2 129.0	4 587.7	9 802.9	20 714.2
30	241.33	356.79	434.75	530.31	790.95	1 181.9	2 640.9	5 873.2	12 941.0	28 172.3
40	767.09	1 342.0	1 779.1	2 360.8	4 163.2	7 343.2	22 729	69 377	*	*
50	2 400.0	4 994.5	7 217.7	10 436	21 813	45 497	*	*	*	*
60	7 471.6	18 535	29 220	46 058	*	*	*	*	*	*

注：*>99 999。

附表4　　**年金现值系数表**

期数	1%	2%	3%	4%	5%	6%	7%	8%	9%	10%
1	0.9901	0.9804	0.9709	0.9615	0.9524	0.9434	0.9346	0.9259	0.9174	0.9091
2	1.9704	1.9416	1.9135	1.8861	1.8594	1.8334	1.8080	1.7833	1.7591	1.7355
3	2.9410	2.8839	2.8286	2.7751	2.7232	2.6730	2.6243	2.5771	2.5313	2.4869
4	3.9020	3.8077	3.7171	3.6299	3.5460	3.4651	3.3872	3.3121	3.2397	3.1699
5	4.8534	4.7135	4.5797	4.4518	4.3295	4.2124	4.1002	3.9927	3.8897	3.7908
6	5.7955	5.6014	5.4172	5.2421	5.0757	4.9173	4.7665	4.6229	4.4859	4.3553
7	6.7282	6.4720	6.2303	6.0021	5.7864	5.5824	5.3893	5.2064	5.0330	4.8684
8	7.6517	7.3255	7.0197	6.7327	6.4632	6.2098	5.9713	5.7466	5.5348	5.3349
9	8.5660	8.1622	7.7861	7.4353	7.1078	6.8017	6.5152	6.2469	5.9952	5.7590
10	9.4713	8.9826	8.5302	8.1109	7.7217	7.3601	7.0236	6.7101	6.4177	6.1446
11	10.3676	9.7868	9.2526	8.7605	8.3064	7.8869	7.4987	7.1390	6.8052	6.4951
12	11.2551	10.5753	9.9540	9.3851	8.8633	8.3838	7.9427	7.5361	7.1607	6.8137
13	12.1337	11.3484	10.6350	9.9856	9.3936	8.8527	8.3577	7.9038	7.4869	7.1034
14	13.0037	12.1062	11.2961	10.5631	9.8986	9.2950	8.7455	8.2442	7.7862	7.3667
15	13.8651	12.8493	11.9379	11.1184	10.3797	9.7122	9.1079	8.5595	8.0607	7.6061
16	14.7179	13.5777	12.5611	11.6523	10.8378	10.1059	9.4466	8.8514	8.3126	7.8237
17	15.5623	14.2919	13.1661	12.1657	11.2741	10.4773	9.7632	9.1216	8.5436	8.0216
18	16.3983	14.9920	13.7535	12.6896	11.6896	10.8276	10.0591	9.3719	8.7556	8.2014
19	17.2260	15.6785	14.3238	13.1339	12.0853	11.1581	10.3356	9.6036	8.9601	8.3649
20	18.0456	16.3514	14.8775	13.5903	12.4622	11.4699	10.5940	9.8181	9.1285	8.5136
21	18.8570	17.0112	15.4150	14.0292	12.8212	11.7641	10.8355	10.0168	9.2922	8.6487
22	19.6604	17.6580	15.9369	14.4511	13.4886	12.3034	11.0612	10.2007	9.4424	8.7715
23	20.4558	18.2922	16.4436	14.8568	13.4886	12.3034	11.2722	10.3711	9.5802	8.8832
24	21.2434	18.9139	16.9355	15.2470	13.7986	12.5504	11.4693	10.5288	9.7066	8.9847
25	22.0232	19.5235	17.4131	15.6221	14.0939	12.7834	11.6536	10.6748	9.8226	9.0770
26	22.7952	20.1210	17.8768	15.9828	14.3752	13.0032	11.8258	10.8100	9.9290	9.1609
27	23.5596	20.7059	18.3270	16.3296	14.6430	13.2105	11.9867	10.9352	10.0266	9.2372
28	24.3164	21.2813	18.7641	16.6631	14.8981	13.4062	12.1371	11.0511	10.1161	9.3066
29	25.0658	21.8444	19.1885	16.9837	15.1411	13.5907	12.2777	11.1584	10.1983	9.3696
30	28.8077	22.3965	19.6004	17.2920	15.3725	13.7648	12.4090	11.2578	10.2737	9.4269
35	29.4086	24.9986	21.4872	18.6646	16.3742	14.4982	12.9477	11.6546	10.5668	9.6442
40	32.8347	27.3555	23.1148	19.7928	17.1591	15.0463	13.3317	11.9246	10.7574	9.7791
45	36.0945	29.4902	24.5187	20.7200	17.7741	15.4558	13.6055	12.1084	10.8812	9.8628
50	39.1961	31.4236	25.7298	21.4822	18.2559	15.7619	13.8007	12.2335	10.9617	9.9148
55	42.1472	33.1748	26.7744	22.1086	18.6335	15.9905	13.9399	12.3186	11.0140	9.9471

续表

期数	12%	14%	15%	16%	18%	20%	24%	28%	32%	36%
1	0.8929	0.8772	0.8696	0.8621	0.8475	0.8333	0.8065	0.7813	0.7576	0.7353
2	1.6901	1.6467	1.6257	1.6052	1.5656	1.5278	1.4568	1.3916	1.3315	1.2760
3	2.4018	2.3216	2.2832	2.2459	2.1743	2.1065	1.9813	1.8684	1.7663	1.6735
4	3.0373	2.9173	2.8550	2.7982	2.6901	2.5887	2.4043	2.2410	2.0957	1.9658
5	3.6048	3.4331	3.3522	3.2743	3.1272	2.9906	2.7454	2.5320	2.3452	2.1807
6	4.1114	3.8887	3.7845	3.6847	3.4976	3.3255	3.0205	2.7594	2.5342	2.3388
7	4.5638	4.2882	4.1604	4.0386	3.8115	3.6046	3.2423	2.9370	2.6775	2.4550
8	4.9676	4.6389	4.4873	4.3436	4.0776	3.8372	3.4212	3.0758	2.7860	2.5404
9	5.3282	4.9164	4.7716	4.6065	4.3030	4.0310	3.5655	3.1842	2.8681	2.6033
10	5.6502	5.2161	5.0188	4.8332	4.4941	4.1925	3.6819	3.2689	2.9304	2.6495
11	5.9377	5.4527	5.2337	5.0286	4.6560	4.3271	3.7757	3.3351	2.9776	2.6834
12	6.1944	5.6603	5.4206	5.1971	4.7932	4.4392	3.8514	3.3868	3.0133	2.7084
13	6.4235	5.8424	5.5831	5.3423	4.9095	4.5327	3.9124	3.4272	3.0404	2.7268
14	6.6282	6.0021	5.7245	5.4675	5.0081	4.6106	3.9616	3.4587	3.0609	2.7403
15	6.8109	6.1422	5.8474	5.5755	5.0916	4.6755	4.0013	3.4834	3.0764	2.7502
16	6.9740	6.2651	5.9542	5.6685	5.1624	4.7296	4.0333	3.5026	3.0882	2.7575
17	7.1196	6.3729	6.0472	5.7487	5.2223	4.7746	4.0591	3.5177	3.0971	2.7629
18	7.2497	6.4674	6.1280	5.8178	5.2732	4.8122	4.0799	3.5294	3.1039	2.7668
19	7.3658	6.5504	6.1982	5.8775	5.3162	4.8435	4.0967	3.5386	3.1090	2.7697
20	7.4694	6.6231	6.2593	5.9288	5.3527	4.8696	4.1103	3.5458	3.1129	2.7718
21	7.5620	6.6870	6.3125	5.9731	5.3837	4.8913	4.1212	3.5514	3.1158	2.7734
22	7.6446	6.7429	6.3587	6.0113	5.4099	4.9094	4.1300	3.5558	3.1180	2.7746
23	7.7184	6.7921	6.3988	6.0442	5.4321	4.9245	4.1371	3.5592	3.1197	2.7754
24	7.7843	6.8351	6.4338	6.0726	5.4509	4.9371	4.1428	3.5619	3.1210	2.7760
25	7.8431	6.8729	6.4641	6.0971	5.4669	4.9476	4.1474	3.5640	3.1220	2.7765
26	7.8957	6.9061	6.4906	6.1182	5.4804	4.9563	4.1511	3.5656	3.1227	2.7768
27	7.9426	6.9352	6.5135	6.1364	5.4919	4.9636	4.1542	3.5669	3.1233	2.7771
28	7.9844	6.9607	6.5335	6.1520	5.5016	4.9697	4.1566	3.5679	3.1237	2.7773
29	8.0218	6.9830	6.5509	6.1656	5.5098	4.9747	4.1585	3.5687	3.1240	2.7774
30	8.0552	7.0027	6.5660	6.1772	5.5168	4.9789	4.1601	3.5693	3.1242	2.7775
35	8.1755	7.0700	6.6166	6.2153	5.5386	4.9915	4.1644	3.5708	3.1248	2.7777
40	8.2438	7.1050	6.6418	6.2335	5.5482	4.9966	4.1659	3.5712	3.1250	2.7778
45	8.2825	7.1232	6.6543	6.2421	5.5523	4.9986	4.1664	3.5714	3.1250	2.7778
50	8.3045	7.1327	6.6605	6.2463	5.5541	4.9995	4.1666	3.5714	3.1250	2.7778
55	8.3170	7.1376	6.6636	6.2482	5.5549	4.9998	4.1666	3.5714	3.1250	2.7778

附表5　**正态分布曲线的面积**

Z	0.00	0.01	0.02	0.03	0.04	0.05	0.06	0.07	0.08	0.09
0.00	0.0	0.0040	0.0080	0.0120	0.0160	0.0199	0.0239	0.0279	0.0319	0.0359
0.10	0.0398	0.0438	0.0478	0.0517	0.0557	0.0596	0.0636	0.0675	0.0714	0.0753
0.20	0.0793	0.0832	0.0871	0.0910	0.0948	0.0987	0.1026	0.1064	0.1103	0.1141
0.30	0.1179	0.1217	0.1255	0.1293	0.1331	0.1368	0.1406	0.1443	0.1480	0.1517
0.40	0.1554	0.1594	0.1628	0.1661	0.1700	0.1736	0.1772	0.1808	0.1844	0.1879
0.50	0.1915	0.1950	0.1985	0.2010	0.2054	0.2088	0.2123	0.2157	0.2190	0.2224
0.60	0.2257	0.2291	0.2324	0.2357	0.2389	0.2422	0.2454	0.2486	0.2517	0.2549
0.70	0.2580	0.2611	0.2642	0.2673	0.2703	0.2734	0.2764	0.2793	0.2823	0.2852
0.80	0.2881	0.2910	0.2939	0.2967	0.2995	0.3023	0.3051	0.3078	0.3106	0.3133
0.90	0.3159	0.3186	0.3212	0.3238	0.3264	0.3289	0.3315	0.3340	0.3365	0.3389
1.00	0.3413	0.3438	0.3461	0.3485	0.3508	0.3531	0.3554	0.3577	0.3599	0.3621
1.10	0.3643	0.3665	0.3686	0.3703	0.3729	0.3749	0.3770	0.3790	0.3810	0.3830
1.20	0.3849	0.3869	0.3888	0.3907	0.3925	0.3943	0.3962	0.3980	0.3997	0.4015
1.30	0.4032	0.4049	0.4066	0.4082	0.4099	0.4115	0.4115	0.4147	0.4162	0.4177
1.40	0.4192	0.4207	0.4222	0.4236	0.4251	0.4265	0.4279	0.4292	0.4306	0.4319
1.50	0.4332	0.4345	0.4357	0.4370	0.4382	0.4394	0.4406	0.4418	0.4429	0.4441
1.60	0.4452	0.4463	0.4474	0.4484	0.4495	0.4550	0.4515	0.4525	0.4535	0.4545
1.70	0.4554	0.4564	0.4573	0.4582	0.4591	0.4599	0.4608	0.4616	0.4625	0.4633
1.80	0.4641	0.4649	0.4656	0.4664	0.4671	0.4678	0.4686	0.4693	0.4699	0.4706
1.90	0.4713	0.4719	0.4726	0.4732	0.4738	0.4744	0.4750	0.4756	0.4761	0.4767
2.00	0.4772	0.4778	0.4783	0.4788	0.4793	0.4798	0.4803	0.4808	0.4812	0.4812
2.10	0.4821	0.4826	0.4830	0.4834	0.4838	0.4842	0.4846	0.4850	0.4854	0.4857
2.20	0.4861	0.4864	0.4868	0.4871	0.4875	0.4878	0.4881	0.4884	0.4887	0.4890
2.30	0.4893	0.4896	0.4898	0.4901	0.4904	0.4906	0.4909	0.4911	0.4913	0.4916
2.40	0.4918	0.4920	0.4922	0.4925	0.4927	0.4929	0.4931	0.4932	0.4934	0.4936
2.50	0.4938	0.4940	0.4941	0.4943	0.4945	0.4946	0.4948	0.4949	0.4951	0.4952
2.60	0.4953	0.4955	0.4956	0.4957	0.4959	0.4960	0.4961	0.4962	0.4963	0.4964
2.70	0.4965	0.4966	0.4967	0.4968	0.4969	0.4970	0.4971	0.4972	0.4973	0.4974
2.80	0.4974	0.4975	0.4976	0.4977	0.4977	0.4978	0.4979	0.4979	0.4980	0.4981
2.90	0.4981	0.4982	0.4982	0.4983	0.4984	0.4984	0.4985	0.4985	0.4986	0.4986
3.00	0.4986	0.4987	0.4987	0.4988	0.4988	0.4989	0.4989	0.4989	0.4990	0.4990
3.10	0.4990	0.4991	0.4991	0.4991	0.4992	0.4992	0.4992	0.4992	0.4993	0.4993
3.20	0.4993	0.4993	0.4994	0.4994	0.4994	0.4994	0.4994	0.4995	0.4995	0.4995
3.30	0.4995	0.4995	0.4995	0.4996	0.4996	0.4996	0.4996	0.4996	0.4996	0.4997
3.40	0.4997	0.4997	0.4997	0.4997	0.4997	0.4997	0.4997	0.4997	0.4997	0.4998
3.50	0.4998	0.0498	0.4998	0.4998	0.4998	0.4998	0.4998	0.4998	0.4998	0.4998
3.60	0.4998	0.4998	0.4999	0.4999	0.4999	0.4999	0.4999	0.4999	0.4999	0.4999
3.70	0.4999	0.4999	0.4999	0.4999	0.4999	0.4999	0.4999	0.4999	0.4999	0.4999
3.80	0.4999	0.4999	0.4999	0.4999	0.4999	0.4999	0.4999	0.4999	0.4999	0.4999
3.90	0.5000	0.5000	0.5000	0.5000	0.5000	0.5000	0.5000	0.5000	0.5000	0.5000

注：Z为标准差的个数，表中数据是平均数和Z个标准差之间的那部分正态曲线下的总面积。